DIREITO COMPARADO
PERSPECTIVAS LUSO-AMERICANAS

COMPARATIVE LAW
PORTUGUESE-AMERICAN PERSPECTIVES

DIREITO COMPARADO
PERSPECTIVAS LUSO-AMERICANAS

COMPARATIVE LAW
PORTUGUESE-AMERICAN PERSPECTIVES

VOLUME I

Coordenador
Coordinator
Professor Doutor DÁRIO MOURA VICENTE

DIREITO COMPARADO PERSPECTIVAS LUSO-AMERICANAS
COMPARATIVE LAW PORTUGUESE-AMERICAN PERSPECTIVES

COORDENADOR/COORDINATOR
DÁRIO MOURA VICENTE

EDITOR
EDIÇÕES ALMEDINA, SA
Rua da Estrela, n.º 6
3000-161 Coimbra
Tel.: 239 851 904
Fax: 239 851 901
www.almedina.net
editora@almedina.net

EXECUÇÃO GRÁFICA
G.C. – GRÁFICA DE COIMBRA, LDA.
Palheira – Assafarge
3001-453 Coimbra
producao@graficadecoimbra.pt

Janeiro, 2006

DEPÓSITO LEGAL
236918/05

Toda a reprodução desta obra, por fotocópia ou outro qualquer processo,
sem prévia autorização escrita do Editor,
é ilícita e passível de procedimento judicial contra o infractor.

PLANO DA OBRA
TABLE OF CONTENTS

Dário Moura Vicente – *Apresentação/Presentation* 7

I – Direito Constitucional/Constitutional Law

Ana Maria Martins – *As Convenções de Filadélfia e de Bruxelas. Convergências e divergências do processo de formação das Constituições americana e europeia* 11

Robert A. Destro – *Convergence & Divergence: An American Perspective on the Proposed European Constitution* 29

II – Direito Civil/Civil Law

Jorge Duarte Pinheiro – *A adopção em Portugal* 57

Raymond O'Brien – *Adoption in America* 69

III – Direito do Consumo/Consumer Law

Luís Menezes Leitão – *O novo regime da venda de bens de consumo* 97

Ralph J. Rohner – *The Integration of American Consumer Protection Law for Financial Services: Information Flows and Federalism* 131

IV – Direito da Sociedade da Informação/Law of the Information Society

Dário Moura Vicente – *Direito de Autor e medidas tecnológicas de protecção* 161

Susanna Fischer – *The Law Supporting Technological Protection for Copyrighted Works: An American Perspective* 187

V – Direito Internacional Privado/Private International Law

Antonio Perez – *The Impact of Economic Integration on Choice of Law Doctrine* 263

Luís de Lima Pinheiro – *Federalismo e Direito Internacional Privado – algumas reflexões sobre a comunitarização do Direito Internacional Privado* 275

Raymond Marcin – *The Proposed Foreign Judgments Recognition and Enforcement Act* 301

VI – Direito Administrativo/Administrative Law

José Sérvulo Correia – *Judicial Resolution of Administrative Disputes (Administrative Procedure in Portugal)* 323

Marshall Breger – *A Short Tour of American Administrative Law* 337

APRESENTAÇÃO

Coligem-se neste volume os textos de várias comunicações apresentadas nas II e III *Conferências Luso-Americanas sobre Direito Português e Americano*, realizadas em Lisboa, respectivamente, a 5 e 6 de Março de 2003 e a 3 e 4 de Maio de 2004, por iniciativa conjunta da *Columbus School of Law* da Universidade Católica da América e da Faculdade de Direito da Universidade de Lisboa.

Nelas participaram, como oradores, os Professores Marshall Breger, Robert Destro, Susanna Fischer, William Fox, Raymond O'Brien, Antonio Perez e Ralph Rohner, da *Columbus School of Law* da Universidade Católica da América, e José de Oliveira Ascensão, José Sérvulo Correia, Paulo de Pitta e Cunha, António Sousa Franco, Luís Menezes Leitão, Ana Maria Martins, Carlos Blanco de Morais, Jorge Pinheiro, Luís de Lima Pinheiro, António Marques dos Santos e o signatário, da Faculdade de Direito da Universidade de Lisboa.

As conferências, assim como a publicação das presentes actas, apenas foram possíveis graças ao generoso apoio da Fundação Luso-Americana para o Desenvolvimento, que aqui se regista e agradece.

Lisboa, Outubro de 2005

Dário Moura Vicente
Professor da Faculdade de Direito
da Universidade de Lisboa

PRESENTATION

This book contains several papers delivered at the II and the III *Conferences on Portuguese and American Law*, which took place in Lisbon, respectively, on 5 and 6 of March 2003 and 3 and 4 of May 2004, as a joint initiative of the Columbus School of Law of the Catholic University of America and of the School of Law of the University of Lisbon.

Speakers in those conferences included Professors Marshall Breger, Robert Destro, Susanna Fischer, William Fox, Raymond O'Brien, Antonio Perez and Ralph Rohner, of the Columbus School of Law of the Catholic University of America, and José de Oliveira Ascensão, José Sérvulo Correia, Paulo de Pitta e Cunha, António Sousa Franco, Luís Menezes Leitão, Ana Maria Martins, Carlos Blanco de Morais, Jorge Pinheiro, Luís de Lima Pinheiro, António Marques dos Santos and the undersigned, of the School of Law of the University of Lisbon.

The conferences, as well as the publication of the proceedings thereof, were only possible due to the generous support provided by Fundação Luso-Americana Para o Desenvolvimento, to which thanks are owed.

Lisbon, October 2005

Dário Moura Vicente
Professor of the School of Law
of the University of Lisbon

I
DIREITO CONSTITUCIONAL
CONSTITUTIONAL LAW

AS CONVENÇÕES DE FILADÉLFIA E DE BRUXELAS

Convergências e divergências do processo de formação das Constituições americana e europeia

Ana Maria Guerra Martins[*]

ABSTRACT: *This article focuses on the procedure of creating a constitution. By comparing the Philadelphia Convention to the European Convention, the author analyses the aims, the composition, the functioning, the voting methods and the issues discussed during both conventions. Although the convergent points are remarkable, one issue separates the American Constitution from the European one – the lack of constituent power.*

SUMÁRIO: **1.** Introdução; **2.** Pressupostos de que se parte; **3.** Divergências e convergências entre a Convenção de Filadélfia e a Convenção de Bruxelas; **3.1.** Os objectivos das duas Convenções; **3.2.** A composição das duas convenções; **3.3.** O funcionamento das duas convenções; **3.4.** O modo de votação; **3.5.** As discussões de fundo nas duas Convenções; **3.6.** A ratificação dos trabalhos das convenções; **4.** Conclusão

1. Introdução

O presente estudo tem por objecto a comparação do processo de formação da Constituição norte-americana[1] com o processo de elaboração da Constituição europeia[2].

---

[*] Professora da Faculdade de Direito da Universidade de Lisboa.

[1] A Constituição norte-americana foi aprovada, em 17 de Setembro de 1787, pela Convenção de Filadélfia, tendo, posteriormente, sido ratificada pelos então treze Estados.

Trata-se de duas experiências integracionistas que, apesar de terem surgido em momentos muito distintos da História Mundial, apresentam semelhanças e diferenças, que justificam plenamente o seu estudo comparado. As dificuldades desse estudo são óbvias. Como bem salienta ERNST A. YOUNG[3], os estudos comparativos a este nível implicam vastos conhecimentos em três domínios: o Direito Comparado, o Direito Europeu e o Direito Americano, o que representa um problema para a maioria dos académicos, cujos interesses não são tão diversificados. Em consequência, escasseiam os trabalhos desta natureza, que seriam, sem dúvida, muito enriquecedores, quer para os europeus quer para os americanos.

Sem qualquer pretensão de abrangência do conhecimento jurídico, importa referir que o nosso interesse pelo estudo comparativo da experiência constitucional norte-americana com o processo de integração europeia não é de hoje. Já em 1994 tivemos ocasião de nos debruçar sobre o tema, tendo publicado um pequeno livro sobre as lições que a Europa poderia retirar da experiência norte-americana[4]. Então, como agora, a Europa vivia uma época de acalorados debates[5] sobre o rumo a seguir no futuro mais próximo ou mais longínquo, pelo que só o tratamento objectivo e desapaixonado das questões contribuirá para o seu esclarecimento. É isso que vamos tentar nas páginas que se seguem.

2. **Pressupostos de que se parte**

Antes de avançar, há que esclarecer os pressupostos de que se parte neste estudo, com o intuito de não deixar qualquer margem para dúvida quanto aos objectivos e aos resultados que se pretendem atingir com ele.

Em primeiro lugar, cumpre afirmar que, segundo o Dicionário da Língua Portuguesa[6] comparar vem do latim *comparare* e significa «exa-

---

[2] Designa-se abreviadamente por Constituição Europeia o Projecto de Tratado que estabelece uma Constituição para a Europa, aprovado, em 18 de Junho de 2004, na CIG e que será assinado no próximo dia 29 de Outubro.

[3] ERNST A. YOUNG, *Protecting Member State Autonomy in the European Union: Some Cautionary Tales from American Federalism*, New York Univ. Law Rev., 2002, p. 1616.

[4] ANA MARIA GUERRA MARTINS, *As origens da Constituição Norte-americana – uma lição para a Europa*, Lisboa, 1994.

[5] Referimo-nos aos debates que ocorreram antes, durante e após as negociações e a entrada em vigor do Tratado de Maastricht.

[6] 8.ª ed., Porto, Porto Editora, 1998.

minar simultaneamente duas ou mais coisas para lhes determinar as seme-lhanças, as diferenças ou as relações, cotejar, confrontar». Não significa, portanto, a busca de um modelo de referência nem, muito menos, a sua importação.

Deve antes deixar-se claro que, em nosso entender, é impossível, e não é sequer desejável, a transposição para a Europa do modelo consti-tucional norte-americano.

Como melhor se verá adiante, as duas experiências constitucionais são completamente distintas, desde logo, quanto à origem. Do outro lado do Atlântico, temos treze colónias acabadas de sair da independência, com uma língua comum, com crenças religiosas comuns, com um inimigo comum (o Império Britânico, os Índios, etc.), o que, naturalmente, gerou um sentimento nacional forte, não isento de crises, como o demonstrou a Guerra da Secessão. Do lado de cá, temos Estados seculares, independen-tes, com diferentes línguas, que ao longo da História se têm vindo a degla-diar entre si e que não querem perder a qualidade de Estado nem construir um Estado-Nação ou um Super Estado. Pelo contrário, pretendem unir-se em torno de uma entidade à escala transnacional.

Em segundo lugar, a afirmação de que vamos comparar duas expe-riências constitucionais – a dos Estados Unidos da América e a da União Europeia – necessita de um esclarecimento prévio, que se prende com o facto de, como temos vindo a defender nos nossos últimos trabalhos[7], con-siderarmos que os conceitos de constituição e de Estado nem sempre cami-nham lado a lado, sendo possível encontrar o fenómeno constitucional em qualquer forma de agregação do poder político, mesmo que seja transna-cional. Isto porque o fenómeno constitucional se pode verificar desde que se crie Direito, que se aplique directa e coercivamente aos indivíduos. Ou seja, é possível a existência da constituição fora do quadro estadual.

Em terceiro lugar, deve sublinhar-se que o método da convenção não é o único método susceptível de elaboração de uma constituição. Pelo con-trário, é apenas um dos métodos possíveis[8].

---

[7] ANA MARIA GUERRA MARTINS, *Curso de Direito Constitucional da União Euro-peia*, Coimbra, Almedina, 2004, p. 123 e ss; *Idem, O projecto de constituição europeia – contributo para o debate sobree o futuro da União*, 2.ª ed., Coimbra, Almedina, 2004, p. 19 e ss; *Idem, A natureza jurídica da revisão do Tratado da União Europeia*, Lisboa, 2000, p. 303 e ss.

[8] Sobre os diversos métodos de elaboração da Constituição, ver, por todos, JORGE MIRANDA, *Manual de Direito Constitucional*, tomo II, 4.ª ed., Coimbra, Coimbra Editora, 2000, p. 91 e ss.

14 Direito Constitucional/Constitutional Law

Partindo destes pressupostos vamos tentar apurar os pontos de apro-ximação e de divergência entre a Convenção de Filadélfia de 1787 e a Convenção sobre o Futuro da Europa de 2002/2003[9].

3. Divergências e convergências entre a Convenção de Filadélfia e a Convenção de Bruxelas

3.1. *Os objectivos das duas Convenções*

A Convenção de Filadélfia reúne, na sequência do fracasso da Con-venção de Annapolis de 1786, para rever os Artigos da Confederação, não para elaborar uma nova constituição. É já no decurso dos trabalhos que vence a tese de que se deveria elaborar uma nova Constituição.

O sistema constitucional previsto nos Artigos da Confederação par-tia do princípio da soberania absoluta e indivisível dos Estados, o qual em si mesmo continha o gérmen da sua destruição. As regras de repartição de atribuições entre a Confederação – entidade central – e os Estados, a dependência do Congresso em relação aos Estados, o carácter disperso do Poder Executivo, a ausência de um aparelho coercivo da Confederação para aplicar o Direito por ela produzido, a regra de votação no seio do Congresso e a exigência da unanimidade para modificar os Artigos acaba-ram por inviabilizar a Confederação. Em consequência, começou a crescer um movimento constitucional, com um pendor nacionalista, mesmo antes de os Artigos da Confederação entrarem em vigor[10].

---

[9] A Convenção sobre o Futuro da Europa iniciou os seus trabalhos em 1 de Março de 2002 e culminou com a aprovação, em 13 de Junho e 10 de Julho de 2003 de um texto, que foi entregue ao presidente do Conselho Europeu, em Roma, em 18 de Julho de 2003.

[10] Sobre as razões do fracasso da Confederação ver, entre outros, ANA MARIA GUERRA MARTINS, *As origens...*, p. 39 e ss; MICHEL P. ZUCKERT, *Federalism and the Founding: Toward a Reintepretation of the Constitutional Convention,* Rev. Politics, 1986, p. 168 e ss; ROBERT G. FERRIS e. a., *The Signers of the Constitution,* Flagstaff, 1986, p. 15 e ss; CHRISTOPHER COLLIER e. a., *Decision in Philadelphia – The Constitutional Convention of 1787,* Nova Iorque, 1986, p. 11 e ss; C. HERMAN. PRITCHETT, *The American Constitution,* 3.ª ed., Nova Iorque, 1977, p. 6 e ss; CHARLES WARREN, *Fears of Desunion, in* LEORNARD W. LEVY, Essays on the Making of the Constitution, Nova Iorque, 1969, p. 33 e ss; EDWARD DUMBAULD, *The Constitution of the United States,* Norman, 1964, p. 32 e ss; MAX FARRAND, *The Framing of the Constitution of the United States,* New Haven, 1930, p. 4 e ss e 42 e ss; CHARLES A. BEARD, *An Economic Interpretation of the Constitution of the United States,* Nova Iorque, 1896, p. 53 e ss; ALEXANDER HAMILTON, *Federalist Papers* n.º 15, 21 e 22.

A Convenção de Filadélfia foi convocada para a segunda segunda-feira de Maio, dia 14, mas só iniciou os seus trabalhos em 25 de Maio de 1787, altura em que se conseguiu o quórum de deliberação, ou seja, o número de representantes mínimo de sete Estados.

A Convenção sobre o Futuro da Europa surge na sequência do quase fracasso do Tratado de Nice. Efectivamente, tendo em conta que o principal objectivo do Tratado de Nice tinha sido a realização da tão esperada reforma institucional da União Europeia, nele se jogou tudo por tudo para resolver esta questão. Trata-se, porém, de uma das questões mais controversas do Direito da União Europeia, a saber, a questão da distribuição do Poder pelos Estados dentro da União Europeia. Daí que as suas negociações tenham sido das mais duras da História da integração europeia[11]. Por diversas vezes se pensou que não iria ser possível chegar a um acordo.

Tendo-se esgotado na reforma institucional, decidiu-se incorporar no Tratado uma Declaração – a Declaração n.° 23[12] – na qual se consi-

---

[11] Sobre as dificuldades de obter consensos em Nice, ver, entre outros, ANA MARIA GUERRA MARTINS, *Portugal and the Treaty of Nice: the Fight against the «Big» Ones, in* Estudos de Direito Público, Vol. I, Lisboa, 2003, p. 141 e ss; *Idem, O Tratado de Nice de Nice – a reforma institucional e o futuro da Europa, in* RUI MANUEL DE MOURA RAMOS e. a. (org.), Estudos em homenagem à Professora Doutora Magalhães Collaço, vol. I, Coimbra, 2002, p. 779 e ss; FRANCISCO SEIXAS DA COSTA, *Portugal e o Tratado de Nice – Notas sobre a estratégia negocial portuguesa,* Neg. Estr., 2001, n. 1, p. 45 e ss; CLAUDE BLUMANN, *La conférence intergouvernementale 2000 et le traité de Nice, in* Les procédures de révision des traités communautaires: du droit international au droit communautaire, Bruxelas, 2001, p. 88 e ss; CESÁREO GUTIÉRREZ ESPADA, *Una reforma «difícil pero productiva»: la revision institucional en el Tratado de Niza,* Rev. Der. Com. Eur., 2001, p. 28 e ss; XENOPHON A. YATAGANAS, *The Treaty of Nice: The Sharing of Power and the Institutional Balance in the European Union – A Continental Perspective,* ELJ, 2001, p. 243 e ss; PIETER VAN NUFFEL, *Le traité de Nice – un commentaire,* RDUE, 2001, p. 332 e ss; THOMAS WIEDMANN, *Der Vertrag von Nizza – Genesis einer Reform,* EuR, 2001, p. 185 e ss; FRANCISCO J. FONSECA MORILLO, *De Berlín a Niza: panorama y lecciones,* BEUR, 2001, p. 2 e ss; FRANCISCO ALDECOA LUZARRAGA, *La apertura del proceso constituyente,* BEUR, 2001, p. 7 e ss.

[12] Sobre esta Declaração, ver ANA MARIA GUERRA MARTINS, *O Tratado de Nice...,* p. 812 e ss; BRUNO DE WITTE, *The Nice Declaration: Time for a Constitutional Treaty of the European Union,* The Int. Spect., 2001, p. 21 e ss; ROBERT TOULEMON, *Quelle Constitution pour quelle Europe?* RMCUE, 2001, p. 293 e ss; JÜRGEN SCHWARZE, *Perspektiven für die Reform der europäischen Gemeinschaftsverträge nach Beschlüssen von Niza,* EuZ, 2001, p. 76 e ss; JAN WOUTERS, *Institutional and Constitutional Challenges of the European Union,* ELR, 2001, p. 353 e ss; PIETER VAN NUFFEL, *Le traité de Nice – un commentaire,* RDUE, 2001, p. 385; MICHEL PETITE, *Nice, traité existentiel, non essentiel,* RDUE, 2001, p. 887.

dera que se deve convocar uma conferência intergovernamental em 2004 para se debruçar sobre os pontos que não tinham conseguido obter um acordo satisfatório em Nice. A Declaração refere, entre outras, as seguintes questões:

– o estabelecimento e a manutenção de uma delimitação mais precisa das competências entre a União Europeia e os Estados membros, que respeite o princípio da subsidiariedade;

– o estatuto da Carta dos Direitos Fundamentais da União Europeia proclamada em Nice, de acordo com as conclusões do Conselho Europeu de Colónia;

– a simplificação dos Tratados a fim de os tornar mais claros e mais compreensíveis, sem alterar o seu significado;

– o papel dos parlamentos nacionais na arquitectura europeia.

Na sequência desta Declaração, o Conselho Europeu de Laeken, de 15 de Dezembro de 2001, decidiu convocar uma convenção para assegurar uma preparação tão ampla e transparente quanto possível da próxima conferência intergovernamental, tendo nomeado como seu Presidente VALÉRY GISCARD D'ESTAING e como Vice-Presidentes GIULIANO AMATO e JEAN-LUC DEHAENE[13].

A Convenção sobre o futuro da Europa foi encarregue, pelo Conselho Europeu de Laeken, de formular propostas sobre três matérias:

– a aproximação dos cidadãos do projecto europeu e das instituições europeias;

– a estruturação da vida política e do espaço político europeu numa União alargada;

– a consagração da União num factor de estabilização e numa referência na nova ordem mundial.

De acordo com o mandato do Conselho Europeu, que consta do anexo I das Conclusões da Presidência, sob o título Declaração de Laeken sobre o futuro da União Europeia, a Convenção tem por missão examinar as questões essenciais que se colocam ao desenvolvimento futuro da União e procurar as diferentes respostas possíveis, para o que estabelecerá um documento final que poderá compreender tanto diferentes opções, precisando o apoio que cada uma delas recolheu, como recomendações em caso de consenso.

---

[13] Ver conclusões da Presidência no servidor Europa da Internet http://europa-eu.int.

O Conselho Europeu de Laeken não conferiu, portanto, qualquer mandato expresso à Convenção para elaborar uma constituição para a Europa. O anexo I das Conclusões mencionado apenas refere o termo «texto constitucional» e «constituição» a propósito da simplificação e da reorganização dos Tratados, mas sempre ao lado do termo «tratado», sem nunca manifestar preferência por um ou por outro. Além disso, as referências aos termos «tratado constitucional» e «constituição» aparecem sempre em jeito de interrogação, nunca de afirmação[14].

A Convenção inclinou-se, desde muito cedo, no sentido da adopção de um projecto de constituição europeia ou de tratado constitucional[15], pois gerou-se um certo consenso no sentido da inclusão da Carta dos Direitos Fundamentais no texto do projecto[16]. Essa inclusão teve como

---

[14] A utilização de um ou de outro termo não é isenta de consequências, isto porque os conceitos de constituição e de tratado são dos mais controversos da teoria do Direito Público e, além disso, a distinção entre tratado e constituição nem sempre é inequívoca. Basta lembrar que há casos de constituições aprovadas por tratado e de tratados que criam Estados. O exemplo mais citado – principalmente na doutrina alemã – é o da constituição do Império alemão de 1871. Os tratados foram ratificados pelas partes contratantes (os príncipes e as cidades livres) e, por fim, codificados no acto de constituição do Império Alemão, de 16 de Abril de 1871. Mais recentemente, pode referir-se o caso dos acordos de Dayton que aprovaram a constituição da Bósnia-Herzegovina em 1995. Sobre as dificuldades de distinguir as duas realidades, ver, por todos, LUIS MARÍA DIEZ-PICAZO, *Tratados y Constitución, in* Constitucionalismo de la Unión Europea, Madrid, 2002, p. 81 e ss.

[15] Sobre as diversas formas possíveis de incorporação da Carta, ver, por todos, GRÁINNE DE BÚRCA, *Fundamental Rights and Citizenship, in* BRUNO DE WITTE (Ed.), Ten Reflections on the Constitutional Treaty for Europe, E. book publicado em Abril de 2003 pelo Robert Schuman Centre for Advanced Studies and European University Institute, San Domenico di Fiesole, p. 14 e ss.

[16] No sentido de que a Carta deveria possuir carácter vinculativo e ser incorporada numa futura constituição europeia, ver KOEN LENAERTS / MARLIES DESORMER, *Bricks for a Constitutional Treaty of the European Union: Values, Objectives and Means,* ELR, 2002, p. 379 e ss; JEAN-FRANÇOIS FLAUSS, *Les droits fondamentaux dans la Constitution européenne: la constitutionnalisation de la Charte des droits fondamentaux,* REA-LEA, 2001-2002, p. 703 e ss; ANA MARIA GUERRA MARTINS, *A revisão do Tratado e a constitucionalização da União Europeia, in* Estudos de Direito Público, vol. I, Coimbra, 2003, p. 186; JEAN-PAUL JACQUÉ, *La Charte des droits fondamentaux de l'Union européenne – aspects juridiques généraux,* REDP/ERPL, 2002, p. 119 e ss; P. CRAIG, *The Community Rights and the Charter,* REDP/ERPL, 2002, p. 221 e ss; J. DUTHEIL DE LA ROCHÈRE, *Les droits fondamentaux reconnus par la Charte et leurs applications,* REDP/ERPL, 2002, p. 234 e ss; FLORENCE BENOÎT-ROHMER, *La Charte des droits fondamentaux de l'Union européenne,* Rec. Dalloz, 2001, p. 1492; JUAN ANTONIO CARRILLO SALCEDO, *Notas sobre el significado político y jurídico de la Carta de Derechos fundamentales de la Unión Europea,* Rev. Der. Com. Eur., 2001, p. 7 e ss; LORD GOLDSMITH Q. C., *A Charter of Rights, Freedoms*

18 Direito Constitucional/Constitutional Law

consequência a natureza constitucional do texto que saiu dessa convenção.

Deve sublinhar-se que a convenção de Bruxelas reúne para elaborar um projecto de revisão do Tratado da União Europeia.

Assim, as Convenções de Filadélfia e de Bruxelas são ambas convocadas em período de crise[17] e nenhuma delas tem como objectivo principal e expresso a feitura de uma constituição, mas antes no primeiro caso a revisão dos Artigos da Confederação e no segundo a alteração do Tratado da União Europeia.

3.2. *A composição das duas convenções*

A Convenção de Filadélfia foi composta por delegados designados pelos legislativos nacionais de doze Estados[18], que constituíram um grupo de eminentes políticos, dos mais hábeis e experimentados da época.

A Convenção de Bruxelas foi composta por 105 convencionais, provenientes de 28 Estados, com uma grande diversidade, quanto à designação, à família política ou à origem geográfica. Na sua maioria são também políticos experimentados, pois foram designados pelos Governos nacionais, pelos Parlamentos nacionais ou pelo PE. Não têm, todavia, uma base directa no povo.

Do ponto de vista da teoria da representação e da legitimidade democrática, ambas as convenções, por razões diferentes, estão muito longe de atingir um patamar satisfatório.

Os delegados da Convenção de Filadélfia representavam uma parcela muito pouco significativa da população – os homens e grandes proprietários brancos. Excluíam-se as mulheres e os negros e implicitamente legitimava-se a escravatura. Na época não existia ainda um povo americano[19].

Na Convenção de Bruxelas também não está representado o povo europeu. Verifica-se antes uma diversidade de representação. Os delega-

---

and Principles, CMLR, 2001, p. 1214 e ss; MELCHIOR WATHELET, *La Charte des droits fondamentaux: un bon pas dans une course qui reste longue,* CDE, 2001, p. 589.

Para uma visão muito céptica, ver J.H.H. WEILER, *A Constitution for Europe? Some Hard Choices,* JCMS, 2002, p. 574 e ss.

[17] Como afirma GUY SCOFFONI, «estas convenções são muitas vezes convocadas em períodos de crise». *In Convention pour l'avenir de l'Europe et Convention de Philadelphia: la question du mode de production d'une constitution,* RAE, 2001-2002, p. 684.

[18] Rhode Island não esteve representado.

[19] V. MICHEL ROSENFELD, *The European Convention and Constitution Making in Philadelphia,* Int. J. Const. Law, 2003, p. 375; GUY SCOFFONI, *Convention...,* p. 685.

dos originários dos parlamentos nacionais representam os vários povos dos Estados membros e os delegados dos Governos dos Estados membros representam os Estados. Só os delegados originários do Parlamento Europeu poderão representar o povo europeu. Além disso, os delegados a Bruxelas não estavam mandatados pelo povo ou povos europeus para elaborarem uma constituição europeia.

3.3. *O funcionamento das duas convenções*

Como já se mencionou, a Convenção de Filadélfia começou uns dias mais tarde (de 14 de Maio a 25 de Maio de 1787), porque não conseguiu antes o *quorum* de sete Estados.

A sua primeira tarefa foi a eleição do seu Presidente – GEORGE WASHINGTON – por unanimidade. A Convenção elegeu também o secretário – WILLIAM JACKSON – e nomeou um Comité de Regras (*Commitee on Rules*). Este Comité recomendou que a votação fosse feita por Estados e que a maioria dos Estados presentes tivesse poderes para decidir qualquer questão. Isto implicava que cada Estado decidisse a votação dentro da sua própria delegação; no caso de a delegação se encontrar dividida, então não contava o voto desse Estado para o apuramento final.

Toda a organização da Convenção teve por base a regra da igualdade de representação dos Estados, não se tendo tomado em consideração a diferente dimensão territorial e demográfica dos Estados entre si.

Além disso, foram constituídas algumas comissões de trabalho, como a das questões em espera (*postponed matters*), a das questões de estilo e de acordos (*style and arrangements*), a das questões de detalhe (*Detail commitee*). Muitas das soluções que acabaram por ficar consagradas na Constituição americana deveram-se mais ao trabalho destas comissões do que às opiniões dos congressistas. Com efeito, as comissões extravasavam muitas vezes do seu mandato, tendo chegado a conclusões completamente diferentes das que tinham sido discutidas no plenário.

A convenção reuniu, intensivamente, em Filadélfia em sessões de muitas horas cada uma[20].

---

[20] Sobre as regras de organização e funcionamento da Convenção de Filadélfia ver, entre outros, ANA MARIA GUERRA MARTINS, *As origens...*, p. 51 e ss; ROBERT G. FERRIS e a., *The Signers...*, p. 41 e ss; WILIAM PETERS, *A More Perfect Union*, Nova Iorque 1987, p. 21 e ss; CHRISTOPHER COLLIER e. a., *Decision ...*, p. 102 e ss; RALPH MITCHELL, *C Q'Guide to the USA Constitution – History, Text, Índex, Glossary*, Washington, 1986, p. 8 e ss;

20 *Direito Constitucional/Constitutional Law*

Este não foi o caminho seguido pela Convenção de Bruxelas. Como já se mencionou, a Presidência ou *Praesidium* da Convenção sobre o Futuro da Europa foi designada pelo Conselho Europeu de Laeken, o que, à partida, a enfraqueceu.

A Convenção reúne em plenário apenas uma vez por mês e não, como em Filadélfia, em sessões contínuas.

Ao contrário do que aconteceu em Filadélfia, onde os convencionais se sentaram por delegação, em Bruxelas sentaram-se por ordem alfabética.

A Convenção de Bruxelas definiu o seu regulamento interno, tendo estabelecido a sua própria agenda, bem como um tempo muito curto para o uso de palavra no plenário.

A Convenção de Bruxelas também constituiu grupos de trabalho[21] sobre os diferentes assuntos, que tinham em vista discutir as várias questões e, por fim, apresentar um relatório final[22] a submeter ao plenário da convenção. Nem sempre esses relatórios propuseram apenas uma solução ou até mesmo alguma solução, pois ela dependia, em muitos casos, da solução de outros problemas conexos.

A Convenção sobre o Futuro da Europa iniciou os seus trabalhos em Março de 2002 e funcionou em três fases distintas, de acordo com a agenda que ela própria estabeleceu. É certo que essas fases não se podem demarcar no tempo de uma forma absolutamente nítida nem rígida, uma vez que, em certos casos, coexistiram, mas podem-se distinguir do seguinte modo:

- a fase das audições;
- a fase do exame;
- a fase das propostas.

A *fase das audições* decorreu, principalmente, entre Março e Junho de 2002 e desenvolveu os seus trabalhos no plenário. Segundo o *Praesi-*

CLINTON ROSSITER, *1787 – The Grand Convention,* Nova Iorque, 1966, p. 166 e ss; MAX FARRAND, *The Framing...,* p. 54 e ss;

[21] Grupo I – Subsidiariedade; Grupo II – Carta; Grupo III – Personalidade jurídica; Grupo IV – Parlamentos nacionais; Grupo V – Competências complementares; Grupo VI – Governação económica; Grupo VII – Acção Externa; Grupo VIII – Defesa; Grupo IX – Simplificação; Grupo X – Liberdade, Segurança e Justiça. Os primeiros seis operaram entre Junho e Outubro de 2002 e os restantes seis entre Outubro e Dezembro do mesmo ano. Entre Dezembro de 2002 e Janeiro de 2003 foi criado um último grupo sobre a Europa Social por pressão do plenário.

[22] Os relatórios estão disponíveis em http://europa.eu.int/futurum/index.

dium, o debate a travar sobre a União Europeia e o seu futuro deveria ser aberto e nele poderiam participar não só os membros da convenção, como a sociedade civil em geral (organizações não governamentais, associações, universidades, sindicatos, colectividades locais e territoriais), através do envio de textos, designadamente, pela Internet[23].

A *fase do exame* iniciou-se, em Junho de 2002 e caracterizou-se pelo trabalho em grupo e em círculos de discussão. Tendo em conta as dificuldades de funcionamento em plenário, devido ao elevado número dos seus membros, a convenção, por iniciativa do seu Presidente, optou, como já se salientou, por constituir grupos de trabalho sectoriais, que apresentaram os respectivos relatórios finais, tendo em vista facilitar a prossecução dos trabalhos. Alguns desses grupos exerceram uma profunda influência no texto final do projecto de constituição, como foi o caso dos Grupos I, II, VII, IX e X.

A *fase das propostas* decorreu durante toda a primeira metade do ano de 2003, no plenário, tendo-se então discutido os projectos concretos de revisão dos Tratados, na base de um primeiro anteprojecto do *Praesidium* apresentado, em 29 de Outubro de 2002[24].

Em seguida, foram submetidas emendas a esse anteprojecto por parte dos convencionais em diferentes períodos, seguidas de diversos debates em plenário.

Este procedimento foi seguido, essencialmente, para a Parte I, excluindo os preceitos relativos aos órgãos[25], para a Parte IV e para os artigos da Parte III, respeitantes à acção externa da União e ao espaço de liberdade, segurança e justiça. Já o mesmo não se verificou em relação aos artigos da Parte III sobre as políticas, que foram redigidos por um grupo de peritos dos três órgãos comunitários, que comunicou os seus trabalhos à convenção, em 27 de Maio de 2003. A utilização deste método deveu-se ao facto de se ter considerado que se tratava de meras adaptações im-

---

[23] O Grupo de Direito Público Europeu, ao qual pertencemos, efectuou várias reuniões subordinadas ao tema a constituição europeia, tendo enviado as suas propostas à Convenção. AAVV, *European Group of Public Law – Proposal on the Debate on the European Constitution*, Londres, 2003.

[24] CONV 369/02.

[25] A primeira leitura destes preceitos deu-se, em 15 e 16 de Maio, e ficou imediatamente clara a falta de consenso neste domínio. Assim, não houve segunda leitura em plenário, mas sim um dia de consultas com os quatro componentes, isto é, os representantes dos Governos, os parlamentares nacionais, os membros do PE e os dois comissários, com o objectivo de conseguir um compromisso que pudesse ser aceite globalmente no plenário.

postas pelas decisões tomadas quanto à Parte I, que, por isso, não necessitavam de tanta discussão no plenário. Todavia, assim não sucedeu, tendo o plenário introduzido inúmeras emendas, nomeadamente, no que diz respeito à qualificação das bases jurídicas como legislativas ou executivas e em relação à votação por maioria qualificada[26].

O projecto de Tratado que estabelece uma constituição para a Europa[27] acabou por ser adoptado por consenso, isto é, não foi votado na convenção.

Deve ainda sublinhar-se que um dos aspectos em que as Convenções de Filadélfia e de Bruxelas mais divergiram foi quanto à publicidade das reuniões. Enquanto os trabalhos da Convenção de Filadélfia foram secretos (os delegados juraram mesmo guardar segredo), os trabalhos da Convenção de Bruxelas foram muito mais transparentes. As reuniões, como se referiu, foram públicas. Todos os trabalhos foram publicitados na *Internet*. Foram chamados a participar os meios sociais, profissionais e até académicos.

Esta divergência quanto à abertura, à publicidade e à transparência reflecte a evolução ocorrida em matéria de exigência da participação popular e da legitimidade democrática no processo de feitura das leis, designadamente das leis constitucionais, do séc. XVIII até à actualidade.

---

[26] Sobre os trabalhos da Convenção de Bruxelas, ver, entre outros, PAULO DE PITTA E CUNHA, *Direito Institucional da União Europeia,* Coimbra, 2004, p. 141 e ss; ANA MARIA GUERRA MARTINS, *O Projecto...,* p. 36 e ss; ALBERTO COSTA, *Na Convenção Europeia – Posições, Argumentos, Debates,* Lisboa, 2004, p. 3 e ss; MARIA EDUARDA AZEVEDO, *Convenção sobre o Futuro da Europa – Reflexões e Testemunhos,* Lisboa, 2004, p. 20 e ss; GUILHERME D'OLIVEIRA MARTINS, *Que Constituição para a União Europeia – Análise do Projecto da Convenção,* Lisboa, 2003, p. 23 e ss; VALÉRY GISCARD D'ESTAING, *The Convention and the Future of Europe: Issues and Goals,* Int. J. Const. Law, 2003, p. 346 e ss; ROBERT BADINTER, *A European Constitution: Perspectives of a French Delegate to the Convention,* Int. J. Const. Law, 2003, p. 363 e ss; GIULIANO AMATO, *The European Convention: First Achievements and Open Dilemas,* Int. J. Const. Law, 2003, p. 355 e ss; C. LADENBURGER, *Towards a Post-national Constitution – Federal, Confederal or Genuinely sui generis? Introductory Remarks on the Convention Method, and Some Features of an Improved Constitutional Charter,* ERPL/REDP, 2003, p. 75 e ss; ANA MARIA GUERRA MARTINS, *Vers une Constitution post-nationale – fédérale, confédérale ou vraiment sui generis?,* ERPL/REDP, 2003, p. 39 e ss; JAN WOUTERS, *Exit the Convention, Come the ICG. Some Reflections on the Convention as a Method for Constitutional Change in the EU,* MJ, 2003, p. 225 e ss.

[27] O texto a que nos referimos é designado como CONV 850/03 e está publicado pelo serviço de publicações da União Europeia, podendo ser consultado no servidor Europa na Internet – http://european-convention.eu.int/docsTreaty/cv00850.pt03.pdf.

No fundo, a diferença entre as duas convenções, neste domínio, justifica-se mais pelos dois séculos que as separam do que por outras razões.

Em suma, em matéria de organização e funcionamento das duas Convenções também se encontram pontos de convergência e pontos de divergência.

3.4. *O modo de votação*

Como já se viu, em Filadélfia adoptou-se um sistema de votação maioritário, em que cada delegação nacional tinha um voto, o que impulsionava o acordo dentro da delegação.

Também já se mencionou que em Bruxelas não houve pura e simplesmente votação. O projecto foi adoptado por consenso[28], o que tem sido esgrimido por alguns como argumento contra o carácter democrático da Convenção. Ora, a ausência de votação final não significa que a Convenção tenha sido dirigida segundo métodos autoritários, pois para se chegar a uma solução consensual foram introduzidas tantas alterações quanto as necessárias.

3.5. *As discussões de fundo nas duas Convenções*

Os mais de dois séculos que separam a elaboração da constituição norte-americana da elaboração do projecto de constituição europeia poderiam fazer supor que os problemas que se discutiram nas duas convenções foram muito diferentes. Mas assim não é. Os pontos em comum são mais do que à primeira vista se poderia pensar. Passemos, pois, a enumerar alguns deles:

(i) Tanto num caso como no outro, os convencionais se depararam com a dificuldade de os modelos políticos conhecidos não poderem ser transpostos, *ipsis verbis*, para as novas entidades.

---

[28] A decisão, por consenso, é comum nas negociações internacionais, nas quais há interesses muito divergentes em confronto e não é desejável colocar certos Estados na situação de vencidos, enquanto outros vão ficar na situação de vencedores. Este modo de decisão está normalmente associado à negociação em sistema de *package deal*, ou seja, negociação por conjuntos de normas.

(ii) Ambas as Convenções estiveram à beira de fracassar em diversos momentos. Na Convenção de Filadélfia, basta pensar nas discussões acerca da representação nas Câmaras em que os pequenos Estados ameaçaram abandonar a Convenção[29] ou nas acaloradas discussões acerca da escravatura[30]. Na Convenção de Bruxelas, até ao último momento não se sabia se se conseguia chegar a um texto final.

(iii) Um dos principais problemas com que a Convenção de Filadélfia se defrontou foi com a procura de um equilíbrio entre a representação dos Estados e a representação dos povos no ou nos órgãos legislativos, tendo-se verificado uma luta muito grande entre Estados Grandes e Estados Pequenos. Ora, na União Europeia esta é a questão em torno da qual todas as outras giram, que, aliás, já se arrasta desde o Tratado de Maastricht. O projecto de constituição europeia tenta solucioná-la a partir da ideia da União de Estados e de cidadãos, retirando daí consequências em matéria de composição dos órgãos, de regras de votação e de competências, que estão longe da perfeição[31].

(iv) O problema do Presidente foi dos que mais dividiu a Convenção de Filadélfia. Também na Convenção de Bruxelas o fim das presidências rotativas e a criação da figura do Presidente do Conselho Europeu foi uma questão muito controversa.

(v) Em relação à problemática da repartição de atribuições entre os Estados membros e a União, na Convenção de Filadélfia defrontaram-se duas correntes: os que defendiam fortes poderes para a União (chamados então nacionalistas e hoje federalistas) e os que defendiam fortes poderes para os Estados (diríamos hoje nacionalistas). Trata-se de um problema clássico quando o Poder político se encontra repartido entre várias entidades. Este problema também ocupou a Convenção de Bruxelas, que o resolveu através da consagração dos princípios clássicos da competência de atribuição, da subsidiariedade e da proporcionalidade, que já vêm de anteriores versões do TUE e da consagração, pela primeira vez, de uma cláusula de repartição de atribuições, bem como da enumeração das matérias que correspondem a cada grupo[32].

---

[29] Ver ANA MARIA GUERRA MARTINS, *As origens...*, p. 62 e ss.

[30] Sobre a questão da escravatura, ver ANA MARIA GUERRA MARTINS, *As origens...*, p. 80 e ss.

[31] Para maiores desenvolvimentos ver o nosso estudo *O projecto...*, p. 68 e ss.

[32] Sobre a repartição de poderes e a estrutura orgânica da União no projecto de constituição europeia ver, entre outros, DOMINIK HANF/TRISTAN BAUMÉ, *Vers une clarification*

(vi) Outros princípios, que fazem parte da constituição americana, assim como das tradições constitucionais dos Estados membros da União, como é o caso do princípio da separação de poderes, obtêm uma maior consagração no projecto de constituição europeia, na medida em que se afirma expressamente que são o Parlamento e o Conselho que exercem o poder legislativo. Ao mesmo tempo procede-se a uma modificação dos instrumentos jurídicos que os órgãos da União podem produzir, na qual se prevê a uma distinção mais clara entre os actos legislativos e os actos de execução, sendo que os segundos devem respeitar os primeiros.

(vii) A inserção ou não de uma declaração de direitos na Constituição americana quase fez abortar todo o trabalho da convenção de Filadélfia, tendo constituído um dos principais argumentos aduzidos pelos opositores da ratificação da Constituição. Também na Convenção de Bruxelas a inserção de uma declaração de direitos – a Carta dos Direitos Fundamentais da União Europeia – no texto que se estava a negociar constituiu um ponto de viragem no sentido constitucional. Efectivamente, foi a partir do momento em que se aceitou que a Carta deveria fazer parte do novo texto[33], que se considerou

---

de la répartition des compétences entre l'Union et ses États membres? – Une analyse du projet d'articles du Présidium de la Convention, CDE, 2003, p. 135 e ss; P. CRAIG, *Competence: Clarity, Containment and Consideration,* ERPL/REDP, 2003, p. 143 e ss; CESÁREO GUTÍERREZ ESPADA, *La reforma de las instituciones en el proyecto de Tratado constitucional presentado por la Convención (2003),* Rev. Der. Com. Eur., 2003, p. 897 e ss; CLAUDIA MORVIDUCCI, *Convenzione europea e ruolo dei parlamenti nazionali: le scelte definitive,* Riv. Ital. Dir. Pub. Com., 2003, p. 1061 e ss; JEAN TOUSCOZ, *Brèves remarques juridiques sur les institutions de l'Union européenne après le Conseil européen de Thessalonique,* RMCUE, 2003, p. 420 e ss; ADELE ANZON, *La delimitazione delle competenze dell'Unione Europea,* Dir. Pub., 2003, p. 787 e ss; ANNE PETERS, *European Democracy After the 2003 Convention,* CMLR, 2004, p. 37 e ss.

[33] Sobre este assunto ver, entre outros, JAVIER ROLDÁN BARBERO, *La Carta de Derechos Fundamentales de la UE: su estatuto constitucional,* Rev. Der. Com. Eur., 2003, p. 943 e ss; JULIANE KOKOTT/ALEXANDRA RÜTH, *The European Convention and its Draft Treaty establishing a Constitution for Europe: Appropriate Answers to the Laeken Questions?,* CMLR, 2003, p. 1327 e ss; ANTONIO TIZZANO, *Prime note sul progetto di Costituzione europea,* Dir. Un. Eur., 2003, p. 268 e ss; FABIENNE TURPIN, *L'intégration de la Charte des droits fondamentaux dans la Constitution européenne,* RTDE, 2003, p. 615 e ss; JOSÉ MARTÍN PÉREZ DE NANCLARES, *El proyecto de constitución europea: reflexiones sobre los trabajos de la Convención,* Rev. Der. Com. Eur., 2003, p. 541 e ss; S. KOUKOULIS-SPILIOTOPOULOS, *Which Charter of Fundamental Rights was Incorporated in the Draft European Convention?,* ERPL/REDP, 2003, p. 295 e ss.

26 Direito Constitucional/Constitutional Law

que a Convenção deveria apresentar um projecto de tratado que estabelece uma constituição para a Europa e não apenas um projecto de revisão do TUE.

(viii) Muitos outros paralelismos poderiam ser chamados à colação, como a importância que os Tribunais tiveram na aplicação da Constituição americana e a importância que o Tribunal de Justiça Europeu terá na aplicação do projecto de constituição europeia se ele vier a ser aprovado. Todavia, há uma diferença fundamental: o Tribunal de Justiça europeu não tem competência para anular ou declarar inválido direito nacional dos Estados membros, embora se consagre, pela primeira vez, expressamente, uma cláusula de supremacia do Direito da União em relação ao Direito nacional[34].

3.6. *A ratificação dos trabalhos das convenções*

Embora não se tivesse previsto *ab initio* qualquer processo de ratificação da Constituição norte-americana, considerou-se que a mesma só teria verdadeiramente legitimidade se viesse a ser ratificada pelos Legislativos dos Estados. E assim veio a suceder. Esse processo não foi fácil, tendo dado lugar a um dos mais profundos debates que a História da Humanidade já conheceu. Um dos mais interessantes trabalhos, neste domínio, foi *The Federalist Papers,* que corresponde a uma série de artigos de opinião publicados na imprensa Nova-Iorquina, sob o pseudónimo de *Publius.*

Na União Europeia, a situação é um pouco diferente. Porque se trata de uma revisão do Tratado da União Europeia, tem de ser seguido o procedimento previsto no art. 48.° do Tratado[35], o qual prevê que as alte-

---

[34] Sobre o problema do primado no projecto de constituição, ver, na doutrina portuguesa, JORGE MIRANDA, *A Constituição Europeia e a Ordem Jurídica Portuguesa, in* o Direito, n.°s 134 e 135, 2002/2003, p. 9 e ss; PAULO DE PITTA E CUNHA, *A Constituição Europeia. Um Olhar Crítico sobre o Projecto,* Coimbra, 2004, p. 55 e ss; ANA MARIA GUERRA MARTINS, *O projecto...,* p. 60 e ss.

[35] Sobre o procedimento de revisão no art. 48.° TUE, ver, AAVV, *Les procédures de révision des traités communautaires: du droit international au droit communautaire,* Bruxelas, 2001; ANA MARIA GUERRA MARTINS, *A natureza...,* p. 431 e ss; CHRISTIAN KOENIG/MATTHIAS PECHSTEIN, *EU-Vertragsänderungen,* EuR, 1998, p. 144 e ss; MAR CAMPINS ERITJA, *La revisione del Trattato de la Union Europea,* GJ, 1995 (Oct.), p. 9 e ss; B. DE WITTE, *Rules of Change in International Law: How Special is the European Community?,* NYIL, 1994, p. 310 e ss; ROLAND BIEBER, *Les limites matérielles et formelles à la révision*

As Convenções de Filadélfia e de Bruxelas 27

rações devem, em primeiro lugar, ser aprovadas numa Conferência Intergovernamental, constituída pelos representantes dos Estados, por unanimidade, e, devem, posteriormente, ser ratificadas segundo os processos previstos nas Constituições de todos os Estados membros.

Deste modo, o projecto da Convenção de Bruxelas já sofreu alterações na CIG 2004, onde, como já se disse, foi aprovado por todos os Estados membros, em 18 de Junho de 2004. Após a assinatura pelos representantes dos Estados membros, o projecto terá de ser aprovado pelos parlamentos nacionais, podendo ainda ser sujeito a referendo em alguns Estados.

4. Conclusão

Em conclusão, os pontos de convergência entre as duas Convenções são mais do que o observador menos atento poderia esperar. Todavia, não devem fazer obnubilar as diferenças, que também são muito significativas.

Enquanto o poder constituinte se manifestou de uma forma muito clara na Convenção de Filadélfia e nos processos de ratificação pelos Legislativos dos Estados, que imediatamente se lhe seguiram[36], o mesmo não sucedeu na Convenção de Bruxelas. O poder constituinte na União Europeia é lento, não actua de uma só vez e não pode, por enquanto, prescindir dos poderes constituintes nacionais. Actua, antes, numa rede de interconstitucionalidade[37].

---

des traités établissant la Communauté européenne, RMCUE, 1993, p. 343 e ss; ARACELI MANGAS MARTIN, *La dinámica de las revisiones de los tratados y los déficits estructurales de la Unión Europea: reflexiones generales criticas, in* Estudios in homenaje al Professor M. DIEZ VELASCO, Madrid, 1993, p. 1055 e ss; J. L. CRUZ VILAÇA/NUNO PIÇARRA, *Y a-t-il des limites matérielles à la révision des traités instituant les CE?*, CDE, 1993, p. 3 e ss; JEAN-VICTOR LOUIS, *La révision des traités et l'Union européenne, in* Hommage à GEORGES GORIELY, Bruxelas, 1989, p. 193 e ss; ULRICH EVERLING, *Sind die Mitgliedstaaten der Europäischen Gemeinschaft noch Herren der Verträge?*, Festschrift für HERMANN MOSLER, Berlim, 1983, p. 173 e ss; MARGUERITE DELIEGE-SEQUARIS, *Révision des traités européens en dehors des procédures prévues*, CDE, 1980, p. 539 e ss; JEAN-VICTOR LOUIS, *Quelques considérations sur la révision des traités instituant les Communautés*, CDE, 1980, p. 553 e ss.

[36] Sobre a intervenção dos Estados federados no procedimento de revisão constitucional e no procedimento constituinte, ver PAULO CASTRO RANGEL, *Introdução ao Federalismo contemporâneo*, ROA, 2001, p. 814 e ss.

[37] V., por todos, J. J. GOMES CANOTILHO, *Direito Constitucional e Teoria da Constituição*, 6.ª ed.., Coimbra, 2002, p. 1407 e ss.

Assim sendo, em muitos casos, os mais de duzentos anos que separam as duas Convenções justificam as divergências, mas noutros só as diferentes realidades que lhe estão subjacentes as permitem explicar.

Na verdade, o modelo de desenvolvimento dos Estados Unidos da América tem-se revelado muito atractivo para a Europa, mas há que ter consciência de que, do ponto de vista político, a União Europeia está longe do grau de integração americano.

Ao contrário do que BENJAMIN FRANKLIN vaticinava, em carta dirigida a amigos seus na Europa, logo a seguir à Convenção de Filadélfia, o exemplo americano não preparou o caminho federal na Europa[38].

Lisboa, 15 de Outubro de 2004

---

[38] V. MICHEL ROSENFELD, *The European...*, p. 376.

CONVERGENCE & DIVERGENCE:
AN AMERICAN PERSPECTIVE
ON THE PROPOSED EUROPEAN CONSTITUTION

*Robert A. Destro**

When the initial draft of this paper was presented at the University of Lisbon in May 2004, the news focus on both sides of the Atlantic was on the expansion of Europe. With the accession of ten new members, Europe had become the world's largest trading bloc. Upon the adoption of the proposed European Constitution[1], it would assume political jurisdiction over the lives of over 450 million European citizens. From an American point of view, this was a perfect opportunity to discuss what might be termed the "practical politics" of constitutional law.

My focus in that initial draft was on the ways in which the very different structural and philosophical assumptions that guided the framers of each constitution were reflected in the documents they produced. Even more important, from an American point of view, would be a discussion of the very practical ways in which difference in philosophy and outlook concerning the distribution of political power and accountability would play out in the politics of European constitutional law. In keeping with this view, the presentation draft focused on three issues relating to political and civil rights: 1) citizenship in the European Union; 2) taxation and the common market; and 3) religion and culture.

---

* Professor of Law & Director, Interdisciplinary Program in Law and Religion, Columbus School of Law, The Catholic University of America, Washington, D.C. B.A. 1972, Miami University, Oxford, Ohio; J.D. 1975, University of California, Berkeley.

[1] Treaty establishing a Constitution for Europe, 47 Official Journal of the European Union, 2004/C 310/01 (December 16, 2004) [hereafter "European Constitution."]

The final draft preserves that focus, and relates each of these issues to the current debates in Europe and the United States on matters of common interest. As this paper goes to press in June 2005, the big news is that voters in France and the Netherlands have rejected the proposed European Constitution by decisive margins. In the face of public opinion polls showing nearly sixty-four percent (64%) opposition,[2] Mr. Blair's government has postponed the United Kingdom's referendum on the constitution, but the Polish government will hold that country's referendum as scheduled[3]. By many accounts, the draft European Constitution is in trouble, and so too are some of the politicians who supported it[4].

With the benefit of hindsight, it would be easy to say that all of this was predictable, but to do so would be both unfair and counterproductive. Creating a political community of the size and diversity of either the European Union or the United States is a daunting political task that requires both a long-term vision of the common good and an even longer-term commitment by political leaders who are willing, if necessary, to sacrifice their own political careers to achieve the common goal[5]. Europe is creating a new political community. Political controversies are both inevitable, and an important part of the integration process. If Americans have learned anything in our nearly 220 years of political experience under the Constitution of the United States, it is the truth of two observations about the nature of political reality. One is French, the other is quintessentially American.

The first observation is that many of the "integration" issues facing Europe today are identical to those with which the United States has

---

[2] See Ed Johnson, "Britain Puts EU Constitution Vote on Hold The Move, just days after Defeats in France and Holland, was seen by Many as a Fatal Blow," *The Philadelphia Inquirer*, Tuesday, June 7, 2005 at A3, 2005 WLNR 8978508.

[3] Associated Press, "EU Treaty Shaky as U.K. 'Shuts off Respirator'", *Kitchener-Waterloo Record¸* Tuesday, June 7, 2005, Section: Front, 2005 WLNR 8999561.

[4] *See, e.g.*, John Vinocour, "A Battle Map is Offered, but will Europe March? Politicus," *International Herald Tribune*, Tuesday, June 7, 2005, News, p. 3, 2005 WLNR 9009591; Mika Brzezinski and Sheila MacVicar, "Setbacks Put Brakes on European Unification," *FDCH CBS Newswire*, Monday, June 6, 2005; Gerard Baker, "EU Constitution Got What It Deserved," *Los Angeles Times*, Monday, June 6, 2005, Section: Business, 2005 WLNR 9000993.

[5] One of the famous statements reflecting the political reality of such an endeavor is attributed to Benjamin Franklin, who was asked by an observer after the Constitutional Convention of 1787: ""Well, Doctor, what have we got—a Republic or a Monarchy?", to which Franklin replied: "A Republic, if you can keep it."

been grappling over the course of its history. As the French say, *"plus ça change, c'est la même chose."* The second observation is that "all politics are local."[6] This statement, attributed to the late Thomas P. ("Tip") O'Neill of Boston, who served as Speaker of the United States House of Representatives from 1977 to 1985, captures best one of the most important truths of the democratic process: Politicians should not be surprised when voters prefer the interests of their own communities. Students of human nature would expect them to do just that.

Though it is far too early to have a complete understanding of the political forces that lead French, Dutch, and British voters to question the wisdom of the current draft of the proposed constitution, initial indicators point to voter anger over the "local" impact of policies that lie at the core of the integration process: free trade, freedom of movement within the Union, political accountability, and cultural assimilation. Commentators have observed that the French vote was influenced by the failure of President Jacques Chirac's administration to address the myriad economic and social issues raised by cheap, immigrant labor. In the Netherlands, economics economic issues were also important, but so too were the Dutch government's policies relating to immigration, cultural assimilation, and the question of Turkish accession to the EU[7].

I) A Preliminary Note on the relationship of Structure and Political Accountability

The structure of the American federal union is one of its most important features, but my experience in Europe shows rather clearly that the practical and political implications of that federal structure are not very

---

[6] Congressman, Thomas P. ("Tip") O'Neill, of Boston, Massachusetts served as Speaker of the United States House of Representatives from 1977 to 1985.

[7] Graham Bowley, "Europe Lurches Toward a Period of Crisis," International Herald Tribune Online (2005) at http://www.iht.com/bin/print_ipub.php?file=/articles/2005/05/30/news/union.php; Anthony Browne, "Dreams of a Bigger EU Dashed by Voters' Fears for Lost Jobs," Times Online, (2005) at http://www.timesonline.co.uk/printFriendly/0,,1-13090-1636030-13090,00.html; Phillipe Naughton, "Dutch Set to Reject EU Constitution," Times Online (2005) at http://www.timesonline.co.uk/printFriendly/0,,1-13090-1636482-13090,00.html; Johan Huizinga, "Resounding French Rejection of the EU Constitution," Radio Nederland Wereldomroep (2005) at http://www2.rnw.nl/rnw/en/specialseries/EU_Constitution/fra050530?view=Standard.

well understood in Europe. *The Federalist*, No. 51, places the "structural" component at the center of our government's commitment to the protection of human and civil rights.

> In the compound republic of America, the power surrendered by the people is first divided between two distinct governments, and then the portion allotted to each subdivided among distinct and separate departments. Hence a double security arises to the rights of the people. The different governments will control each other, at the same time that each will be controlled by itself.
>
> Second. It is of great importance in a republic not only to guard the society against the oppression of its rulers, but to guard one part of the society against the injustice of the other part. Different interests necessarily exist in different classes of citizens. If a majority be united by a common interest, the rights of the minority will be insecure.[8]

Few topics have been more controversial in the history of America's compound republic than the nature and extent of the federal government's power to make laws that have the purpose and effect of preempting state institutions or policies. The first such controversy occurred at the Constitutional Convention itself, where the Antifederalists sought explicit guarantees that federal power would not be utilized to preempt important state laws, institutions, and values. The Preamble to the Bill of Rights reflects those concerns. It states:

> THE Conventions of a number of the States, having at the time of their adopting the Constitution, expressed a desire, in order to prevent misconstruction or abuse of its powers, that further declaratory and restrictive clauses should be added: And as extending the ground of public confidence in the Government, will best ensure the beneficent ends of its institutions.
>
> RESOLVED by the Senate and House of Representatives of the United States of America, in Congress assembled, two thirds of both Houses concurring, that the following Articles be proposed to the Legislatures of the several States, as amendments to the Constitution of the United States.... [9]

---

[8] Alexander Hamilton, James Madison & John Jay, THE FEDERALIST NO. 51, at 164 (Alexander Hamilton or James Madison).

[9] U.S. CONST. pmbl., bill of rights. The Preamble to the Bill of Rights was agreed to by the Senate on Tuesday, September 8, 1789. *Journal of the Senate* (Tuesday, Sept. 8, 1789) at 78. The image can be obtained online through the Library of Congress at: http://www.loc.gov/exhibits/treasures/images/uc004829.jpg (last visited July 25, 2003). The Preamble itself is reproduced online *at* http://www.archives.gov/exhibit_hall/char-

The text and structure of the Constitution, Bill of Rights, and Fourteenth Amendment underscore the point. The United States Reports are filled with disputes in which the ultimate question is the balance to be struck between federal and state jurisdiction to prescribe.

Controversies over the power of judicial review center on precisely the same issue. In *Marbury v. Madison,* the Court asserted the unexceptionable proposition that Congressional jurisdiction to prescribe is limited by the Constitution that creates it, and that laws exceeding those limits are a nullity.[10] Executive acts[11] federal and state judicial decrees,[12] and state laws[13] are subject to the same jurisdictional restraints. So too are the decisions of the United States Supreme Court.[14]

Thus, one of the first and most important differences between the Constitution of the United States and the proposed European constitution

---

ters_of_freedom/bill_of_rights/preamble.html (National Archives' Charter of Freedom Exhibit) (last visited June 5, 2005). In full, the Preamble provides as follows:

> **Congress of the United States** begun and held at the City of New-York, on Wednesday the fourth of March, one thousand seven hundred and eighty nine.
>
> **THE** Conventions of a number of the States, having at the time of their adopting the Constitution, expressed a desire, in order to prevent misconstruction or abuse of its powers, that further declaratory and restrictive clauses should be added: And as extending the ground of public confidence in the Government, will best ensure the beneficent ends of its institution.
>
> **RESOLVED** by the Senate and House of Representatives of the United States of America, in Congress assembled, two thirds of both Houses concurring, that the following Articles be proposed to the Legislatures of the several States, as amendments to the Constitution of the United States, all, or any of which Articles, when ratified by three fourths of the said Legislatures, to be valid to all intents and purposes, as part of the said Constitution; viz.
>
> **ARTICLES** in addition to, and Amendment of the Constitution of the United States of America, proposed by Congress, and ratified by the Legislatures of the several States, pursuant to the fifth Article of the original Constitution.
>
> *Id.*

[10] Marbury v. Madison, 5 U.S. (1 Cranch) 137, 177 (1803).

[11] *E.g.*, Clinton v. Jones, 520 U.S. 681 (1997); Youngstown Sheet & Tube Co. v. Sawyer, 343 U.S. 579 (1952); Schecter Poultry Corp. v. United States, 295 U.S. 495 (1935).

[12] Erie R.R. v. Tompkins, 304 U.S. 64 (1938); Martin v. Hunter's Lessee, 14 U.S. (1 Wheat.) 304 (1816).

[13] Gibbons v. Ogden, 22 U.S. (9 Wheat.) 1 (1824); Cohens v. Virginia, 19 U.S. (6 Wheat.) 264 (1821); McCulloch v. Maryland, 17 U.S. (4 Wheat.) 316 (1819).

[14] *See Erie*, 304 U.S. 64 (1938), *rev'g* Swift v. Tyson, 41 U.S. (16. Pet.) 1 (1842). *See generally* Robert A. Destro, *The Structure of the Religious Liberty Guarantee,* 11 J. LAW & RELIGION 355 (1994-95).

is the way in which each conceptualizes the relationship of political power to the protection of civil and human rights. In the American view, "fundamental rights" exist independently of their recognition by government. They are protected best when government authority is divided among competing authorities and explicitly constrained by constitutional limitations. The *practical* result is that Americans are free to challenge actions they perceive to be abuses of authority through the simple expedient of petitioning a *different* branch of government for a redress of their grievances. This is why the late Justice Robert Jackson of the United States Supreme Court, who also served as Attorney General of the United States under President Franklin Roosevelt, described constitutional litigation as "the stuff of power politics in America."[15]

The difference in approach is apparent when one examines the operative provisions of Article 7 of the European Constitution. It is phrased in the affirmative, and views "rights" as a creature of law.

> 1. The Union *shall recognize* the rights, freedoms, and principles set out in the Charter of Fundamental Rights which constitutes Part II of the Constitution.
> 2. The Union *shall seek accession* to the European Convention for the Protection of Human Rights and Fundamental Freedoms. Such accession shall not affect the Union's competences as defined in the Constitution.
> 3. Fundamental rights, *as guaranteed by* the European Convention for the Protection of Human Rights and Fundamental Freedoms, *and as they result from* the constitutional traditions common to the Member States, *shall constitute* general principles of the Union's law. (emphasis added)

The "rights" provisions of the United States Constitution, by contrast, are framed in the negative. The distribution of power within the system leads to an initial assumption that the powers granted by the constitution are plenary to the extent necessary to carry out the assigned task, but that they are limited by the rights retained by the People and by the duties assigned to other branches of government. From this perspective, it would be completely inappropriate to observe that the accession to a human rights treaty "shall not affect the Union's competences as defined in the Constitution." In the American understanding of civil

---

[15] Robert H. Jackson, The Struggle for Judicial Supremacy: A Study of a Crisis in American Power Politics 287 (1941).

and human rights, violations are, by definition, actions taken *outside the scope of the authority granted.*

The first amendment to the Constitution of the United States provides a good example of this approach. It provides:

> Congress shall make no law respecting an establishment of religion, or prohibiting the free exercise thereof; or abridging the freedom of speech, or of the press; or the right of the people peaceably to assemble, and to petition the Government for a redress of grievances.[16]

Written at a time when the States had established churches and restrains on freedom of the press were common, the amendment presumes that, if construed broadly, the powers (competencies) of Congress could be utilized to *authorize* the passage of laws that would violate the "inalienable rights" endowed by our Creator an which are part and parcel of human nature. This is why those who *opposed* the Constitution demanded the inclusion of a Bill of Rights. They wanted explicit guarantees that Congress could "make no law" that would violate the rights of speech, press, religion, assembly, and petition, and an explicit direction *to courts* that the broad powers granted to Congress "shall not be construed" to permit them to use their authority in a manner that would be inconsistent with the powers retained by the States and the People[17]. The ever-present "structural component" is implicit in its first word[18]. The amendment limits the powers of Congress *alone.* The *states* are free, as sovereign political communities, to formulate their own policies on these questions.[19]

The result is that one cannot read the "rights" provisions of the United States Constitution without reference to the competencies they limit.

---

[16] U.S. Const. amend. I(1791).

[17] U.S. Const. amends. IX, X (1791). The antifederalists appear to have feared, correctly as it turns out, that the powers granted to the federal government would arguably permit the creation of a "church of the United States." *See* McCulloch v. Maryland, 4 Wheat. 316, 4 L.Ed. 579 (1819) (reading the general powers of granted to Congress as authorizing the creation of the Bank of the United States).

[18] Mark P. Denbeaux, *The First Word of the First Amendment*, 80 NW. U. L. REV. 1156 (1986)

[19] In a series of cases beginning in the early 1940s, the United States Supreme Court has applied the first amendment to the states through the Due Process Clause of the fourteenth amendment. *See* Everson v. Bd. of Educ., 330 U.S. 1 (1947); Cantwell v. Connecticut, 310 U.S. 296, 303 (1940). *See generally* Michael S. Ariens & Robert A. Destro, RELIGIOUS LIBERTY IN A PLURALISTIC SOCIETY (Carolina Academic Press, 2d ed. 2002), Chapter 5.

36 *Direito Constitucional/Constitutional Law*

Because powers (or competencies) are given to the government as a means for the attainment of community interests, the precise nature and scope of any specific power is to be ascertained on a case-by-case basis though a careful examination of the rights and powers retained by the states and the people[20]. In cases of doubt, the presumption is *against* the exercise of federal authority, and in favor of the power of the states to provide *more* rights protections than those available under federal law.[21]

The proposed European Constitution, by contrast, assumes the primacy of Union law on rights matters. It does not speak in terms of *power*, but rather, in terms of "respect" and "recognition." Article 5 §1, for example, requires that

> The Union shall respect the national identities of the Member States, inherent in their fundamental structures, political and constitutional, inclusive of regional and local self-government. It shall respect their essential State functions, including those for ensuring the territorial integrity of the State, and for maintaining law and order and safeguarding internal security.

Read together, Article 7 and Article 5 §1 raise a number of important constitutional questions, all of which center on the nature of the jurisdictional boundary that separates the powers of the Union from those of its member states. There is an enormous difference between the *respect* (or "comity")[22] that one sovereign owes to another in a case where both have political competence[23], and the jurisdictional bar that exists when a

---

[20] *See generally* U.S. Const., arts. I, II, III, and amends. IX, X, and XIV.

[21] Amendments IX and X provide:

Amendment IX: The enumeration in the Constitution, of certain rights, shall not be construed to deny or disparage others retained by the people.

Amendment X: The powers not delegated to the United States by the Constitution, nor prohibited by it to the States, are reserved to the States respectively, or to the people.

[22] In his classic treatment of the subject of comity in COMMENTARIES ON THE CONFLICT OF LAWS §§ 29-38 (1865), the great American jurist, Joseph Story, discussed Ulrich Huber's (Huberus, 1635-1694) three axioms that apply in situations when there is a conflict of laws: "1) The laws of each state have force within the limits of that government and bind all subjects to it but not beyond; 2) All persons within the limits of a government, whether they live there permanently or temporarily, are deemed to be subjects thereof; and 3) Sovereigns will so act by way of comity that rights acquired within the limits of a government retain their force everywhere so far as they do not cause prejudice to the power or rights of such government or of its subjects." Id. §29, n. 3.

[23] U.S. Const., art. IV §1 ("Full Faith and Credit shall be given in each State to the public Acts, Records, and judicial Proceedings of every other State. And the Congress may

governmental body acts *outside* its competence[24], but Articles 7 and 5 §1 appear to blur that distinction.

From an American perspective, this puts enormous power into the hands of the Union. The political and governmental structures of the member states are to be "respected" only if they are perceived by officials of the Union – including the Court of Justice – as "fundamental" or as necessary for the preservation of "essential state functions, including those for ensuring the territorial integrity of the State, and for maintaining law and order and safeguarding internal security."[25] Read together with the provisions of Article 5 §2, which requires that the "Member States shall facilitate the achievement of the Union's tasks and refrain from any measure which could jeopardise the attainment of the objectives set out in the Constitution," it should come as no surprise that political accountability is, and will continue to be, an important theme in the debates over the adoption and revisions of the proposed constitution.

II) **Citizenship, Freedom of Movement, and Political Accountability**

A. *Comparing the Constitutions: The "Constitutional" Politics of the Immigration Issue*

Much of the recent discussion of the rejection of the European Constitution by French and Dutch voters centers on issues that fall under the general rubric of "globalization." Like many Europeans, Americans have significant concerns about the economic, social, and political effects that occur during massive, cross-boundary labor and capital flows, but the

---

by general Laws prescribe the Manner in which such Acts, Records and Proceedings shall be proved, and the Effect thereof.") *See, e.g.,* State of Nevada v. Hall, 440 U.S. 410 (1979) (State of Nevada could not claim immunity from private lawsuits in California state courts for damages alleged to have been inflicted by Nevada state employees conducting state business in California); Allstate Insurance Co. v. Hague, 450 U.S. 971 (1981) (states are free to apply their own law to cases pending in their own courts whenever they have minimum contacts with the persons, events, or transactions involved in the case).

[24] *Compare* Printz v. United States, 521 U.S. 898 (1997) (Congress does not have the power to require state and local law enforcement authorities to conduct background checks on prospective handgun purchasers) *with* New York v. United States, 505 U.S. 144 (1992) (Congress has the power to regulate the disposal of nuclear waste materials, but may not compel the states to enact laws on the same subject).

[25] European Constitution, Art. 5 §1.

debate over these issues in the United States has a somewhat different focus than that which has been reported in France, Germany, or the Netherlands.

Some of the difference is attributable to history. Many Americans are either economic migrants themselves, or are, like this writer, descended from immigrants who came to the United States in search of a better life for themselves and their families. Mass migrations *within* America's vast, internal market have become the stuff of legend, folklore, and film. From the wagon trains and ships that brought migrants from the Eastern seaboard to the Plains and Far West in the Nineteenth Century to the development of the "Sun Belt" of the South and Southwest in the years following World War II, the economic, social, political, and cultural impact of internal migration has been stunning. The regions receiving the immigration flows have experienced sustained growth in their populations, economies, and political power, while those losing population have had to grapple with unemployment, a shrinking tax base, and the loss of political power and influence in Washington.

Notwithstanding the difficulties that arise from the free movement of people and capital within the internal market, Americans would react with horror at the suggestion that either the federal government or the States should take any action designed to stem the flow of goods or labor in that market[26]. Freedom of movement within the internal common market is so firmly entrenched in the national consciousness that regional disparities in economic performance and job creation are seen primarily as economic and social development problems to be solved by through state and local

---

[26] The Interstate Privileges and Immunities Clause, U.S. Const., art. IV §2, cl 1, provides that: "The Citizens of each State shall be entitled to all Privileges and Immunities of Citizens in the several States," and guarantees not only the right to freedom of movement within the United States, but alo the right to be free from discrimination on the basis of state citizenship. *See, e.g.*, Austin v. New Hampshire, 420 U.S. 656, 660-63 (1975) (finding New Hampshire Commuters Income Tax imposed on Maine residents employed in New Hampshire violated the Privileges and Immunities Clause); Hicklin v. Orbeck, 437 U.S. 518, 523-24 (1978) (holding that an Alaska law that required that all oil and gas leases, easements or rights-of-way permits, and other large projects contain requirement that qualified Alaska residents be hired in preference to nonresidents was unconstitutional as under the Privileges and Immunities Clause of Article IV of the Constitution of the United States); Matter of Jadd, 391 Mass. 227, 461 N.E.2d 760 (1984) (holding that a Supreme Judicial Court Rule that an attorney seeking admission to the Massachusetts bar must be a resident of the Commonwealth violates the Privileges and Immunities Clause of the United States Constitution).

Convergence & Divergence: An American Perspective on the Proposed ...   39

tax and policy initiatives[27]. In this view, the states bear primary responsibility for the economic and social welfare of their citizens. The federal government's role is limited to ensuring legal and political accountability across the entire system[28].

Like Europeans, American voters are uneasy the way in which politicians have been responding to the both legal and illegal immigration. Both Congress and the states appear to notice that frustration and are responding to the pressure in interesting ways. On May 11, 2005 President Bushed signed a series of laws regulating both border and internal se-

---

[27] *See* U.S. Const., art. §I §§8-9 (1787). Given the distribution of taxing authority in the American union, there is a substantial question concerning the nature and extent to which "harmonisation" of internal tax policies of the type contemplated by Title III §6, art. III-59-62 of the European Constitution is even possible. There is an extensive literature on "jurisdiction to tax" and its relationship to Congressional power to regulate interstate and international commerce under U.S. Const., art. I §8, but the discussion is complex and far beyond the scope of this paper. For present purposes it is enough to quote from the Justice Sandra Day O'Connor's opinion for the United States Supreme Court in *New York v. United States*, 505 U.S. 144, 180 (1991):

While the Framers no doubt endowed Congress with the power to regulate interstate commerce in order to avoid further instances of the interstate trade disputes that were common under the Articles of Confederation, the Framers did not intend that Congress should exercise that power through the mechanism of mandating state regulation. The Constitution established Congress as "a superintending authority over the reciprocal trade" among the States, *The Federalist* No. 42, p. 268 (C. Rossiter ed. 1961), by empowering Congress to regulate that trade directly, not by authorizing Congress to issue trade-related orders to state governments. As Madison and Hamilton explained, "a sovereignty over sovereigns, a government over governments, a legislation for communities, as contradistinguished from individuals, as it is a solecism in theory, so in practice it is subversive of the order and ends of civil polity." Id., No. 20, at 138.

[28] *Compare* County of Wayne v. Hathcock, 471 Mich. 445, 684 N.W.2d 765 (2004) (holding that the Michigan Constitution does not permit the state to take private property for public use and transfer it to another private entity unless: (1) there is a public necessity of the extreme sort that requires collective action; (2) the property remains subject to public oversight after transfer to a private entity; and (3) the property is selected because of facts of independent public significance, rather than the interests of the private entity to which the property is eventually transferred.), *with* Kelo v. City of New London, 268 Conn. 1, 843 A.2d 500 (2004) (permitting the state to use the power of eminent domain to take private property for commercial development), *certiorari granted* Kelo v. City of New London, Conn., — U.S. —, 125 S.Ct. 27 (2004) (No. 04-108) (same case now pending in the United States Supreme Court, arguing that Connecticut's laws permitting the use of eminent domain in such circumstances violates the fifth amendment to the Constitution of the United States).

curity.[29] These new laws make it difficult, if not impossible, for undocumented persons to obtain state-issued driver licenses, which serve as the most commonly-used form of official identification in the United States. There has also been an extensive, and largely negative, discussion of the "guest worker" proposals discussed in meetings between the President Bush and Mexican President Vincente Fox[30].

There has been considerable immigration-related political activity at the state level as well – a fact that illustrates another way in which the European Constitution differs from that of the United States. Under the European Constitution, the specifics of immigration policy are left to the member states[31], but the Union is competent to establish a common immigration policy.[32] Under the United States Constitution, Congress has exclusive power to set immigration and naturalization policy[33], but the states have considerable power to define the rights and obligations of their own citizens and others who live within their borders[34].

Much to the dismay of the federal government, as well as to a number of American political and cultural elites, some states have taken official actions that express their displeasure with federal and immigration and border security policies. In their view, federal policies do not provide sufficient protection for states and local governments from the social, fiscal, and other pressures caused by the influx of large numbers illegal and unskilled of immigrants.

---

[29] See "Real ID Act of 2005," enacted as Titles I & II, §§101-207 of H.R. 1268, "The Emergency Supplemental Appropriations Act for Defense, the Global War on Terror, and Tsunami Relief, 2005," and signed by President Bush on May 11, 2005: http://frwebgate.access.gpo.gov/cgi-bin/getdoc.cgi?dbname=109_cong_bills&docid=f:h1268 enr.txt.pdf.

[30] *See, e.g.,* Jerry Seper, "Congressmen urge Bush to Drop Guest-Worker Plan," *The Washington Times,* http://washingtontimes.com/national/20041116-110709-8081r.htm; American Public Media, "President Bush, Immigration Reform, and the Guest Worker Debate, *Marketplace*, Tuesday, March 22, 2005, http://marketplace.publicradio.org/shows/2005/03/22/PM200503223.html (discussing the rights and working conditions of border patrol agents).

[31] European Const. art. III-267, ¶ 2(b), 4.

[32] European Const. art. III-267, ¶ 1-2.

[33] U.S. Const., art. §I §8, cl. 3: "The Congress shall have the power ... To establish an uniform Rule of Naturalization...."

[34] U.S. Const. amend. XIV §1 (1868). An extensive discussion of the differences between state and national citizenship in the United States is beyond the scope of this paper.

The most recent of these was a November 2004 Arizona ballot initiative entitled "Protect Arizona Now."[35] Aimed squarely at both undocumented aliens and a federal government that appears either unable, unwilling, or both to enforce the immigration laws, the ballot language provided that:

> This state finds that illegal immigration is causing economic hardship to this state and that illegal immigration is encouraged by public agencies within this state that provide public benefits without verifying immigration status. This state further finds that illegal immigrants have been given a safe haven in this state with the aid of identification cards that are issued without verifying immigration status, and that this conduct contradicts federal immigration policy, undermines the security of our borders and demeans the value of citizenship. Therefore, the people of this state declare that the public interest of this state requires all public agencies within this state to cooperate with federal immigration authorities to discourage illegal immigration.

Over strenuous opposition by politicians, the media, human rights, and church-related organizations, Arizona's voters adopted the measure, and amended the state's laws to require that authorities confirm the citizenship of all those who show up at the polls to vote. The measure also requires that state welfare authorities the immigration and citizenship status of all applicants for state-provided public benefits[36].

---

[35] For details on the Initiative, *see* http://www.pan2004.com.

[36] Section 46-140.01 of the Arizona Revised Statutes now provides:
A. An agency of this state and all of its political subdivisions, including local governments, that are responsible for the administration of state and local public benefits that are not federally mandated shall do all of the following:
1. Verify the identity of each applicant for those benefits and verify that the applicant is eligible for benefits as prescribed by this section.
2. Provide any other employee of this state or any of its political subdivisions with information to verify the immigration status of any applicant for those benefits and assist the employee in obtaining that information from federal immigration authorities.
3. Refuse to accept any identification card issued by the state or any political subdivision of this state, including a driver license, to establish identity or determine eligibility for those benefits unless the issuing authority has verified the immigration status of the applicant.
4. Require all employees of the state and its political subdivisions to make a written report to federal immigration authorities for any violation of federal immigration law by any applicant for benefits and that is discovered by the employee.

B. *Common Themes: Political Accountability, Subsidiarity, and Local Control*

To the extent that there is a common theme in the debates on both sides of the Atlantic, it appears to be a growing awareness on the part of the developed world that globalization has significant costs in the local market. The European Union and the United States have been aggressive advocates for globalization – as long as that concept is understood as free trade and access to global markets for European and American capital, goods, services, and ideas. There is less support for the concept at the national level, where the competitive pressures unleashed by globalization are felt most keenly. In these communities, "integration" (or "globalization") can easily be seen as having adverse effects on local economies, on important concepts like national citizenship and sovereignty[37], on the legal fabric that protects the rights of workers and families[38], and on a nation's concept of its own cultural identity[39].

B. Failure to report discovered violations of federal immigration law by an employee is a class 2 misdemeanor. If that employee's supervisor knew of the failure to report and failed to direct the employee to make the report, the supervisor is guilty of a class 2 misdemeanor.

C. This section shall be enforced without regard to race, religion, gender, ethnicity or national origin. Any person who is a resident of this state shall have standing in any court of record to bring suit against any agent or agency of this state or its political subdivisions to remedy any violation of any provision of this section, including an action for mandamus. Courts shall give preference to actions brought under this section over other civil actions or proceeding pending in the court.

[37] *See generally* Commission of the European Communities, *Fourth Report on Citizenship of the Union* (1 May 2001 – 30 April 2004), COM (2004) 695 final COM (2004) 695 final (26/10/2004), http://europa.eu.int/eur-lex/lex/LexUriServ/site/en/com/2004/com2004_0695en01.pdf, and annexed staff report: http://europa.eu.int/comm/justice_home/doc_centre/citizenship/doc/sec2004_1280_en.pdf.

[38] See Eilene Zimmerman, "Border Agents Feel Betrayed by Bush Guest-worker Plan," *The Christian Science Monitor*, February 24, 2004, http://www.csmonitor.com/2004/0224/p03s01-uspo.html

[39] *See generally* Commission of the European Communities, Green Paper "On an EU Approach to Managing Economic Migration," COM(2004) 811 final (11.1.2005); Simon Jenkins, "The Peasants' Revolt," *Sunday Times* (UK), Sunday, June 5, 2005, Section: Features, p. 1; Frida Ghitis, Editorial, "Immigration Dims Dutch View of EU," *Atlanta Journal-Constitution*, Monday, June 6, 2005 at A13, 2005 WLNR 8931041; Trudy Rubin, Commentary, "EU Vote Shows Search for Identity," *Duluth Tribune*, Wednesday, June 8, 2005, 2005 WLNR 9081081; Richard Bernstein, "Europe Is Still Europe," *New York Times*, Tuesday, June 7, 2006 at A10, 2005 WLNR 8996807. *See also* Thomas P.M.

Much has been said and written about political movements like those of Jean-Marie LePen in France, Pym Fortuyn in the Netherlands, and the Vlaams Bloc in Belgium. Whatever one thinks of their politics, these "grass roots" organizations complain that their respective governments' policies do not strike an appropriate balance between the demands of human dignity and the need to preserve national, regional, and local social and cultural institutions. With the recent defeat of the European Constitution in a country as politically progressive as the Netherlands, it is now a bit easier for political "moderates" to speak openly on the issue of immigration reform and political assimilation. A good example of this trend is a recent commentary by *Washington Post* columnist Robert J. Samuelson, who observed that:

> There are now an estimated 34 million immigrants in the United States, about a third of them illegal. About 35 percent of all immigrants lack health insurance and 26 percent receive some sort of federal benefit reports Steven Camarota of the Center for Immigration Studies. To make immigration succeed, we need (paradoxically) to control immigration.
>
> Although this is common sense, it's common sense that fits uneasily inside our adversarial political culture. You're supposed to be either pro-immigrant or anti-immigrant – it's hard to be pro-immigrant and pro-tougher immigration restrictions. But that's the sensible position, as any examination of immigration trends suggests.
>
> ... We could do a better job of stopping illegal immigration on our southern border and of policing employers who hire illegal immigrants. ... We could also make more sensible decisions about legal immigrants – favoring the skilled over the unskilled. But the necessary steps are much tougher than most politicians have so far embraced and their timidity reflects a lack of candor about the seriousness of the problem. The stakes are simple: Will immigration continue to foster national pride and strength or will it cause more and more weakness and anger?[40]

Barnett, THE PENTAGON'S NEW MAP (Penguin Group, 2004) ISBN: 0399151753. In Barnett's view, the World's new map is divided into two parts: "the functioning core" and the "nonintegrating gap." The core consists of economically advanced or growing countries that are linked to the global economy and bound to the rule-sets of international trade. The rest of the world is in the nonintegrating gap. These countries operate outside the global economy, are not bound to the rule-sets of international trade, and, unfortunately, have been the loci of all post-Cold War military conflicts.

[40] *See* Robert J. Samuelson, "Candor on Immigration," *Washington Post*, Wednesday, June 8, 2005 at A21.

If, as Samuelson suggests, the "timidity" of both American and European leaders on the immigration issue leads *voters* to draw the same conclusion: *i.e.* that their lack of leadership "reflects a lack of candor about the seriousness of the problem," the vote on the European Constitution may tell us more about the views of the electorate regarding their leaders than it does about their views on the principle of European integration. As one Irish observer put it: "The people of France and the Netherlands have acted in accordance with the dictum that, in a referendum, a question is asked and voters answer another."[41]

From an American perspective, a reading of the election results that emphasizes the *message* being sent by the voters rather than the answer they gave to the specific question their leaders asked illustrates another important difference between the Constitution of the United States and the proposed European Constitution: the *operational* aspects of the principle of "subsidiarity."

Article 9 of the European Constitution provides that

1. The limits of Union competences are governed by the principle of conferral. The use of Union competences is governed by the principles of subsidiarity and proportionality.

2. Under the principle of conferral, the Union shall act within the limits of the competences conferred upon it by the Member States in the Constitution to attain the objectives set out in the Constitution. Competences not conferred upon the Union in the Constitution remain with the Member States.

3. Under the principle of subsidiarity, in areas which do not fall within its exclusive competence the Union shall act only if and insofar as the objectives of the intended action cannot be sufficiently achieved by the Member States, either at central level or at regional and local level, but can rather, by reason of the scale or effects of the proposed action, be better achieved at Union level.

The Union Institutions shall apply the principle of subsidiarity as laid down in the Protocol on the application of the principles of subsidiarity and proportionality, annexed to the Constitution. National Parliaments shall ensure compliance with that principle in accordance with the procedure set out in the Protocol.

4. Under the principle of proportionality, the content and form of Union action shall not exceed what is necessary to achieve the objectives of the Constitution.

---

[41] Letters, "Crisis Over the EU Constitution", *Irish Times,* June 6, 2005 at 15.

Convergence & Divergence: An American Perspective on the Proposed ...   45

The Institutions shall apply the principle of proportionality as laid down in the Protocol referred to in paragraph 3.[42]

In the United States, the principle of subsidiarity is not an aspiration. It is built into the concept of divided sovereignty and is an integral component of the structure of federalism. Much of American constitutional law is, in this view, simply the written record of a case-by-case struggle to define the jurisdictional boundaries between the federal government and the states[43]. As noted by United States Supreme Court Associate Justice Sandra Day O'Connor just a few days before this essay went to press:

> [The United States Supreme Court] enforce[s] the "outer limits" of Congress' Commerce Clause authority not for their own sake, but to protect historic spheres of state sovereignty from excessive federal encroachment and thereby to maintain the distribution of power fundamental to our federalist system of government.[44]

In an opinion even more sweeping in its breadth, Associate Justice Clarence Thomas made a point that should also give some pause to Europeans who may have concerns about the ways in which the EU will implement and respect the principle of subsidiarity:

> The majority's rewriting of the Commerce Clause seems to be rooted in the belief that, unless the Commerce Clause covers the entire web of human activity, Congress will be left powerless to regulate the national economy effectively. [citations omitted]. The interconnectedness of economic activity is not a modern phenomenon unfamiliar to the Framers. (citation omitted); Letter from J. Madison to S. Roane (Sept. 2, 1819), in 3 THE FOUNDERS' CONSTITUTION 259-260 (P. Kurland & R. Lerner eds.1987). Moreover, the Framers understood what the majority does not appear to fully appreciate: There is a danger to concentrating too much, as well as too little, power in the Federal Government. This Court has carefully avoided stripping Congress of its ability to regulate *inter*state commerce, but it has

---

[42] *See also*, Protocol on the Application of the Principles of Subsidiarity and Proportionality, http://europa.eu.int/eur-lex/en/treaties/selected/livre345.html.

[43] *See, e.g.*, Gonzales v. Raich, S.Ct., 2005 WL 1321358 (June 6, 2005) (discussing the power of the federal government to ban the use of marijuana for any purpose *vis á vis* the power of the states to permit individuals to grow or obtain small amounts of marijuana (*Cannabis sativa*) for medicinal use).

[44] Id., S.Ct., 2005 WL 1321358 (O'Connor, J., Rehnquist, C.J., and Thomas, J., dissenting).

casually allowed the Federal Government to strip States of their ability to regulate *intra*state commerce — not to mention a host of local activities, like mere drug possession, that are not commercial.

One searches the Court's opinion in vain for any hint of what aspect of American life is reserved to the States. Yet this Court knows that "'[t]he Constitution created a Federal Government of limited powers.' " *New York v. United States*, 505 U.S. 144, 155, 112 S.Ct. 2408, 120 L.Ed.2d 120 (1992) (quoting *Gregory v. Ashcroft*, 501 U.S. 452, 457, 111 S.Ct. 2395, 115 L.Ed.2d 410 (1991)). That is why today's decision will add no measure of stability to our Commerce Clause jurisprudence: This Court is willing neither to enforce limits on federal power, nor to declare the Tenth Amendment a dead letter. If stability is possible, it is only by discarding the stand-alone substantial effects test and revisiting our definition of "Commerce among the several States." Congress may regulate interstate commerce — not things that affect it, even when summed together, unless truly "necessary and proper" to regulating interstate commerce.[45]

Political movements like "Protect Arizona Now" and those that urged a "no" vote on the European Constitution are significant actors on the political scene. Because they play an important role in the preservation of political accountability, ensuring that they have sufficient opportunities to express their political concerns, and to seek redress for their grievances, is a key component of any political system committed to democratic self--governance[46]. This is why American observers of the European Constitution are so interested in its political accountability mechanisms, and in the *operational* aspects of the principle of subsidiarity. In large and diverse political systems like the EU and the United States, local control plays an important *political* role, and serves as an "early warning" to politicians at the union level that they may be dangerously out of touch with the People themselves. It makes no difference whether that role arises out of a profound respect for the principle of subsidiarity, or from the jurisdictional limitations built into the separation of powers doctrine. The key factor is whether the People have real, and regularly recurring, opportunities to make their voices heard.

---

[45] Id., S.Ct., 2005 WL 1321358 (O'Connor, J., Rehnquist, C.J., and Thomas, J., dissenting).

[46] *See* U.S. Const. art. IV §3 (Guaranty Clause); amend. I (petition for redress of grievances).

Federalism is one safeguard [against unwise policies], for political accountability is easier to enforce within the States than nationwide. The other principal mechanism, of course, is control of the political branches by an informed and responsible electorate. Whether or not federalism and control by the electorate are adequate for the problem at hand, they are two of the structures the Framers designed for the problem the statute strives to confront. The Framers of the Constitution could not command statesmanship. They could simply provide structures from which it might emerge. The fact that these mechanisms, plus the proper functioning of the separation of powers itself, are not employed, or that they prove insufficient, cannot validate an otherwise unconstitutional device.[47]

III) **Religion, Culture and the Concept of "Citizenship"**

A. *Determining Who Is a Member of the Community and Who is an "Outsider"*

The task of building a community begins with persons. As social beings, human persons have a need to belong to a community not only for physical support, but as an essential component of the task of self-identification. That process begins with a family and often occurs within a faith community, for both institutions – church and family – serve as essential transmitters of culture. American constitutional law recognizes this point:

Under the doctrine of *Meyer v. Nebraska*, 262 U.S. 390 ..., we think it entirely plain that the Act of 1922 unreasonably interferes with the liberty of parents and guardians to direct the upbringing and education of children under their control. As often heretofore pointed out, rights guaranteed by the Constitution may not be abridged by legislation which has no reasonable relation to some purpose within the competency of the State. The fundamental theory of liberty upon which all governments in this Union repose excludes any general power of the State to standardize its children by forcing them to accept instruction from public teachers only. The child is not the mere creature of the State; those who nurture him and direct his destiny

---

[47] Clinton v. City of New York, 524 U.S. 417, 452-453 (1998) (Kennedy, J., concurring). *See also* New York v. United States, 505 U.S. 144, 181-182 (1992) (discussing the reasons why federalism and separation of powers foster individual rights and political accountability).

have the right, coupled with the high duty, to recognize and prepare him for additional obligations.[48]

Once a child leaves home and seeks to enter the political, educational, and business communities and their relevant subcultures, the identity shaping devices and structures that define those groups is a fertile ground for inter-ethnic and religious tension. Under this rubric arise the issues of

- Assimilation (overt and informal)
- Cultural Expropriation
- The Need of Sub-Cultures to Maintain their Identity in a Plural Culture
- The Need of the Larger Society to Create and Maintain a Cohesive, yet Plural Culture

Given its heritage as a nation of immigrants, Native Americans and slaves brought here involuntarily, the American experience provides a unique, and uniquely useful, example of some of the "religious" questions that can arise when a political community sets out to define itself in "secular" or "neutral" terms.

1. *Membership in the Political Community: Citizenship*

"Citizenship" was the legal issue over which the United States fought the Civil War, and the substantive content that status remains a source of controversy in the American body politic even today. In purely legal terms, the issue in the mid-1850s was a simple one: should persons of Black-African descent be permitted to attain the status of "citizen", and, if so, whose law (federal, the State of origin, or the state of residence and labor) would determine the issue? In *Dred Scott v. Sandford*[49], the United

---

[48] Wisconsin v. Yoder, 406 U.S. 205, 232-33 (1973). This position also finds support in international human rights principles. *See, e.g.*, The International Covenant on Civil and Political Rights, Article 18 (1966); The Helsinki Final Act (1975) (Baskets VI & VIII); United Nations Declaration on the Elimination of All Forms of Intolerance and of Discrimination Based on Religion or Belief (1981). Concluding Document of the Vienna Meeting in 1986 of Representatives of the Participating States of the Conference on Security and Co-operation in Europe, held on the Basis of the Provisions of the Final Act Relating to the Helsinki Conference (1989).

[49] 60 U.S. (19 How.) 393 (1856).

States Supreme Court held that the answer was a question of federal law, and that the only relevant cultural *and religious* perspective on the issue was that of pro-slavery, persons of white, European descent.[50]

The important legal point to draw from this episode in American history is that is Americans acquire citizenship *status* under the Constitution itself[51], but, like citizenship in the European Union[52], the *rights* enjoyed by American citizens are defined by both federal and the law of the state in which they reside. It would be inconsistent with both European and the American understandings of human dignity to have one's relationship to the political community defined by an immutable characteristic, such as "race" or "gender", by reference to a tribal or communal culture, or to a "state of mind." The question, for Americans, is which of the relevant political communities has the "final word."[53]

B. *Religion, Political Culture, and Citizenship in the European Union and the United States*

Because religion is such an important component of a nation's culture and identity, it is almost inevitable that the status of religion in society will become a topic for discussion when a draft constitution is submitted for consideration. In the United States, where the "separation of church and state" is "functional" in character, the only mention of religion in the Constitution of 1787 is the Religious Test Clause of Article VI[54]: "no religious test shall ever be required as a Qualification to any Office or public Trust under the United States."

---

[50] This was the holding explicitly overturned by the Citizenship Clause of the Fourteenth Amendment. U.S. Const. Amend. XIV § 1 (1868). ("All persons born or naturalized in the United States are citizens of the United States and of the State in which they reside.").

[51] U.S. Const. amend. XIV §1 (1868) provides that: "All persons born or naturalized in the United States, and subject to the jurisdiction thereof, are citizens of the United States and of the State wherein they reside."

[52] European Constitution, Title II, art. 8.

[53] See Robert A. Destro, *Federalism, Human Rights, and the Realpolitik of Footnote Four*, 12 WIDENER LAW REVIEW 373-457 (2003).

[54] Article VI, clause 3 requires an oath or affirmation in support of the Constitution from all officials and legislators, both State and federal, but only the federal government was prohibited from utilizing the religious tests to determine fitness for public office.

Like the drafters of the European Constitution, the Framers of the American Constitution wanted to keep the federal government out of religious controversies, and thought they could so by keeping the powers of the union focused on purely temporal issues while leaving questions of regarding religion and religious groups to the states. In this view, it was possible for the Framers of the United States Constitution to draw "nonestablishment sum from the lack of federal jurisdiction over religion plus the test ban." In the debates over the ratification of the Constitution they argued that "since the oath requirement was the only plausible power one sect might use to gain the upper hand"[55]; Article VI was "enough [of a religious liberty guarantee] for a federal government of specific enumerated powers"[56].

---

[55] *See* Gerard V. Bradley, *The No Religious Test Clause and the Constitution of Religious Liberty: A Machine That Has Gone of Itself*, 37 CASE W. RES. L. REV. 674, 708--709 (1987) quoting IV ELLIOT'S DEBATES ON THE FEDERAL CONSTITUTION at 196 (speech of James Iredell). This is a significant point, especially in light of the current Court's understanding of the Fist Amendment's guarantees of freedom of speech, press, religion, peaceable assembly and petition for redress of grievances. It seems to have been forgotten in contemporary church-state jurisprudence that an "establishment of religion" was a many faceted enterprise which included, in addition to the *preferential* treatment of and support for identifiable religious groups, there were also legal mechanisms designed to enforce the political and civil *subordination* of the disfavored religions and their adherents. Among these were test oaths, requirements of church membership and worship, and other civil disabilities. *See generally* William A. Blakely, ed. & The Religious Liberty Ass'n, AMERICAN STATE PAPERS AND RELATED DOCUMENTS ON FREEDOM IN RELIGION (Review and Herald: Washington, D.C., 1949) 17-92.

[56] *Id.*, Bradley, *supra* note 55 at 709. Professor Bradley notes that just "as in the voter qualifications actually left to state law by article I, the Framers *could* have cut into the comparatively 'illiberal' state orders [supporting state-established religions] had they wanted to. Put differently and largely as a matter of legal analysis and not political wisdom, an incision at this point could certainly have been justified as a necessary, limited protection of the federal regime, and not as a wholesale invasion of state autonomy. This reticence and the overall sparseness of the record at least plausibly confirm Pinckney's proposal as a matter of observation, both about the completed legal framework and the Framers' intentions: Congress should not regulate the 'subject of religion.'" Bradley, *supra* note 55 at 693.

The States, by contrast, commonly applied such tests to those seeking State offices, and at least one –Tennessee – continued to do so as late as 1977! *See* McDaniel v. Paty, 435 U.S. 618 (1978), *rev'g*, Paty v. McDaniel, 547 S.W.2d 897 (Tenn., 1977). For an historical perspective on this issue, *see* William G. Torpey, JUDICIAL DOCTRINES OF RELIGIOUS RIGHTS IN AMERICA (Chapel Hill: U.N.C. Press, 1948) at 16, quoting Sanford H. Cobb, THE RISE OF RELIGIOUS LIBERTY IN AMERICA (New York: MacMillan, 1902) at 510 (compiling statistics "relative to religious qualifications for officeholders in the first thirteen state constitutions.)

Former Commission President, Romano Prodi, made essentially the same point in answer to a question posed to him on the subject of religion in the European Union:

> **Question**: *What is the attitude of the European institutions in general, and of the European Commission in particular, towards the Churches, religious associations and religious communities in the continent?*
>
> **Answer**: The position of the institutions of the European Union towards the churches, the religions and the religious communities is absolutely impartial, it respects the rights of everyone and it acknowledges the importance of the role of the religions in our society of today. [57]

A position of "absolute impartiality," however, is rarely enough to satisfy the concerns of those who view the union's constitution as a statement concerning the religious heritage of the community. In the United States, the anti-Federalists viewed the Test and Supremacy Clauses as threats to religious liberty.[58] So did the States. Both pressed, successfully, for the ratification of the First Amendment because the Constitution of 1787 did not state explicitly that the federal government had no enumerated power either to vex religious liberty directly or to set national policy on the subject.[59]

The discussion in Europe has a similar character, and proceeds from many of the same concerns. Mr. Prodi's response to the question of the treatment of churches in the European Constitution is informative:

> **Question**: *There is a lot of discussion about the Christian roots of Europe in the future European Constitution. What is your opinion about this? In your opinion, what space should the religious denominations have in the European Constitution?*
>
> **Answer**: The Convention on the future of Europe has partly answered this question in the Preamble that opens the project of the Constitutional Treaty and, in a more specific way, in article 51 of the text. I have already referred to article 51, but I would like to draw attention to its qualifying part by citing the third paragraph: "The Union maintains an open, transparent

---

[57] European Consortium on Church & State Research, *Newsletter*, April 2004, pp 1-2.

[58] Id. at 694-711.

[59] Federalist, No. 52, 57 (Madison). *See generally* id., No. 10, 51. Professor Bradley writes that "[t]he no-test clause was sold as a constitutionalized Golden Rule with a Machiavellian spin to it: 'Constrain yourself as you would constrain others.'" Madison's views on the role factions should play in the protection of all forms of liberty are thus clearly in evidence here. Bradley, *supra* note 55 at 702-707.

52   *Direito Constitucional/Constitutional Law*

and regular dialogue with such churches and organizations, recognizing their identity and their specific contribution." I would like today to confirm my position on this point. I am convinced that religion is one of the fundamental values of Europe and the history of Europe and the history of Christianity are indissolubly linked. [60]

Just as in Europe, religion is an important component of American domestic culture, but Americans appear to be far more overt in their discussion about the role of religion in society *and in politics* than our European counterparts. Many Americans question both the wisdom, and the constitutionality, of the French education law that provides that "the wearing of tokens or clothing by which students [in public schools] openly manifest a religious affiliation is forbidden,"[61] and some have pointed to the rejection of the appointment of Mr. Rocco Buttiglione as Justice Minister for the European Commission as an example of anti-religious bigotry.[62] The history of the First Amendment to the Constitution of the United States is largely a chronicle of the myriad ways in which such charges are made, and resolved, in the United States through politics, litigation, migration, and cultural assimilation.

In short, we have much to learn from each other.

IV) Conclusion

In the paper presented above, I have sought to relate questions discussed at the Lisbon conference in 2004 to the politics of the present day. I hope that it will serve to foster additional discussion. At the first Luso-

---

[60] European Consortium on Church & State Research, *Newsletter*, April 2004, p. 2. *See also* European Consortium on Church & State Research, *God in the European Constitution? Opinions of the European Constitution Members.* Available online at: http://www.church-state-europe.org/newsletter/April2004rechts.HTML.

[61] Section 141-5-1 of the Education Code provides: "Dans les écoles, les collèges et les lycées publics, le port de signes ou tenues par lesquels les élèves manifestent ostensiblement une appartenance religieuse est interdit. Le règlement intérieur rappelle que la mise en oeuvre d'une procédure disciplinaire est précédée d'un dialogue avec l'élève." http://www.legifrance.gouv.fr/WAspad/UnTexteDeJorf?numjo=MENX0400001L, last visted October 30, 2004.

[62] *See, e.g.,* George Weigel, *The New Europe: No Catholics Need Apply, The Catholic Difference* (November 17, 2004), available online at: http://www.catholiceducation.org/articles/persecution/pch0071.html.

-American conference, held at The Catholic University of America in 2001, all of the speakers pointed out that there is much to be gained in a trans-Atlantic dialogue between the United States, Portugal, and other the Portuguese speaking counties. The conference held in Lisbon in 2004 proves not only the truth of those observations, but also the need to continue the dialogue on matters of common interest.

Washington, D.C.
June 2005

II

DIREITO CIVIL
CIVIL LAW

A ADOPÇÃO EM PORTUGAL

Jorge Duarte Pinheiro[*]

ABSTRACT: *This conference aims to be a brief review of adoption law in Portugal and it deals with requisites, process, legal consequences and breakdown of adoption.*
Adoption was rehabilitated in Portugal less than 25 years ago, after almost four centuries of mistrust and prohibition. Today the institution is centered on the best interests of the child. Adoption of adults is forbidden. Nowadays adoption has a great symbolic importance because of the social relevance of minors' protection. In contrast, the number of adoptions is relatively scarce. This is partially due to the model in force. The Portuguese legislation is based on the idea that adoption is an imitation of natural filiation. Adoption appears like a kind of subsidiary, secondary filiation, in face of biological filiation. The view of adoption as an exceptional remedy is associated to solutions that reduce the possible number of adoptions: full adoption is preferred to limited or open adoption; joint adoption is preferred to sole adoption; joint adoption by same-sex couples is rejected; independent or private adoption is forbidden; and international adoption is ruled by a restrictive law.

1. Introdução

1.1. *Noção*

O Código Civil português contém uma noção do instituto – "vínculo que, à semelhança da filiação natural, mas independentemente dos laços

---

[*] Professor da Faculdade de Direito da Universidade de Lisboa.

58 Direito Civil/Civil Law

de sangue, se estabelece legalmente entre duas pessoas"[1]. No entanto, esta noção não abarca todas as modalidades possíveis de adopção[2]. Em rigor, a adopção deve ser definida como um "vínculo que, independentemente dos laços de sangue, cria direitos e deveres paternofiliais entre duas pessoas"[3].

1.2. *Relevância do tema*

Com este sentido, o instituto da adopção assume inegável relevância nas preocupações do poder político, da legislação e da opinião pública. Todavia, é patente o contraste entre tais preocupações e o número de adopções que são decretadas. Em 2002, foram registadas apenas 363 adopções[4], o que corresponde a cerca de 3% das crianças que então se encontravam em centros de acolhimento ou em instituições da Segurança Social[5].

1.3. *Evolução legislativa*

O abismo entre as intenções e os resultados assenta em vários motivos, que se tornarão nítidos ao longo desta conferência. Nesta linha de clarificação, importa fazer uma referência histórica[6]. O instituto da adopção

---

[1] Cfr. artigo 1586.º. Pertencem ao Código Civil português os artigos sem indicação do seu diploma de origem.

[2] Não abarca a adopção restrita: cfr., *infra*, n.º 1.6.

[3] A nossa proposta de definição inspira-se na noção da lei portuguesa e na noção que é apresentada por HARRY D. KRAUSE, para o qual a adopção consiste na "voluntary assumption of parental obligations by an individual who usually is not the biological parent of the person adopted" ("Creation of Relationships of Kinship", *International Encyclopedia of Comparative Law*, vol. IV, *Persons and Family*, cap. VI, Tübingen/The Hague-Paris, J.C.B. Mohr/Mouton, 1976, p.12).

[4] Segundo dados provisórios, apurados em 04/06/2003, relativos aos actos de registo civil praticados durante o ano de 2002, que foram consultados em Abril de 2004 no seguinte sítio (*site*) de um serviço do Ministério da Justiça: *www.gplp.mj.pt*.

[5] De acordo com uma informação do Instituto de Solidariedade e Segurança Social, o número de crianças em centros de acolhimento ou em instituições da Segurança Social ascendia, em Outubro de 2002, a 11.299.

[6] Cfr. ASCENSÃO SILVA, *A constituição da adopção de menores nas relações privadas internacionais: alguns aspectos*, Coimbra, Coimbra Editora, 2000, pp. 45-56; CAPELO DE SOUSA, "A adopção: constituição da relação adoptiva", *Boletim da Faculdade de Direito*

A adopção em Portugal 59

é antigo no nosso ordenamento, mas não teve a mesma aceitação social ao longo do tempo. A partir do séc. XVI entrou em declínio e chegou a ser mesmo abolido pelo Código Civil de 1867. O Código Civil de 1966 voltou a reconhecer o instituto, mas de uma forma tímida. Na verdade, só em 1977, há pouco mais de vinte e cinco anos, é que se iniciou um período de regulamentação menos restritiva da adopção. De então para cá tem-se observado um movimento legislativo contínuo, que visa dignificar e facilitar a adopção. Nesse movimento se inserem as últimas alterações legislativas, efectuadas no ano passado[7].

1.4. *Fontes do direito em matéria de adopção*

Note-se, porém, que a regulamentação em matéria de adopção não se resume aos vários diplomas de direito interno, entre os quais se contam a Constituição da República Portuguesa[8], o Código Civil[9], a Organização Tutelar de Menores[10], o Decreto-Lei 185/93, de 22 de Maio, e a Lei de Protecção de Crianças e Jovens em Perigo[11]. Não se podem ignorar as fontes de direito internacional, que contêm regras e princípios aplicáveis no nosso território, como é o caso da Convenção sobre os Direitos das Crianças[12] e da Convenção Europeia em Matéria de Adopção de Crianças[13].

---

da Universidade de Coimbra, supl. XVIII, 1971, pp. 325-347; DULCE ROCHA, "Adopção – um direito para algumas crianças", *Revista do Ministério Público* 1997, n.° 70, pp. 125--127; PEREIRA COELHO/GUILHERME DE OLIVEIRA, *Curso de Direito da Família*, vol. I, *Introdução e Direito Matrimonial*, 3.ª ed., 2003, pp. 53-55; R. SÁ GOMES, "O novo regime da adopção", em José Pedro Fazenda Martins e outros, *Temas de Direito da Filiação*, Lisboa, Associação Académica da Faculdade de Direito de Lisboa, 1994, pp. 71-76.

[7] As últimas alterações ao regime jurídico da adopção foram efectuadas através da Lei n.° 31/2003, de 22 de Agosto, e afectaram o Código Civil, a Lei de Protecção de Crianças e Jovens em Perigo, o Decreto-Lei n.° 185/93, de 22 de Maio, e a Organização Tutelar de Menores.

[8] Cfr. artigo 36.°, n.° 7, parcialmente reproduzido, *infra*, na nota 52.

[9] Cfr., além do artigo 1586.°, os artigos 1973.° a 2002.°-D.

[10] Aprovada pelo Decreto-Lei n.° 314/78, de 27 de Outubro, foi objecto de várias alterações. A última versão da secção relativa ao processo de adopção (artigos 162.° a 173.°-G) foi publicada em anexo à Lei n.° 31/2003, de 22 de Agosto.

[11] A referida Lei de Protecção foi aprovada pela Lei n.° 147/99, de 1 de Setembro, e contém várias disposições que versam especificamente a adopção, como sucede com os artigos 11.°, 21.°, 35.°, 38.°-A, 62.°-A, 63.°, 65.°, 68.°, 88.°, 91.°, 104.° e 114.°.

[12] Cfr., em particular, o artigo 21.° desta Convenção, que foi feita em Nova Iorque em 20 de Novembro de 1989 e ratificada pelo Decreto do Presidente da República n.° 49/90, de 12 de Setembro (*Diário da República*, I série, n.° 211, suplemento, de 12/9/1990).

1.5. *O espírito actual do instituto*

Com base neste vasto conjunto de fontes, é possível alcançar o espírito actual da adopção, tornando compreensível a passagem de uma visão adversa para uma visão favorável ao instituto. Na altura em que o Código de Seabra aboliu a adopção, a figura privilegiava o interesse do adoptante, sendo encarada como um instrumento de continuação da família deste ou de transmissão do seu património. Hoje, o instituto visa o "interesse superior da criança"[14]. Aliás, o direito português não admite a adopção de adultos[15]. O "interesse superior da criança" é um conceito indeterminado, que, enquanto tal, comporta o risco de algum relativismo. No entanto, não há dúvidas de que o conceito inclui um núcleo, correspondente à "estabilidade das condições de vida da criança, das suas relações afectivas e do seu ambiente físico e social"[16]. A adopção é actualmente vista como um instrumento de defesa do interesse do adoptando e do interesse geral de protecção da infância mais desfavorecida.

1.6. *Modalidades de adopção*

Todavia, a adopção não pode ser tratada como um todo absolutamente uniforme. Entre nós, a adopção comporta várias modalidades. Quanto ao número de adoptantes, deve distinguir-se entre adopção conjunta e adopção singular. A adopção conjunta é aquela que é feita simultaneamente por duas pessoas. A adopção singular é feita por uma só pessoa. Quanto aos efeitos, a lei distingue entre adopção plena e adopção restrita[17]. A adopção plena implica a integração total e exclusiva do adoptado na família do adoptante, isto é, o adoptado adquire a situação de filho do adoptante, extinguindo-se as relações entre o adoptado e a sua família natural[18]. A adopção restrita traduz-se fundamentalmente na atribuição do

---

[13] A Convenção, aberta à assinatura a 24 de Abril de 1967, só entrou em vigor na nossa ordem jurídica em 24 de Julho de 1990 (*Diário da República*, I série, de 30/5/1990).

[14] O n.º 1 do artigo 1974.º estabelece que "a adopção visa realizar o superior interesse da criança".

[15] Cfr. artigos 1980.º, n.º 2, e 1993.º, n.º 1.

[16] Cfr. M. CLARA SOTTOMAYOR, "Quem são os «verdadeiros» pais? Adopção plena de menor e oposição dos pais biológicos", *Direito e Justiça* 2002, tomo 1, p.197.

[17] Cfr. artigo 1977.º, n.º 1.

[18] Cfr. artigo 1986.º, n.º 1.

A adopção em Portugal 61

poder paternal ao adoptante, conservando-se, no restante, a generalidade dos laços entre o adoptado e a sua família natural[19].

1.7. Nos próximos minutos, tentarei dar um panorama da adopção em Portugal, de acordo com a seguinte sequência: primeiro, constituição do vínculo da adopção; segundo, efeitos da adopção; terceiro, extinção da adopção; quarto, adopção internacional.

2. A constituição do vínculo de adopção

2.1. O vínculo de adopção é constituído por sentença judicial[20], o que significa que o nosso sistema é de decreto e não de contrato. A sentença que decreta a adopção pressupõe o preenchimento de vários requisitos: requisitos quanto ao adoptando, quanto ao adoptante, quanto à relação entre o adoptante e o adoptando e requisitos quanto a terceiros

2.2. Nos requisitos da adopção quanto ao adoptando, são de destacar os seguintes: a constituição do vínculo de adopção deve ser conveniente para o adoptando[21] e este, em regra, não pode ter idade superior a quinze anos[22].

2.3. Nos requisitos quanto ao adoptante, merecem destaque os seguintes: é indispensável que o adoptante tenha vontade de adoptar[23]; em regra, ele não pode ter idade superior a 60 anos; e tem de ter, pelo menos, 25 anos, salvo no caso da adopção plena singular, em que tende a ser exigível uma idade mínima de 30 anos[24].

No caso da adopção conjunta, os dois adoptantes têm de estar ligados por uma relação de casamento ou de união de facto há mais de quatro anos[25], mas não é permitida a adopção por casais de homossexuais[26].

---

[19] Cfr. artigos 1994.° e 1997.°.

[20] Cfr. artigo 1973.°, n.° 1.

[21] Cfr. artigo 1974.°, n.° 1.

[22] Cfr. artigo 1980.°, n.° 2.

[23] A falta do consentimento do adoptante é fundamento de extinção retroactiva da adopção plena, nos termos do artigo 1990.°, n.° 1, alínea a), aplicável à adopção restrita *ex vi* do artigo 1993.°, n.° 1.

[24] Cfr. artigo 1979.°.

[25] Cfr. artigo 1979.°, n.° 1, e artigo 7.°, este da Lei n.° 7/2001, de 11 de Maio (diploma que adopta medidas de protecção das uniões de facto).

A matéria dos requisitos quanto ao adoptante leva-me a fazer duas notas. A primeira refere-se ao facto de se detectar uma preferência prática pela adopção conjunta em detrimento da adopção singular[27], o que não deixa de ser um reflexo da noção legal de adopção. Conceber a adopção como uma imitação da filiação natural privilegia as situações de biparentalidade adoptiva. A segunda nota respeita à orientação sexual do adoptante. A lei rejeita claramente a adopção conjunta por homossexuais. Associando isto à preferência que é dada à adopção conjunta, o resultado é um número relativamente limitado de adopções por homossexuais.

2.4. *(cont.) Requisitos quanto à relação entre o adoptando e o adoptante*

A lei prevê ainda requisitos da adopção quanto à relação entre o adoptante e o adoptando. Nomeadamente, exige-se que seja provável o estabelecimento de um vínculo, entre o adoptante e o adoptando, semelhante ao da filiação natural, e consagra-se a necessidade de um período em que o adoptando tenha estado previamente ao cuidado do adoptante[28].

2.5. (cont.) Por fim, a lei impõe requisitos quanto a terceiros: requisitos quanto aos familiares do adoptante e quanto aos familiares e ao tutor do adoptando. Neste domínio, é de sublinhar a exigência do consentimento para a adopção, por parte dos pais do adoptando[29]. O consentimento, que é irrevogável[30], tem de ser prestado perante o juiz e, no caso da mãe biológica, não pode ser dado antes de decorridas seis semanas

---

[26] É o que decorre da inadmissibilidade do casamento entre pessoas do mesmo sexo (artigos 1577.º e 1628.º, alínea e)) e do reconhecimento do direito de adopção conjunta apenas aos membros de união de facto heterossexuais (artigo 7.º da Lei n.º 7/2001, de 11 de Maio). Sobre a problemática específica da adopção por membros de uma união de facto, cfr. FRANÇA PITÃO, *Uniões de facto e economia comum (Comentário crítico às Leis n.ºs 6/2001 e 7/2001, ambas de 11.05)*, Coimbra, Almedina, 2002), pp. 145-167.

[27] Cfr. M. CLARA SOTTOMAYOR, "A adopção singular nas representações sociais e no Direito", *Lex Familiae* 2004, n.º 1, p. 41 e s.

[28] Cfr. artigo 1974.º, n.º 1, *in fine*, e n.º 2.

[29] Cfr. artigo 1981.º, n.º 1, alínea c).

[30] É o que resulta da alteração introduzida ao artigo 1983.º pela Lei n.º 31/2003, de 22 de Agosto, que eliminou a referência à possibilidade de revogação do consentimento para a adopção.

após o parto[31]. Contudo, não se pode dizer que o direito português tenha seguido um sistema voluntário, isto é, um sistema em que a adopção dependa exclusiva ou predominantemente do consentimento dos pais biológicos. A lei estabelece um conjunto vasto de situações em que é dispensado tal consentimento[32]. É o que sucede, por exemplo, quando os pais tenham abandonado o menor, quando, por causas objectivas ou subjectivas, tenham posto em perigo grave a segurança, a saúde, a formação, a educação ou o desenvolvimento do filho, e quando tenham revelado manifesto desinteresse por ele.

2.6. *O processo de adopção*

No plano da constituição do vínculo da adopção em Portugal, não relevam apenas os aspectos substantivos da adopção. É também útil uma alusão ao processo de adopção.

O processo de adopção assume ao mesmo tempo carácter administrativo e judicial[33]. Qualquer processo de adopção pressupõe a apresentação da candidatura a adoptante perante um organismo de segurança social. Não sendo rejeitada a candidatura, o candidato a adoptante toma o menor a seu cargo, mediante confiança administrativa, confiança judicial ou medida de promoção e protecção de confiança a pessoa seleccionada para a adopção. Estabelecida a confiança, inicia-se um período de pré-adopção, não superior a seis meses, cabendo ao organismo de segurança social elaborar um relatório até 30 dias depois de terminado o período de pré-adopção. Notificado o candidato do relatório ou findo o período para a sua elaboração, o candidato pode apresentar uma petição de adopção, com a qual se inicia a fase judicial do processo de adopção, que tem carácter urgente. Junto o relatório do organismo de segurança social e após a audição do adoptante e das pessoas cujo consentimento a lei exija e ainda não o tenham prestado, o juiz pode decretar a adopção.

Como se percebe, o processo de adopção é, no seu conjunto, longo e burocrático. Além disso, apesar de o vínculo ser formalmente constituído

---

[31] Cfr. artigo 1982.°.

[32] Cfr. artigo 1981.°, n.° 3.

[33] Cfr., em especial, os artigos 5.° a 10.° do Decreto-Lei n.° 185/93, de 22 de Maio, respeitantes à fase administrativa do processo de adopção, e os artigos 168.° a 172.° e 173.°-D da Organização Tutelar de Menores, sobre a fase judicial.

por sentença judicial, não se pode negar o peso da decisão administrativa, seja por força das fases prévias à fase judicial, seja por força da influência do relatório do organismo social, que tem necessariamente de constar no processo judicial. Mais importante do que isto, é, no entanto, o facto de o processo de adopção demonstrar que o direito português rejeita em absoluto a adopção independente ou privada, incluindo a adopção como meio de contornar as regras sobre o estabelecimento da filiação, na hipótese de maternidade de substituição. A confiança do menor e a constituição do vínculo de adopção dependem necessariamente de uma decisão do Estado.

3. Os efeitos da adopção

Na área dos efeitos da adopção, impera a distinção entre a adopção plena e a adopção restrita, que foi traçada logo no momento introdutório.

Importa agora sublinhar a nítida preferência conferida à adopção plena em detrimento da adopção restrita. Em 2002, as adopções restritas representaram cerca de 2,5% do total das adopções registadas[34]. Ora, esta preferência prática não surpreende se tivermos em consideração a própria preferência que a lei dá à adopção plena, quando formula um conceito de adopção. A aproximação da adopção à filiação natural sugere um vínculo total e exclusivo, contrário à conservação dos laços entre o adoptado e a sua família natural. Deste modo e dada a afinidade existente entre a nossa adopção restrita e a chamada adopção aberta, pode afirmar-se que o nosso ordenamento é pouco favorável à experiência da adopção aberta.

Em contrapartida, o segredo de identidade dos pais naturais está longe de ser um valor absoluto. A identidade dos pais naturais não é revelada ao adoptado, apenas quando aqueles se tenham oposto, mediante declaração expressa, a que a sua identidade seja revelada ao adoptante[35]. Entre nós, o segredo da identidade dos pais naturais visa proteger a privacidade destes, não representando um meio de defesa do interesse dos adoptantes nem da estabilidade da família adoptiva.

---

[34] Nos dados que apontam um total de 363 adopções registadas por averbamento (cfr., *supra*, nota 4), são indicadas apenas 9 adopções restritas.

[35] Cfr. o artigo 1985.°, n.° 2, que diz: "Os pais naturais do adoptado podem opor-se, mediante declaração expressa, a que a sua identidade seja revelada ao adoptante.". Embora a letra do preceito aluda ao adoptante e não ao adoptado, a solução em apreço é extensível a este, porque a finalidade da norma – a protecção da privacidade dos pais biológicos – seria frustrada se o segredo de identidade dos pais naturais pudesse ser quebrado a pedido do filho (neste sentido, cfr. M. CLARA SOTTOMAYOR, "Quem são os «verdadeiros» pais?" cit., p. 222).

4. Extinção da adopção

4.1. Decretada a adopção, dificilmente a mesma será extinta. A adopção plena só pode ser objecto de extinção por revisão da sentença de adopção[36]. A revisão só pode ter lugar com fundamento em situações anteriores à própria sentença e que são taxativamente tipificadas, por exemplo, a falta do consentimento do adoptante ou dos pais do adoptado e vícios graves do consentimento prestado pelo adoptante ou pelos pais do adoptado[37].

4.2. A adopção restrita, que também é susceptível de extinção por revisão da sentença[38], pode ser revogada judicialmente[39]. Ao contrário da revisão, a revogação não extingue retroactivamente da adopção[40]. A revogação da adopção restrita é decretada com fundamento em circunstâncias graves, verificadas após a constituição do vínculo, designadamente, a cessação do cumprimento dos deveres inerentes ao poder paternal, por parte do adoptante.

4.3. O regime legal da extinção da adopção plena é criticado por afastar a possibilidade de revogação[41]. Na verdade, a previsão dessa possibilidade teria um duplo benefício: por um lado, funcionaria como meio de controle do exercício do poder paternal pelo adoptante; por outro lado, evitaria uma prudência excessiva das entidades a quem incumbe a constituição da adopção, prudência que é induzida pela percepção da definitividade do vínculo.

4.4. A lei portuguesa não contém nenhuma disposição especificamente aplicável à chamada "adopção indevida" ou "Wrongful Adoption". Há, porém, regras que permitem discutir o que acontece, por exemplo, quando os serviços responsáveis pela adopção não fornecem ao adoptante informação importante sobre a saúde do adoptando. O nosso ordenamento admite a revisão da sentença de adopção com fundamento em consenti-

---

[36] O artigo 1989.°, n.° 1, determina que "a adopção plena não é revogável nem sequer por acordo do adoptante e do adoptado".

[37] Cfr. artigo 1990.°, n.° 1.

[38] O artigo 1990.° é aplicável à adopção restrita, por força do artigo 1993.°, n.° 1.

[39] Cfr. artigos 2002.°-B e 2002.°-C, que indicam os fundamentos da revogação.

[40] Cfr. artigo 2002.°-D, n.° 1.

[41] Cfr. ASCENSÃO SILVA, *A constituição da adopção* cit., pp. 56, 60 e 61.

mento do adoptante viciado por erro desculpável e essencial sobre a pessoa do adoptado[42]. No entanto, "a revisão não será concedida quando os interesses do adoptado possam ser consideravelmente afectados, salvo se razões invocadas pelo adoptante imperiosamente o exigirem"[43]. Não é, portanto, segura a extinção de uma "adopção indevida". Independentemente da extinção, levanta-se o problema da indemnização pelos danos decorrentes da "adopção indevida". O direito português consagra uma cláusula geral de responsabilidade civil[44], que, em abstracto, abarca a possibilidade de ressarcimento do adoptante. No entanto, a centralidade do "interesse superior da criança" no processo de adopção, que serve, inclusive, para excluir uma revisão da sentença de adopção, mesmo em hipóteses graves de vício do consentimento do adoptante, pode levar a excluir a culpa de quem se não empenhar na prestação de uma informação susceptível de levar o candidato a desistir da adopção.

5. A adopção internacional

5.1. A Convenção da Haia sobre a Protecção das Crianças e a Cooperação em Matéria de Adopção Internacional foi ratificada pelo Estado português no ano passado, mas só entrará em vigor no nosso território este ano[45]. De qualquer modo, há muito que Portugal dispõe de uma legislação marcada pelo espírito da referida Convenção: tal como a Convenção, que afirma ter por objecto a prevenção do rapto, da venda ou do tráfico de crianças[46], a legislação portuguesa[47] é muito restritiva da adopção internacional.

5.2. A adopção internacional de menores residentes em Portugal está subordinada ao princípio da subsidiariedade: a colocação de me-

---

[42] Cfr. artigo 1990.º, n.º 1, alínea c).

[43] Cfr. artigo 1990.º, n.º 3.

[44] Cfr. artigo 483.º

[45] A Convenção, feita na Haia em 29/5/1993, foi ratificada pelo Decreto do Presidente da República n.º 7/2003, de 25 de Fevereiro. Segundo o depositário, o instrumento de ratificação foi depositado em 19/3/2004, pelo que a Convenção entrará em vigor no território português no dia 1/7/2004 (artigo 46.º, n.º 2, alínea b), da mesma Convenção).

[46] Cfr. artigo 1.º, alínea d), da Convenção.

[47] Cfr. artigo 14.º e s. do Decreto-Lei n.º 185/93, de 22 de Maio.

A adopção em Portugal 67

nores no estrangeiro só é permitida quando seja inviável a adopção em Portugal[48].

5.3. A adopção internacional de menores residentes no estrangeiro está sujeita a um procedimento que rejeita a adopção independente e implica a intervenção de autoridades de dois Estados, o Estado de residência do menor e o Estado de residência do adoptante[49]. As exigências deste procedimento inviabilizam a adopção internacional de menores em países onde é escassa ou nula a organização do Estado[50], países onde justamente os menores enfrentam maiores riscos e maiores dificuldades de subsistência. Além disso, o procedimento da adopção internacional duplica o número de entidades que apreciam a pretensão do adoptante e que acompanham o processo de adopção.

Conclusão

Na actualidade e no imaginário jurídico e popular português, a adopção é um direito da criança privada de um autêntico ambiente familiar. Contudo, apesar dos esforços de flexibilização dos requisitos da adopção e de aceleração do respectivo processo, o instituto parece estar condenado a ter, entre nós, escassa funcionalidade prática[51]. As alterações que têm sido introduzidas não mudaram nem pretendiam mudar o nosso modelo de adopção. Ora, é o nosso modelo de adopção que obsta a um acréscimo significativo do número de adopções. O nosso modelo assenta inequivocamente na ideia de que a adopção é uma imitação da filiação natural. Com isto sugere que a filiação adoptiva é secundária, subsidiária, relativamente à filiação biológica. Por isso, a adopção tende a ter carácter excepcional. Excepcionalidade que é confirmada quando a consagração constitucional do instituto da adopção[52] é imediatamente precedida pelo princípio da

---

[48] Cfr. artigo 15.º do Decreto-Lei n.º 185/93, de 22 de Maio.

[49] Cfr. artigo 23.º e s. do Decreto-Lei n.º 185/93, de 22 de Maio.

[50] Idêntica crítica é feita à Convenção da Haia sobre a Protecção das Crianças e a Cooperação em Matéria de Adopção Internacional por F. LAROCHE-GISSEROT, "L'adoption ouverte (open adoption) aux États-Unis: règles, pratiques, avenir en Europe", *Revue Internationale de Droit Comparé* 1998/4, pp.1120-1121.

[51] Cfr. PEREIRA COELHO/GUILHERME DE OLIVEIRA, *Curso de Direito da Família* cit., pp.55-57.

[52] O artigo 36.º, n.º 7, da Constituição da República Portuguesa, determina que a "a adopção é regulada e protegida nos termos da lei".

inseparabilidade dos filhos dos pais, princípio que é aplicável aos pais biológicos e que só conhece a ressalva da separação por decisão judicial quando eles não cumpram os seus deveres fundamentais[53].

A visão da adopção como imitação da filiação natural reflecte-se depois na preferência por espécies de adopção que reduzem as possibilidades de constituição do vínculo adoptivo: a adopção plena é tida como superior à adopção restrita e a adopção conjunta é tida como superior à adopção singular; a adopção conjunta por homossexuais é absolutamente rejeitada. A tudo isto, e na mesma lógica que atribui à adopção a natureza de solução extrema, soma-se a exclusão peremptória da adopção independente ou privada e uma regulamentação fortemente restritiva da adopção internacional.

Um outro modelo de adopção é configurável: um modelo em que a adopção não seja uma filiação de segunda ou um "mal menor", mas uma forma normal de uma pessoa adulta assumir a responsabilidade pela satisfação das necessidades de uma criança[54]. É claro que a mudança de modelo tem os seus riscos (*v.g.*, o mercantilismo da adopção e o sacrifício injustificado da posição dos pais naturais). Não sabemos se, no futuro, o legislador estará disposto a enfrentar esse riscos. E ainda que se produzam alterações legislativas profundas, nada garante o sucesso efectivo da operação. O peso real da adopção é condicionado pela atitude social e cultural. Por alguma razão, outros países que têm com o nosso maiores afinidades sócioculturais, como é o caso de França[55], se regem por um modelo de adopção que não é diferente do que orienta o direito português. E, para concluir, não podemos esquecer que o instituto da adopção foi reabilitado há pouco mais de 25 anos, após cerca de 4 séculos de desconfiança e até de proibição.

---

[53] Cfr. artigo 36.°, n.° 6, da Constituição da República Portuguesa.

[54] Cfr. M. CLARA SOTTOMAYOR, "A adopção singular" cit., pp. 45, 46 e 48.

[55] Sobre a adopção no direito francês, cfr., nomeadamente, J. CARBONNIER, *Droit civil*, tomo II, *La famille, l'enfant, le couple*, 21.ª ed., Paris, PUF, 2002, pp.361-388.

ADOPTION IN AMERICA

Raymond C. O'Brien[*]

Introduction

Adoption in America occurs amidst the context of the fifty American states and the corresponding federal legislative and judicial parameters. Within this mix of regional and national laws there are defining elements that formulate the manner in which adoption is structured in America. These defining elements affect the availability of children, the suitability of potential adopters, and the rights of the biological parent or parents. First, approximately fifty percent of all marriages recognized in the United States result in divorce,[1] often precipitating poverty for the resulting single parent and child and sometimes a need to surrender a child for adoption.[2] Second, in 1994 there were seven unmarried heterosexual couples for every one-hundred married couples reported in the census report in the United States. This is an increase from one for every one-hundred couples

---

[*] Professor of Law, Columbus School of Law, The Catholic University of America; Visiting Professor of Law, The Georgetown University Law Center.

[1] STATISTICAL ABSTRACT OF THE UNITED STATES, at 89 tble.133, at 89 (1990). The availability of divorce at the request of either party without regard to marital fault is cited as the reason for the increased incidence of divorce. *See, e.g.*, Ira Ellman, *Divorce in the United States*, *in* SANFORD KATZ ET AL., CROSS CURRENTS: FAMILY POLICY IN THE UNITED STATES AND ENGLAND 343 (2000).

[2] Adoption does not always follow divorce, but "[c]hildren who live with only one parent, usually their mothers, are six times as likely to be poor as children who live with both parents." NAT'L COMM'N ON CHILDREN, BEYOND RHETORIC: A NEW AMERICAN AGENDA FOR CHILDREN AND FAMILIES 253 (1991); James McLindon, *Separate but Unequal: The Economic Disaster of Divorce for Women and Children*, 21 FAM. L.Q. 351 (1987); *see also*, Raymond C. O'Brien, *An Argument for the Inclusion of Children Without Medicare*, 33 U. LOUISVILLE J. FAM. LAW 567, 606-09 (1995).

in 1970.[3] Lacking the formal commitment of marriage, it is reasonable to conclude that children born to unmarried couples may experience a higher probability of being raised by a single parent. Thus, when divorce and non-marital cohabitation are considered, plus births occurring because of random heterosexual activity,[4] the number of children living with single parents is increasing. This occurs in spite of the availability of abortion. Statistics reveal that in 1970 about twelve percent of children lived with only one parent, but by 1990, about twenty-five percent of children-about sixteen million-lived with only one parent.[5] Thus, through divorce, non--marital cohabitation,[6] and non-marital births, there is a distinct possibility of the inability to raise a child, often necessitating surrender of parental rights and placement of a child for adoption.

A third defining element is the changing definition of family in America. Historically, legal status was accorded only to families formed through blood, marriage or adoption,[7] but over the last thirty years the definition of family has evolved within the states to include domestic partners,[8] reciprocal beneficiaries,[9] and civil unions.[10] Enhancement of the

---

[3] BUREAU OF THE CENSUS, CURRENT POPULATION REPORTS, SERIES P-20-484, MARRIED STATUS AND LIVING ARRANGEMENTS: MARCH 1994 (1996). See WALTER WADLINGTON & RAYMOND C. O'BRIEN, FAMILY LAW IN PERSPECTIVE 42-58 (2001), for a concise summary of the legal incidents of non-marital cohabitation.

[4] It is estimated that there are more than 500,000 non-marital births in the United States. NAT'L COMM'N ON CHILDREN, *supra* note 2, at xviii; *id.* at 19 ("In 1960 only 5 percent of all births in the United States were to unmarried mothers; in 1988 more than 25 percent were. Today more than a million babies each year are born to unmarried women."); Ralph C. Brashier, *Children and Inheritance in the Nontraditional Family,* 1996 UTAH L. REV. 93, 104.

[5] JOHN DEWITT GREGORY ET AL., UNDERSTANDING FAMILY LAW 11 (2d ed. 2001) (quoting the 1990 U.S. CENSUS BUREAU REPORTS).

[6] But note that certain non-marital relationships have acquired legal status, for example, domestic partnership, *see, e.g.,* Raymond C. O'Brien, *Domestic Partnership: Recognition and Responsibility,* 32 SAN DIEGO L. REV. 163 (1995); reciprocal beneficiaries, H.B. 118, 19th Leg., Reg. Sess., 1997 Haw. Sess. Laws Act 383, and civil unions, VT. STATE ANN. tit. 15, § 1204(a) (2000).

[7] *See, e.g.,* City of Ladue v. Horn, 720 S.W.2d 745, 750 (Mo. Ct. App. 1986) (allowing local zoning law to exclude couple not related by blood or marriage from housing subdivision). *But see* Saunders v. Clark County Zoning Dep't, 421 N.E.2d 152, 155-56 (Ohio 1981) (upholding individual's right to define family according to what best suited him or her).

[8] *See, e.g.,* CAL. FAM. CODE §§ 297-299 (West 2004). These statutes allow for two unmarried same-sex adults who share a common residence and are not related by blood so as to prevent them from being married, or are over the age of sixty-two and are opposite

Adoption in America 71

definition of family has increased the range of persons seeking to adopt children, to now include single people, same sex couples, unmarried heterosexual partners and more senior citizens. This evolution of family definition reached a pivotal point when the Commonwealth of Massachusetts was required by the state's supreme court to allow persons of the same sex marriage licenses.[11] Licenses were issued in May, 2004, and same sex couples married in the state for the first time.[12]

Finally, the fourth defining element is the fact that there are still 500,000 children within the foster care system in the United States.[13] Most of these are children waiting to be reunited with their families because they have been temporarily removed due to problems in the home, or surrender by the parents due to inability to care for them. In some cases parental rights have been terminated by the state and due to the lack of any alternative, the child remains in foster care. Foster parents receive a monetary stipend from the state and must meet state standards. But they have no parental rights over the child and their role is expressly intended to be temporary. In order to provide the child with permanency, federal statutes have been enacted to limit foster care and promote adoption, but even with

---

sex, to enter into a legal status termed domestic partners. The state then allows a cause of action for when wrongful death occurs, stepparent adoption of the other partner's child or children, the right to share health insurance or to make health care decisions for the other partner, and inheritance rights when a partner dies intestate.

[9] *See, e.g.*, HAWAII REV. STAT. ANN. §§ 572C-1 to – 7 (Michie 1999). These statutes allow for two persons of the same sex to enter into a domestic partnership providing many benefits enjoyed by married couples. Because the couple need not comply with the requirements of opposite sex couples to marry, such as license and solemnization, or to divorce, such as an appropriate fault or no-fault ground, reciprocal beneficiaries are more similar to domestic partners than civil unionists in states like Vermont.

[10] *See, e.g.*, Vermont Civil Union Act, VT. STAT. ANN. tit. 15 §§ 1201-1207 (2004). One section allows for two persons of the same sex, otherwise able to marry, to "have the same benefits, protections and responsibilities under law, whether they derive from statute, administrative or court rule, policy, common law or any other source of civil law, as are granted to spouses in a marriage." *Id.* § 1203. Distinctively, the couple must comply with all of the marriage requirements and divorce conditions as do persons entering into marriage.

[11] Goodridge v. Dep't of Pub. Health, 798 N.E.2d 941 (Mass. 2003).

[12] *See* Jonathan Finer, *Gay Couples Line up for Mass. Marriages*, WASH. POST, May 17, 2004, at A2.

[13] Theola Labre, *Nation's Courts Faulted on Foster Care*, WASH. POST, May 19, 2004, at A10.

72   *Direito Civil/Civil Law*

the best of intentions, adoption alternatives for some children are very limited. A nagging question is how to promote such adoptions by American families.

I. Types of Adoption

The goal of adoption of America is to provide what is best for the welfare of the child. This was not enunciated until the middle of the nineteenth century, when the state of Massachusetts passed the first adoption statute[14] specifically incorporating the child's welfare into the state's practice. Today the welfare of the child has become the hallmark of state, federal, and international[15] adoption procedures. Within American jurisdictions there is also the underlying premise so ingrained into American jurisprudence, which enshrines personal liberty and only grudgingly

---

[14] *See generally* Joan Heifetz Hollinger, *Introduction* to ADOPTION LAW AND PRACTICE (Joan Heifeiz Hollinger ed., 1998); HOMER H. CLARK, JR., THE LAW OF DOMESTIC RELATIONS IN THE UNITED STATES 850-938 (1987); Annette Ruth Appell, *Blending Families Through Adoption: Implications for Collaborative Adoption Law and Practice,* 73 B.U. L. REV. 997 (1995).

[15] *See generally* Richard R. Carlson, *The Emerging Law of Intercountry Adoptions: An Analysis of the Hague Conference on Intercoundtry Adoption,* 30 TULSA L.J. 243 (1994); Sara Dillon, *Making Legal Regimes for Intercountry Adoption Reflect Human Rights Principles: Transforming the United Nations Convention on the Rights of the Child with the Hague Convention on Intercountry Adoption,* 21 B.U. INT'L L. J. 179 (2003); Stacie L. Strong, *Children's Rights in Intercountry Adoption: Towards a New Goal,* 13 B.U. INT'L L. J. 163 (1995); Alison Fleisher, Note, *The Decline of Domestic Adoption: Intercountry Adoption as a Response to Local Adoption Laws and Proposals to Foster Domestic Adoption,* 13 S. CAL. REV. L. & WOMEN'S STUD. 171 (2003); Brandi R. Foster, Note, *Evolution of the "Traditional Family": A Comparative Analysis of United States' and United Kingdom's Domestic and International Adoption Law,* 14 IND. INT'L & COMP. L. REV. 315 (2003); Amy Grillo Kales, Note, *The Intercountry Adoption Act of 2000: Are Its Laudable Goals Worth Its Potential Impact on Small Adoptions Agencies, Independent Intercountry Adoptions, and Ethical Independent Adoption Professionals,* 36 GEO. WASH. INT'L L. REV. 477 (2004); Laura A. Nicholson, Note, *Adoption Medicine and the Internationally Adopted Child,* 28 AM. J. L. & MED. 473 (2002); Sara R. Wallace, Note, *International Adoption: The Most Logical Solution to the Disparity Between the Numbers of Orphaned and Abandoned Children in Some Countries and Families and Individuals Wishing to Adopt in Others?,* 20 ARIZ. J. INT'L & COMP. L. 689 (2003); Kelly M. Wittner, Comment, *Curbing Child-trafficking in Intercountry Adoptions: Will International Treaties and Adoption Moratoriums Accomplish the Job in Cambodia?,* 12 PAC. RIM L. & POL'Y J. 595 (2003).

allows to governments, state or federal, the right to legitimize private relationships.[16] Taken together, the welfare of the child and American personal liberty, two types of adoption result: statutory and equitable.

Statutory adoption is available in each of the fifty states, setting forth objective criteria that must be met in order to terminate the rights of the birth parents and establish the legal rights of the adoptive parents.[17] But within American states there is a second form of adoption called equitable adoption, which allows an adult, often a caretaker, to treat a child as his or her own over a sufficient period of time, allowing for a parent-child relationship to be recognized. Equitable adoption could result in support obligations from parent to child, but usually the equitable adoption is only acknowledged at death thereby permitting inheritance from the putative parent's intestate estate.[18] Such a procedure does not conform to statutory requirements, but instead relies upon fairness and subjective factors to establish a parent and child relationship. Equitable adoption is rooted in the American notion of individual liberty and the person's right to establish his or her own relationships without the approval of the state, the courts merely recognizing, not permitting the result. It is arguable that more than half of the states allow for equitable adoption,[19] but courts have limited the rights of the equitably adopted child to inherit "from" the adopting parent, but not "through" the adopting parent from a third party.[20]

---

[16] *See generally* LAWRENCE H. TRIBE, AMERICAN CONSTITUTIONAL LAW 1302-1435 (2d ed. 1988); William N. Eskridge, Jr., *Some Effects of Identity-based Social Movements on Constitutional Law in the Twentieth Century,* 100 MICH. L. REV. 2062 (2002).

[17] *See, e.g.,* CAL. FAM. CODE §§ 8500-9340 (West 2003); UNIF. ADOPTION ACT. § 4--101 to – 113 (1994), 9 U.L.A. 1 (Supp. 1999). Within statutory adoption are various state statutes that allow for adoption of a child by the new spouse of a biological parent following divorce. These statutes are generally classified as stepparent adoptions and establish a parent and child relationship. *See, e.g.,* UNIF. PROBATE CODE § 2-114(b) (1990).

[18] *See, e.g.,* O'Neal v. Wilkes, 439 S.E.2d 490, 492 (Ga. 1994) (rejecting equitable adoption because the natural parents had no relationship with the caretaker); Welch v. Wilson, 516 S.E.2d 35, 37-38 (W. Va. 1999) (allowing for equitable adoption based on relationship between putative parent and child). *But see In re* Estate of Ford, 8 Cal. Rptr. 3d 541, 550 (Cal. 2004) (requiring that any claimant to equitable adoption inheritance must show that the deceased's statements and conduct clearly and convincingly demonstrate an intent to adopt).

[19] *See* John C. Jeffreys, Jr., Note, *Equitable Adoption: They Took Him into Their Home and Called Him Fred,* 58 VA. L. REV. 727 (1972).

[20] *See, e.g.,* Poli v. Cameron, 126 Cal. Rptr. 2d 384 (Cal. Ct. App. 2002). See generally Adam J. Hirsch, *Inheritance Law, Legal Contraptions, and the Problem of Doctrinal Change,* 79 OR. L. REV. 527 (2000), for a discussion of the ramifications of equitable adop-

Some states have rejected equitable adoption altogether and held that equitable adoption is inconsistent with state adoption statutes.[21]

II. Jurisdiction

1. *States*

American family law begins at the state level, even though state initiatives may be generated by federal grants[22] or academic groups such as the National Conference of Commissioners of Uniform State Laws.[23] In rare but increasing cases, federal legislation is enacted to meet specified federal objectives, such as interstate enforcement[24] or to restrict federal applicability of rights or payments that may have been granted by the states.[25] Because there are so many states and in spite of what may seem uniformity when assessment is made by a foreign analyst, there is often marked disparity between more urban states like New Jersey and rural states like Wyoming. So too, states that formed the thirteen original colonies, among them Virginia, were greatly influenced by English law and procedure. Others, those that came into the federal union later, were often more influenced by the Spanish or French and will have different approaches to laws and customs. Louisiana would be an example.

---

tion. Jan Ellen Rein, *Relatives by Blood, Adoption and Association: Who Should Get What and Why,* 37 VAND. L. REV. 711 (1984).

[21] *See, e.g.,* Maui Land & Pineapple Co. v. Naiapaakai Heirs, 751 P.2d 1020 (Haw. 1988).

[22] Federal interests have often been furthered by offering financial incentives to states to adopt legislation and such enticements have been found constitutional. *See, e.g.,* Kansas v. United States, 214 F.3d 1196, 1203-04 (10th Cir. 2000) (holding that the federal government was permitted to impose restrictions on grants offered to states in spite of contest under the Spending Clause of the Constitution).

[23] *See, e.g.,* UNIF. CHILD CUSTODY JURISDICTION AND ENFORCEMENT ACT (1997), 9 U.L.A. 257 (Supp. 1999); UNIF. INTERSTATE FAMILY SUPPORT ACT (1996), 9 U.L.A. 348 (Supp. 1999).

[24] *See, e.g.,* International Parental Kidnaping Crime Act of 1993, Parental Kidnaping Prevention Act, 28 U.S.C. 1738A (2000); 18 U.S.C. § 1204 (2000); Child Support Recovery Act of 1992, 42 U.S.C. 3796cc (2000).

[25] *See, e.g.,* Bankruptcy-Exemptions and Discharge, 11 U.S.C.A. § 362 (West 1993 & Supp. 1999); Federal Payments for Foster Care and Adoption Assistance, 42 U.S.C.A. § 672 (West 1991 & Supp. 1999); Defense of Marriage Act of 1996, Pub. L. No. 104-199, 110 Stat. 2419 (codified as amended at 1 U.S.C. § 7, 28 U.S.C. § 1738c (2004)).

To meet this disparity among the states, uniform laws are often proposed and state legislatures may adopt them in whole or in part, or simply ignore them completely.[26] Seeking uniformity, the Uniform Adoption Act of 1994[27] was proposed. Few states have adopted even a majority of its provisions but the Act provides a means of comparison among the states and absent federal appropriation of the entire field of adoption, the Uniform Adoption Act at least allows for a model. Because of the federal constitutional issues raised in adoption, the plethora of interstate and international adoptions, and a persistent seeking of uniformity of application, the question remains as to whether federal law should dominate the adoption of children.

2. *Federal (National)*

Family law remains a state domain, but the federal constitutional interpretation and legislative enactments have had a significant impact. For example, federal immigration and naturalization laws affect international adoptions,[28] a significant percentage of all adoptions in America. In an effort to protect Native American racial identity, the federal legislature enacted the Indian Child Welfare Act of 1978,[29] regulating placement of Native American children for adoption or custody. The Interethnic Adoption Provisions of 1996 prohibits using race as a factor in making adoption or foster care placements.[30] And to assist designated children

---

[26] *See, e.g.,* Elizabeth A. Embrey, Note, *Are We There Yet? The Ohio Supreme Court's Journey Establishing Adoption and Custody Laws in Ohio,* (In re Bonfield, 780 N.E.2d 241 (Ohio 2002)), 32 CAP. U. L. REV. 207 (2003).

[27] UNIF. ADOPTION ACT (1994), 9 U. L.A. 1 (Supp. 1999).

[28] *See generally* Elizabeth Bartholet, *International Adoption: Overview, in* ADOPTION LAW AND PRACTICE, *supra* note 14, at 10-1; Elizabeth Bartholet, *International Adoption: Propriety, Prospects and Pragmatics,* 13 J. AM. ACAD. OF MATRIM. LAW 181 (1996).

[29] 25 U.S.C.A. § 1911 (West 1994 & Supp. 1999). See generally Lorie M. Graham, *"The Past Never Vanishes:" A Contextual Critique of the Existing Indian Family Doctrine,* 23 AM. INDIAN L. REV. 1 (1998), for a discussion of the Act's goals. Sloan Philips, Note, *The Indian Child Welfare Act in the Face of Extinction,* 21 AM. INDIAN L. REV. 351 (1997).

[30] 42 U.S.C.A. § 1996(b) (West 1994 & Supp. 1999). *See generally* Cynthia G. Hawkins-Leon & Carla Bradley, *Race and Transracial Adoption: The Answer Is Neither Simply Black or White nor Right or Wrong,* 51 CATH. U. L. REV. 1227 (2002); Annette R. Appell, *Disposable Mothers, Deployable Children,* 9 MICH. J. RACE & L. 421 (2004) (reviewing RANDALL KENNEDY, INTERRACIAL INTIMACIES: SEX, MARRIAGE, IDENTIFY, AND ADOPTION (2003)); Kinna Patel, Comment, *Neglecting the Child: The Role of Race and*

seeking to make the transition from foster care to adoption, Congress enacted the Adoption Assistance and Child Welfare Act of 1980,[31] and then the Adoption and Safe Families Act of 1997.[32] Both of these statutes desire greater permanency for children through adoption.

Although limited in scope, the federal role in family law in general and adoption in particular, is profound because the federal government often awards grants to states meeting desired federal goals. These goals may shift state priorities and policies. For example, prior to the enactment of the Adoption and Safe Families Act of 1997, states most often sought to reunify the and preserve the family through removal of the child to foster care and providing the biological parents with state services until the harm precipitating removal was rectified. But because so many children languished interminably in foster care–an expensive and temporary placement–while waiting for parents to overcome drug and alcohol dependencies, federal policy shifted. After 1997, the federal policy was to provide parents with reasonable efforts address harm, but states were told by federal oversight to provide objective standards as to what is reasonable and if these standards are not met, then parental rights were to be terminated quickly and efficiently and children placed for adoption as soon thereafter as possible.[33]

Sexual Orientation in Adoption Proceedings, 4 J. L. & SOC. CHALLENGES 41 (2002); Stephanie R. Richardson, Note, *Strict Scrutiny, Biracial Children, and Adoption*, 12 B.U. PUB. INT. L. J. 203 (2002); Jennifer Swize, Note, *Transracial Adoption and the Unblinkable Difference: Racial Dissimilarity Serving the Interests of Adopted Children*, 88 VA. L. REV. 1079 (2002).

[31] 42 U.S.C. § 671(15) (1994). *See generally* Barbara Atwell, *A Lost Generation: The Battle for Private Enforcement of the Adoption Assistance and Child Welfare Act of 1980*, 60 U. CIN. L. REV. 593 (1992).

[32] 42 U.S.C. § 671(a)(15)(A) (1998). *See generally* Amy Wilkinsin-Hagen, Note, *The Adoption and Safe Families Act of 1997: A Collision of Parens* Patriae *and Parents' Constitutional Rights*, 11 GEO. J. ON POVERTY L. & POL'Y 137 (2004).

[33] For example, the Act requires that states initiate proceedings to terminate parental rights for any child who has been in foster care for fifteen of the previous twenty-two months. 42 U.S.C. § 675(5)(E). The Act also provides financial incentives for states to increase their adoption rates for children in foster care. *Id.* § 673(b). In spite of the Act's incentives, studies such as that conducted by the Pew Commission on Children in Foster Care, show that little progress is being made in helping children make the transition from foster care to a permanent home. Theola Labbe, *supra* note 13.

3. *International*

A significant percentage of infants adopted by American couples are from foreign countries.[34] Often the adopters are wealthier than the average American citizen and unable to become natural parents themselves so they turn to foreign sources of infants and children. Sometimes the potential adopters want a particular type of infant and the opportunities are far greater in foreign countries than in the United States. The laws of foreign nations allowing for adoption of their citizens thus impact adoption in America, yet the overall goals seems very similar. For example, the United Nations Declaration on Social and Legal Principles Relating to the Protection and Welfare of Children, with Special Reference to Foster Placement and Adoption Nationally and Internationally (1986),[35] emphasizes that all adoption procedures should have as their primary consideration the best interest of the child. Subsequent statutes state similar implementing goals. For example, the Hague Convention on the Civil Aspects of International Child Abduction[36] promotes custodial rights and access to children by parents. The Convention on the Protection of Children and Co--operation in Respect of Intercountry Adoption 1993,[37] provides procedures for recognition of international adoption of children. Pertinent to the European Union is the Charter of Fundamental Rights of the European Union[38] emphasizing that all actions within the EU relating to children must have as their primary consideration the child's best interest. Council documents ratify this goal. The European Convention on the Exercise of Children's Rights (2000)[39] suggests that the best interest of children requi-

---

[34] The state of California recognizes the significant number of international adoptions and provides for statutory guidelines. *See* CAL. FAM. CODE §§ 8900-8920 (West 2003). One explanation of why Americans seek infants from foreign countries is pregnancies are often terminated prior to birth through abortion, thereby deceasing the number of available infants. *See,* CLARK, *supra* note 14, at 852.

[35] G.A. Res. 41/85, U.N. GAOR, 41st Sess., Supp. No. 53, at 265, U.N. Doc. A/Res/41/85 (1986).

[36] Convention on Civil Aspects of International Child Abduction, Oct. 25, 1980, T.I.A.S. No. 11, 670, 1343 U.N.T.S. 89, *reprinted in* HAGUE CONFERENCE ON PRIVATE INTERNATIONAL LAW, COLLECTION OF CONVENTIONS (1951-1996), at 265.

[37] Hague Convention on Protection of Children and Cooperation in Respect of Intercountry Adoption, May 29, 1993, S. TREATY DOC. NO. 105-51 (1998), *reprinted in* 32 I.L.M. 1134 (1994).

[38] 2000 O.J. (C 364) 1.

[39] Jan. 25, 1996, Europ. T.S. No. 160.

res that they be informed and allowed to participate in proceedings affecting them. And the European Convention on the Adoption of Children[40] has a detailed history of recommending a uniform approach to adoption among the member states.

III. Essential Elements of Adoption

Within the context of state and federal interest in adoption in America, and with an increasing international component, there remain elements that are essential to the process of a legal adoption. What follows is not exhaustive of what may be necessary in any particular jurisdiction, but rather what is essential in any jurisdiction.

1. *Parties to Adoption*

An examination of the adoption statutes will find few references to specific qualifications for persons seeking to adopt a child. There are vague references to the "best interest of the minor,"[41] and often this means that the minor should be adopted by an adult who has adopted a sibling of the minor, someone who has had physical custody of the minor for significant periods of time, or a relative of the minor.[42] But the statutes seem to rely upon the judgement of the agencies, state, private or independent, as long as the agencies refrain from specific acts of discrimination, such as bias based on race, national origin or ethnic background.[43]

---

[40] April 24, 1967, 634 U.N.T.S. 255.

[41] UNIF. ADOPTION ACT § 2-104(a)(2) (1994).

[42] *Id.* § 2-104(b).

[43] *Id.* § 2-104(c). Federal legislation prohibits delay of a denial of adoption based on race or national origin, 42 U.S.C.A. § 1996 (b) (West 1994 & Supp 1999), except in the case of Native Americans, *see, e.g., In re* Bridget R., 49 Cal. Rptr. 2d 507 (Cal. Ct. App. 1996). Race has been a factor in judicial decisions, as couples argue for and against using race in the best interest of the child, *see, e.g.,* Dewees v. Stevenson, 779 F. Supp. 25 (E.D. Pa. 1991), and commentators differ on whether race should be used in making adoptive placements. *See, e.g.,* R. Richard Banks, *The Color of Desire: Fulfilling Adoptive Parents' Racial Preference Through Discriminatory State Action,* 107 YALE L.J. 875 (1998); Elizabeth Bartholet, *Private Race Preferences in Family Formation,* 107 YALE L.J. 2351 (1998); Elizabeth Bartholet, *Where Do Black Children Belong? The Politics of Race Matching in*

Unless barred by a specific discrimination statute, agencies are allowed wide discretion in choosing adoptive parents. For example, agencies allow biological parents to make a declaration of religious preference and will honor that preference in placing a child for adoption.[44] Courts thus allow for religious preference to be used in selection of adoptive parents.[45] The age of adoptive parents was often significant, "on the theory that there should be a natural age span between parent and child so as to provide against a too early loss of the parents, and also to stimulate natural family relationships."[46] But the possible advanced age of adoptive parents seems less significant now after so many national and international celebrities have given birth late in life.[47] Likewise, marital status is no longer the bar it once was to adoption, courts allowing adoption of a minor by a single person if this would result in permanency and emotional security of the child. Nonetheless, it is safe to assume that the agency would prefer a married couple over a single party if the option were available to the particular child.[48]

A significant issue in adoption in America today is the ability of homosexual persons to adopt children as a couple, as individuals, and as officially committed partners. The state of Florida specifically prohibits gays and lesbians from adopting if they are currently engaging in homosexual activity.[49] This is statutory exclusion of a group of persons is a unique approach among the states. Even though the statute was challenged as violative of privacy, due process and equal protection under the United States Constitution, the U.S. Court of Appeals for the Eleventh Circuit

---

Adoption, 139 U. Pa. L. Rev. 1163 (1991); Jane Maslow Cohen, *Race-Based Adoption in a Post-Loving Frame*, 6 B.U. Pub. Int. L. J. 653 (1997).

[44] *See generally* Daniel Pollack et. al., *Classical Religious Perspectives of Adoption Law*, 79 Notre Dame L. Rev. 693 (2004).

[45] *See, e.g.*, Orzechowski v. Perales, 582 N.Y.S2d 341 (N.Y. 1992); *see also* Laura J. Schwartz, *Religious Matching for Adoption: Unraveling the Interests Behind the "Best Interests" Standard*, 25 Fam. L.Q. 171 (1991).

[46] Clark, *supra* note 14, at 910.

[47] *See, e.g.*, *In re* Adoption of Michele T., 117 Cal. Rptr. 856, 862 (Cal. Ct. App. 1975) (holding that age should not be a deciding factor); *In re* Jennifer A., 650 N.Y.S. 691 (N.Y. App. Div. 1996) (same). Some state statutes nonetheless allow for a preference that the child and adoptive parent be at least ten years apart. *See, e.g.*, Cal. Fam. Code § 8601 (West 2003).

[48] *See generally* James B. Boskey, *Placing Children for Adoption, in* Adoption Law and Practice, *supra* note 14, at 3.

[49] *See* Fla. Stat. § 63.042(3) (West Supp. 2004).

80   *Direito Civil/Civil Law*

held that the state's statute is rationally related to the best interest of children and thus could continue to prohibit homosexuals from adopting within the state.[50]

Other states are more accessible to adoption by gay and lesbian couples, the state of New York, for example, approving adoption by two unmarried adults of a child who is not the biological child of either of them.[51] The adoptive parents were two women who had been in a committed relationship for more than twenty years and the child was a Cambodian, placed with them by an adoption agency. Among the other states there is likely to be a range of responses by the agencies to a petition by a homosexual couple to adopt a child. Nonetheless, once the child is adopted, a judgment ensues and that judgement would have to recognized by other states even though they themselves do not allow for same-sex adoptions.

Gradually, American society is witnessing an assertion of rights and responsibilities by gay and lesbian persons.[52] In 2003, the American Bar Association's policymaking House of Delegates approved a resolution inviting states, legislatures and courts, to permit joint adoptions and second parent adoptions by unmarried persons when such adoptions are in the best interest of the child.[53] The year earlier, the American Academy of Pediatrics issued a policy statement saying that "children who are born to,

---

[50] Lofton v. Sec'y of the Dep't Children & Family Servs., 358 F.3d 804 (11th Cir. 2004).

[51] *See In re* Adoption of Carolyn B., 774 N.Y.S.2d 227 (N.Y. App. Div. 2004).

[52] *See, e.g.,* Lawrence v. Texas, 539 U.S. 558 (2003) (holding that a state sodomy statute violated rights to privacy implied in the liberty interests of the Due Process Clause); C.E.W. v. D.E.W., 845 A.2d 1146 (Me. 2004) (holding that a parenting agreement between same sex partners may result in parental rights and responsibilities in non-biological child after relationship ends); Goodridge v. Dep't of Pub. Works, 798 N.E.2d 941, 961 (Mass. 2003) (concluding that denial of marriage licenses to same sex couples violates state constitutional protections); Doe v. Burkland, 808 A.2d 1090 (R.I. 2002); Gormley v. Robertson, 83 P.3d 1042, 1046 (Wash. Ct. App. 2004) (holding that property acquired by same sex couple may be divided under meretricious relationship doctrine). *See generally* Ruthann Robson, *Assimilation, Marriage, and Lesbian Liberation,* 75 TEMP. L. REV. 709 (2002); Kim Forde Mazrui, *Live and Let Love: Self Determination in Matters of Intimacy and Identity,* 101 MICH. L. REV. 2185 (2003) (reviewing RANDALL KENNEDY, INTERRACIAL INTIMACIES: SEX, MARRIAGE, IDENTITY, AND ADOPTION (2003)).

[53] Court Decisions, 29 Fam. L. Rep. (BNA) 1479 (Aug. 26, 2003). *See generally* Angela Dunne Tiritilli & Susan Ann Koenig, *Advocacy for Nebraska Children with Gay and Lesbian Parents: A Call for the Best Interests of the Child to Be Paramount in the Case of Non-biological, Non-adoptive Parents,* 36 CREIGHTON L. REV. 3 (2002).

or adopted by, one member of a gay or lesbian couple deserve the security of two legally recognized parents,"[54] thus supporting adoption by same sex couples.

Part of the issue of same sex adoption is stepparent adoption. Adoption of a child by two persons who have no biological connection to the child is one dimension, but another is the ability of a partner of one same sex person to adopt his or her partner's child. This is similar to stepparent adoption so prevalent among heterosexuals who may have a child, divorce, remarry, and the second spouse adopts the child that resulted from the first marriage. Nonetheless, with the exception of the Commonwealth of Massachusetts, same sex couples are not able to marry each other and thus stepparent adoption is prohibited. Thus, if one committed partner in a same sex partnership has a child and the other wishes to adopt that child, the law would terminate the rights of both biological parents, including the one who is giving her consent to the partner's adoption.[55] This is not the intended result. To make the practice of stepparent adoption available to same sex couples, states have adopted specific legislation,[56] or permitted the practice with judicial approval.[57] With the advent of same sex marriage, it is reasonable to conclude that stepparent adoption will be available to same sex couples, and the rationale stated by the federal appellate court in sustaining Florida's statute prohibiting same sex adoption, will be rejected. The objections raised to adoption by same sex couples having been addressed, the court will remain focused on the best interest of the child.

---

[54] News, *Pediatrics Group Endorses Adoptions by Same-Sex Couples,* 28 Fam. L. Rep. (BNA) 1155 (February 5, 2002).

[55] *See, e.g.,* B.P. & A.E. v. State, 640 N.W.2d 374 (Neb. 2002) (holding that the state's adoption statutes did not permit two non-married persons to adopt no matter how qualified they are, and because the biological mother refused to relinquish her rights the child was not eligible for adoption).

[56] *See, e.g.,* CAL. FAM. CODE § 9000(f) (West Supp. 2004) ("For purposes of this chapter, stepparent adoption includes adoption by a domestic partner, as defined by Section 297."). States such as Hawaii and Vermont also have legislation permitting same sex couples, upon meeting certain conditions, to obtain all benefits under state law as married couples. *See* VT. STATE ANN. tit. 15, § 1201 (2000) (civil unions); H.B. 118, 19th Leg., Reg. Sess., 1997 Haw. Sess. Laws Act 383 (Haw. 1997) (reciprocal beneficiaries). *See generally* Margaret S. Osborne, Note, *Legalizing Families: Solutions to Adjudicate Parentage for Lesbian Co-parents,* 49 VILL. L. REV. 363 (2004).

[57] *See, e.g.,* Sharon S. v. Superior Court, 73 P.3d 554 (Cal. 2003); *In re* Adoption of K.S.P. & J.P., 804 N.E.2d 1253 (Ind. Ct. App. 2004); Shannon E. Smith, Recent Decision, *"Second Parent" Same-sex Adoptions Are Valid If in the Best Interests of the Child*: In re Adoption of R.B.F. and R.C.F., 41 DUQ. L. REV. 653 (2003).

2. *Consent*

Adoptions may be classified as voluntary and involuntary. Those that are involuntary result from circumstances that lead to a child being removed from the biological parent's home due to neglect, abandonment or abuse. Circumstances could include domestic violence, drugs, alcohol, or physical or sexual abuse of a child or other parent. Sometimes the child is placed in a foster home or kinship care home while the state provides the parent with services in order to remedy the cause for removal so that the child may be returned to the parent's care and supervision.[58] Sometimes the parent's harmful behavior may be so extreme as to be sufficient to terminate parental rights immediately,[59] but usually the cause for termination is the failure of parents to cooperate with the state's reasonable efforts in providing services to promote reunification with the child.[60] Once parental rights are terminated, the minor may be placed for adoption, most often through a state agency.[61]

In spite of media attention surrounding involuntary termination of parental rights, the majority of children are placed for adoption because of voluntary surrender by biological parents. In order to insure voluntariness proper consent is required. Almost all American states and the Uniform Adoption Act of 1994 require that consent may only be properly obtained

---

[58] Kinship care, unlike foster care, places the child with relatives. It is more prevalent in urban areas and is a direct result of the lack of good foster care placements. *See generally* Margaret F. Brinig & Steven L. Nock, *How Much Does Legal Status Matter? Adoptions by Kin Caregivers,* 36 Fam. L.Q. 449 (2002); Mark Hardin, *Placing Abused and Neglected Children with Kin: Deciding What to Do,* 13 A.B.A Juv. & Child Welfare Rep. 91 (1994); Elizabeth Killackey, *Kinship Foster Care,* 26 Fam. L.Q. 211 (1992).

[59] The Adoption and Safe Families Act of 1997 allows immediate termination of parental rights when a parent has been found to have abandoned, tortured, killed another child, or when there has been chronic abuse and sexual molestation by a parent upon a child. 42 U.S.C. § 671(a)(15)(D) (2000).

[60] *See generally* Santosky v. Kramer, 455 U.S. 745 (1982) (holding that the U. S. Constitution requires at least clear and convincing evidence before a parent's rights may be terminated); Daan Braveman & Sarah Ramsey, *When Welfare Ends: Removing Children from the Home for Poverty Alone,* 70 Temple L. Rev. 447 (1997); Raymond C. O'Brien, *Analyzing the Due Process Rights of Children and Parents in a Clash of Best Interests,* 26 U. Conn. L. Rev. 1209 (1994); Marcia Sprague & Mark Hardin, *Coordination of Juvenile and Criminal Court Child Abuse and Neglect Proceedings,* 35 J. Fam. L. 239 (1997).

[61] *See generally* Susan C. Wawrose, *"Can We Go Home Now?": Expediting Adoption and Termination of Parental Rights Appeals in Ohio State Courts,* 4 J. App. Prac. & Process 257 (2002).

after the child is born, most providing a seventy-two hour delay for a valid consent after the birth of the child.[62] The Uniform Act also requires that (1) the biological parent be informed as to the consequences of adoption, (2) be provided with legal and personal counsel, (3) the procedure the biological parents must follow for releasing information about the health and other characteristics of the parent that may affect the physical or psychological well-being of the child, (4) the penalty for misinformation regarding the identity of the other parent, and (5) the procedure for any eventual release of the biological parent's identity to the child, the child's descendants, or an adoptive parent.[63]

There are two important exceptions to the birth parent consent requirements. One is that an unmarried father of the child being adopted, may at any time after conception (not seventy-two hours after birth as with the mother of the child), consent to the adoption.[64] The identity of the father may be disputed and hence the provision in the Uniform Adoption Act stipulating that the mother must be advised of the consequences of misidentifying the other parent.[65] A series of United States Supreme Court decisions, beginning in the early 1970s recognize the due process rights of an unmarried father to custody of his child,[66] but the exact scope of these

---

[62] *See, e.g.*, Doe v. Clark, 457 S.E.2d 336, 337 (S.C. 1995) (holding that the mother's consent may be obtained only after birth of the child); UNIF. ADOPTION ACT § 2-401 (Supp. 1999). There are instances when states do not require consent from the biological parents, such as desertion of the child without identification or when a court has deprived a parent of control over the child. *See, e.g.,* CAL. FAM. CODE § 8606 (West 2003). *See generally* Karen D. Laverdiere, Comment, *Content over Form: The Shifting of Adoption Consent Laws,* 25 WHITTIER L. REV. 599 (2004).

[63] UNIF. ADOPTION ACT § 2-401(e) (Supp. 1999).

[64] *Id.* § 2-402(a)(4).

[65] *Id.* § 2-402(e). *See generally* Claire L. McKenna, *To Unknown Male: Notice of Plan for Adoption in the Florida 2001 Adoption Act,* 79 NOTRE DAME L. REV. 789 (2004); Kimberly Barton, Comment, *Who's Your Daddy?: State Adoption Statutes and the Unknown Biological Father,* 32 CAP. U. L. REV. 113 (2003).

[66] *See* Michael H. v. Gerald D., 491 U.S. 110 (1989) (allowing a state to establish an irrebuttable presumption of paternity for a child born to a married couple); Lehr v. Robertson, 463 U.S. 248, 261 (1983) (stating that a father who demonstrates parenting of the child has an interest in the child, which is protected by due process); Caban v. Mohammed, 441 U.S. 380, 389 (1979) (holding that a father must be afforded the right to consent to the adoption or there is gender discrimination); Quilloin v. Walcott, 434 U.S. 246, 255 (1978) (finding that a father must develop a custodial relationship with the child to be protected under due process); Stanley v. Illinois, 405 U.S. 645, 657, 658 (1972) (holding that due process and equal protection guarantees that a father could not be deprived of custody of his children without notice, hearing, and proof of unfitness).

84   *Direito Civil/Civil Law*

rights remain undecided.[67] For example, courts struggle with issues surrounding whether the father abandoned the infant, thereby negating the need for his consent to adoption,[68] and whether there was sufficient notice of the infant's birth provided to the father so as to allow the father an opportunity to parent the child.[69] Some states provide citizens with a putative father registry, allowing a man to place his name on a registry with the state, together with the names of women with whom he may have conceived a child. Once registered the man would be notified as soon as a woman he has named places a child for adoption. In order to contest the adoption of the child, the man must have placed his name in the registry within thirty days of the birth of the child or the child's placement for adoption.[70] While putative father registries have survived court scrutiny challenged on the ground that they violate a named woman's privacy, not all approaches have survived challenge. For example, statutes that require a birth mother to place newspaper announcements in geographic locations where she has

---

[67] *See* Nancy S. Erickson, *The Feminist Dilemma over Unwed Parents' Custody Rights: The Mother's Rights Must Take Priority*, 2 J.L. & INEQUALITY 447 (1984); Scott A. Resnik, *Seeking the Wisdom of Solomon: Defining the Rights of Unwed Fathers in Newborn Adoptions*, 20 SETON HALL LEGIS. J. 363 (1996); Mary L. Shanley, *Unwed Fathers' Rights, Adoption and Sex Equality: Gender Neutrality and the Presumption of Patriarchy*, 95 COLUM. L. REV. 60 (1995).

[68] *See, e.g., In re* Adoption of Baby E.A.W., 658 So. 2d 961 (Fla. 1995) (holding clear and convincing evidence of the father's passive stance towards the child and thus his abandonment).

[69] *See, e.g., In re* Baby Boy C., 581 A.2d 1141 (D.C. 1990) (holding that the state did not exercise due diligence in notifying the father of the infant's birth). *See generally* Donald C. Hubin, *Daddy Dilemmas: Untangling the Puzzles of Paternity*, 13 CORNELL J.L. & PUB. POL'Y 29 (2003).

[70] *See* Mathews v. Hansen, 797 N.E.2d 1168, 1166-67 (Ind. Ct. App. 2003) (barring a father from contesting adoption because the putative father failed to register within the thirty day period). *See generally* Mary Beck, *Toward a National Putative Father Registry Database*, 25 HARV. J.L. & PUB. POL'Y 10331 (2002); Anthony Miller, *Baseline, Brightline, Best Interests: A Pragmatic Approach for California to Provide Certainty in Determining Parentage*, 34 MCGEORGE L. REV. 637 (2003); Karen Dwelle, Comment, *Adoption Without Consent: How Idaho Is Treading on the Constitutional Rights of Unwed Fathers*, 39 IDAHO L. REV. 207 (2002); Kimberly L. Loden, Comment, *Rights of Unwed Fathers in Mississippi Adoptions*, 21 MISS. C. L. REV. 25 (2001); Jeannette Mills, Comment, *Unwed Birthfathers and Infant Adoption: Balancing a Father's Rights with the States Need for a Timely Surrender Process*, 62 LA. L. REV. 615 (2002); Donna L. Moore, Comment, *Implementing a National Putative Father Registry by Utilizing Existing Federal/State Collaborative Databases*, 36 J. MARSHALL L. REV. 1033 (2003).

had sexual encounters with men stating she is placing a child for adoption, have been declared unconstitutional under privacy grounds.[71]

The second exception allows for when a child is being adopted through a private/independent agency-where the state is not directly involved, only the biological parents and prospective adoptive parents–consent does not become final until there is a judicial hearing adjudicating the best interest of the child and the potential adoption. Only at the court hearing does the court terminated parental rights and consent becomes irrevocable.[72] Often this may take six months after transfer of the child to the prospective adoptive parents arranged by the private/independent agency, and during this time the rights of the adoptive parents are tenuous. Please note that the other scenario is when the child is adopted through an agency of the state. Once the agency accepts the child the rights of the surrendering parents are terminated and consent becomes irrevocable at that moment. If the agency investigates the potential adoptive parents and finds them unfit, then the rights of the surrendering parents are not reinstated, the agency would retain custody and seem to place the child with other adoptive parents.

3. *Agency, Private and Independent Adoptions*

Issues concerning the propriety of consent by the biological parents invite examination of the facilitators[73] of adoption in America. There are

---

[71] *See* G.P. v. State, 842 So. 2d 1059 (Fla. Dist. Ct. App. 2003).

[72] *See* Yopp v. Batt, 467 N.W.2d 868, 875 (Neb. 1991) (describing the difference between the parent's surrender to a state licensed child placement agency and a private/independent surrender). In the former the agency is permitted to accept complete responsibility for the child so that the consent of the parent is irrevocable once the agency accepts. In the second, a private/independent situation, the State has not yet made a determination as to the best interest of the child and until this is done, the child's status is revocable.

[73] The term facilitator should not be confused with adoption facilitators in the state of California. Under state law, an adoption facilitator is defined as:

A person or organization ... not licensed as an adoption agency by the State of California and engages in either the following activities: (a) Advertises for the purpose of soliciting parties to an adoption or locating children for an adoption or acting as an intermediary between the parties to an adoption. (B) Charges a fee or other valuable consideration for services rendered relating to an adoption.

CAL. FAM. CODE § 8623 (West 2003). Any fees paid to an adoption facilitator must be reported to the court, *id.* § 8630, and the facilitator may not mislead any person as to his or her status. *Id.* § 8625.

three facilitators of legal adoptions. First are the public or agency adoption facilitators.[74] These are either governmental units or closely associated with government, often working in tandem with child welfare, foster care, and state child protective services.[75] Because these agencies work with children removed from abusive or neglectful parents, or are surrendered to agencies by parents no longer able to care for them, the children tend to be older and often hard to place.[76] Second, private adoptions are managed most often by religious groups and are likely to have special purposes, such as matching a child with adoptive parents of similar religious backgrounds, or the placement of children with special needs.[77] And third, independent adoption facilitators are most often attorneys, and "neither [the state] nor an agency licensed by the [the state] is a party to, or joins in, the adoption petition."[78] Perhaps as many as two-thirds of all infant adoptions in America are the result of independent adoption facilitators, young birth mothers choosing them because the mothers may play an active role in selecting adoptive parents, and the infant will go directly to

---

[74] *See, e.g., id.* § 8521. This statute defines a full-service adoption agency as a:
[L]icensed entity engaged in the business of providing adoption services, which does all of the following: (1) Assumes care, custody, and control of a child through relinquishment of the child to the agency or involuntary termination of parental rights to the child. (2) Assesses the birth parents, prospective adoptive parents of the child. (3) Places the children for adoption. (4) Supervises adoptive placements.
Id.

[75] See L. Jean Emery, *The Case for Agency Adoption, in* 3 THE FUTURE OF CHILDREN 139 (1993), for a detailed description of the role of licensed child welfare agencies.

[76] Both the federal and local governments provide financial assistance to parents adopting children with special needs. *See* District of Columbia Subsidized Adoption Statute, D.C. CODE ANN. § 4-301 (2004); Model Act for Adoption of Children With Special Needs, 46 Fed. Reg. 50,022 (Oct. 8, 1981). But the child must be a dependent in the custody of the state for the adoptive parents to qualify. *See* Becker v. Iowa Dep't of Human Servs., 661 N.W.2d 125 (Iowa 2003). *See generally* Seth A. Grob, *Adoption Subsidies: Advocating for Children with Special Needs*, 7 U.C. DAVIS J. JUV. L. & POL'Y 83 (2003).

[77] Private agencies may still be licensed by the state and conditions of operation imposed. *See, e.g.,* § 8622 (directing that licensed private adoption agencies whose services are limited to a particular target population shall inform all birth parents and prospective adoptive parents of its service limitations before commencing any services, signing any documents or agreements, or accepting any fees.)

[78] *Id.* § 8524. See Mark T. McDermott, *The Case for Independent Adoption, in* THE FUTURE OF CHILDREN, *supra* note 75, at 146, for a detailed description of the role of independent facilitators.

the adoptive parents rather than stay with an agency; the entire process seems less bureaucratic.

Independent adoptions are less bureaucratic because there is less state control. But state agency disengagement raises concerns over issues such as "baby selling" and misrepresentation by the independent facilitator, often an attorney.[79] The state of California has extensive statutory procedures governing the process of independent adoption.[80] So as not to raise false hope, the Uniform Adoption Act recommends that all prospective adoptive parents obtain a favorable preplacement evaluation before being permitted to accept custody of an infant for purposes of adoption,[81] that the medical history of the child be disclosed to the prospective adoptive parents,[82] and that biological parents be completely informed prior to relinquishment of their child for adoption.[83] But these are minimal proposals and each state is likely to have additional concerns over other issues such as the ability of the independent facilitator to advertise for infants or for prospective adoptive parents, for limits on payments to the biological parents so as to reduce the appearance of "buying babies" or bidding wars,[84] and whether birth parents and adoptive parents may share identifying information so as to allow contact post-adoption.

---

[79] *See, e.g., In re* Petrie, 742 P.2d 796, 798, 803 (Ariz. 1987) (finding there was clear and convincing evidence to censure an attorney for representing multiple clients in an adoption proceeding). See Galison v. District of Columbia, 402 A.2d 1263 (D.C. Ct. App. 1979), for a criminal prosecution for unauthorized private placement. See generally Pamela K. Strom Amlung, *Conflicts of Interest in Independent Adoptions: Pitfalls for the Unwary,* 59 U. CIN. L. REV. 169 (1990), and Martha M. Ertman, *What's Wrong with A Parenthood Market? A New and Improved Theory* of *Commodification,* 82 N.C. L. REV. 1 (2003), for a discussion of attorney responsibility. Sharon Fast Gufstafson, *Regulating Adoption Intermediaries: Ensuring that the Solutions Are No Worse than the Problem,* 3 GEO. J. LEGAL ETHICS 837 (1990); Richard A. Posner, *The Regulation of the Market in Adoptions,* 67 B.U. L. REV. 59 (1987).

[80] *See* § 8800.

[81] UNIF. ADOPTION ACT §§ 2-201, 7-101(a)(4) (1994).

[82] *Id.* § 2-106.

[83] *Id.* § 2-405(d)(4).

[84] *See, e.g.,* Stark County Bar Ass'n v. Hare, 791 N.E.2d 966 (Ohio 2003) (disbarring an attorney because he made improper payments to a birth mother, charged excessive fees to represent the adoptive parents, omitted the fees and payments when making an accounting to the court, and lied when confronted with the allegations).

4. *Best Interest of the Child*

Even though consent to adoption becomes irrevocable when the biological parents surrender the child to a state agency, or when the biological parents surrender the child to an independent facilitator and there is a subsequent judicial decree, up to this point a valid written consent initiating the process may be revocable. States allow a birth parent to revoke consent, the periods ranging from thirty days[85] to eight.[86] If the biological parent revokes consent and the adoptive parents contest, the courts must make a determination of the best interest of the child and decide if the child is to be returned to the biological parents or left in the custody of the adoptive parents. There are a few judicial opinions that hold that return of the child to the biological parents should not be automatic,[87] prompting a best interest test. Likewise, if there is any failure to comply with the statutory requirements for adoption, such as any evidence of fraud, duress, or mistake, the courts must still make a determination as to what is in the best interest of the child.

Even though the biological parent has a fundamental right to the care and raising of his or her child, the child and the adoptive parents have competing interests that are often compelling. There is a definite trend in American state courts to recognize those competing interests and provide for a best interest test to determine custody. If the court grants custody to a potential adoptive parent this is not the same as terminating the rights of the biological parent and allowing for the adoption. But willingness to consider the child's best interest often demands a challenge to the traditional rights of the biological parents. An example of the procedure is contained in the Uniform Adoption Act:

If a court denies a petition for adoption, it shall dismiss the proceeding and issue an appropriate order for the legal and physical custody of

---

[85] *See* MD. CODE ANN., FAM. LAW § 5-311(c)(1) (1997).

[86] *See* UNIF. ADOPTION ACT §§ 2-408, 2-409 (1994). *See generally* Catherine Sakach, Note, *Withdrawal of Consent for Adoption: Allocating the Risk*, 18 WHITTIER L. REV. 879 (1997).

[87] *See, e.g., In re* C.C.R.S., 892 P.2d 246 (Colo. 1995); *In re* Adoption of J.J.B., 894 P.2d 994, 1009-11 (N.M. 1995) (holding that a child is entitled to a best interest hearing before automatic return to biological parent); Lemley v. Barr, 343 S.E.2d 101, 108-09 (W. Va. 1986) (even though consent of biological parent was obtained under duress, the fact that child had spent almost five years with adoptive parents warranted a best interest hearing to determine if the child should be returned to biological parent).

the minor. If the reason for the denial is that a consent or relinquishment is revoked or set aside pursuant to Section 2-408 or 2-409, the court shall determine the minor's custody according to the criteria stated in those sections. If the petition for adoption is denied for any other reason, the court shall determine the minor's custody according to the best interest of the child.[88]

American law, especially the constitutional deference given to biological parents, strengthens the argument that barring an effective and complete termination of legal rights, the biological parents are entitled to return of their child automatically.[89] Arguments are being made to look to the best interest of the child rather than the rights of the parents.[90]

5. *Legal Consequences*

States have objective standards permitting adoptions, such as a prospective adoptive parent must be at least ten years older than the child being adopted,[91] any child over the age of twelve must give his or her consent to the adoption,[92] and a prospective adoptive parent must have the consent of his or her spouse to adopt if married.[93] But once the adoption is final, the traditional consequences are that (1) "the adopted child and the adoptive parents shall sustain towards each other the legal relationship of parent and

---

[88] UNIF. ADOPTION ACT § 3-704 (1994). *See generally* Laverdiere, *supra* note 62.

[89] *See, e.g.*, Troxel v. Granville, 530 U.S. 57, 72 (2000) (holding that parents have constitutional prerogative to deny visitation rights to third parties); Santosky v. Kramer, 455 U.S. 745, 753 (1982) (stating that parents have a fundamental liberty interest to custody of children); Wisconsin v. Yoder, 406 U.S. 205, 234 (1972) (supporting the right of parents over a state statute which compelled education for children until the age of sixteen). California law requires that if a revokable consent is withdrawn by a biological parent, "the child shall immediately be returned to the birth parent or parents so requesting." CAL. FAM. CODE § 8815(b) (West 2003). If there are concerns over the fitness of the biological parents to care for the child, "these concerns shall not be a basis for failure to immediately return the child." *Id.* § 8815(c).

[90] *See generally* Joan Heifetz Hollinger, *Adoption and Aspiration: The Uniform Adoption Act, the DeBoer-Schmidt Case, and the American Quest for the Ideal Family*, 2 DUKE GENDER L. & POL'Y 15 (1995).

[91] *See* § 8601(a). There is an exception provided for family members adopting one another and it is in the best interest of the child. *Id.* § 8601(b).

[92] *Id.* § 8602.

[93] *Id.* § 8603.

child and have all the rights and are subject to all the duties of that relationship."[94] And (2), "The birth parents of an adopted child are, from the time of the adoption, relieved of all parental duties towards, and all responsibility for, the adopted child, and have no right over the child."[95] The adoptive parents may request a certificate of adoption that does not state the names of the birth parents.[96] This strict line of demarcation between the biological parents and the adoptive parents affect inheritance rights from and through the biological parents and foster a sense of isolation from the past within the new adoptive family.

But because of sociological changes in American society, the sharp and absolute isolation between biological and adoptive families is not always there. For example, because of the frequency of divorce and remarriage in America, minors are often adopted by stepparents.[97] It is estimated that remarriages account for nearly half of all marriages in 1990, and more that one million children are involved in a divorce each year, and nearly seven million minors live within stepfamilies.[98] In such a climate often it is impossible to completely separate the child from the biological parent who is not married to the adopting spouse; it is impossible to isolate the new adoptive family. Thus, the Uniform Adoption Act recommends allowing an adopted child to maintain contact with a non-custodial parent and other relatives with whom the minor may have had a relationship. Likewise, states allow for the adoption of adults and married minors,[99] all of whom will be familiar with their biological families and continue with their previously established relationships at their own discretion.

Increasingly, American jurisdictions are allowing a practice termed open adoption.[100] Under this arrangement, adoptive parents agree to allow the biological parents visitation with the child after adoption. Courts have allowed for enforcement of open adoption visitation agreements between the biological and adopting parents as long as it serves the best interests of

---

[94] *Id.* § 8616.

[95] *Id.* § 8617.

[96] *Id.* § 8614.

[97] *Id.* §§ 9000-9007.

[98] *See* UNIF. ADOPTION ACT art. 4, cmt. (1994).

[99] *See, e.g.,* §§ 9300-9340; UNIF. ADOPTION ACT § 5-101 (1994). *See generally* Walter Wadlington, *Adoption of Adults: A Family Law Anomaly,* 54 CORNELL L. REV. 566 (1969).

[100] *See, e.g.,* Groves v. Clark, 920 P.2d 981 (Mont. 1996). *See generally* Marianne Berry, *Risks and Benefits of Open Adoption,* in 3 THE FUTURE OF CHILDREN 125 (1993).

the child.[101] But the Uniform Adoption Act recommends post-adoption visitation only in the context of stepparent adoptions.[102] Overall, the trend towards open adoptions reflects the changing definition of family in America and the court's willingness to allow adults to contract between themselves as long as the best interest of the child is preserved.

Complementing open adoption and greater access between the adopted child and the biological parents, is a trend towards allowing persons involved with adoption to meet and exchange what heretofore would have been confidential information. At least twenty-one states provide for a "consent registry" that permits an exchange of information if both parties register.[103] And fewer states allow an adoptee to request original birth records, and to petition the state to contact the biological parents to permit opening adoption records.[104] Finally, a very few states permit adults to retrieve their original birth records upon request, without consent or even approval of the biological parents.[105] Access by these adult persons previously surrendered for adoption to records thought to be confidential at the time the adoption was finalized, has generated challenges from the biological parents that disclosure violates their own rights to privacy.[106] In spite of challenges by the biological parents, the trend remains with disclosure of the records, particularly as allowed at the legislative level through statute.[107]

---

[101] *See generally* Tammy M. Somogye, Comment, *Opening Minds to Open Adoption*, 45 KAN. L. REV. 619 (1997). Some state have enacted statutes specifically permitting post-adoption visitation. *See, e.g.,* WASH. REV. CODE ANN. § 26.33.295 (West 1997).

[102] *See, e.g.,* UNIF. ADOPTION ACT § 4-113 (1994).

[103] *See* Joan Heifetz Hollinger, *Aftermath of Adoption: Legal and Social Consequences, in* 2 ADOPTION LAW AND PRACTICE, *supra* note 14, at 13, 35.

[104] *See generally* Bobbi W.Y. Lum, *Privacy v. Secrecy: The Open Adoption Records Movement and Its Impact on Hawaii*, 15 U. HAW. L. REV. 483 (1993).

[105] *See, e.g.,* VT. STAT. ANN. tit. 15A, § 6-105 (1997).

[106] *See, e.g.,* Doe v. Sundquist, 106 F.3d 702 (6th Cir. 1997) (refusing to grant an injunction to block implementation of a state statute making adoption records available to adults who had been adopted). *See generally* Ellen Bacon, Comment, *Right to Privacy Versus the Right to Know: The Movement to Unseal Adoption Records*, 1 WHITTIER J. CHILD & FAM. ADVOC. 85 (2002); Jennifer R. Racine, Comment, *A Fundamental Rights Debate: Should Wisconsin Allow Adult Adoptees Unconditional Access* to *Adoption Records and Original Birth Certificates?* 2002 WIS. L. REV. 1435.

[107] *See, e.g.,* MD. CODE ANN., FAM. LAW § 5-314(a) (1998).

6. *Wrongful Adoption*

In rare circumstances, states allow for an adoption to be set aside. For example, if an adoptive couple files within five years of an order of adoption, the state statute allows for vacation of the adoption under the following circumstances:

If a child adopted pursuant to the law of this state shows evidence of a developmental disability or mental illness as a result of conditions existing before the adoption to an extent that the child cannot be relinquished to an adoption agency on the grounds that the child is considered unadoptable, and of which conditions the adoptive parents or parent had no knowledge or notice before the entry of the order of adoption, a petition setting forth those facts may be filed by the adoptive parents or parent with the court that granted the adoption petition. If these facts are proved to the satisfaction of the court, it may make an order setting aside the order of adoption.[108]

But in the majority of situations, the only remedy available to the adopting parents would be a civil action for damages against the adoption agency. In *McKinney v. State,*[109] the Supreme Court of Washington held that an adoption agency was negligent in failing to disclose information required to be disclosed concerning the child in the state's statute, finding that there exists a special relationship between adoption agency and prospective adopting parents. Furthermore, adoption agencies must make reasonable efforts to disclose statutorily-prescribed medical/psychological and social information and failure to do so is negligence.

Pertinent to the duty to disclose information to the prospective adoptive parents is the state's requirements as to what must be disclosed. California's statutory provisions require adoptive parents to receive a report on the special needs of any child,[110] a report on the medical background of the child and the biological parents, to include a blood sample,[111] and

---

[108] CAL. FAM. CODE § 9100(a) (West 2003).

[109] 950 P.2d 461 (Wash. 1998); Mohr v. Commonwealth, 653 N.E.2d 1104 (Mass. 1995); M. H. v. Caritas Family Servs., 488 N.W.2d 282 (Minn. 1992); Jackson v. State, 956 P.2d 35 (Mont. 1998); Mallette v. Children's Friend & Serv., 661 A.2d 67 (R.I. 1995).

[110] *See* § 8733.

[111] *Id.* § 8817. The adoptive parents must acknowledge receipt in writing. *Id.* § 8817(c). See generally Amy R. Applebaum, Note, *When Parental Autonomy Clashes with a Child's Interest in the Advances of Science: The Case for the Future of Court-ordered Gene Therapy*, 48 WAYNE L. REV. 1543 (2003), for a discussion of privacy issues.

general factors associated[112] with the entire adoption process. Effective and full disclosure is a means to negate any reference to a wrongful adoption and secure the best interest of the child.[113]

Conclusion

Adoption in America is barely one-hundred and fifty years old. The statutory formulations in all of the states and the federal government emphasize the best interest of the child, and as the process enters the twenty-first century international infant adoptions and stepparent adoptions form the bulk of all adoptions. The laws of the fifty states structure the adoption process as they do for family law in general, with the federal legislature and judiciary providing constitution restraint and economic incentives through grants to obtain specific public policy objectives. Undoubtedly, with young and wealthy Americans seeking to adopt infants from foreign countries, both to meet family goals as well as to maintain ethnic association, international treaties and policies will be factors. In spite of the large number of native-born children available for adoption in America, intercountry adoptions are and will continue to be influential.

Adoption agencies, independent, private and governmental, are the facilitators of adoption. Their legal challenges include proper consent of biological parents, professional solicitation and representation of prospective adoptive parents, and an ethical responsibility to adequately represent and serve the best interest of the children with whom they come into contact. State and federal authorities are the proper guarantors of the rights of all parties, but the best interest of the children require constant supervision and suggestions for reform. Societal changes suggest current considerations. Among them are the need for additional incentives to take children from foster care to more permanent adoptive homes, the regulation of advances in technology that allow for surrogacy and genetic determinants,[114] the proper regulation and recognition of international adoption

---

[112] §§ 9200-9206.

[113] *See generally* Casey Martin, Comment, *Equal Opportunity Adoption & Declaratory Judgements: Acting in a Child's Best Interest*, 43 SANTA CLARA L. REV. 569 (2003).

[114] *See, e.g.,* Helen M. Alvare, *The Case for Regulating Collaborative Reproduction: A Children's Rights Perspective*, 40 HARV. J. ON LEGIS. 1 (2003); Leslie Bender, *Genes, Parents, and Assisted Reproductive Technologies: ARTs, Mistakes, Sex, Race, & Law*, 12 COLUM. J. GENDER & L. 1 (2003); Ellen Waldman, *King Solomon in the Age of*

procedures, and the accommodation of the changing definition of the American family. Current laws forbid discrimination based on race, national origin or ethnicity, but challenges continue to exist for same sex couples, both in non-biological adoption and stepparent adoption. Gays and lesbians are witnessing increasing acceptance in many areas of family law, yet the acceptance of same sex adoption remains nascent. Mindful of religious and national priorities, the best interest of children remain the focus of the American debate.

Finally, adoption in America, like America itself, is premised on a sense of opportunity and a constitutional guarantee of initiative founded on the Ninth Amendment's acknowledgment that: "The enumeration in the Constitution, of certain rights, shall not be construed to deny or disparage others retained by the people." Hence, equitable adoption will develop in spite of the far more common statutory adoption, the states will only grudgingly concede to federal authority jurisdiction over adoption, and the rights of adopted children to learn the identity of their biological parents will eventually become more pronounced. Taken as a whole, adoption in America is progressing towards a more realistic appraisal of the best interest of the child.

Assisted Reproduction, 24 T. JEFFERSON L. REV. 217 (2002); Naomi D. Johnson, Note, *Excess Embryos: Is Embryo Adoption a New Solution or a Temporary Fix?*, 68 BROOK. L. REV. 853 (2003); Erik W. Johnson, Note, *Frozen Embryos: Determining Disposition Through Contract*, 55 RUTGERS L. REV. 793 (2003); Susan Stevenson-Popp, Comment, *"I Have Loved You in My Dreams": Posthumous Reproduction and the Need for Change in the Uniform Parentage Act*, 52 CATH. U. L. REV. 727 (2003); Margaret Ward Scott, Comment, *A Look at the Rights and Entitlements of Posthumously Conceived Children: No Surefire Way to Tame the Reproductive Wild West*, 52 EMORY L.J. 963 (2003); Kayla Van-Cannon, Note, *Fathering a Child from the Grave: What Are the Inheritance Rights of Children Born Through New Technology After the Death of a Parent*, 52 DRAKE L. REV. 331 (2004).

III

DIREITO DO CONSUMO
CONSUMER LAW

O NOVO REGIME DA VENDA DE BENS DE CONSUMO

Luís Menezes Leitão[*]

ABSTRACT: *This article concerns the new Portuguese statute on consumer sales, which was issued according to the European Council Directive 1999/44/EC. This statute constitutes an important modification of the traditional solutions regarding sales warranties, resulting from the Portuguese civil code, the application of which is now considerably narrower, although it remains in force. The principal item of the article refers to the meaning of the warranty of conformity, a brand new legal concept, as well as its conditions and exclusions. The article also examines the consumer rights granted by the warranty against the seller, as well as the liability of the goods producer, and the recovery action that the ultimate seller acquires against the producer.*

1. Generalidades

O regime civil tradicional relativo às perturbações da prestação no contrato de compra e venda tem vindo sucessivamente a perder aplicação no âmbito das relações de consumo[1]. Efectivamente, o regime clássico

---

[*] Professor da Faculdade de Direito da Universidade de Lisboa.

[1] O presente estudo corresponde a uma actualização do nosso anterior artigo, "*Caveat venditor?* A Directiva 1999/44/CE do Conselho e do Parlamento Europeu sobre a venda de bens de consumo e garantias associadas e suas implicações no regime jurídico da compra e venda", em ANTÓNIO MENEZES CORDEIRO/LUÍS MENEZES LEITÃO/JANUÁRIO DA COSTA GOMES, *Estudos em homenagem ao Prof. Doutor Inocêncio Galvão Telles*, I – *Direito Privado e Vária*, Coimbra, Almedina, 2002, pp. 263-303, igualmente publicado na *RDConsum* 43 (Julho-Setembro 2002), pp. 21-56. Destina-se igualmente à actualização do nosso III volume de *Direito das Obrigações*.

consagrado nos diversos códigos civis para o cumprimento defeituoso do contrato de compra e venda apresenta quase sempre distorções em prejuízo dos consumidores. A primeira distorção consiste na própria noção do cumprimento defeituoso que deveria ser puramente equiparado ao incumprimento, quando pela lei é tratado ainda como cumprimento. A segunda distorção consiste em excluir a responsabilidade do vendedor quando ele não tenha tido culpa no defeito da prestação fazendo assim recair sobre o comprador esse risco, a que acresce o facto de normalmente o vendedor não ser responsabilizado pelos vícios aparentes da coisa, sujeitando-se assim o comprador a um excessivo ónus de verificação das qualidades e idoneidade da coisa para o fim previsto (*caveat emptor*), quando a tutela da confiança provocada pelo vendedor deveria antes instituir uma garantia edilícia contra defeitos da coisa[2].

Nos negócios jurídicos de consumo a tutela do consumidor é, por esse motivo, assegurada de uma forma distinta do que corresponde ao modelo clássico do cumprimento defeituoso[3]. No Direito português há bastante tempo que rege neste aspecto a Lei 24/96, de 31 de Julho, recentemente alterada pelo D.L. 67/2003, de 8 de Abril, a qual reconhece ao consumidor no seu art. 4.º um direito à qualidade dos bens ou serviços destinados ao consumo, direito esse que é objecto de uma garantia contratual injuntivamente imposta (art. 16.º), no âmbito da qual "os bens e serviços destinados ao consumo devem ser aptos a satisfazer os fins a que se destinam e a produzir os efeitos que se lhes atribuem, segundo as normas legalmente estabelecidas ou, na falta delas, de modo adequado às legítimas expectativas do consumidor". Temos aqui a imposição de uma garantia de qualidade, não apenas em face das disposições legalmente estabelecidas mas ainda em relação às legítimas expectativas do consumidor, garantia essa que vem a ser concretizada pelo Decreto-Lei 67/2003, de 8 de Abril, que transpôs a Directiva 1999/44/CE, do Conselho e do Parlamento Europeu, relativa às garantias que tenham por objecto bens de consumo[4].

---

[2] Cfr. CARLOS FERREIRA DE SLMEIDA, *Os Direitos dos consumidores*, Coimbra, Almedina, 1982, pp. 123-124 e CALVÃO DA SILVA, *Responsabilidade Civil do Produtor*, Coimbra, Almedina, 1990, pp. 277 e ss. O primeiro autor questiona se em paralelo o comprador alguma vez ficaria exonerado se sem culpa efectuasse o pagamento com moeda falsa...

[3] Cfr. ROMANO MARTINEZ, *Direito das Obrigações (Parte especial). Compra e venda, locação, empreitada*, 2.ª ed., Coimbra, Almedina, 2001, p. 148.

[4] Sobre os antecedentes e a aprovação da Directiva, cfr. detalhadamente, EWOUD H. HONDIUS, "Consumer Guarantees: Towards a European Sale of Goods Act" (1996), disponível em http://www.cnr.it/CRDCS/frames18.htm, n.º 1, ROBERT BRADGATE, "Consumer

O novo regime da venda de bens de consumo 99

Essa Directiva mostra aliás uma grande tendência para seguir as regulamentações constantes da Convenção de Viena sobre a Venda Internacional de Mercadorias de 1980, que assim lhe serve em grande parte de modelo[5].

Guarantees: the EC's draft Directive" em 1997 *Web Journal of Current Legal Issues*, 1, disponível em http://webjcli.ncl.ac.uk/1997/issue1/bradgate1.html, KLAUS TONNER, "Verbrauchsgüterkauf-Richtlinie und Europäisierung des Zivilrechts", em *BB* 1999, pp. 1769-1774 (1770-1771) e PAULO MOTA PINTO, "Conformidade e garantias na venda de bens de consumo. A Directiva 1999/44/CE e o direito português" em FACULDADE DE DIREITO DA UNIVERSIDADE DE COIMBRA, *Estudos de Direito do Consumidor*, n.º 2, 2000, pp. 197-331 (198 e ss.). Foi este autor que elaborou o anteprojecto de transposição da Directiva, que se pode ver em ID, *Cumprimento defeituoso do contrato de compra e venda. Anteprojecto de transposição da Directiva 1999/44/CE para o Direito Português. Exposição de motivos e articulado*, Lisboa, Instituto do Consumidor, 2002. Para uma comparação das soluções da Directiva com as do Direito actual, cfr. CARLOS FERREIRA DE ALMEIDA, "Orientações de política legislativa adoptadas pela Directiva 1999/44/CE sobre venda de bens de consumo. Comparação com o Direito Português vigente" na *Themis*, ano II, n.º 4 (2001), pp. 109-120.

[5] Cfr. igualmente JORGE SINDE MONTEIRO, "Proposta de Directiva do Parlamento Europeu e do Conselho relativa à venda e às garantias dos bens de consumo", *RJUM* 1 (1998), pp. 461-479 (462), DÁRIO MOURA VICENTE, "Desconformidade e garantias na venda de bens de consumo: A Directiva 1999/44/CE e a Convenção de Viena de 1980" na *Themis*, ano II, n.º 4 (2001), pp. 121-144, e JERÔME FRANK, "Directive 1999/44 du 25 Mai 1999 sur certains aspects de la vente et des garanties des biens de consommation JOCE L 171, 7 Juillet 1999" em FACULDADE DE DIREITO DA UNIVERSIDADE DE COIMBRA, *Estudos de Direito do Consumidor*, n.º 2, 2000, pp. 159-180 (172 e ss.). Para uma comparação das soluções, cfr. WOLF MICHAEL NIETZER/ANTONIA STEIN, "Richtlinie zum Verbrauchersguterkauf – Auswirkungen in Deutschland und Frankreich" in *ZvglRWiss* 99 (2000), pp. 41-50 e ULRICH MAGNUS "Der Stand der internationalen Überlegungen: Die Verbrauchsgüterkauf-Richtlinie und das UN-Kaufrecht", em STEFAN GRUNDMANN/DIETER MEDICUS/WALTER ROLLAND (org.), *Europäisches Kaufgewährleistungsrecht: Reform und Internationalisierung des deustchen Schuldrechts*, Köln/Berlin/Bonn/München, Heymanns, 2000, pp. 79-91. CHRISTIAN TWIGG-FLESNER/ROBERT BRADGATE, "The E.C. Directive On Certain Aspects of the Sale of Consumer Goods and Associated Guarantees – All Talk and No Do?", em 2000*Web Journal of Current Legal Issues*, 2, disponível na internet em http:// webjcli.ncl.ac.uk/2000/issue2/flesner2.html pronunciam-se, no entanto, contra uma tentativa de interpretar a Directiva a partir da Convenção de Viena, que consideram injustificada, não apenas porque a Convenção de Viena ainda não foi ratificada por todos os Estados membros (falta ser ratificada pela Irlanda, Reino Unido e Portugal), mas também porque o equilíbrio de interesses entre vendedor e comprador numa venda internacional de mercadorias é naturalmente diferente daquele que deve ser estabelecido numa venda ao consumidor, a qual, aliás, é expressamente excluída do âmbito da Convenção de Viena (art. 2.º a)). Já KLAUS TONNER, *BB* 1999, p. 1770, defende, pelo contrário, que a experiência existente na aplicação da Convenção de Viena deve ser aproveitada para efeitos de interpretação da Directiva. Uma análise interessante da jurisprudência existente nos diversos países sobre a Convenção de Viena pode ser encontrada em BURGHARD PILZ, "Neue Entwicklungen in UN-Kaufrecht", em *NJW* 2000, pp. 553-560.

100 Direito do Consumo/Consumer Law

No entanto, a sua extensão é muito mais limitada do que esta convenção, uma vez que não abrange a formação e os efeitos do contrato de compra e venda de bens de consumo, nem sequer a indemnização pelos prejuízos resultantes da falta de conformidade, que continua a ser regulada pelas legislações internas (cfr. entre nós, os arts. 913.º, 908.º a 910.º, 915.º e 1223.º do Código Civil, bem como o art. 12.º da LDC)[6].

2. Âmbito de aplicação da garantia contratual sobre bens de consumo

O âmbito de aplicação da garantia contratual de bens de consumo aparece-nos referido no art. 1.º do Decreto-Lei 67/2003, referindo o n.º 1 a hipótese da venda de bens de consumo, tutelando os interesses dos consumidores, tal como definidos pelo art. 2.º, n.º 1, da Lei 24/96, e determinando ainda o n.º 2 a sua aplicação com as necessárias adaptações "aos contratos de bens de consumo a fabricar ou a produzir e de locação de bens de consumo"[7]. Abrangem-se, portanto aqui, não apenas os contratos relativos à transmissão de bens[8], mas também os que envolvam o seu fabrico

---

[6] Sobre as matérias excluídas da Directiva, cfr. detalhadamente PAULO MOTA PINTO, *EDC* 2 (2000), pp. 210 e ss.

[7] O legislador português vai, assim, mais longe do que a Directiva que no seu art. 1.º, n.º 4 se limita a estabelecer que "para efeitos da presente directiva, são igualmente considerados contratos de compra e venda os contratos de fornecimento de bens de consumo a fabricar ou a produzir". Na proposta original da Comissão, de onde resultam os arts. 1.º, n.º 1, e 1.º, n.º 2 c) é manifesto que esta Directiva apenas se referia à venda de bens de consumo (cfr. *RJUM*, I (1998), n.º 1, pp. 475-479. No entanto, o Parlamento Europeu apresentou uma proposta de alteração por forma a estendê-la aos contratos de empreitada, aliás à semelhança do que faz o art. 3.º, n.º 1 da Convenção de Viena sobre a Venda Internacional de Mercadorias, tendo essa proposta sido aceite, quer pelo Parlamento, quer pelo Conselho. Cfr. DIRK STAUDENMAYER, "Die EG-Richtlinie über den Verbrauchsgüterkauf", na *NJW* 1999, pp. 2393--2397 (2394), retomado em "EG-Richtlinie 1999/44/EG zur Verienheilichung des Kaufgewährleistungsrechts", em STEFAN GRUNDMANN/DIETER MEDICUS/WALTER ROLLAND (org.), *Europäisches Kaufgewährleistungsrecht: Reform und Internationalisierung des deustchen Schuldrechts*, Köln/Berlin/Bonn/München, Heymanns, 2000, pp. 27-47 (32).

[8] Apesar da omissão legal, parece-nos que outros contratos onerosos de transmissão de bens de consumo, para além da compra e venda podem ser abrangidos pela garantia contratual. Em sentido contrário, cfr., no entanto, CHRISTIAN TWIGG-FLESNER/ROBERT BRADGATE, *loc. cit.*, para os quais a Directiva apenas pode incluir a compra e venda em sentido técnico, uma vez que quando se afasta deste conceito, como no art. 1.º, n.º 4, o diz expressamente, pelo que não poderia abranger os contratos ingleses de *barter* e *hire purchase*, correspondentes entre nós à troca e à locação-venda. É manifesto, no entanto, que não se

O novo regime da venda de bens de consumo   101

e produção, incluindo portanto contratos típicos de empreitada[9], e ainda a locação de bens de consumo[10].

Conforme resulta da remissão do art. 1.º, n.º 1, do D.L. 67/2003, para o art. 2.º, n.º 1, da Lei 24/96, de 31 de Julho, esta garantia é, no entanto, restrita aos contratos celebrados entre pessoas que fornecem bens de consumo com carácter profissional no exercício de uma actividade económica que visa a obtenção de benefícios e consumidores, pessoas que adquirem bens de consumo com fins não profssionais. Daqui resulta que se exclui do âmbito de aplicação deste regime três tipos de contratos: 1) os contratos celebrados entre profissionais (ex: venda entre comerciantes ou empresas); 2) os contratos celebrados entre não profissionais (ex: vendas de bens em segunda mão por um consumidor a outro; e 3) os contratos de "venda de bens de consumo invertida", em que um profissional compra um objecto a um consumidor, podendo ou não vender-lhe simultaneamente outro bem[11].

Estão assim em causa os negócios que se estabeleçam entre profissionais, actuando no âmbito da sua actividade e pessoas que actuem fora do âmbito da sua actividade profissional, dos quais resulte a aquisição de bens, destinados a uso não profissional[12]. Tem sido controvertida a questão da

---

poderia ter introduzido no nosso sistema um desvio de regimes há muito equiparados pelos arts. 939.º e 936.º do Código Civil.

[9] Conforme refere taxativamente PAULO MOTA PINTO, *EDC* 2 (2000), pp. 219-220 esta equiparação "visa incluir contratos mistos de compra e venda e empreitada (designadamente o *"Werklieferungsvertrag"* alemão) e mesmo contratos apenas de empreitada, ainda que o preço seja determinado em função sobretudo dos serviços e não da coisa, ou que a maioria ou todos os materiais sejam fornecidos pelo consumidor". No mesmo sentido, cfr. PEDRO ROMANO MARTINEZ, "Empreitada de consumo", na *Themis*, ano II, n.º 4 (2001), pp. 155-171, CALVÃO DA SILVA, *Compra e venda*, pp. 136 e ss. e HORST EHMANN/ULRICH RUST, "Die Verbrauchsguterkaufrichtlinie", em *JZ* 1999, pp. 853-864 (856).

[10] A referência à locação de bens de consumo não consta do texto originário da Directiva, tendo sido introduzida pelo legislador português. Defende, no entanto, expressamente a aplicação da Directiva à locação financeira FRANCESCO A. SCHURR, "Die neue Richtlinie 99/44/EG über den Verbrauchsgüterkauf und ihre Umsetzung — Chancen und Gefahren für das deutsche Kaufrecht" em *ZfRV* 1999, 6, pp. 222-229 (224).

[11] Cfr. GERT BRUGGEMEIER, "Zur Reform des deutschen Kaufsrechts — Herausforderung durch die EG-Verbrauchsguterkaufrichtlinie", em *JZ* 2000, pp. 529-538 (530).

[12] Deve, porém, referir-se que a proposta original da Comissão era a de que a Directiva viesse a abranger qualquer alienação efectuada por um profissional a uma pessoa física que adquirisse um bem para utilização final, mesmo que esse bem viesse a ser utilizado numa actividade profissional. Essa extensão foi, porém, rejeitada pelo Conselho e Parlamento, que preferiu o âmbito tradicional. Cfr. HONDIUS, *op. cit.*, n.º 5 e DIRK STAUDENMAYER, *NJW* 1999, p. 2393 e em GRUNDMANN/MEDICUS/ROLLAND, *op. cit.*, p. 31.

aplicação deste regime aos casos de bens adquiridos com fins simultaneamente profissionais e não profissionais[13], mas parece-nos que qualquer aplicação profissional do bem, mesmo que não exclusiva, implicará a não aplicação do regime desta garantia. Também parece que esta garantia não se poderá aplicar a casos de aquisição de um bem de consumo a um profissional, quando este não esteja a actuar no âmbito da sua actividade normal[14].

O âmbito de aplicação do regime da garantia contratual de bens de consumo, instituído pelo D.L. 67/2003, vai, no entanto, muito mais longe do que o da Directiva 1999/44/CE, a cuja transposição procedeu. Ectivamente, esta Directiva abrange apenas os bens móveis corpóreos, (cfr. art. 205.° do nosso Código Civil), sejam eles novos ou usados, duradouros ou não duradouros, excluindo-se os bens objecto de venda judicial, o fornecimento de água e gás, quando não forem postos à venda em volume determinado, ou em quantidade determinada e o fornecimento de electricidade (art. 1.°, n.° 2 b) da Directiva). Os fornecimentos continuados de bens essenciais são assim excluídos da Directiva, a qual apenas permite abranger a sua compra em quantidades determinadas (ex: garrafas de água mineral ou botijas de gás)[15]. O nosso legislador não apenas previu expressamente a aplicação desta garantia a bens imóveis (cfr. art. 3.°, n.° 2 do D.L. 67/2003), como também não efectuou qualquer das exclusões acima referidas, o que implica naturalmente que fiquem abrangidas pela garantia contratual. Essa garantia passa abranger igualmente a venda ao consumidor de animais defeituosos, entre nós exceptuada do regime geral da

---

[13] Vide sobre a questão PAULO MOTA PINTO, *EDC* 2 (2000), p. 215.

[14] Assim, por exemplo, se um advogado vende a um particular um computador usado do seu escritório, não parece que esta garantia se possa aplicar. Cfr. ROBERT BRADGATE, *loc. cit.* e CHRISTIAN TWIGG-FLESNER/ROBERT BRADGATE, *loc. cit.* Conforme salientam estes autores, a Directiva irá contrariar uma tendência existente, no âmbito do Direito Inglês, para estender a aplicação da protecção da garantia contra defeitos da coisa vendida a casos em que a actuação do profissional não coincide com a sua actividade normal, como na hipótese de um pescador vender o seu barco, referida em "Stevenson v Rogers [1999] 1 All ER 613", em que a expressão "in the course of a business", constante do *Sale of Goods Act* 1979, s14(2), foi interpretada de forma a abranger este tipo de situação. Cfr. ainda L. S. SEALY, "When is a sale made "in a course of a business"?", em *The Cambrigdge Law Journal* 1999, pp. 276-278 e ELIZABETH MACDONALD, "'In the course of a business' – a fresh examination" em 1999 *Web Journal of Current Legal Issues*, disponível em http://webjcli.ncl.ac.uk/1999/issue3/macdonald3.html3.

[15] Cfr. CHRISTIAN TWIGG-FLESNER, "The E.C. Directive on Certain Aspects of the Sale of Consumer Goods and Associated Guarantees", em *Consumer Law Journal*, 1999, pp. 177-192 (178).

garantia contra vícios da coisa pelo art. 920.° do Código Civil[16], ainda que anteriormente já se pudesse considerar abrangida pela Lei de Defesa do Consumidor[17].

A Directiva vem ainda a prever no art. 1.°, n.° 3, a possibilidade de dela serem excluídos os bens de consumo em segunda mão aduiridos em leilão, quando os consumidores tenham oportunidade de assistir pessoalmente à venda. Esta possibilidade de exclusão foi introduzida por proposta da Presidência Inglesa do Conselho, visando conferir aos Estados membros a possibilidade de regular em termos específicos os leilões públicos destes bens[18]. O nosso legislador não utilizou essa faculdade, pelo que a venda destes bens de consumo fica igualmente abrangida pela garantia contratual, ainda que se admita que as partes possam convencionar uma redução do prazo, nos termos do art. 5.°, n.° 2 do D.L. 67/2003.

3. A imposição da conformidade do bem entregue com o contrato

3.1. *A conformidade como garantia nos contratos com os consumidores*

Do Decreto-Lei 67/2003 resulta primordialmente a imposição de uma obrigação de entrega dos bens de consumo em conformidade com o contrato (art. 2.°, n.° 1), estabelecendo-se assim uma garantia contratual relativamente aos bens de consumo consistente na imposição da sua conformidade com as descrições constantes do contrato. Trata-se de um critério que tem vindo a ser adoptado para unificar a nível internacional as diversas soluções existentes nos vários ordenamentos sobre a garantia edilícia, constando quer da Convenção da Haia de 1964 sobre a compra e venda internacional de mercadorias (cfr. arts. 19.°, n.° 1 e 33.° e ss.), quer da Convenção de Viena de 1980 sobre a venda internacional de mercadorias (arts. 35.° e ss.), e que a Directiva 1999/44/CE agora transposta decidiu igualmente adoptar como critério de uniformização dos ordenamentos

---

[16] Conforme acima se referiu, o regime especial da garantia contra vícios redibitórios na venda ou troca de animais domésticos consta ainda hoje dos art. 49.° e ss. do Decreto de 16 de Dezembro de 1886.

[17] Cfr. PAULO MOTA PINTO, *EDC* 2 (2000), p. 218.

[18] Cfr. STAUDENMAYER, *NJW* 1999, p. 2394 e em GRUNDMANN/MEDICUS/ROLLAND, *op. cit.*, p. 33. Critica a exclusão, ANA PRATA, "Venda de bens usados no quadro da Directiva 1999/44/CE" na *Themis*, ano II, n.° 4 (2001), pp. 145-153 (148 e ss.).

jurídicos internos dos Estados membros. Os trabalhos preparatórios da Directiva demonstram ter sido o art. 35.° da Convenção de Viena a sua principal inspiração[19], ainda que por vezes este critério já tenha sido usado nas legislações internas de alguns Estados membros, como a Holanda, Irlanda, Dinamarca, Suécia e Reino Unido[20].

Para interpretar adequadamente o art. 2.° haverá que esclarecer o que se entende por conformidade. Nas palavras de FERREIRA DE ALMEIDA, "se um objecto é descrito essa referência não indica, ou não indica só, *qual é* e *como é*, mas qual *deve ser* e *como deve ser* esse objecto". A conformidade consiste assim "numa relação deôntica entre o referente, segundo o texto e objecto do acto executivo"[21]. A falta de conformidade não pressupõe, por isso, uma apreciação negativa da situação como sucede com o conceito de defeito da coisa, referido no art. 913.°, havendo, por exemplo, falta de conformidade, quando se encomenda um veículo fabricado este ano e é entregue um modelo do ano anterior[22]. Neste âmbito, e ao contrário do que se entendia no regime da venda de coisas defeituosas, parece existir igualmente falta de conformidade se é entregue um objecto diferente da coisa vendida (*aliud pro alio*)[23], hipótese que entre nós seria qualificada pura e simplesmente como incumprimento. Alguma doutrina tem defendido que a Directiva 1999/44/CE não poderia abranger a situação da venda de bens onerados (art. 905.°), uma vez que os remédios nela previstos como a reparação e a substituição da coisa seriam manifestamente incompatíveis com esta figura[24]. No entanto, a definição de reparação constante do art. 1.°, n.° 1 f) da Directiva: "em caso de falta de conformidade, a reposição do bem de consumo em conformidade com o contrato de compra e venda" parece adequada a abranger a expurgação dos ónus ou encargos a que se refere o art. 907.°, pelo que consideramos pelo menos

---

[19] Cfr. TWIGG-FLESNER/ROBERT BRADGATE, *loc. cit.*

[20] Cfr. WOLFGANG FABER, "Zur Richtlinie bezüglich Verbrauchsgüterkauf und Garantien für Verbrauchsgüter" em *JBl* 1999, pp. 413-433 (416 e ss. e notas, sendo que nas notas 26 a 29 encontra-se a transcrição e tradução das correspondentes dos arts. 7.17 e 7.18 do Código Civil Holandês, §§ 16 e 19 da *Konsumentkoplag* sueca e da Secção 13 da *Sale of Goods Act* inglesa de 1979, revista em 1994).

[21] Cfr. CARLOS FERREIRA DE ALMEIDA, *Texto*, I, p. 639.

[22] Cfr. SINDE MONTEIRO, *RJUM*, I, 1998, 1, p. 465, nota (15).

[23] Neste sentido, vide EHMANN/RUST, *JZ* 1999, pp. 856-857 e PAULO MOTA PINTO, *EDC* 2 (2000), p. 233, nota (85). Este autor decidiu não inserir esta figura no anteprojecto de transposição. Cfr. ID, *Cumprimento*, p. 25.

[24] Cfr. PAULO MOTA PINTO, *EDC* 2 (2000), p. 234.

O novo regime da venda de bens de consumo 105

duvidosa essa exclusão. Em qualquer caso, em face do art. 2.º do D.L. 67/2003, parece-nos claro que a venda de bens onerados constituirá uma hipótese de desconformidade.

A imposição ao vendedor da garantia de conformidade implica uma alteração substancial bastante importante no regime da compra e venda de bens de consumo, na medida em que vem afastar a solução tradicional do *caveat emptor*, segundo ao qual caberia sempre ao comprador aquando da celebração do contrato, assegurar que a coisa adquirida não tem defeitos e é idónea para o fim a que se destina. Face ao novo regime da venda de bens de consumo, esta averiguação deixa de ser imposta ao consumidor para ser objecto de uma garantia específica, prestada pelo vendedor, cabendo a ele o ónus da prova, segundo as regras gerais, de ter cumprido essa obrigação de garantia.

3.2. *Presunção de não conformidade*

Essa garantia, no entanto, é objecto de uma presunção ilidível relativamente às situações mais correntes (cfr. considerando 8 da Directiva 1999/44/CE) estabelecida no art. 2.º, n.º 2, da Directiva e agora transposta pelo art. 2.º, n.º 2 do Decreto-Lei 67/2003. Esta norma alterou, no entanto, a técnica da presunção instituída pela Directiva, na medida em que enquanto esta instituía uma presunção de conformidade caso os bens revestissem certos requisitos, o nosso legislador optou antes por instituir uma presunção de não conformidade, caso se verificasse o facto de não possuirem esses requisitos. A opção parece-nos ser, no entanto, contestável, na medida em que não se vê como se pode presumir uma situação em resultado de um facto negativo, quando cabe por conta do vendedor o ónus da prova de ter cumprido a obrigação de entrega dos bens em conformidade com o contrato.

Em qualquer caso, convém referir que mesmo que se verifique que os bens de consumo possuem todas as características referidas no art. 2.º, n.º 2, tal não demonstrará o cumprimento da obrigação de conformidade com o contrato referida no art. 2.º, n.º 1, mas antes funcionará como presunção de existência dessa conformidade, aligeirando-se assim o ónus da prova que recai sobre o vendedor relativamente ao cumprimento da obrigação prevista. Para além disso, na medida em que a Directiva impõe a referência a todos estes elementos, obtém-se a certeza de que em todos os Estados membros eles são considerados no âmbito da responsabilidade pelos defeitos da coisa, obtendo-se assim a harmonização deste regime, que de outra forma seria difícil atendendo aos múltiplos entendimentos que o conceito de "falta de conformidade" poderia ter nos diversos Estados[25].

O art. 2.°, n.° 2 vem assim estabelecer que se presume que os bens de consumo não são conformes com o contrato, se verificar algum dos seguintes factos:

a) não serem conformes com a descrição que deles é feita pelo vendedor ou não possuirem as qualidades do bem que o vendedor tenha apresentado ao consumidor como amostra ou modelo;

b) não serem adequados ao uso específico para o qual o consumidor os destine e do qual tenha informado o vendedor quando celebrou o contrato e que o mesmo tenha aceitado;

c) não serem adequados às utilizações habitualmente dadas aos bens do mesmo tipo;

d) não apresentarem as qualidades e o desempenho habituais nos bens do mesmo tipo e que o consumidor pode razoavelmente esperar, atendendo à natureza do bem e, eventualmente, às declarações públicas sobre as suas características concretas feitas pelo vendedor, pelo produtor ou pelo seu representante, nomeadamente na publicidade ou na rotulagem.

Conforme resulta do texto da lei — e era pressuposto pelo considerando 8 da Directiva — basta que se verifique algum destes factos negativos para que logo se presuma a não conformidade com o contrato. Se as circunstâncias do caso tornarem algum ou algum dos elementos manifestamente inapropriado, continuarão a aplicar-se os restantes elementos que constituem a presunção. Como se pode verificar — e a própria Directiva o afirma no seu considerando 8 — a presunção é construída por forma a não excluir da garantia qualquer variação das características e função do bem com o estabelecido pelas partes, pelo que ocorrendo qualquer variação dessa ordem, presume-se o incumprimento da obrigação estabelecida no art. 2.°, n.° 1. Nestes termos, a aplicação da presunção de não conformidade acaba por funcionar como um indício de violação da garantia edilícia, que passa assim a ser definida em termos bastante mais rigorosos do que os que resultavam dos direitos dos Estados-membros[26].

---

[25] Cfr. o considerando (7) da Directiva e MICHAEL LEHMANN, "Informationsverantwortung und Gewährleistung für Werbeangaben bei Verbrauchsgüterkauf", em *JZ* 2000, pp. 280-293 (282).

[26] Cfr. PAULO MOTA PINTO, *EDC* 2 (2000), p. 226 e CALVÃO DA SILVA, *Compra e venda*, p. 141.

Examinemos então quais são os casos em que a presunção deixa de se aplicar por faltar algum dos elementos nela previstos:

1) Relativamente ao primeiro elemento, ele consiste numa situação em que o vendedor assegura certo tipo de qualidades em relação à coisa vendida, sendo que esse assegurar de qualidades pode resultar da própria descrição do bem efectuada pelo vendedor ou da sua comparação com uma amostra ou modelo exibidas na contratação. Estão neste caso em causa apenas declarações do vendedor e não de terceiros, sendo que estas últimas apenas podem ser abrangidas pela alínea d). Face à forma como se refere este elemento, parece claro que não se exige que essa enunciação de qualidades seja acordada pelas partes e integre o conteúdo do contrato. O mero facto da descrição do vendedor ou da comparação com a amostra é suficiente para determinar o assegurar das qualidades descritas pelo vendedor ou constantes da amostra, mesmo que essas situações só tenham ocorrido na fase pré-contratual. Não se exige assim uma estipulação negocial, bastando para a responsabilização do vendedor meras declarações de ciência ou mesmo comportamentos fácticos[27].

A protecção do consumidor em resultado desta disposição é assim muito mais ampla do que no actual regime legal. No âmbito do Código Civil, é considerada venda de coisa defeituosa aquela em que faltam as qualidades asseguradas pelo vendedor (cfr. art. 913.º), entendendo-se na venda sobre amostra que o vendedor assegura a existência na coisa vendida de qualidades iguais às da amostra (art. 919.º), mas em qualquer dos casos a vinculação do vendedor pressupõe uma declaração dele, ainda que tácita, relativa à garantia das referidas qualidades[28]. Para além disso, a lei admite como *dolus bonus* as sugestões e artifícios considerados legítimos, segundo as concepções dominantes do comércio jurídico (art. 253.º, n.º 2), bem como que da convenção ou dos usos resulte que a amostra serve apenas para indicar de modo aproximado as qualidades do objecto (art. 919.º, *in fine*). Uma vez que a alínea a) do n.º 2 do art. 2.º não ressalva qualquer destas situações, parece claro a sua verificação não deixa de excluir a responsabilidade do vendedor. Há, no entanto, que considerar que em certas situações o vendedor pode emitir reservas às suas declarações, como por exemplo, na hipótese de à pergunta do consumidor referir: "por aquilo que sei é essa a situação" ou indicar: "ninguém me informou que o bem não tem essa característica". Nesses casos, tem-se considerado que o vendedor

---

[27] Cfr. W. FABER, em *JBl* 1999, p. 420.
[28] Cfr. PAULO MOTA PINTO, *EDC* 2 (2000), p. 236.

108 *Direito do Consumo/Consumer Law*

não pode ser responsabilizado em caso de desconformidade do bem com as características questionadas, uma vez que se limitou a enunciar o seu conhecimento limitado sobre o assunto, o que não constitui descrição do bem, já que não implica uma indicação segura das suas características[29].

2) O segundo elemento da presunção de não conformidade ocorre quando o bem de consumo não é idóneo para o uso específico a que o consumidor o destine e do qual tenha informado o vendedor quando celebrou o contrato e que o mesmo tenha aceite. A destinação da coisa a um fim específico não tem necessariamente que fazer parte do conteúdo contratual, nem sequer que ser estipulada acessoriamente a este. Efectivamente o art. 2.°, n.° 2 b) apenas exige que essa destinação corresponda a uma informação prestada pelo consumidor, a qual tenha recebida pelo vendedor, que a ela não tenha manifestado oposição aquando da celebração do contrato[30].

No âmbito do Código Civil também se considera que o facto de a coisa não poder desempenhar o fim específico a que é destinada corresponde a um defeito da coisa, segundo a concepção subjectiva deste conceito (art. 913.°), admitindo-se ainda a possibilidade de as partes estipularem uma condição relativamente a esse fim específico, no âmbito da venda sujeita a prova (art. 925.°). No entanto, caso nada se estipule a lei manda atender à função normal das coisas da mesma categoria (cfr. art. 913.°, n.° 2), a qual tem que ser necessariamente genérica. O regime do Decreto-Lei 67/2003 baseia-se, porém, numa cada vez maior especialização das funções dos bens de consumo, admitindo-se que por acordo entre o vendedor e o comprador estes possam ser destinados a um fim específico, tornando defeituosa a coisa sempre que esta não possa prencher esse fim específico.

---

[29] Cfr. W. FABER, em *JBl* 1999, p. 421.

[30] Para STAUDENMAYER, *NJW* 1999, p. 2394 e em GRUNDMANN/MEDICUS/ROLLAND, *op. cit.*, p. 35, que interpreta o requisito da concordância do vendedor como uma estipulação contratual, este requisito apareceria como redundante face ao art. 2.°, n.° 1 da Directiva, tendo sido inserido apenas para corresponder às preocupações de alguns Estados membros. A nosso ver, o que se visa é antes que a destinação unilateral de fim comunicada pelo comprador ao vendedor, sem rejeição deste, possa integrar o conteúdo da garantia, o que dificilmente se pode considerar redundante. Efectivamente, conforme referem TWIGG-FLESNER/ROBERT BRADGATE, *loc. cit.*, o critério deverá ser a situação de confiança criada no consumidor. Assim, se o consumidor pretender usar um aparelho para determinado fim e o comunica ao vendedor que omite qualquer resposta ou responde que nunca o usou para esse fim, mas que supõe que o aparelho deva suportar essa utilização, pode-se dizer que apesar da não aceitação expressa pelo vendedor, a não rejeição dessa comunicação parece suficiente para que se possa integrar o conteúdo da garantia.

Ao contrário do que se consagrou na Convenção de Viena (35.°, n.° 2 c)) e era previsto no projecto inicial, não se estabeleceu na versão definitiva da Directiva a possibilidade de o vendedor elidir essa responsabilidade com a demonstração de que resultaria das circunstâncias que o comprador não confiou na competência e apreciação do vendedor ou que não era razoável da sua parte fazê-lo. Efectivamente, não se justificaria estabelecer uma exclusão desse tipo no âmbito dos contratos com os consumidores[31], até porque se essa exclusão pode ocorrer com alguma frequência no âmbito da compra e venda internacional, será seguramente de verificação rara em caso de contratos celebrados com os consumidores[32].

3) O terceiro elemento da presunção de não conformidade ocorre quando os bens não forem adequados às utilizações habitualmente dadas a bens do mesmo tipo. Encontra-se uma previsão muito semelhante no art. 35.°, n.° 2 a) da Convenção de Viena. Neste âmbito, consagra-se a concepção objectiva de defeito, igualmente prevista no art. 913.°, n.° 2 do Código Civil. No entanto, ao contrário dessa norma, que apenas refere esse critério a título supletivo, o art. 2.°, n.° 2 c) do D.L. 67/2003 estabelece-o em termos cumulativos[33], presumindo-se assim a falta de conformidade sempre que inexista essa adequação, independentemente do fim específico referido pelo comprador. Para além disso, ao se referir a uma pluralidade de utilizações, parece que quando os bens tiverem mais do que uma utilização habitual terão que ser idóneos para todas elas. O critério será, no entanto, excessivo em certos casos, já que se o consumidor declarar ao vendedor que pretender utilizar a coisa para determinado fim, e se verificar que ela é idónea para esse fim, mas não para outros fins para que habitualmente servem coisas do mesmo tipo, poderá mesmo assim reclamar falta de conformidade[34].

Para além disso, enquanto o art. 35.°, n.° 2 a) da Convenção de Viena e o art. 913.°, n.° 2, do Código Civil fazem referência a um critério de normalidade da utilização, o art. 2.°, n.° 2 c) aponta antes para um critério de habitualidade. A alteração não deixa de ser significativa, uma vez que enquanto o primeiro critério aponta no sentido de uma regularidade da utilização, de acordo com a função que lhe é atribuída pelo produtor, o segundo critério adopta antes uma formulação mais próxima da frequên-

---

[31] Cfr. JORGE SINDE MONTEIRO, *RJUM* 1998, p. 465-466, nota (16).

[32] Cfr. STAUDENMAYER, *NJW* 1999, p. 2394 e em GRUNDMANN/MEDICUS/ROLLAND, *op. cit.*, p. 34, e PAULO MOTA PINTO, *EDC* 2 (2000), p. 240.

[33] Cfr. PAULO MOTA PINTO, *EDC* 2 (2000), p. 239.

[34] Cfr. TWIGG-FLESNER/ROBERT BRADGATE, *loc. cit.*

cia da utilização, de acordo com a perspectiva do consumidor. Ora, como muitas vezes os produtos são utilizados para fins diferentes daqueles para que são fornecidos, parece que esta disposição vem abrir a porta a reclamações dos consumidores relativamente à não adequação do bem para utilizações estranhas àquelas para que foi fabricado[35].

4) O último elemento da presunção de não conformidade ocorre quando os bens de consumo não apresentarem as qualidades e o desempenho habituais nos bens do mesmo tipo e que o consumidor pode razoavelmente esperar, atendendo à natureza do bem e, eventualmente, às declarações públicas sobre as suas características concretas feitas pelo vendedor, pelo produtor ou pelo seu representante, nomeadamente na publicidade ou na rotulagem.

Conforme se pode verificar, neste caso estão em causa dois critérios, sendo o primeiro a correspondência das qualidades e desempenho com o habitual em bens do mesmo tipo e o segundo as expectativas razoáveis do consumidor, face à natureza do bem e, eventualmente, às declarações públicas sobre as suas características concretas. Uma das questões suscitadas pela Directiva é a de saber se estes dois critérios são cumulativos — no sentido de que só com a sua não verificação conjunta se presume a não conformidade — ou se encontram em relação de alternatividade, pelo que não se verificando um deles, já se presumirá essa falta de conformidade. Pessoalmente, e por razões de protecção do consumidor, parece-me que se deverá preferir a segunda solução, ainda que não seja essa a opinião maioritária da doutrina que já se pronunciou sobre o assunto[36]. Assim, se o consumidor poderia razoavelmente esperar em face da natureza do bem e das declarações públicas do vendedor, produtor ou representante sobre ele, que ele teria certas qualidades e desempenho não parece que possa excluir-se a presunção de falta de conformidade apenas com base no critério da habitualidade das qualidades e desempenho dos bens do mesmo tipo[37].

---

[35] Cfr. TWIGG-FLESNER/ROBERT BRADGATE, *loc. cit.* Estes autores apontam como exemplo a chave de parafusos, que tendo por função apertar parafusos, é muitas vezes usada como alavanca para abrir tampas de latas. Uma chave que se deteriorasse com essa utilização não deixaria de colocar o problema da aplicação do art. 2.º, n.º 2 c) do D.L. 67/2003.

[36] Cfr. W. FABER, em *JBl* 1999, p. 422 e PAULO MOTA PINTO, *EDC* 2 (2000), pp. 240 e ss. que entendem que a introdução desta expressão visou limitar o critério das expectativas razoáveis pelo da habitualidade do desempenho do bem, evitando-se assim que o consumidor que visa uma utilização incomum do bem possa criar expectativas razoáveis apenas com base na publicidade e na rotulagem.

[37] Tem-se argumentado contra este entendimento que a versão francesa e italiana da Directiva utilizam um pronome relativo para juntar os dois critérios (*auxquelles* e *che*, res-

O novo regime da venda de bens de consumo

Enquanto na alínea a) se fazia referência às declarações do vendedor em diálogo particular com o comprador, nesta alínea d) estão em causa declarações públicas, quer do vendedor, quer do produtor ou seu representante, vindo o vendedor a ser responsabilizado igualmente pelas declarações destes últimos. Trata-se de uma solução bastante coerente, uma vez que hoje em dia os consumidores formulam as suas decisões de compra (designadamente em relação a automóveis ou electrodomésticos) muito mais em função da publicidade e rotulagem emitida pelo fabricante do que em função do diálogo pessoal com o vendedor. Trata-se, no entanto, de uma opção que levanta algumas dificuldades dogmáticas, uma vez que, em relação ao vendedor, a verdade é que a publicidade e rotulagem por ele elaborada não chega a ser estipulada pelas partes como fazendo parte do acordo contratual e, em relação à publicidade e rotulagem do produtor e seu representante, verifica-se a introdução no conteúdo do contrato de estipulações que tiveram origem em terceiro[38]. O D.L. 67/2003 estabelece, no entanto, um critério objectivo de relevância dessas mensagens para efeitos da garantia prestada pelo vendedor, que não pressupõe qualquer estipulação contratual, presumindo-se sempre que as partes tomaram essas características como assegurando certas características da coisa comprada[39]. A solução não é, aliás, totalmente nova entre nós, uma vez que no art. 7.º, n.º 5 da LDC já se prevê que as informações concretas incluídas nas mensagens publicitárias integram o conteúdo dos contratos de consumo. No D.L. 67/2003 não se vai, porém, tão longe, uma vez que a sua integração no âmbito da garantia apenas ocorre se corresponderem a expectativas razoáveis do consumidor, o que seguramente não se poderá afirmar relativamente a toda e qualquer declaração encontrada na publicidade ou na rotulagem[40].

---

pectivamente) em vez da conjunção copulativa. O argumento literal parece inaceitável num texto com versões oficiais em tantas línguas e é claramente reversível, já que tanto a versão portuguesa como as versões inglesa e alemã utilizam, pelo contrário a conjunção copulativa.

[38] Cfr. W. FABER, *Jbl.*1999, p. 423.

[39] Cfr. LEHMANN, *JZ* 2000, p. 283.

[40] Conforme salienta LEHMANN, *JZ* 2000, pp. 283 e ss., é o critério das expectativas razoáveis do consumidor que constitui o elemento decisivo para o estabelecimento da responsabilidade do vendedor por informações. Para este autor a Directiva toma em consideração um consumidor médio, que sabe que a publicidade visa promover a aquisição de produtos e que por isso não pode ser encarada acriticamente e não um consumidor ingénuo, irrazoável ou crédulo, que considera qualquer mensagem publicitária como "dinheiro em caixa". Não estão para além disso em causa neste critério as expectivas individuais de cada consumidor, mas antes as expectativas gerais de um consumidor razoável.

112   *Direito do Consumo/Consumer Law*

É, no entanto, de referir que, segundo o art. 2.°, n.° 4 da Directiva 1999/44/CE, essas declarações públicas deixam de vincular o vendedor se este demonstrar que: a) não tinha conhecimento nem podia razoavelmente ter conhecimento da declaração em causa; b) até ao momento da celebração do contrato a declaração em causa fora corrigida; e c) a decisão de comprar o bem de consumo não poderia ter sido influenciada pela declaração em causa. Daqui resulta, portanto, que, segundo a Directiva, para serem relevantes para efeitos da garantia de conformidade, as declarações públicas teriam que ser imputáveis ao vendedor pelo menos em termos da obrigação de as conhecer ou da omissão da sua correcção e tenham sido determinantes da conclusão do contrato por parte do consumidor. O nosso legislador não procedeu, porém, à transposição desta exclusão para o direito interno, o que implica que o vendedor, por virtude do 2.°, n.° 2 d), do D.L. 67/2003 passa a ser sujeito a responder por declarações de terceiro, nas quais não teve intervenção, tendo assim uma responsabilidade absolutamente objectiva por facto de terceiro neste domínio.

O facto de não ter sido preenchido nenhum dos factos negativos, de onde o legislador faz presumir a não confomidade com o contrato, não impede o consumidor de demonstrar que, apesar disso, se verifica alguma desconformidade com o contrato. É designadamente o que acontecerá se as partes estabelecerem cláusulas contratuais de conformidade mais exigentes do que os critérios que integram a presunção[41].

3.3. *A garantia de conformidade nos bens objecto de instalação*

O art. 2.°, n.° 4 do D.L. 67/2003 vem instituir uma extensão da garantia de conformidade a prestar pelo vendedor aos bens objecto de instalação, estabelecendo que "a falta de conformidade resultante da má instalação do bem de consumo é equiparada a uma falta de conformidade do bem quando a instalação fizer parte do contrato de compra e venda e tiver sido efectuada pelo vendedor, ou sob sua responsabilidade, ou quando o produto, que se prevê seja instalado pelo consumidor, for instalado pelo consumidor e a má instalação se dever a incorrecções existentes nas instruções de montagem". Neste caso, o objecto da garantia estende-se além do pró-

---

[41] Já não será, porém, lícito às partes estabelecerem cláusulas de conformidade menos exigentes, face ao que dispõe o art. 10.°, n.° 1, do D.L. 67/2003.

O novo regime da venda de bens de consumo 113

prio bem vendido, para abranger situações de prestações de serviços conexas com esse bem como a instalação pelo vendedor ou a prestação de informações sobre como proceder a essa instalação.

3.4. *Exclusão da garantia de conformidade*

A garantia pela conformidade vem a ser objecto de exclusão quando, no momento em que é celebrado o contrato, o consumidor tiver conhecimento da falta de conformidade ou não puder razoavelmente ignorá-la ou se esta decorrer dos materiais fornecidos pelo consumidor (art. 2.º, n.º 3 do D.L. 67/2003, que transpõe idêntica norma da Directiva). Esta norma, que se inspira claramente no art. 35.º, n.º 3 da Convenção de Viena sobre a Venda Internacional de Mercadorias, institui assim uma exclusão da garantia de conformidade em relação a defeitos aparentes ou conhecidos do consumidor ou que possam ser imputáveis a materiais por ele fornecidos, em termos algo próximos do nosso Código Civil, já que os arts. 913.º e ss. pressupõem a existência de um erro do comprador e o art. 1219.º exclui a responsabilidade do empreiteiro pelos defeitos aparentes ou conhecidos pelo dono da obra. No entanto, a nossa Lei de Defesa do Consumidor já tinha ido mais longe, uma vez que o art. 12.º, n.º 1, da LDC, antes da sua alteração pelo D.L. 67/2003, apenas excluía a garantia do bom estado e do bom funcionamento da coisa conferida pelo art. 4.º, quando o consumidor a quem seja fornecida a coisa com defeito dela tenha sido previamente informado e esclarecido antes da celebração do contrato. Verifica-se assim que, enquanto na anterior redacção da Lei de Defesa do Consumidor não existia qualquer ónus de o comprador examinar a coisa comprada, para se assegurar da existência de defeitos, esse ónus passou a ser instituído pelo D.L. 67/2003. Efectivamente, se o vendedor colocar a coisa à disposição do consumidor para este a examinar e se certificar da não existência de defeitos e o consumidor decidir não fazer uso dessa faculdade, parece que o vendedor poderá ficar isento de responsabilidade ao abrigo do art. 2.º, n.º 3 do D.L. 67/2003. Confirmam-se, por isso, os receios de que a transposição deste regime levasse a estabelecer um ónus de exame da coisa adquirida por parte do consumidor, o que representa uma regressão na protecção do consumidor[42]. A doutrina tem, no entanto,

---

[42] Cfr. TWIGG-FLESNER/ROBERT BRADGATE, *loc. cit.*

procurado atenuar esta solução, propugnando que a exclusão de responsabilidade seja limitada a casos de culpa grave do consumidor, sem abranger as situações de culpa leve, conforme se tem discutido em face da norma inspiradora do art. 35.º, n.º 3 da Convenção de Viena[43]. A verdade, no entanto, é que o nosso legislador não tinha qualquer necessidade de introduzir esta exclusão na legislação interna, como acabou por fazer, uma vez que o art. 8.º, n.º 2 da Directiva admite que os Estados-membros introduzam disposições que estabeleçam maior protecção ao consumidor[44]. Na recente reforma do Direito das Obrigações alemão optou-se por consagrar apenas a exclusão relativa ao conhecimento do comprador ou à sua culpa grave no desconhecimento do defeito, cessando ainda a exclusão nesta última situação, caso tenha havido dolo do vendedor na celebração do contrato (novo § 442 BGB). É, por isso, de criticar a solução que o D.L. 67/2003 acabou por consagrar neste âmbito.

3.5. *Momento relevante para a verificação da conformidade*

De acordo com o que resulta do art. 3.º, n.º 1, do D.L. 67/2003, a conformidade deve verificar-se no momento em que a coisa é entregue ao consumidor, o que implica passarem a correr por conta do vendedor os riscos relativos a defeitos da coisa ocorridos entre a venda e a entrega ao consumidor[45]. Tal parece implicar uma derrogação, neste âmbito, quer do regime geral do art. 796.º, n.º 1, que faz correr o risco por conta do adquirente a partir da celebração do contrato, exceptuando-se apenas os defeitos que possa ser imputáveis ao incumprimento da obrigação de custódia do vendedor, estabelecida nos arts. 882.º, n.º 1 e 918.º, quer do regime da promessa de envio (art. 797.º) que admite a transferência do risco com a sua simples entrega ao transportador, quer mesmo do regime da mora do credor (art. 814.º, n.º 1), que admite que a mora faça reagir sobre o credor todo o risco que não seja imputável a dolo do devedor. Em face do art. 3.º, n.º 1 do D.L. 67/2003, ao se estabelecer a exigência da conformidade no

---

[43] Cfr. STAUDENMAYER, *NJW* 1999, p. 2394 e em GRUNDMANN/MEDICUS/ROLLAND, *op. cit.*, p. 36.

[44] Defenderam solução semelhante perante o Direito Alemão EHMANN/RUST, *JZ* 1999, p. 857.

[45] Diferente é a solução do art. 36.º da Convenção de Viena que determina que a conformidade se deve verificar no momento da transferência do risco.

momento da entrega parece fazer-se correr por conta do vendedor todo o risco ocorrido até essa data[46]. Ora, como todas aquelas normas fazem correr por conta do comprador riscos verificados antes da entrega, parece resultar da transposição da Directiva uma alteração às regras relativas à distribuição do risco na venda de bens de consumo.

No entanto, a verdade é que o considerando 14 da Directiva parece posicionar-se contra esta interpretação ao referir que "as referências à data da entrega não implicam que os Estados membros devam alterar as suas normas sobre transferência do risco". Pareceria, assim, que a Directiva não teria pretendido afectar os regime específicos internos de transferência do risco, designadamente em caso de recolha dos bens no domicílio do vendedor, promessa de envio ou mora do credor. Tem sido por isso defendido que o conceito de entrega para efeitos da Directiva seria mais vasto do que o da simples entrega fáctica do bem ao consumidor[47], aliás à semelhança do que também se prevê no art. 31.° da Convenção de Viena.

No entanto, apesar disso têm surgido na doutrina estrangeira propostas no sentido de se alterar o regime da transferência do risco na venda de bens de consumo, através do estabelecimento de uma presunção de que neste tipo de venda o risco se transfere para o consumidor apenas após a entrega fáctica do bem[48], ou que interpretam esta norma no sentido de estabelecer que a responsabilidade do vendedor existe até à entrega independentemente o momento em que se verifica a transferência do risco[49]. Efectivamente, parece dificilmente compatível com o art. 3.°, n.° 1, da Directiva considerar-se que correria por conta do consumidor o risco de avaria de uma televisão, que sofre um curto-circuito devido a uma sobrecarga de corrente eléctrica no estabelecimento do vendedor, após ter sido vendida e antes de entregue (por exemplo, no curto período em que o con-

---

[46] Cfr. JORGE SINDE MONTEIRO, *RJUM* I (1998), 1, p. 466 e PAULO MOTA PINTO, *EDC* 2 (2000), p. 249.

[47] Neste sentido STAUDENMEYER, *NJW* 1999, p. 2395 e em GRUNDMANN/MEDICUS/ROLLAND, *op. cit.*, p. 37. Este autor pretende que este conceito mais vasto do que a entrega se encontra claramente formulado no art. 3.°, n.° 1 da Directiva, uma vez que na versão alemã se utilizou *Lieferung* (fornecimento) e não a expressão tradicional *Übergabe* (entrega). Mas a verdade é que nas outras versões se utilizou sempre as expressões tradicionais para designar a entrega. Assim temos *delivered* na versão inglesa; *délivrance* na versão francesa; *entrega* na versão espanhola e *consegna* na versão italiana.

[48] Cfr. TWIGG-FLESNER, *Consum. L. J.* 1999, p. 179 e TWIGG-FLESNER/ROBERT BRADGATE, *loc. cit.*

[49] Assim, EHMANN/RUST, *JZ* 1999, p. 857.

sumidor se desloca a ir buscar o carro para a transportar), e entre o considerando (14) e a imposição do art. 3.º, n.º 1 da Directiva haverá que dar prevalência a esta última[50]. No âmbito da reforma do Direito das Obrigações alemão já se estabeleceu a não aplicação do regime da transferência do risco na promessa de envio à venda de bens de consumo (novo § 474, II BGB), o que implica o reconhecimento de que a aplicação da Directiva não pode efectuar-se sem alguma alteração das regras sobre a transmissão do risco, pelo que, apesar do silêncio do nosso legislador na transposição da Directiva, parece dever ser essa igualmente a melhor interpretação do art. 3.º, n.º 1, do D.L. 67/2003[51].

A prova de que a falta de conformidade já existia no momento da entrega do bem cabe ao consumidor. No entanto, o art. 3.º, n.º 2 do D.L. 67/2003 vem estabelecer uma presunção de que as faltas de conformidade que se verifiquem num prazo de dois ou de cinco anos a contar da data da entrega de coisa móvel corpórea ou de coisa imóvel, respectivamente, já existiam nessa data, salvo quando essa presunção for incompatível com a natureza do bem ou com as características da falta de conformidade[52]. Nestes casos, existe assim uma presunção específica a estabelecer a responsabilidade do vendedor por cumprimento defeituoso do contrato, relativamente a defeitos que ocorram no período de dois ou de cinco anos após a entrega da coisa, consoante se trate de móvel ou imóvel, presunção essa que é aliás inderrogável pelas partes, nos termos do art. 10.º, n.º 1, e que talvez se possa considerar uma excessiva solução, ditada apenas por considerações amigas do consumidor[53]. A parte final desta disposição admite,

---

[50] TWIGG-FLESNER, *Consum. L. J.* 1999, p. 179 explica a referência do considerando (14) com uma preocupação sobre a competência das instituições comunitárias nesta matéria. Efectivamente, o art. 295.º do Tratado da União Europeia determina que o Tratado não pode afectar as normas sobre o regime da propriedade nos Estados membros, e como a transmissão do risco é associada à transferência da propriedade, pareceria que a União Europeia não teria poderes para actuar nesta matérias.

[51] Era esta, aliás, a proposta constante do anteprojecto. Cfr. PAULO MOTA PINTO, *Cumprimento*, p. 37, e a nova proposta de redacção do art. 913.º, a pp. 78.

[52] O legislador vai, quanto a esta presunção, mais longe, que a Directiva que, sendo restrita a móveis, limitava-se a estabelecer um prazo de seis meses.

[53] EHMANN/RUST, *JZ* 1999, p. 857 criticam esta norma, considerando-a uma decisão de equidade em benefício do consumidor, baseada no pressuposto de que "a velha senhora pobre tem sempre razão". Pelo contrário, JERÔME FRANK, *EDC* 2, (2000), pp. 174-175, aplaude a solução, considerando-a idónea para resolver a controvérsia existente na jurisprudência francesa sobre esta questão.

no entanto, alguma correcção pela jurisprudência que possa atenuar o rigor do seu entendimento literal.

4. Direitos do consumidor perante a falta de conformidade

O art. 4.º do D.L. 67/2003, na sequência do art. 3.º da Directiva 1999/44/CE vem admitir os seguintes direitos do consumidor perante a falta de conformidade do bem adquirido:

a) reparação

b) substituição

c) redução do preço

d) resolução do contrato.

A estes direitos acresce ainda a indemnização, nos termos estabelecidos pelo art. 12.º, n.º 1 da Lei 24/96, na redacção do D.L. 67/2003, de 8 de Abril.

A Directiva 1999/44/CE procede a um escalonamento dos primeiros quatro direitos, distinguindo dois níveis de reacção do consumidor. No primeiro nível são colocados a reparação ou substituição da coisa, e no segundo nível a redução do preço ou a resolução do contrato. Esta hierarquização, que não constava da proposta inicial da Directiva, parece, no entanto, lógica, já que o princípio do aproveitamento dos negócios jurídicos deve impor a prevalência das soluções que conduzem à integral execução do negócio sobre soluções que implicam uma sua ineficácia total ou parcial.

O regime constante do art. 4.º, n.º 5, do D.L. 67/2003 não efectua, porém, a mesma hierarquização que consta da Directiva, referindo que o consumidor pode exercer qualquer dos quatro direitos, salvo se tal se manifestar impossível ou constituir abuso de direito, nos termos gerais. Este regime afasta-se assim bastante da solução do Código Civil, cujo art. 914.º apenas admite a substituição em lugar da reparação, se tal for necessário e apenas relativamente a coisas fungíveis, excluindo-a em qualquer caso sempre que o vendedor ignorar sem culpa o vício ou a falta de qualidade de que a coisa padece. No regime do D.L. 67/2003, o consumidor apenas deixa de poder escolher qualquer destes remédios quando se verifique que a sua execução é impossível ou constitui abuso de direito. No entanto, como esta última restrição não constava da versão anterior do art. 12.º da LDC, parece que este regime se situa a um nível intermédio entre o regime do Código Civil e o anterior regime da LDC.

Examinando em primeiro lugar a questão da impossibilidade, ela corresponde à inviabilidade da solução para efeitos de reposição da conformidade com o contrato. Em relação à impossibilidade de reparação, esta ocorrerá sempre que o bem se tenha tornado inaproveitável para o consumidor, mesmo após qualquer intervenção do vendedor. Em relação à impossibilidade da substituição, parece claro que, ao contrário do disposto no art. 914.° do Código Civil, ela não decorrerá automaticamente da natureza infungível do bem, ainda que esta na maioria dos casos possa efectivamente originar a impossibilidade de substituição[54]. Admite-se, porém, que devido à natureza específica de certos bens seja impossível a ocorrência da substituição, como sucederá em relação à maioria dos bens em segunda mão[55], ou relativamente aos bens construídos com materiais fornecidos pelo consumidor. Também pode ocorrer a impossibilidade de substituição por outros motivos, como na hipótese de o bem se encontrar esgotado no mercado. A reparação também se pode considerar impossível, nos casos, por exemplo, de fornecimento de *aliud pro alio*.

Relativamente à hipótese de a solução constituir abuso de direito, nos termos gerais, verifica-se que o legislador português considerou suficiente para a transposição do conceito de desproporcionalidade, constante da Directiva, a mera remissão para o art. 334.° do Código Civil, o que não consideramos correcto, uma vez que o conceito da Directiva é bastante mais preciso, assentando numa ponderação dos custos para ambas as partes[56].

---

[54] Neste sentido, PAULO MOTA PINTO, *EDC* 2 (2000), pp. 258. Já EHMANN/RUST, *JZ* 1999, p. 858, entendem que a natureza infungível do bem constitui sempre um caso de impossibilidade de substituição. No entanto, o facto de o nosso Código Civil determinar o conceito de coisas fungíveis em concreto, face à estipulação das partes (cfr. art. 207.° e MENEZES CORDEIRO, *Tratado de Direito Civil Português*, I – *Parte Geral*, t. 2 – *Coisas*, Coimbra, Almedina, 2000, pp. 151 e ss.), parece não tornar absolutamente impossível uma substituição de coisas infungíveis.

[55] O considerando (16) da Directiva esclarece que o direito de substituição do comprador não tem cabimento em relação a bens em segunda mão, uma vez que a sua natureza específica torna impossível a sua reposição. No entanto, conforme salientam TWIGG-FLESNER/ROBERT BRADGATE, *loc. cit.*, não será necessariamente assim, já que se o bem de segunda mão for de natureza fungível e vendedor dispuser de outro exemplar da mesma série, não se vê o que possa impedir a substituição.

[56] Efectivamente, de acordo com o art. 3.°, n.° 3 da Directiva, presumir-se-á que uma solução é desproporcionada quando ela implique para o vendedor custos que, em comparação com a outra solução, não sejam razoáveis, tendo em conta:
— o valor que o bem teria, se não existisse falta de conformidade;
— a importância da falta de conformidade;

O art. 4.º do D.L. 67/2003 esclarece qual a forma de cumprimento da reparação ou substituição, informando que qualquer delas ser realizada sem encargos, ou seja, suportando o vendedor as despesas necessárias para repor a conformidade do bem, designadamente as despesas de transporte, de mão-de-obra e material (art. 4.º, n.º 3), dentro de um prazo razoável, e sem grande inconveniente para o consumidor, tendo em conta a natureza do bem e o fim a que o consumidor o destina (art. 4.º, n.º 2).

Em lugar da reparação ou substituição da coisa, o consumidor poderá pedir uma redução adequada do preço ou a resolução do contrato (art. 4.º, n.º 1 do D.L. 67/2003, *in fine*), a menos que tal seja manifestamente impossível ou constitua abuso de direito (art. 4.º, n.º 5). Dado que o legislador português não transpôs a solução da Directiva que veda ao consumidor optar pela rescisão do contrato quando a falta de conformidade seja insignificante (art. 3.º, n.º 6), parece que a opção pela resolução do contrato não fica condicionada por esse critério, apenas sendo excluída no caso de ser impossível ou constituir abuso de direito.

A opção por qualquer destas soluções não se apresenta como imperativa para as partes, já que, conforme resulta do considerando (12) da Directiva 1999/44, o vendedor pode sempre oferecer qualquer outra solução ao vendedor que, se for por este aceite, derroga o regime do art. 4.º do D.L. 67/2003. Para além disso, deve referir-se que a não conformidade do bem pode desencadear, segundo a legislação nacional, remédios que não são abrangidos por este regime específico, mas que naturalmente não se pretende excluir. Pense-se na indemnização ao comprador (arts. 908.º, 909.º e 918.º do Código Civil e art. 12.º da LDC) ou na excepção de não cumprimento do contrato (art. 428.º do Código Civil).

— a possibilidade de a solução alternativa ser concretizada sem grave inconveniente para o consumidor.

Esta norma deve ser, porém, conjugada com o considerando (11) da Directiva, que dispõe que "a desproporção deve ser determinada objectivamente; que uma solução é desproporcionada se impuser custos excessivos em relação à outra solução; que, para que os custos sejam excessivos, devem ser significativamente mais elevados que os da outra forma de reparação do prejuízo". Desta formulação resulta em primeiro lugar que o critério determinante da irrazoabilidade da solução são os custos que ela acarreta para o vendedor, podendo assim este, caso haja uma grande desproporção de custos entre uma e outra solução, retirar ao consumidor a faculdade de opção, impondo-lhe a solução menos dispendiosa. A simples remissão para o art. 334.º é manifestamente insuficiente para fazer aplicar estes critérios.

5. Prazos

O art. 5.º, n.º 1 da Directiva vem estabelecer um prazo de dois anos, a contar da data da entrega do bem, durante o qual se tem que manifestar a falta de conformidade[57]. O art. 5.º, n.º 1, do D.L. 67/2003 estabelece um prazo semelhante para os móveis, o qual é, porém, fixado em cinco anos para os imóveis, sendo que, no caso de coisa móvel usada, este prazo pode ser reduzido a um ano, por acordo das partes (art. 5.º, n.º 2 D.L. 67/2003). Este prazo de dois anos não constitui, porém, um prazo de garantia do bom estado ou do bom funcionamento dos bens por esse período, uma vez que o art. 3.º, n.º 1, do D.L. 67/2003, que transpõe o art. 3.º, n.º 1 da Directiva, refere expressamente que o vendedor só é responsável por defeitos já existentes no momento da entrega do bem[58]. Há, no entanto, uma presunção estabelecida no art. 3.º, n.º 2 do D.L. 67/2003, que "as faltas de conformidade que se manifestem num prazo de dois ou cinco anos a contar da data de entrega de coisa móvel corpórea ou de coisa imóvel, respectivamente, presumem-se existentes nessa data, salvo quando tal for incompatível com a natureza da coisa ou com as características da falta de conformidade"[59].

Este prazo é um prazo material relativo à manifestação da falta de conformidade, e não um prazo de caducidade, ainda que se admita a hipótese de, de acordo com a legislações nacionais, esse prazo funcionar igualmente como prazo de caducidade para o exercício dos direitos acima referidos (art. 5.º, n.º 1 da Directiva), podendo ainda essas legislações estabelecer obrigatoriamente um prazo para a denúncia da falta de conformidade, a partir do momento em que ela é detectada que é fixado em dois

---

[57] A Directiva teve dificuldades na unificação dos prazos, uma vez que eles eram muito variados nas legislações europeias. Assim, enquanto a Alemanha, Áustria, Espanha, Portugal e Grécia estabeleciam um prazo de caducidade de seis meses, a Dinamarca fixava-o em um ano, a Suécia em dois, a Inglaterra e a Irlanda em seis, e a França, Bélgica, Holanda, Luxemburgo e Finlândia admitiam a sua duração indefinida. Cfr. TONNER, *BB* 1999, p. 1774.

[58] Neste sentido, vide expressamente STAUDENMEYER, *NJW* 1999, p. 2396, e em GRUNDMANN/MEDICUS/ROLLAND, *op. cit.*, pp. 39-40.

[59] Este novo regime fica aquém do anteriormente estabelecido pelo Direito Nacional que, além de admitir a estipulação com base nos usos de uma garantia de bom funcionamento (art. 921.º, n.º 1 do Código Civil) determina expressamente que, no âmbito dos contratos celebrados com os consumidores, o fornecedor de bens móveis não consumíveis é obrigado a garantir o seu bom estado e o seu bom funcionamento por período não inferior a um ano, sendo a garantia mínima de cinco anos para os imóveis" (art. 4.º, n.ºs 2 e 3 LDC, na sua anterior redacção).

O novo regime da venda de bens de consumo 121

meses (art. 5.º, n.º 2, da Directiva)[60]. O nosso legislador utilizou essa faculdade, pelo que o art. 5.º, n.º 3, do D.L. 67/2003 vem determinar que "para exercer os seus direitos, o consumidor deve denunciar ao vendedor a falta de conformidade num prazo de dois meses, caso se trate de um bem móvel, ou de um ano, se se tratar de um bem imóvel, a contar da data em que a tenha detectado", acrescentando o n.º 4 que os direitos conferidos ao consumidor caducam findo qualquer dos prazos sem que o consumidor tenha feito a denúncia, ou decorridos sobre esta seis meses. Esses prazos são no entanto suspensos durante o período em que o consumidor se encontrar privado do uso dos bens em virtude das operações de reparação da coisa (art. 5.º, n.º 5 D.L. 67/2003).

6. A responsabilidade directa do produtor

A Directiva 1999/44/CE não consagrou qualquer responsabilidade directa do produtor perante o consumidor pelos defeitos da coisa produzida, uma vez que o seu art. 4.º apenas admite responsabilizar o produtor por via indirecta, através do direito de regresso do vendedor sobre ele, estabelecido no art. 4.º da Directiva. Esta constitui, no entanto, uma solução intermédia, já que o considerando (23) admite como hipótese a considerar estabelecer a responsabilidade directa do produtor pelos defeitos de que é responsável, solução que constava igualmente do Livro Verde.

O nosso legislador, seguindo o anteprojecto de PAULO MOTA PINTO[61], optou, porém, por se adiantar em relação à solução da Directiva e consagrar já a responsabilidade directa do produtor perante o consumidor, o que fez no art. 6.º do D.L. 67/2003. Essa é efectivamente a solução que faz mais sentido, uma vez que os custos dos defeitos dos produtos devem ser ressarcidos por quem os causou, e na maioria dos casos é o produtor o efectivo responsável por estes, não se justificando que perante a Directiva o consumidor tenha o vendedor como único responsável pelos defeitos, o que só se pode justificar com base no velho princípio da relatividade dos contratos[62]. Na

---

[60] STAUDENMEYER, *NJW* 1999, p. 2396 e em GRUNDMANN/MEDICUS/ROLLAND, *op. cit.*, p. 41 qualifica este como um dos pontos fracos da Directiva.

[61] Cfr. PAULO MOTA PINTO, *Cumprimento*, pp. 58 e ss.

[62] Cfr. GERT BRÜGGERMEIER, *JZ* 1999, pp. 532 e ss. que acentua o facto de a Directiva não admitir qualquer possibilidade de reacção do consumidor perante a falência do vendedor, solução que a figura da *action directe*, admitida nos direitos francês, belga,

verdade, hoje em dia a concorrência estabelece-se essencialmente entre produtos e não entre vendedores, e é extremamente questionável que relativamente a erros de produção do bem o vendedor suporte sozinho a responsabilidade quando, na maioria dos casos, recebe os bens embalados e nunca os chega sequer a ver[63]. É, por isso, de aplaudir a solução instituída pelo legislador português.

O art. 6.º, n.º 1, do D.L. 67/2003 vem assim estabelecer que, sem prejuízo dos direitos que lhe assistem perante o vendedor, pode o consumidor que tenha adquirido coisa defeituosa optar por exigir do produtor, à escolha deste, a sua reparação ou substituição, acrescentando o n.º 3 que o representante do produtor no domicílio do consumidor é com este solidariamente responsável. O produtor é definido no n.º 4 em termos semelhantes aos do art. 2.º do D.L. 383/89, de 6 de Novembro, alterado pelo D.L. 131/2001, de 24 de Abril, como "o fabricante de um bem de consumo, o importador do bem de consumo no território da Comunidade qualquer outra pessoa que se apresente como produtor através da indicação do seu nome, marca ou outro sinal identificador do produtor" (art. 6.º, n.º 4, do D.L. 67/2003). É considerado representante do produtor, nos termos do art. 6.º, n.º 5, do D.L. 67/2003, "qualquer pessoa singular ou colectiva que actue na qualidade de distribuidor comercial do produtor e ou centro autorizado de serviço pós-venda, à excepção dos vendedores independentes que actuem apenas na qualidade de retalhistas".

Os direitos de exigir a restituição ou a reparação da coisa podem assim ser, em alternativa, exercidos contra o produtor solidariamente com o seu representante, mas nesse caso cabe integralmente a estes optar entre a reparação ou a substituição da coisa. Relativamente aos outros direitos atribuídos ao consumidor pelo art. 4.º do D.L. 67/2003 (redução do preço e resolução do contrato), bem como a indemnização referida no art. 12.º, n.º 1 da LDC já não parece que possam ser exercidos contra o produtor ou o seu representante. Efectivamente, o art. 12.º, n.º 2, da LDC limita a responsabilidade do produtor aos casos previstos na lei e o D.L. 383/89, de 6 de Novembro, alterado pelo D.L. 131/2001, de 24 de Abril, apenas prevê

---

finlandês e luxemburguês permitiria resolver. Salienta, no entanto, TWIGG-FLESSNER, em *Consum.L.J.* 1999, p. 190, que em certos casos a responsabilidade do produtor seria descabida, como na hipótese do art. 2.º, n.º 2 b), em que não faz qualquer sentido que o produtor seja responsabilizado pelo destino que o consumidor quis dar ao bem e que comunicou ao vendedor.

[63] Cfr. LEHMANN, *JZ* 2000, p. 291.

O novo regime da venda de bens de consumo

no seu art. 8.º a responsabilidade do produtor em caso de morte ou lesão corporal e danos causados em coisa diversa do produto defeituoso, não abrangendo assim os danos no próprio produto defeituoso. A responsabilidade do produtor e representante é assim limitada à substituição e reparação da coisa e não à indemnização pelos danos resultantes do não aproveitamento do produto defeituoso. Ora, se faz sentido que não possam ser exercidos contra o produtor os direitos de redução do preço e resolução do contrato — uma vez que, por natureza, têm como destinatário o vendedor enquanto contraparte do contrato — não vemos razão para excluir o exercício do direito de indemnização contra o produtor, em solidariedade com o vendedor.

Limitada assim a responsabilidade directa do produtor ou seu representante à reparação ou substituição da coisa, à escolha deste, essa responsabilidade vem a ser, no entanto, excluída em certas situações previstas no art. 6.º, n.º 2, do D.L. 67/2003, parcialmente coincidentes com o art. 5.º do D.L. 383/89. São estas:

a) Resultar o defeito exclusivamente de declarações do vendedor sobre a coisa e sua utilização, ou de má utilização;

b) não ter colocado a coisa em circulação;

c) poder considerar-se, tendo em conta as circunstâncias, que o defeito não existia no momento em que colocou a coisa em circulação;

d) não ter fabricado a coisa para venda nem para qualquer outra forma de distribuição com fins lucrativos, ou não a ter fabricado ou distribuído no quadro da sua actividade profissional;

e) terem decorridos mais de dez anos sobre a colocação da coisa em circulação.

Nestas hipóteses, o produtor ou o seu representante podem assim negar-se a satisfazer a pretensão do consumidor, o que não impede que o produtor não seja responsável perante o vendedor nos termos do direito de regresso, de que falarei em seguida.

7. O direito de regresso do vendedor final

Uma inovação bastante importante do novo regime é o direito de regresso do vendedor final, consagrado no art. 4.º da Directiva 1999/44 e agora transposto pelo art. 7.º do D.L. 67/2003[64].

---

[64] Cfr. sobre esta nova figura RUI PINTO DUARTE, "O direito de regresso do vendedor final na venda para consumo", na *Themis*, ano II, n.º 4, 2001, pp. 173-194 e PAULO

Efectivamente, esta norma estabelece, no seu n.° 1, que, quando o vendedor final tiver satisfeito ao consumidor um dos direitos previstos no art. 4.° bem como a pessoa contra quem foi exercido o direito de regresso gozam de direito de regresso contra o profissional a quem adquiriram a coisa, por todos os prejuízos causados pelo exercício daqueles direitos. Verifica-se assim que, apesar de se impor ao vendedor uma responsabilidade objectiva perante o consumidor pela falta de conformidade resultante de um acto ou omissão do produtor, de um vendedor anterior da mesma cadeia contratual, ou de qualquer outro intermediário, o vendedor final que satisfaça essa obrigação tem direito de regresso contra a pessoa ou pessoas responsáveis da cadeia contratual. Nos termos do art. 7.°, n.° 3, do D.L. 67/2003, estabelece-se, porém, que o demandado pode afastar o direito de regresso provando que o defeito não existia quando entregou a coisa ou, se o defeito for posterior à entrega, que não foi causado por si. Pode-se assim, concluir que o direito de regresso do vendedor final não depende da demonstração da culpa dos demais participantes na cadeia contratual, sendo antes uma responsabilidade solidária por garantia, independente de culpa, ainda que se a culpa de alguém puder ser demonstrada recairá em último grau sobre ele a responsabilidade, de acordo com as regras gerais[65]

A Directiva 1999/44 deixou por resolver a questão de como exercer o regresso, se o vendedor tivesse sido responsabilizado com base na presunção de que os defeitos surgidos em determinado prazo após a entrega já existiam nessa data mas não conseguisse demonstrar a responsabilidade dos seus antecedentes na cadeia contratual. O art. 7.° n.° 2 do D.L. 67/2003 vem, porém, resolver esse problema, estabelecendo que a presunção do n.° 2 do art. 3.° aproveita também ao titular do direito de regresso, o que implica vir a presumir-se igualmente na relação entre produtor e vendedor que os defeitos surgidos no prazo de dois ou cinco anos após a entrega da coisa ao consumidor já existiam antes dessa data.

O art. 4.°, n.° 2, da Directiva 1999/44 vem precisar que o responsável ou os responsáveis contra quem o vendedor tem direito de regresso, bem como as respectivas acções e condições de exercício serão determinados pela legislação nacional. Conforme resulta *a contrario* do art. 7.°, n.° 1, da Directiva e é explicitado no considerando 9, este direito de

---

MOTA PINTO, "O direito de regresso do vendedor final de bens de consumo" na *ROA* 62 (2002), pp. 143-199, e em AAVV, *Estudos dedicados ao Prof. Doutor Mário Júlio de Almeida Costa*, Lisboa, 2002, pp. 1177-1225.

[65] Cfr. EHMANN/RUST, *JZ* 1999, p. 863.

O novo regime da venda de bens de consumo

regresso não é imperativo, podendo o vendedor a ele renunciar, já que a Directiva não prejudica o princípio da liberdade contratual, que continua a vigorar nas relações entre o vendedor, o produtor, um vendedor anterior ou qualquer outro intermediário. A solução da Directiva não deixou, no entanto, de suscitar a crítica de ter aberto a porta a que outros participantes na cadeia contratual venham através de cláusulas contratuais gerais a derrogar este direito de regresso, como na hipótese de fornecimento de produtos por grandes distribuidores a pequenos vendedores, caso em que seria platónica a invocação do princípio da liberdade contratual[66]. Aceitando estas críticas, o legislador português veio, no art. 7.º, n.º 4, do D.L. 67/2003 a estabelecer que "sem prejuízo do regime das cláusulas contratuais gerais, o acordo pelo qual se exclua ou limite antecipadamente o exercício do direito de regresso só produz efeitos se for atribuída ao seu titular uma compensação adequada". É assim expressamente ressalvada a aplicação da LCCG à exclusão do direito de regresso, e condiciona-se mesmo a sua exclusão ou limitação antecipada nos contratos singulares ao pagamento ao seu titular de uma compensação adequada por essa derrogação.

A Directiva deixou ainda, neste âmbito, por resolver a questão de o consumidor poder instaurar a acção no fim do prazo de garantia, caso em que sob pena de se inviabilizar o regresso, terá que se considerar que ele não é precludido pelo prazo de garantia[67]. O nosso legislador veio no art. 8.º, n.º 2, do D.L. 67/2003 resolver esta questão, determinando que o profissional pode exercer o seu direito num prazo de cinco anos a contar da entrega da coisa pelo profissional demandado, prazo esse que se suspende durante o processo em que o vendedor final seja parte (art. 8.º, n.º 4, do D.L. 67/2003). O profissional tem, no entanto, um prazo de dois meses a contar da data da satisfação do direito ao consumidor para exercer o regresso

Este direito de regresso pode ser dogmaticamente justificado com a consideração de que existe uma relação quase-contratual entre produtor e consumidor final, através da qual se estabelece o regresso.

---

[66] Cfr. FABER, em *JBl.* 1999, p. 429 e nota (140), e EHMANN/RUST, *JZ* 1999, p. 861. Estes últimos autores propuseram que passasse a ser proibida a exclusão do direito de regresso do vendedor final através de cláusulas contratuais gerais.

[67] Neste sentido, FRANCESCO A. SCHURR, em *ZfRV* 1999, 6, pp. 227. Chama, no entanto, NORBERT REICH, *NJW* 1999, p.403, a atenção para o facto de que os prazos de caducidade da garantia são estabelecidos genericamente para todas as vendas comerciais, pelo que se torna difícil ultrapassar essa regra para o caso do direito de regresso, face ao posterior exercício da garantia na venda de bens de consumo.

8. As garantias comerciais

A Directiva 1999/44 sentiu necessidade, conforme se refere no considerando (21), por razões de disciplina da concorrência e de instituição da transparência nas relações com os consumidores, de vir igualmente regular o regime das garantias comerciais[68], ou seja, os certificados de garantia que são habitualmente fornecidos aquando da compra de certos bens de consumo como electrodomésticos ou automóveis, o que levou a que o art. 6.º da Directiva disponha sobre essa matéria. Efectivamente, a prática tem demonstrado que, apesar de normalmente esses documentos nada mais estabelecerem do que a previsão da garantia legal de que o consumidor goza, quando não estabelecem mesmo restrições inadmissíveis a essa garantia, permitem, no entanto, ao consumidor exercer mais facilmente os seus direitos perante o vendedor que apenas tende a aceitar as reclamações se lhe for exibido um válido certificado de garantia[69].

Transpondo o art. 6.º da Directiva, o 9.º, n.º 1, do D.L. 67/2003, refere que "a declaração pela qual o vendedor, o fabricante ou qualquer intermediário promete reembolsar o preço pago, substituir, reparar ou ocupar-se de qualquer modo da coisa defeituosa vincula o seu autor nas condições constantes dela e da correspondente publicidade". Comparando esta norma com a definição de garantia no art. 1.º, n.º 2 e) Directiva 1999/44, que considera como tal "qualquer compromisso assumido por um vendedor ou um produtor perante o consumidor, sem encargos adicionais para este, de reembolsar o preço pago, substituir, reparar ou ocupar-se de qualquer modo de um bem de consumo, no caso de este não corresponder às condições enumeradas na declaração de garantia ou na respectiva publicidade", verifica-se que a definição de garantia do D.L. 67/2003 é mais ampla que a constante da Directiva. O regime português abrange assim não apenas garantias voluntariamente prestadas pelo produtor e vendedor que ultrapassem o conteúdo da denominada garantia legal, mas ainda as garantias que impliquem uma prestação suplementar a pagar pelo consumidor, como acontece na prática jurídica inglesa, ou as garantias prestadas por terceiro, como

---

[68] Ainda que, conforme salienta TWIGG-FLESNER, *Consum. L. J.* 1999, p. 185, a intervenção da Directiva neste âmbito, tenha sido mais no campo procedimental do que susbstantivo, uma vez que se a Directiva contém regras sobre a eficácia e a forma de apresentação das garantias, praticamente nada dispõe sobre o seu conteúdo.

[69] Salienta este aspecto, HONDIUS, *op. cit.*, n.º 10.

O novo regime da venda de bens de consumo

sucede com os contratos de seguro, quando nenhuma destas últimas realidades é abrangida pela Directiva[70].

Na sequência do art. 6.º da Directiva, o art. 9.º do D.L. 67/2003 vem
assim estabelecer que estas garantias vinculam juridicamente as pessoas
que as oferecem, nas condições constantes da declaração de garantia e da
publicidade correspondentes. Esta eficácia das garantias oferecidas encon-
trava, porém, claramente instituída no nosso Direito, tendo-se defendido
que ela poderia considerar-se resultante da eficácia da promessa pública,
prevista no art. 459.º do Código Civil[71]. Relativamente às garantias constantes da publicidade, a sua integração nos contratos de consumo já se
encontra prevista no art. 7.º, n.º 5 da Lei 24/96, de 31 de Julho.

Nos termos do art. 9.º, n.º 2, do D.L. 67/2003, a garantia deve ser
entregue ao consumidor por escrito ou em outro suporte duradouro,
impondo o art. 9.º, n.º 3, do D.L. 67/2003, uma série de requisitos, por
razões de transparência. Assim, as garantias devem, além de estabelecer,
em linguagem clara e concisa a língua portuguesa, o conteúdo da garantia
e os elementos necessários à sua aplicação, a duração e a extensão territorial dela, bem como o nome e endereço da pessoa que oferece a garantia,
declarar ainda que o consumidor goza dos direitos previstos no presente
diploma e especificar que esses direitos não são afectados pela garantia[72].

Se a garantia não obedecer aos requisitos de transparência referidos,
tal não afecta a sua validade, podendo o consumidor continuar a invocá-la

---

[70] Cfr. STAUDENMAYER, *NJW* 1999, p. 2394 e em GRUNDMANN/MEDICUS/ROLLAND,
op. cit., p. 33.

[71] Cfr. CARLOS FERREIRA DE ALMEIDA, *Texto*, II, pp. 959 e ss. Pelo contrário, no
Direito Alemão, NORBERT REICH, *NJW* 1999, p. 2402, entendeu que se tornava necessário alterar a parte geral do Direito das Obrigações em ordem a estabelecer a eficácia do
negócio jurídico unilateral constitutivo da garantia. A transposição efectuada pela *Gesetz
zur Modernisierung des Schuldrechts*, limitou-se a regular este aspecto, quer no regime
geral da compra e venda (novo § 443 BGB), quer no da venda de bens de consumo (novo
§ 477 BGB).

[72] Conforme demonstra TWIGG-FLESNER, *Consum. L. J.* 1999, p. 187 esta disposição
abre a porta à fraude nesta área, uma vez que a garantia comercial não é normalmente prestada pelo vendedor, mas antes pelo produtor, que não é responsável perante o consumidor
no âmbito da Directiva. Assim, basta ao produtor oferecer uma garantia comercial de conteúdo muito mais restrito do que o estabelecido na Directiva e estabelecer que essa garantia não prejudica os direitos do consumidor perante o vendedor, para cumprir o estabelecido nesta disposição. O consumidor, que normalmente ignora os seus direitos, tenderá a
apenas usar a garantia comercial, esquecendo-se de exercer os seus direitos perante o vendedor. Não se vê, por que razão não proibiu a Directiva que as garantias comerciais fossem
estabelecidas em termos inferiores à garantia legal.

e a exigir a sua aplicação (art. 9.°, n.° 5, D.L. 67/2003). Outra solução não faria sentido, uma vez que sendo o objectivo deste regime o fornecimento de informação ao consumidor, naturalmente que a sua infracção não poderia ter como consequência a invalidade da garantia, como se prevê genericamente no art. 220.° do Código Civil. A omissão terá, por isso, apenas como consequência a responsabilidade civil do vendedor ou oferente da garantia.

9. Carácter injuntivo do regime da venda de bens de consumo

Conforme bem se compreenderá, as disposições de protecção ao consumidor caracterizam-se pelo seu carácter injuntivo, uma vez que, sendo este uma parte mais fraca, leiga ou profana, naturalmente que seria fácil a um profissional obter dele a derrogação das normas supletivas instituídas em seu benefício. Assim, como normalmente sucede na legislação de protecção ao consumidor, também a Directiva 1999/44/CE vem estabelecer que as cláusulas contratuais e os acordos celebrados com o vendedor, antes da falta de conformidade lhe ser comunicada que, directa ou indirectamente, excluam ou limitem os direitos dela resultantes não vinculam, nos termos previstos na legislação nacional, o consumidor (art. 7.°, n.° 1 da Directiva). Transpondo esta solução, o art. 10.° do D.L. 67/2003, refere que "sem prejuízo do regime das cláusulas contratuais gerais é nulo o acordo ou cláusula contratual pelo qual antes da denúncia da falta de conformidade ao vendedor se excluam ou limitem os direitos do consumidor previstos no presente diploma". Assim, por exemplo, cláusulas como a que estabelece que o bem é "vendido no estado em que se encontra" são igualmente vedadas nesta sede uma vez que, se não excluem expressamente os direitos do consumidor, conduzem praticamente ao mesmo resultado[73].

A nulidade é, porém, atípica uma vez que apenas pode ser invocada pelo consumidor ou seus representantes (art. 10.°, n.° 2 do D.L. 67/2003 e art. 16.°, n.°s 2 e 3 da Lei 24/96, de 31 de Julho).

---

[73] Cfr. FABER, em JBl 1999, p. 426 e STAUDENMEYER, *NJW* 1999, p. 2397 e em GRUNDMANN/MEDICUS/ROLLAND, *op. cit.*, p. 45. A proibição da derrogação do regime da Directiva por acordos individuais merece a crítica de CLAUS-WILHELM CANARIS, "Wandlungen des Schuldvertragsrecht — Tendenzen zu seiner "Materialisierung"" em *AcP* 200 (2000), pp. 276-364 (362 e ss.) que chega a considerar a Directiva inconstitucional perante o Direito alemão, por atentar contra a liberdade contratual.

Essa proibição de derrogação sofre, no entanto, uma atenuação em relação aos bens em segunda mão, já que, na sequência de um compromisso obtido no Conselho, relativamente a eles o art. 7.º, n.º 1 da Directiva admite que os Estados-membros permitam que as partes possam convencionar um encurtamento dos prazos de garantia, os quais, não pode ser, no entanto, ser estabelecidos abaixo de um ano[74], solução que o nosso legislador veio a acolher no art. 5.º, n.º 2, do D.L. 67/2003. É de referir, no entanto, que esta disposição só se refere às vendas em segunda mão efectuadas por profissionais a consumidores, uma vez que as vendas em segunda mão que frequentemente se realizam entre particulares ficam fora do âmbito de aplicação da legislação protectora do consumidor[75].

O art. 7.º, n.º 2 da Directiva tem ainda o cuidado de especificar uma proibição de o regime dela constante ser derrogado através da escolha pelas partes da lei de um Estado não membro, sempre que o contrato apresente uma conexão estreita com a lei de um dos Estados membros, determinando que os Estados as medidas necessárias para evitar essa derrogação. Esta norma, habitual neste tipo de Directivas, leva naturalmente à qualificação deste regime como correspondendo a normas de aplicação imediata, conforme aliás o art. 11.º do D.L. 67/2003 expressamente prevê.

---

[74] Conforme acima se referiu, o considerando (16) exclui o direito de substituição em relação a estes bens. É de referir, no entanto, que EHMANN/RUST, *JZ* 1999, p. 860 criticam a manutenção da injuntividade neste tipo de bens, considerando que a solução se pode revelar anti-económica, já que no mercado de carros usados o comprador poderia optar por comprar um carro com um seguro especial a assegurar o seu funcionamento ou sem esse seguro por um preço inferior. A Directiva, ao estabelecer injuntivamente a garantia implicará que os vendedores façam sempre repercutir nos compradores esse custo.

[75] Cfr. STAUDENMEYER, *NJW* 1999, p. 2397 e em GRUNDMANN/MEDICUS/ROLLAND, *op. cit.*, p. 45.

THE INTEGRATION OF AMERICAN CONSUMER PROTECTION LAW FOR FINANCIAL SERVICES: INFORMATION FLOWS AND FEDERALISM

Ralph J. Rohner[*]

This article is based on the author's presentation to the Luso-American Legal Exchange at the University of Lisbon, Portugal, on May 3, 2004. It is intended for both American and non-American readers, as an introduction to the regulation of consumer financial services in the United States, with an emphasis on two dominant regulatory themes in that marketplace.

As anyone in the U.S. knows, if they hold a credit or ATM card, or have financed the purchase of a new car or a home, or borrowed money for educational or leisure activities, or even just maintain a checking or savings account, the American market place for consumer financial services is burgeoning with a variety of products, intensely competitive marketing, and sophisticated information systems that permit the targeting and customizing of products to the consumers' circumstances. In this financial services marketplace there are large structures of consumer protection laws – some from the federal (national) government, and many more enacted or promulgated by each of the fifty states. Together, these federal and state laws create an intricate regulatory structure, in which the lawmakers are constantly struggling to keep pace with dynamic developments in the types of consumer financial products and the institutional systems through which they are delivered.

---

[*] Professor of Law, Columbus School of Law, The Catholic University of America, Washington, D.C.

"Consumer financial services law" is a distinctive sub-set of a broader range of consumer protection laws. Although some protections for consumers from fraudulent or deceptive practices have existed in American law for centuries, the current expanse of consumer protection law in the United States dates mostly from about the 1960s.[1] Most of this evolving body of law is now based in explicit statutes and regulations, from the U.S. Congress and the state legislatures, and from administrative and regulatory bodies at both levels. A substantial part of this regulatory growth affects consumer financial services.[2] This article advances the thesis that a profound change in American consumer financial services law is underway, both with respect to the gathering, use, and dissemination of personal information about consumers, and with respect to the nationalizing (indeed globalizing, through the Internet) of the consumer markets and the legal structures within which they operate. That ongoing integration process offers great benefits for consumers in the cost, variety, and utility of financial products available to them, but it is also fraught with potential risks for abuse and misuse of consumer information. For the financial services industry, the evolutionary legal structure offers prospects for a more "level playing field" based on uniform national laws, but those very prospects also raise recurring issues of "federalism" – the respective roles of the federal and state governments – in dictating the controlling law within the United States. These issues that are not unlike those facing the member countries of the European Union in harmonizing their domestic consumer law to a growing number of EU Directives on that topic.

---

[1] One can gauge the range and history of American consumer law from the content of law school teaching texts on the subject. See, e.g., M. Greenfield, CONSUMER TRANSACTIONS, 4th ed. (Foundation 2003); D. Whaley, PROBLEMS AND MATERIALS ON CONSUMER LAW, 3rd ed. (Aspen Law & Business 2002); J. Spanogle, R. Rohner, D. Pridgen, P. Rasor, CONSUMER LAW: CASES AND MATERIALS, 2d ed. (West 1991).

[2] A leading two-volume treatise on consumer law devotes one full volume to consumer *credit* law and the other volume to everything else. D. Pridgen, CONSUMER CREDIT AND THE LAW (West Group 1998); D. Pridgen, CONSUMER PROTECTION AND THE LAW (Clark Boardman/West Group 1986).

I. An Overview of American Law Affecting Consumer Financial Services

A. *Approaches to regulation*

American consumer financial services law generally starts from a premise that the parties have the freedom to design their product and their contract as they wish – within broad boundaries of restraints against over-reaching. Thus the law uses a variety of regulatory techniques, some of broad applicability, some focused on particular practices. Some provide restraints against deceptive advertising and marketing practices. Many existing laws emphasize transactional disclosure of the costs and other terms of financial products; indeed disclosure may be the dominant mode of consumer protection in the financial services area. Many laws include explicit prohibitions of certain contract terms that are considered oppressive, such as waivers of rights or harsh creditor remedies. Many also prescribe certain contract content, in the form of notices or warnings. Under some circumstances, U.S. law directly controls the existence or performance of consumer contracts, such as by providing a right of rescission (a "cooling off" period), or by permitting "cure" of a contract in default; this approach allows a consumer to cancel a contract otherwise binding, or reinstate a contract otherwise in breach. Yet other law centers on financial service delivery systems by prescribing operational responsibilities of financial institutions, such as with respect to credit or ATM card billing disputes, or the availability of funds deposited by check.

Another set of laws deals with the consumer's access to the financial services markets, by regulating the process of gathering and disseminating information about consumers in the form of credit bureau reports and statistically-derived credit "scores," by prohibiting discrimination in the housing and credit markets, and by prescribing community responsibility standards for financial institutions. A related focus is on protecting consumer privacy by allowing consumers a measure of control over their personal information, and, more recently, by providing safeguards against identity theft.

Although there has been substantial deregulation of "usury laws" in the U.S., there is still a significant body of state and federal law that imposes price controls on extensions of credit, through combinations of interest rate limitations and fee caps. Federal and state laws also regulate the processes of debt collection, foreclosure on collateral, and the operation of "credit repair" organizations. Finally, there are laws dealing with the licensing or chartering, and supervision, of various types of financial institutions, including both federal and state chartering of banks and thrift institutions.

Over all of these types of regulatory controls floats the question of how they are enforced, and by whom. There is administrative enforcement by state and federal agencies for most of the array of consumer financial services laws, involving cease-and-desist orders, fines and other sanctions. Most American consumer laws also permit enforcement by individual consumers in private litigation, often with incentives of statutory damages, court costs, and attorney's fees. And in the worst cases, there is the possibility of revocation of the offending institution's license or charter.

B. *Generic consumer laws*

In the U.S. there are of course generic restrictions on deceptive advertising and other forms of fraudulent practices; these laws may apply to any commercial entity and any kind of product, and are not limited to suppliers of financial services. Typical in this category are the broad mandate of the Federal Trade Commission Act prohibiting all forms of "unfair or deceptive acts or practices,"[3] and state false advertising and consumer fraud laws. These laws may be enforced by a public agency, like the Federal Trade Commission or the state attorneys general, and the state laws[4] usually provide a private remedy so that individual consumers may vindicate their rights. Within the past several years there has been an explosion of laws (federal and state) to protect consumer privacy in connection with the marketing of products or services. These include the popular "Do Not Call registry" for telemarketing,[5] and anti-spam legislation[6] aimed at unwelcome e-mail solicitations. The state "unfair or deceptive acts or practices" laws ("little FTC Acts") provide a broad basis for challenging offensive practices of almost any kind, including private remedies for injured consumers.

---

[3] FTC Act § 5(a)(1), 15 U.S.C.A. § 45(a)(1).

[4] Collectively these state laws are often referred to as "unfair or deceptive acts or practices" laws, or "UDAPs."

[5] Telemarketing Sales Rule, Final Amended Rule, 68 Fed. Reg. 4580 (2003).

[6] The "CAN-SPAM" Act is officially the Controlling the Assault of Non-Solicited Pornography and Marketing Act, Pub. L. No. 108-187, 117 Stat. 2699 (2003).

C. *A score card of U.S. consumer financial services laws*

To catalog the U.S. consumer laws pertaining particularly to financial services, it is necessary to divide them several ways. One is to differentiate them by subject matter and functional approach to either proscribing or prescribing certain kinds of conduct or contracts. The other is to separate federal laws and regulations on the one hand, which apply uniformly across the entire country, from state laws which may fall into parallel patterns from state to state but which are inevitably different and customized from jurisdiction to jurisdiction. The regulation of consumer financial products was traditionally a matter of state law, but the federal government has, since about 1970, claimed a substantial, perhaps even dominating, role in the regulatory system. Still, there is no over-arching national policy on regulating consumer financial services; there is, in effect, a kind of regulatory competition between the federal government and the states. As we will see, this uncertain tension between federal and state regulatory roles is itself a source of controversy.

1. *Federal laws and regulations*

A recitation of the titles of major federal laws is indicative of their range:

a. *Truth in Lending Act* (1968)[7] [TILA] – Primarily requires disclosure of credit costs and terms for all forms of closed-end and open-end credit transactions; also permits consumers to rescind certain non-purchase money mortgage loans.

b. *Consumer Leasing Act* (1976)[8] [CLA] – Ch. 5 of TILA. Requires disclosure of the terms of leases of consumer goods; limitations on default and termination charges.

c. *Fair Credit Billing Act* (1974)[9] [FCBA] – Ch. 4 of TILA. Primarily establishes systems for resolving disputes arising from credit card accounts.

d. *Fair Credit and Charge Card Disclosure Act* [10](1988) [FCCCDA] – Amendment of TILA. Additional disclosures required in connection with credit and charge card solicitations.

---

[7] 1968 Pub. L. No. 90-321, Title 1, codified in 15 U.S.C.A. §§ 1601-1665b.

[8] 1976 Pub. L. No. 94-240, codified in 15 U.S.C.A. §§ 1667-1667f.

[9] 1974 Pub. L. No. 93-495, codified in 15 U.S.C.A. §§ 1666-1666j.

[10] 1988 Pub. L. No. 100-583, codified in TILA § 127, 15 U.S.C.A § 1637.

e. *Home Equity Loan Consumer Protection Act* (1988)[11] [HELCPA] – Amendment of TILA. Requires special disclosures and limitations for open-end lines of credit secured by the consumer's home.

f. *Home Ownership and Equity Protection Act* (1994)[12] [HOEPA] – Amendment of TILA. Additional disclosures required, and certain contract limitations imposed, in connection with high-cost mortgage loans.

g. *Fair Credit Reporting Act* (1971)[13] [FCRA] – Regulates the consumer credit reporting industry; requires notices to consumers, allows consumer access to file information and copies of reports, sets standards for permissible purposes of reports and credit bureau accuracy. 2003 amendments introduce "identity theft" safeguards.

h. *Fair Housing Act* (1968)[14] [FHA] – Prohibits discrimination in all aspects of residential property markets.

i. *Equal Credit Opportunity Act* (1974, 1976)[15] [ECOA] – Prohibits discrimination in all credit transactions; requires creditors to handle applications promptly, and to give consumers reasons for adverse action.

j. *Fair Debt Collection Practices Act* (1977)[16] [FDCPA] – Prohibits abusive practices by third-party debt collectors.

k. *Credit Repair Organizations Act* (1996)[17] [CROA] – Restricts deceptive practices by companies offering to repair consumer credit histories.

l. *Real Estate Settlement Procedures Act* (19)[18] [RESPA] – Requires standardized disclosure of settlement costs; limits "kick-backs" and other inflated charges.

m. *Electronic Fund Transfer Act* (1977)[19] [EFTA] – Provides extensive disclosure and error resolution procedures for ATM and other forms of electronic funds transfers.

n. *Truth in Savings Act* (1991)[20] [TISA] – Requires disclosure of terms and standardized yield computation on consumer savings accounts.

o. *Expedited Funds Availability Act* (1987)[21] [EFAA] – Sets a structure of rules on the availability of funds that customers have deposited by check.

---

[11] 1988 Pub. L. No. 100-709, codified in TILA § 127A, 15 U.S.C.A. § 1637a.

[12] 1994 Pub. L. No. 103-325, codified in TILA § 129, 15 U.S.C.A. § 1639.

[13] 15 U.S.C.A. §§ 1681-1681v.

[14] 42 U.S.C.A. § 3601 *et seq.*

[15] 15 U.S.C.A. §§ 1691-1691f.

[16] 15 U.S.C.A. §§ 1692-1692*o.*

[17] 15 U.S.C.A. § 1679 *et seq.*

[18] 12 U.S.C.A. § 2601 *et seq.*

[19] 15 U.S.C.A. §§ 1693-1693r.

[20] 12 U.S.C.A. §4301 *et seq.*

[21] 12 U.S.C.A. § 4001 *et seq.*

p. *Gramm-Leach-Bliley Act,* Title V (1999)[22] – requires financial institutions to establish privacy policies, to notify consumers of those policies, and allow consumers to opt out of the institution's information sharing practices.

q. *Community Reinvestment Act* (1977) [CRA][23]; *Home Mortgage Disclosure Act* (1975) [HMDA][24]. Neither of these provides direct protections to consumers, but each affects the consumer credit marketplace. CRA requires financial institutions to be responsive to the credit needs of the communities in which they operate. HMDA requires annual compilations of mortgage loan data by geographic area, providing an information base for monitoring discriminatory practices and CRA performance.

r. *Federal Trade Commission Rules*:
- "Preservation of Consumers' Claims and Defenses" Rule[25] – eliminates holder-in-due-course protections for most assignees of consumer credit obligations.
- "Credit Practices" Rule[26] – Restricts abusive credit contract terms; requires notice to co-signers.

s. *Bankruptcy Code* (1978)[27]: For the approximately 1.5 million American individuals who file for bankruptcy each year, their rights to reduce their debt load and to retain property are subject to the restraints of the Bankruptcy Code.

This is merely a summary list. Most of these federal laws are amplified through interpretive regulations issued by a federal agency, usually the Federal Reserve Board.[28]

2. *State laws*

It is possible here only to generalize about the variety of state laws that also deal with consumer financial services. One category of state laws might be referred to as "copy cat" laws, because they resemble some of the federal laws listed above. Most of these federal laws adopt the baseline

---

[22] Title V, Pub. L. No. 106-102, 113 Stat. 1338.

[23] 12 U.S.C.A. § 2901 *et seq.*

[24] 12 U.S.C.A. §2801 *et seq.*

[25] 16 C.F.R. Part 433.

[26] 16 C.F.R. Part 444.

[27] 11 U.S.C.A. §§ 101-1330.

[28] For example, the Board's Regulation Z implements TILA. 12 C.F.R. Part 226.

preemption policy that state law on the same subject as the federal law is not preempted unless the state law is inconsistent with the federal, and then only to the extent of the inconsistency.[29] This allows states to adopt local versions or variants of the federal laws, for example to add disclosures beyond those required by TILA, or to make credit discrimination unlawful under state law as well as federal. Many states have used this copy-cat approach.

State law, rather than federal, is also the source of most remaining usury laws. In a state that has retained rate ceilings or other price limits for credit, there may be a dozen different rate formulas in play for different kinds of credit transactions. One rate for home equity loans, another for home-improvement loans, a different set of rates for installment sales (with perhaps a special set of rates for motor vehicle financing), another for personal loans, yet another for credit cards, and so on.

A typical state might have in force something like the following:

a. The Uniform Commercial Code – the baseline legal structure for commercial and consumer transactions involving sales, leases, and security interests in goods, and payments by check.

b. Retail installment sales acts – often including rate limitations, disclosures, and limitations on contract terms and creditor remedies in connection with credit sales of goods. There may be separate rate caps and other restrictions for new and used motor vehicles.

c. Consumer loan laws – disclosure, rate ceilings, and limitations on the terms of usually unsecured consumer loans.

d. Credit card laws – usually setting limits on rates and fees, and limiting certain contract terms.

e. Laws setting rate and other limitations on certain real-estate secured loans, such as home equity loans or lines of credit, or home improvement loans;

f. Laws specifically addressing certain kinds of transactions, imposing disclosure and limitations on terms, such as:

– Door-to-door (off-premises) selling;
– "Small loans" acts;
– Pawn shop transactions;
– Leases of motor vehicles or other goods;
– "Rent-to-own" transactions;
– "Pay day" loans;
– "Predatory" mortgage lending practices;

---

[29] See discussion *infra*, text at notes 61-64.

- ATM, and debit and check card transactions.
- Mobile home financing.

These are rough categories, and there may be countless variations in coverage from one state to the next. At one time, a "Uniform Consumer Credit Code"[30] was promulgated, in hopes of encouraging the states to standardize their treatment of the whole consumer credit marketplace. Significant parts of the UCCC were enacted in eight or nine states in the 1970s, but that is as close as the U.S. has come to uniformity at the state level.

D. *Tensions in American Consumer Financial Services Law*

By objective measures, the U.S. marketplace for consumer financial services is thriving. Consumers have access to an extraordinary array of financial products, and risk-based pricing techniques assure that credit is available (at a price) even to those with imperfect, or "subprime," credit histories. Seventy percent of all American households own their own home. Sixty percent of all households have at least one bank credit card. A typical household may have two or three automobiles. Competition among creditors leads, at times, to a deluge of credit card solicitations that promise low rates and special premiums to customers who will switch to the soliciting bank's product. Interest rates are in single digits for most mainstream credit products, including home mortgages, auto loans, and student (educational) loans; credit card rates are in the mid – to low teens. An optimist might believe that this highly competitive and dynamic market for consumer financial services needs less regulation and less of its accompanying compliance costs and risks. A skeptic, on the other hand, might say that the sheer volatility of the consumer marketplace invites bad practices, as the quest for quick profit and market share leads some creditors to push the envelope of compliance with the prevailing law.

As noted above, there is no over-arching source of nationwide public policy on consumer protection in financial services transactions. The prevailing legal structure, a mix of federal and state laws, in fact raises a number of recurring policy questions for each of which there is a pro and a con,

---

[30] National Conference of Commissioners on Uniform State Laws, UNIFORM CONSUMER CREDIT CODE OF1974, 7 Part III U.L.A. 88 (2002).

or a point-counterpoint. The tensions between these approaches are constants, that law-making bodies, enforcement agencies, and courts must grapple with every day. Here are some examples.

On **disclosure**:

Point: Disclosure of information about financial products, at the right times and in the right format, promotes transactional transparency, so that consumers can make rational choices about the products and services they buy.

Counterpoint: Too many consumers lack the "financial literacy,"or fail to take the time, to comprehend the disclosures they receive. The sheer volume and complexity of required disclosures may cause information overload, and unnecessary compliance costs.

On **product design**:

Point: The law should not inhibit market ingenuity. Financial institutions should be able to design and market products that offer an array of consumer choices, and consumers will shop with their feet.

Counterpoint: Even with full disclosure, financial products are complex and are marketed through contracts of adhesion to consumers who often do not have realistic shopping alternatives. This is an invitation to over-reaching and "predatory" practices.

On **price controls**:

Point: Regulating interest rates, and fees and other charges, is the only way to prevent the gouging of consumers through unduly high costs, especially in captive markets. Restricting creditor yields discourages excessive borrowing, promotes thrift, and rewards consumers who maintain good credit histories.

Counterpoint: As is the case for almost all other consumer products, the cost of borrowing should be set by market forces, not by artificial legal limits. Restriction of creditor revenues shrinks the availability of credit, often to those who most need or want it, or forces those consumers into black markets for their credit needs.

On **subsidization**:

Point: Consumers who pay timely and according to contract should not subsidize those who do not, yet this is the inevitable effect of restrictions on creditor collection rights.

Counterpoint: Most consumers face financial stress not through moral fault but through circumstances beyond their control. The community as a whole is better served by reducing collection harassment and providing relief for debtors through bankruptcy and otherwise.

On **information flows**:

Point: Consumers are entitled to a reasonable expectation of privacy as to their personal information, both to respect their personal autonomy and to prevent fraudulent or inappropriate use of that information, such as identity theft.

Counterpoint: The ability of financial institutions to design, market, and price their products depends on the free flow of information, through authorized channels, to identify prospective customers and to permit risk assessments. Consumers benefit greatly from full and accurate information about themselves in the credit-granting process.

On **federalism**:

Point: The American system of federal and state laws should allow complementary regulatory roles for each level of government. Federal laws should set the floor, while states would be free to experiment with more protective laws for their own citizens.

Counterpoint: Consumer financial services markets are increasingly national in scope – even international, considering the Internet. Financial institutions, and consumers as well, need uniform national standards to permit these multi-state markets to prosper.

The remainder of this article develops the last two themes. They are among the hottest topics in the ongoing U.S. debate on appropriate consumer protection policy, and in fact intertwine.

III. **Information Flows as an Integrating Force for Financial Products and Marketing**

American credit markets thrive, marketing opportunities abound, and consumers enjoy the benefits of those markets largely because of the information infrastructure that has developed in the U.S. Merchants and lenders can gather enormous amounts of personal data about existing or prospective customers, and can efficiently utilize that data in marketing and credit underwriting. The entities that gather and store this information, voluntarily submitted by merchants and creditors, comprise the credit reporting industry, and the baseline regulatory structure is set in the Fair Credit Reporting Act of 1971. The challenge, of course, is to foster the beneficial uses of accurate consumer information, while properly respecting consumer privacy and the security of the data systems themselves.

A. *Background*

Prior to 1970 there had developed fairly extensive systems by which "credit reporting agencies" (or "credit bureaus") gathered information about consumers, and compiled this information into "consumer reports" for creditors, employers, and insurers. These systems relied on voluntary exchanges of customer information among merchants – personal demographics, employment, credit history information, and public record information on lawsuits, bankruptcies and the like. The bureau files were manually maintained and accessed; the bureaus were very proprietary in their handling of information and shielding of sources, and their role in the marketplace was largely invisible to the consumers whose information was being gathered and shared. Most bureaus were local or regional. The credit reporting industry did not then have the capacity for nationwide data collation and reporting.

B. *The original FCRA*

Concerned about the intrusiveness of the credit reporting system, its importance to the consumer economy, and the lack of much state regulation of the process, Congress enacted the Fair Credit Reporting Act in 1971.[31] This early federal statutory intervention generally sought to balance legitimate business need for personal information with standards for accuracy of file data, consumer access, and protection of personal privacy. In particular, the Act:

    – Set limits on the permissible purposes for which consumer reports could be made;[32]

    – Imposed requirements on credit bureaus for the accuracy of reports;[33]

---

[31] Pub. L. No. 91-508, Title VI, 84 Stat. 1127, codified in 15 U.S.C.A. §§ 1681 et seq.

[32] FCRA § 604, 15 U.S.C.A. § 1681b.

[33] FCRA § 607, 15 U.S.C.A. § 1681e.

– Required users of reports to tell consumers when a credit report contributed to adverse action;[34]

– Gave consumers access to file information, and a mechanism for correcting errors;[35]

– Immunized the furnishers of information from liability for defamation or otherwise (unless misinformation was furnished with malice);[36]

– Preempted state laws on credit reporting only to the extent they were "inconsistent" with the federal law.[37]

With these controls in place, the original FCRA left intact the voluntary system of information gathering and sharing. In the process, and most importantly, the FCRA validated – **legitimized** – the credit reporting process and industry, allowing the gathering and reporting of consumer information almost without limit.

C. *The 1996 FCRA amendments*

By the early 1990s dramatic changes in the credit reporting industry had occurred. The many local and regional bureaus had coalesced into three major nationwide companies (Equifax, Experian, TransUnion). Computerization had made the process of gathering, storing, and reporting consumer information enormously more efficient and manageable. The bureaus had become more than mere clearing houses, and were offering pre-screening services and risk-assessment services such as "FICO" scores that greatly streamlined the credit underwrting process. There were unanswered questions under the original Act that needed resolution, such as whether sharing credit report information within a family of corporate affiliates triggered all the strictures of the Act, and whether furnishers should share responsibility with the bureaus for the accuracy of the information they supplied. It was apparent that the FCRA needed updating, and, after several years of negotiating and drafting, significant amendments were enacted in 1996.[38]

---

[34] FCRA § 615, 15 U.S.C.A. § 1681m.

[35] FCRA §§ 609-611, 15 U.S.C.A. §§ 1681g-1681i.

[36] FCRA § 610(e), 15 U.S.C.A. § 1681h(e).

[37] FCRA § 624, 15 U.S.C.A. § 1681t.

[38] Consumer Credit Reporting Reform Act of 1996, Pub. L. No. 104-208, Subtitle D, Ch. 1, 110 Stat. 3009-426.

The amendments addressed the issues just noted,[39] but also –

- clarified the "permissible purposes"rules;[40]
- allowed consumers to opt-out of prescreened solicitations and the sharing of information among corporate affiliates;[41]
- streamlined the process by which consumers could challenge the accuracy of bureau information.[42]

With the credit reporting system now operating on a nationwide basis, there was concern on the industry side that the limited preemption provision in the original FCRA (state laws preempted only if "inconsistent") left states free to add additional requirements or limitations on the credit reporting process, and that a pattern of fifty state variations would frustrate the smooth operation of the information system and add unnecessary compliance costs. Thus part of the bargain in the 1996 amendments was the inclusion of a series of strict preemption rules for seven specific provisions of the Act: for these particular provisions, "no requirement or prohibition may be imposed under the laws of any state."[43] State law on these issues was wholly displaced, whether inconsistent or not. *But* these preemption provisions were not permanent; they would disappear into the sunset – cease to apply – as of January 1, 2004.[44]

The stage was therefore set for Congress to revisit the FCRA before 2004, to consider making the preemption provisions permanent and to take up new issues affecting credit reporting.

---

[39] Affiliate sharing of consumer information was authorized, with limitations. FCRA § 603(d)(2)(A)(iii), 15 U.S.C.A. § 1681a(d)(2)(A)(iii) [exclusions from definition of "consumer report"], as amended (1996). The responsibilities of furnishers of information for the accuracy of that information was addressed in a new provision. FCRA § 623, 15 U.S.C.A. § 1681s-2, as amended (1996).

[40] FCRA § 604, 15 U.S.C.A. § 1681b, as amended (1996).

[41] Concerning pre-screened solicitations, see FCRA § 604(c) and (e), 15 U.S.C.A. § 1681b(c) and (e), as amended (1996). Concerning affiliate sharing opt outs, see FCRA § 603(d)(2)(A)(iii), 15 U.S.C.A. § 1681a(d)(2)(A)(iii) [exclusions from definition of "consumer report"], as amended (1996).

[42] FCRA § 611, 15 U.S.C.A. § 1681i, as amended (1996).

[43] FCRA § 624(b), 15 U.S.C.A. § 1681t(b), as amended (1996). Preempted were state laws relating to (i) permissible prescreening; (ii) procedures involving disputed accuracy of report information; (iii) adverse action notices; (iv) prescreening notices; (v) obsolete information; (vi) responsibilities of furnishers of information; and (vii) affiliate sharing of information. *Id.*

[44] FCRA § 624(d)(2), 15 U.S.C.A. § 1681t(d)(2).

D. *The Fair and Accurate Credit Transactions Act of 2003 (FACT Act)*

Congress enacted the FACT Act in late 2003.[45] It is a substantial addition to the basic FCRA and its 1996 amendments. It expands and makes permanent the specific preemption provisions from 1996[46] – a major victory for the industry side, and a signal, perhaps, that Congress is more sympathetic to the argument that national markets need nationally uniform rules, without tinkering by the individual states. Among its new features: consumers now have a right to receive a free copy of their credit report once a year,[47] disclosure of credit scores,[48] new procedures to enhance the accuracy and integrity of information furnished to bureaus,[49] and a new disclosure concerning risk-based pricing.[50] The new amendments elaborate on the sharing of information among corporate affiliates, and the consumer's right to opt out of solicitations based on shared information.[51] A significant part of the FACT Act addresses what has become the most common complaint of American consumers – identity theft or identity fraud. The Act establishes an elaborate system of "fraud alerts" to flag bureau files that are suspected of being contaminated by fraud-based information.[52]

In sum, the Fair Credit Reporting Act, as now in effect, has long roots, but also shows significant modernization to address new issues in the credit reporting business. At base, however, it importance lies in its recognition of the need for and the value of a credit reporting process that is comprehensive, sophisticated, accurate, and secure.[53]

---

[45] Pub. L. No. 108-159 (2003).

[46] It does this by repealing a "sunset" provision, FCRA § 624(d)(2), affecting the 1996 amendments, and by listing nine additional provisions of FCRA that preempt state rules on the same conduct. FACT Act § 711, amending renumbered FCRA § 625(d).

[47] FACT Act § 211(a), amending FCRA § 612, 15 U.S.C.A. § 1681j.

[48] FACT Act § 212, amending FCRA § 609(a), 15 U.S.C.A. § 1681g(a).

[49] FACT Act § 312, amending FCRA § 623, 15 U.S.C.A. § 1681s-2.

[50] FACT Act § 311, amending FCRA § 615, 15 U.S.C.A. § 1681m.

[51] FACT Act § 214, adding new FCRA § 624, 15 U.S.C.A. § 1681s-3.

[52] FACT Act, tit. I, amending and adding various provisions to FCRA.

[53] The FCRA "statement of purpose," FCRA § 602(b), 15 U.S.C.A. § 1681(b), explains:

> It is the purpose of this [Act] to require that consumer reporting agencies adopt reasonable procedures for meeting the needs of commerce for consumer credit, personnel, insurance, and other information in a manner which is fair and equitable to the consumer, with regard to the confidentiality, accuracy, relevancy, and proper utilization of such information in accordance with the requirements of this [Act].

E. *The nature and uses of bureau data*

The credit reporting process begins when merchants and creditors furnish information to the bureaus from their customer records. This includes identifying data taken from the customer's application, and continuing data on the status of the customer's account, usually on a monthly basis. Note that this includes both *positive* and *negative* information on each trade line.[54] Accounts paid timely and in full are duly reported, along with late payments or other delinquencies. The data furnished will typically indicate current balances and maximum credit lines, as well as payment patterns. The bureau will add to the file information on requests for reports, and public-record data such as from court dockets (judgments, bankruptcies, etc.). It will periodically purge information that is obsolete under FCRA standards. All this computerized information is merged in bureau files for each customer. The electronic format permits easy manipulation and retrieval of all this data.

The mass of information in the bureaus can then be used in a number of ways, such as:

• On request, the bureaus will furnish reports on individual consumers to merchants and creditors for classic credit underwriting, the initial assessment of credit worthiness;

• Creditors can draw on the bureau data for "pre-screened" lists of potential customers who meet certain credit criteria, to whom the creditor can then market its products;

• Creditors may get periodic reports on existing customers for monitoring purposes.[55]

• Bureau data can be statistically analyzed through "credit scoring" algorithms that produce very refined and reliable predictors of payment performance.[56]

---

[54] This is in sharp contrast to practices in some European countries, and in Australia, for example, where essentially only negative data is reported. Even in the U.S., however, not all potentially useful information reaches the bureaus; landlords and public utilities, for example, usually do not furnish customer information to the credit bureaus.

[55] The FCRA now expressly authorizes the use of consumer reports "to review an account to determine whether the consumer continues to meet the terms of the account." FCRA § 604(a)(3)(F)(ii), 15 U.S.C.A. § 1681b(a)(3)(F)(ii).

[56] These are generally referred to as "FICO scores," after the Fair, Isaac Company which is the major developer of the scoring formulae.

- Now with statutory blessing in the FCRA, corporate affiliates can share information from a bureau's credit report among their corporate family, for both marketing and risk assessment purposes.
- Consumer awareness of and access to the credit reporting process, including "FICO scores," should lead to better financial management, and ultimately lower delinquency and bankruptcy rates.

All of this is built on the platform of the Fair Credit Reporting Act, which assumes voluntary reporting of data and its authorized use to improve the marketplace.

E. *Overall assessment*

Especially with both positive and negative information in the mix, the prevailing U.S. system of credit reporting and scoring permits very refined evaluations of credit eligibility, and the implementation of risk-based pricing strategies. The value of this system to the consumer marketplace is hard to overstate. Credit is available to almost everyone, at an appropriate price. An entire sub-industry of "subprime" lenders and credit products has emerged. Low risk consumers get the most favorable terms, and do not have to subsidize the creditors' yield to compensate for the inevitable higher-risk customers. The information flows that underlie the credit reporting system are in a sense the fuel that drives the economic engine that is our consumer credit economy.

It would be naive to leave this discussion with the sense that the credit reporting system in the U.S. is unflawed. There are at least these problematic aspects:

- The very fact that all this consumer information exists, and is transmitted, stored, and used, raises broad questions of consumer privacy protection. Kept within appropriate bounds, the credit reporting system serves the community well. But there is a broad cultural or political instinct which says that individuals in our society should at some point be able to keep certain information about them to themselves. The revisions of the FCRA in 1996 and 2003 were not enacted in isolation, but were part of a much broader movement in the U.S. to enact laws to respect individuals' privacy expectations.
- Some merchants and creditors do not furnish information to the bureaus at all, or furnish only to one of the three major bureaus. For example, landlords and utility companies rarely report customer data. To the

extent the data pool is incomplete, even the most sophisticated extrapolations from it are less than optimum. Similarly, some creditors have been reluctant to furnish "best customer" data, for fear their competitors will steal them away.

• There are enhanced concerns about the accuracy of file data, both as furnished by merchants, and as retained and reported by the bureaus. This is a classic quality-control concern, where responsibility is shared by furnishers, bureaus, and consumers themselves, in some uncertain combination.[57]

• There are likewise enormous concerns about data security breaches, either inadvertently by the custodians of consumer information, or as a result of identity theft or other forms of fraudulent tampering. It will be interesting to see how well the newly-enacted "fraud alert"protocols in the FCRA will control this problem.

• And, finally, there is the concern about federalism. The now-permanent preemptions enacted in the FACT Act deprive the state legislatures, and the consumer groups that lobby them, of any chance to add or experiment with other approaches to modulating the credit reporting system. The quest for a uniform national regulatory regime may mean a lowest-common-denominator set of federal standards.

IV. **The Integration of Regulatory Authority: Persistent Issues of Federalism**

What law controls when both the federal and state governments assert potentially conflicting regulatory roles? The answer rests on the extent to which federal law "preempts" state law on the same topic, in this case consumer financial services.

A. *The preemption concept*

The unique constitutional system of government in the U.S. vests certain governmental authority in the federal (*i.e.*, national) government, while residual governmental powers are exercised by the fifty states comprising the U.S. These governmental powers may, and often do, overlap,

---

[57] See generally R. Avery, R. Bostic, P. Calem, and G. Canner, *Credit Report Accuracy and Access to Credit*, FED. RES. BULL., Summer 2004, 297. The FACT Act, § 319, requires the Federal Trade Commission to conduct ongoing studies on the "accuracy and completeness" of consumer report information.

and this raises questions of preemption – of the "supremacy" of federal law over that of the states.[58] Specifically, once the federal government regulates in a particular area, to what extent may the states also regulate that activity? When and if state law is preempted, it gives way to or is displaced by federal law, and becomes inoperative to the extent of the conflict. Traditionally almost all U.S. consumer protection law was at the state level, so questions of preemption were rare. But when the activist period of federal legislation began about 1970, the likelihood of federal-state regulatory conflict became more real.

What is at stake here is not merely a constitutional abstraction, but a very pragmatic tug-of-war over effective control of the regulation of consumer financial services. To the extent federal law preempts the states, the federal law operates as a ceiling on consumer protection and the states cannot raise that level of protection. To the extent state law is *not* preempted, the federal law becomes a floor, and the states are free to construct additional consumer protection structures above it. A pro-preemption position is also consistent with the view that our consumer markets are effectively national in scope and that uniform standards are appropriate, rather than a patchwork of varying state laws that create compliance burdens and costs and afford consumers differing protections from one state to another. The anti-preemption position is respectful of states' rights as a philosophical matter, and it allows individual states to choose new or expanded consumer protections for their citizens.

The preemption debate involves two patterns. One may be called "issue" preemption, usually where a federal law addressing consumer protection issues specifies the extent of its preemptive application.[59] The other might be called "charter preemption," where certain financial institutions holding federal charters or deposit insurance are immunized from

---

[58] US Const. Art. VI, cl. 2:
    This Constitution, and the Laws of the United States which shall be made in pursuance thereof ... shall be the supreme Law of the Land ....
[59] Constitutional analysis in the U.S. would call this "express" preemption. That analysis also recognizes "conflict" preemption, where federal law does not state its preemptive effect explicitly, but where state law is judged to interfere or conflict with the federal legislative scheme, and "field" preemption, where it is determined that the federal Congress meant to occupy an entire field and left no role for state legislation on the same subject. Both "field" and "conflict" preemption occasionally arise in connection with consumer financial services regulation, but for most of the consumer protection laws listed above Congress has expressly stated its preemption intent.

state laws that may interfere with the efficient exercise of their federally-based banking functions.

B. *Issue preemption*

The federal Congress has only occasionally stated its intention that a federal law affecting consumer financial services completely displaces state law. The best example is the legislation in 1980 that preempts state-law usury limits for home mortgages;[60] this was an explicit act of deregulation to free up mortgage credit at a time of high inflation. Most often, when Congress has enacted consumer protection laws, it adopts a much more limited preemption policy. The typical phrasing, in this case from the Truth in Lending Act, is that:

[The Act does] not annul, alter, or affect the laws of any State relating to the disclosure of information in connection with credit transactions, except to the extent that those laws are inconsistent with the provisions of this [Act], and then only to the extent of the inconsistency.[61]

The federal law then usually designates that the Federal Reserve Board has the authority to determine whether inconsistencies exist. In some instances, the federal law adds the further restraint that "[t]he Board may not determine that any state law is inconsistent with any provision of this [Act] if the Board determines that such law gives greater protection to the consumer."[62]

The Board has published a number of preemption determinations under these guidelines. They are *ad hoc* rulings, which together draw a demarcation line between the ranges of federal and state laws.[63]

---

[60] Depository Institutions Deregulation and Monetary Control Act of 1980, § 501, Pub. L. No. 96-221.

[61] TILA § 111(a), 15 U.S.C.A. § 1610(a). There are parallel provisions in most of the federal laws catalogued above. See, e.g., FCBA § 171, 15 U.S.C.A. § 1666j(a); CLA § 186(a), 15 U.S.C.A. § 1667e(a); FCRA § 624(a), 15 U.S.C.A. §1681t(a); ECOA § 705(f), 15 U.S.C.A. § 1691d(f); FDCPA § 816, 15 U.S.C.A. § 1692n; EFTA § 919, 15 U.S.C.A. § 1693q.

[62] TILA § 171(a), 15 U.S.C.A. § 1666j(a), concerning the Fair Credit Billing Act.

[63] For example, the Federal Reserve Board Staff Commentary on Truth in Lending states some general examples of state disclosure laws that are preempted, and some that are not. Regulation Z Commentary ¶¶ 28(a)-2 and 28(a)-3. It then lists a number of state-specific instances where state law is preempted. Id., ¶¶ 28(a)-8 through 28(a)-15.

As has been noted, these rulings have generally left the states with considerable authority to regulate between and beyond the explicit provisions of federal law. But over recent years, there have been several instances where Congress chose a stronger preemption posture. One is in connection with the disclosures required under the Fair Credit and Charge Card Disclosure Act of 1988, where the federal law requirements wholly "supersede any provision of the law of any State relating to the disclosure of information in any credit or charge card application or solicitation."[64] Another instance is the set of specific preemption rules in the Fair Credit Reporting Act, discussed above, first enacted on a temporary basis in 1996, and now made permanent by the FACT Act amendments of 2003. In both these cases, Congress accepted the premise that uniform national laws were needed on the specific matters addressed, and that the states should not be able to add any new or different requirements however benign or well-intended they might be. This congressional receptiveness to a policy of nationally uniform laws is currently under consideration again, in connection with proposed federal laws on "predatory lending." The dynamic at work here is generally as follows:

- Congress enacted the Home Ownership and Equity Protection Act (HOEPA) in 1994 to increase disclosure requirements and contract limitations for high-cost subprime mortgage loans, a sub-market in which there were reported to be abuses of at-risk consumers through patterns of overcharging and equity-stripping.
- HOEPA adopted the prevailing preemption posture, that state laws were preempted only if "inconsistent" with the federal law, thus establishing HOEPA as a baseline floor of consumer protection, but with the states free to adopt more stringent rules for that segment of the subprime mortgage market. Abusive practices continued, and HOEPA seemed not to have much of a corrective impact.[65]
- A number of states then chose to enact "little-HOEPA" statutes, almost all of them more expansive in coverage and more restrictive of contract terms than HOEPA itself.[66] There has ensued a vigorous debate over

---

[64] TILA § 111.(e), 15 U.S.C.A. § 1610(e).

[65] Cf., U.S. Departments of Housing & Urban Development, and Treasury, Curbing Predatory Home Mortgage Lending: A Joint Report (June 2000), available at http://www.treas.gov/press/releases/report3076.htm.

[66] For example, the most recent issue of a journal covering consumer finance issues reports on state laws of this type in Illinois, Maine, Nebraska, Oklahoma, Texas, and Utah. Consumer Finance Law Quarterly Report, vol. 53, no. 3 (Fall 2004). Early leaders in this movement were North Carolina, Georgia, and New York.

152   *Direito do Consumo/Consumer Law*

the impact of those variegated state laws – do they work effectively to protect consumers, or do they have the perverse effect of driving creditors out of the subprime markets in states with very strict local laws?

• The current Congress has under consideration several bills that would strengthen HOEPA, while taking different positions on preempting state predatory lending laws.[67] The political issue, of course, is the recurring one of uniform national standards *versus* states' rights.

With little hope that there will ever be uniform state law on consumer financial services, it appears that the federal Congress is being slowly but perhaps inexorably drawn to a stronger preemption policy, where the prevailing standards are set at the national level and where the rough edges of parochial state laws are abraded by federal supremacy.

C. *Charter preemption*

This second form of preemption flows not from the nature of the subject matter being regulated, but rather from the nature of the institutions providing the financial services. It reflects the "dual banking system" in the U.S., where financial institutions may be chartered, *i.e.*, empowered to operate, either by federal law or by state law. Thus, *national* banks are chartered by the Office of the Comptroller of the Currency, pursuant to federal enabling legislation (the National Bank Act[68]) enacted in the 1860s to create a viable nationwide banking system. By contrast, many banks operate under *state* charters. Although state bank depositors enjoy the protection of federal deposit insurance coverage, and some state banks are members of the Federal Reserve system, these state banks are altogether creatures of the states. The same distinction between federal and state chartered banks applies to thrift institutions including credit unions. Federal savings banks and savings-and-loan associations are chartered by the Office of Thrift Supervision pursuant to the Home Owners Loan Act[69]; federal credit unions are chartered by the National Credit Union Administration under the Federal Credit Union Act.[70] Each of these types of fede-

---

[67] *E.g.*, H.R. 1663 [Predatory Mortgage Lending Practices Reduction Act] (2003); S. 1928 [Predatory Lending Consumer Protection Act] (2003).

[68] 12 U.S.C.A. § 1 *et seq.*

[69] 12 U.S.C.A. § 1461 *et seq.*

[70] 12 U.S.C.A. § 1751 *et seq.*

ral financial institution has counterparts created under state law. All of these institutions compete with each other for the financial business of American consumers. And in a sense the chartering bodies, federal and state, compete with each other to maintain an attractive regulatory environment for the institutions that choose their charter. The discussion below focuses on national and state banks, because the issues are sharpest there, but the same issues underlie federal and state thrift and credit union charter alternatives as well.

All of these institutions, regardless of the source of their charter, are subject to the federal consumer protection laws catalogued earlier. These congressional enactments are by their nature of universal applicability to all of them. But the difference in charter can create unique preemption issues. Specifically, where federal law creates a structure of chartering and operational regulations for national banks, and a supervisory system to monitor them, to what extent are national banks then exempt or immune from state law restrictions and enforcement by state officials? The question plays out in two different scenarios.

1. *Rate exportation privileges*

The U.S. Supreme Court, in a long line of cases culminating in *Marquette National Bank v. First of Omaha Corp.*,[71] has established the "most favored lender" doctrine for national banks. The essence of the doctrine is that national banks are entitled under the National Bank Act to charge interest as permitted by the bank's state of location, regardless where the bank's customers reside and regardless of the usury laws of the customers' home states.[72] This has the effect of a preemptive federal choice-of-law rule with respect to permissible interest and other charges. National banks could locate their consumer-credit granting activities in a hospitable home state, and market their credit products nationwide without having to adjust rate and fee structures from state to state. This exportation privilege gave national banks a distinct pricing advantage over their state-chartered counterparts.

---

[71] 439 U.S. 299 (1978).

[72] A subsequent decision by the Supreme Court, in Smiley v. Citibank, 517 U.S. 735 (1996), extended the *Marquette* exporting privilege to include all kinds of fees as well as interest.

In almost no time after the *Marquette* decision, the state banks went to Congress to plead for a level playing field. Congress responded by extending the language from the National Bank Act that underlay the Marquette holding to all other federally *insured* depository institutions, *i.e.*, to state-chartered banks, thrifts, and credit unions as well as federally chartered banks.[73] The result of this legislative add-on to the Marquette holding is that any bank, federal or state, can locate itself in a friendly home state and operate without concern for varying interest rate and fee caps in individual states. It effectively deregulates the pricing of credit for depository institutions. In the process it creates an odd preemption: both federal and state chartered banks benefit from the preemption, but non-banks such as finance companies and retailers must still comply with the array of rate and fee limitations in each of the various states in which they market their credit products. It is not surprising that these latter groups of creditors have begun acquiring banks through which to run their credit operations.

2. *Charter autonomy*

Quite separate from the exportation phenomenon just described is the preemptive posture taken by the OCC on behalf of national banks with regard to state consumer protection laws generally. At this writing, the OCC, supported by more than a century of case law authority, takes the position that many types of state consumer protection laws are essentially inapplicable – preempted – as to national banks because they "obstruct, impair, or condition" a national bank's exercise of its lending, deposit-taking, or other powers granted to it under Federal law.[74] This is a broad claim of "conflict" preemption bordering on "field" preemption. The premise is that national banks derive their operating authority, and limitations on that authority, from their federal charter and from federal law, and state law cannot intrude on that domain.

---

[73] Depository Institutions Deregulation and Monetary Control Act of 1980, §§ 522-525.

[74] In January 2004, the OCC issued two Rules on preemption. One affirmed the preemptive scope of the National Bank act with respect to bank lending and deposit-taking functions. 69 Fed. Reg. 1904 (2004), adding new regulatory provisions: 12 C.F.R. §§ 7.4007 [deposit-taking], 7.4008 [lending], and 7.4009 [bank operations]; and amending §§ 34.3 and 34.4 [real estate lending]. The other clarified existing OCC regulations as to the exclusive visitorial powers of the OCC for national banks. 69 Fed. Reg. 1895 (2004), amending 12 C.F.R. § 7.4000.

The sweep of the OCC's declaration of preemption is breathtaking. With respect to its lending activities generally, the January 2004 OCC rule provides:

> A national bank may make non-real estate loans without regard to state law limitations concerning:
> (i) Licensing, registration ..., filings, or reports by creditors;
> (ii) The ability of a creditor to require or obtain insurance for collateral or other credit enhancements or risk litigants ...;
> (iii) Loan-to-value ratios;
> (iv) The terms of credit, including the schedule for repayment of principal and interest, amortization of loans, balance, payments due, minimum payments, or term to maturity ...'
> (v) Escrow accounts, impound accounts, and similar accounts;
> (vi) Security property, including leaseholds;
> (vii) Access to, and use of, credit reports;
> (viii) Disclosure and advertising, including laws requiring specific statements, information, or other content to be included in credit application forms, credit solicitations, billing statements, credit contracts, or other credit-related documents;
> (ix) Disbursements and repayments;
> (x) Rates of interest on loans.[75]

The OCC rule has comparable lists of categories of preempted state laws relating to deposit-taking, real-estate loans, and other bank operations. At the same time, the OCC recognizes that certain baseline state laws of general applicability remain applicable to national banks as part of the general commercial law infrastructure. Thus:

State laws on the following subjects are not inconsistent with the ...powers of national banks and apply to national banks to the extent that they only incidentally affect the exercise of national banks' ...powers:

> (1) Contracts;
> (2) Torts;
> (3) Criminal law;
> (4) Right to collect debts;
> (5) Acquisition and transfer of property;
> (6) Taxation;
> (7) Zoning; and

---

[75] 12 C.F.R. § 7.4008(d)(2).

(8) Any other law the effect of which the OCC determines to be incidental to the ... operations of national banks or otherwise consistent with the powers set out in ... this section.[76]

These two lists probably mark out the battle lines for future contests over national bank preemption. Are the state laws at issue benign and baseline laws of general applicability? Or do they "obstruct, impair, or condition" national bank operations?

At the same time, as noted, the OCC issued a separate rule that reaffirmed the exclusivity of OCC visitorial (examination) powers regarding national banks. In other words, not only do many state consumer protection laws not apply to national banks, but state officials have no authority to examine, investigate, or bring enforcement proceedings against national banks either. National banks, in short, are subject almost exclusively to the regulatory and enforcement powers of the OCC.

Several aspects of the OCC preemption rule are particularly noteworthy. The OCC asserts its authority to enforce the "unfair or deceptive acts or practices" standard from the Federal Trade Commission Act.[77] That act, however, provides no private remedies to consumers affected by bad practices. It seems likely, therefore, that national banks will resist liability to aggrieved consumers on grounds that state consumer fraud laws are preempted and only the OCC can enforce the federal (FTCA) standard.

Another portion of the new OCC preemption rule zeros in on predatory lending practices, and specifies that national banks may not make mortgage loans based solely on the liquidation value of the property, without regard for the consumer borrower's ability to pay.[78] This rule, coupled with other OCC directives on predatory lending, essentially occupies the regulatory field concerning predatory lending, and preempts the various state laws that have been enacted on that subject. National banks, in other words, operate in a protective enclave of OCC regulation and OCC enforcement, and the states are powerless to affect those national bank operations.

Consumer groups, state officials, and non-national banks vigorously oppose the OCC preemptive position. Their argument in part is that the

---

[76] 12 C.F.R. § 7.4008(e).

[77] 12 C.F.R. § 7.4008(c).

[78] 12 C.F.R. § 7.4008(b) [lending generally]; 12 C.F.R. § 34,3(b). See J. Williams & M. Bylsma, *Federal Preemption and Federal Banking Agency Responses to Predatory Lending*, 59 Bus. Law. 1193 (2004).

OCC rules improperly intrude on legitimate state regulatory authority. Opponents also argue that the OCC is caught in an inherent conflict of interest. OCC's traditional role is to protect the safety and soundness of national banks for the benefit of depositors and investors, and to enhance the integrity, attractiveness, and profitability of national bank charters. By taking on a broad and preemptive consumer protection role on behalf of bank customers, the argument goes, the OCC is at odds with its own historical role, and may not have the will or the resources properly to balance consumer protection against charter protection. Bills have been introduced in Congress to restrict the reach of national bank preemption, but without any current likelihood of passage. Meanwhile, national banks and the OCC continue to win all the litigation challenges[79] on the strength of the asserted supremacy of the National Bank Act.

IV. **Conclusion**

The American regulatory system for consumer financial services cannot be defended as wholly rational, nor attacked as wholly incoherent. It is a broad-sweeping structure of federal and state laws, probably with some regulatory overkill at points, and with some gaps, limitations, and rough edges in other respects. In these opening years of the 21st century, that structure has numerous themes of substantive coverage and regulatory technique, some drawn from history and experience, others emerging from technology and the character of national and international markets. No two of those themes are more significant, and challenging, than striking the appropriate balance between privacy and utility with respect to consumer information flows, and finding the right balance between federal and state (and local) regulatory roles. Though apparently different issues, they share common roots. Technology and the tradition of credit reporting and full information sharing in the U.S. have permitted creation of a huge information infra-structure that facilitates the marketing and pricing of consumer financial products. Expanding markets become regional, and nation-

---

[79] In addition to the *Marquette* and *Smiley* cases mentioned earlier, text *supra* at notes 70-71, OCC preemption victories in the Supreme Court include Nationsbank of North Carolina, N.A. v. Variable Annuity Life Ins. Co., 513 U.S. 251 (1995), and Barnett Bank of Marion County, N.A. v. Nelson, 517 U.S. 25 (1996). In the lower courts national banks and the OCC have prevailed in virtually every challenge to its preemptive authority vis-a-vis state law.

wide, and even international. Some degree of standardization of the consumer protection laws in those markets seems necessary and inevitable, yet standardization assumes a single, dominant regulatory voice, which pits against one another the two levels of government in the federal system of the U.S.

– end –

IV

DIREITO DA SOCIEDADE DA INFORMAÇÃO
LAW OF THE INFORMATION SOCIETY

DIREITO DE AUTOR
E MEDIDAS TECNOLÓGICAS DE PROTECÇÃO

Dário Moura Vicente[*]

ABSTRACT: *This paper addresses the problems raised in Copyright Law by the use of encryption and other devices known as technological protection measures, which aim e.g. at restricting access to works and performances available online and in digital media against the payment of a requested amount.*

The author notes that the rules adopted by the Portuguese Copyright and Related Rights Code, as amended by Law no. 50/2004, of 24 August 2004, which implemented European Union's Directive 2001/29/EC, have to an extent modified the previously existing balance of interests between copyright owners, on the one hand, and users of works and performances, on the other. That Law has in fact given technological measures a far reaching protection, which in some circumstances enables copyright owners, by resorting to such devices, to extend their exclusive rights to works and performances which until recently could be freely used. A restriction of the public domain may arise from this. Since copyright's ability to promote creativity relies on the preservation of such a domain, it is open to doubt whether the new rules are in conformity with one of Copyright Law's main objectives. In passing such legislation the Portuguese Parliament has, however, given expression in the internal legal order to what seems to have become a general trend in the Copyright Laws of the European Union and the United States.

---

[*] Professor da Faculdade de Direito da Universidade de Lisboa.

SUMÁRIO: I. Definição do problema. II. Principais valores e interesses em jogo. III. A Directiva 2001/29/CE e a sua transposição para o Direito português. IV. Objecto e beneficiários da protecção instituída. V. Sanções aplicáveis à neutralização de medidas tecnológicas. VI. Medidas tecnológicas e utilizações livres de obras e prestações protegidas. VII. Conclusão.

I. Definição do problema

1. É hoje inquestionável que o advento das redes internacionais de comunicações electrónicas e da tecnologia digital facilitou muito significativamente o acesso do público à informação e aos bens culturais. No entanto, estes desenvolvimentos tecnológicos geraram também um acréscimo do risco de usurpação em larga escala das obras e prestações protegidas pelo Direito de Autor.

Deve-se essa circunstância principalmente a duas ordens de razões: por um lado, a relativa facilidade com que se podem reproduzir e distribuir obras e prestações disponíveis em suporte digital; por outro, o facto de as reproduções assim efectuadas não sofrerem qualquer diminuição de qualidade relativamente ao original, ao invés do que sucede com as que são feitas em suportes analógicos.

Os titulares de direitos de autor e conexos têm, no entanto, procurado acautelar-se contra esse risco através da utilização de *dispositivos de codificação, ou criptagem,* também ditos *medidas tecnológicas de protecção.* Estas podem ser de diferentes tipos[1]:

a) Medidas de *controlo de acesso* a obras ou prestações, visando, por exemplo, facultá-lo apenas como contrapartida de um pagamento;

b) Medidas que *previnem ou restringem certas utilizações* dessas obras ou prestações, como, por exemplo, a impressão de textos ou a sua reprodução em suporte digital;

c) Medidas que visam *preservar a integridade* de tais obras ou prestações, impedindo a sua modificação; e

d) Medidas que permitem *controlar o número ou a duração das utilizações feitas,* facilitando assim a exploração económica de obras ou prestações.

---

[1] Cfr. Kamiel J. Koelman/Natali Helberger, «Protection of Technological Measures», *in* P. Bernt Hugenholtz (organizador), *Copyright and Electronic Commerce,* Haia/ /Londres/Boston, 2000, pp. 165 s. (p. 168).

Direito de Autor e medidas tecnológicas de protecção   163

2. À primeira vista, as medidas em questão evidenciariam, como já foi notado, que «a resposta à máquina está na máquina»[2].

A verdade, porém, é que, apesar da sofisticação tecnológica de que estas medidas se revestem, elas podem ser torneadas. E os tribunais de vários países têm, com efeito, sido confrontados com casos em que as medidas em apreço foram neutralizadas através de programas informáticos especificamente concebidos para o efeito e colocados à disposição do público em sítios da Internet.

Consideremos, a fim de exemplificar o fenómeno, o caso *Universal City Studios, Inc., et al., versus Eric Corley et al.*, julgado em 2000 por um tribunal federal norte-americano.

Discutia-se nele a alegada violação de direito de autor pelo réu, editor da revista *2600 The Hacker Quarterly*, disponível em linha. Essa violação era-lhe imputada por oito dos maiores estúdios cinematográficos dos Estados Unidos, com fundamento na divulgação através daquela revista do programa informático designado por *DeCSS*. Este permitia neutralizar o *contents scramble system* (CSS), utilizado pelos demandantes a fim de codificar filmes reproduzidos em suportes conhecidos como «discos digitais versáteis» (DVD) e distribuídos neles. Segundo os demandantes, para os quais a venda e o aluguer de DVDs havia entretanto passado a constituir uma importante fonte de receitas, os exclusivos de reprodução e distribuição desses filmes, de que eram titulares, seriam deste modo negativamente afectados.

O réu contrapunha que a disponibilização em rede, por si feita, do referido programa visava apenas assegurar o *fair use*[3] de obras protegidas

---

[2] Cfr. Charles Clark, «The Answer to the Machine is in the Machine», *in* Bernt P. Hugenholtz (organizador), *The Future of Copyright in a Digital Environment. Proceedings of the Royal Academy Colloquium organized by the Royal Netherlands Academy of Sciences (KNAW) and the Institute for Information Law (Amsterdam, 6-7 July 1995)*, Haia/Londres/Boston, 1996, pp. 139 ss.

[3] Previsto na secção 107 do título 17 do *United States Code*. Aí se estabelece: «Notwithstanding the provisions of sections 106 and 106A, the fair use of a copyrighted work, including such use by reproduction in copies or phonorecords or by any other means specified by that section, for purposes such as criticism, comment, news reporting, teaching (including multiple copies for classroom use), scholarship, or research, is not an infringement of copyright. In determining whether the use made of a work in any particular case is a fair use the factors to be considered shall include – (1) the purpose and character of the use, including whether such use is of a commercial nature or is for nonprofit educational purposes; (2) the nature of the copyrighted work; (3) the amount and substantiality of the portion used in relation to the copyrighted work as a whole; and (4) the effect of the use

164   *Direito da Sociedade da Informação/Law of the Information Society*

pelo Direito de Autor e constituía uma forma de exercício da liberdade de expressão constitucionalmente consagrada.

O *United States District Court for the Southern District of New York* entendeu que a disponibilização ao público do *DeCSS* violava a secção 1201 (a) (2) do *Digital Millenium Copyright Act* de 1998[4]. Em consequência disso, o tribunal proibiu a colocação em rede do programa em causa e também o estabelecimento de hipernexos com sítios em que o mesmo estivesse disponível[5]. Esta decisão foi posteriormente confirmada, em sede de recurso, pelo *United States Court of Appeals for the Second Circuit*[6].

3. A adopção das referidas medidas suscita, perante a ordem jurídica portuguesa, diversos problemas. Dentre eles salientaremos os seguintes, de que nos iremos ocupar neste estudo:

a) Deve o Direito conferir protecção aos titulares de direitos de autor e conexos contra a neutralização de tais medidas e, se sim, em que condições?

---

upon the potential market for or value of the copyrighted work. The fact that a work is unpublished shall not itself bar a finding of fair use if such finding is made upon consideration of all the above factors». Sobre o *fair use*, vejam-se: Stig Strömholm, «Copyright. Comparison of Laws», *in International Encyclopedia of Comparative Law*, vol. XIV, *Copyright and Industrial Property*, Tubinga, s/d, capítulo 3, pp. 74 s.; Barbara Gall, *What is "Fair Use" in Copyright Law?*, disponível em http://www.gigalaw.com; e, em língua portuguesa, José de Oliveira Ascensão, «O "fair use" no Direito Autoral», *in Direito da Sociedade da Informação*, vol. IV, Coimbra, 2003, pp. 89 ss.

[4] Que dispõe: «No person shall manufacture, import, offer to the public, provide, or otherwise traffic in any technology, product, service, device, component, or part thereof, that – (A) is primarily designed or produced for the purpose of circumventing a technological measure that effectively controls access to a work protected under this title; (B) has only limited commercially significant purpose or use other than to circumvent a technological measure that effectively controls access to a work protected under this title; or (C) is marketed by that person or another acting in concert with that person with that person's knowledge for use in circumventing a technological measure that effectively controls access to a work protected under this title». Para uma análise em língua portuguesa do *Digital Millenium Copyright Act, vide* Alexandre Dias Pereira, «Direitos de autor, códigos tecnológicos e a lei do milénio digital», *Boletim da Faculdade de Direito da Universidade de Coimbra,* 1999, pp. 475 ss. (pp. 483 ss.).

[5] Sentença de 17 de Agosto de 2000, *in Federal Supplement. Second Series*, vol. 111, pp. 294 ss.

[6] Sentença de 28 de Novembro de 2001, *in Federal Reporter. Third Series*, vol. 273, pp. 429 ss.; parcialmente reproduzida em *Computer und Recht International/Computer Law Review International* (de aqui em diante *CRi*), 2002, pp. 50 ss. (com anotação de William Friedman, a pp. 40 ss.).

Direito de Autor e medidas tecnológicas de protecção   165

b) Como conciliar essa protecção com as utilizações livres de obras e prestações asseguradas pelo Direito vigente?

II. Principais valores e interesses em jogo

4. Antes, porém, de respondermos a estes quesitos, importa atentar nos valores e interesses em jogo[7].

Todo o regime legal e convencional dos direitos de autor e conexos é, com efeito, expressão de dado equilíbrio de valores e interesses contrapostos, pois aos autores e aos artistas intérpretes ou executantes apenas é reconhecido o exclusivo da utilização das suas obras e prestações dentro de certos limites, ditados por considerações de índole social.

Entre esses valores e interesses avultam, em primeiro lugar, *valores e interesses individuais.*

Nestes se incluem o interesse do autor em dispor, de modo exclusivo, da sua obra, colhendo os benefícios inerentes à sua exploração; e o dos utilizadores de obras intelectuais, que compreendem tanto os agentes económicos que as exploram comercialmente, aos quais importa ver protegidos e remunerados os investimentos financeiros realizados para esse efeito, como os consumidores, que pretendem usá-las ou fruí-las com um mínimo de custos e constrangimentos.

Em segundo lugar, há que ter em conta *valores e interesses sociais.*

Entre estes sobressai a protecção e o fomento da criatividade: o direito de autor é um monopólio de utilização e exploração da obra que visa estimular a criação intelectual.

Outro interesse social relevante neste domínio é a promoção da educação através da difusão da cultura e da ciência, a qual pressupõe que se assegure algum grau de liberdade na utilização e exploração das obras intelectuais pelo público.

Não menos importante é a preservação do livre acesso à informação, cuja apropriação por particulares poderia pôr em risco o exercício das liberdades cívicas.

---

[7] Para uma desenvolvida análise deste tema, que apenas pode ser tratado aqui sumariamente, veja-se Gillian Davies, *Copyright and the Public Interest*, Londres, 2002.

166 *Direito da Sociedade da Informação/Law of the Information Society*

III. A Directiva 2001/29/CE e a sua transposição para o Direito português

5. Vejamos agora quais as fontes a considerar na regulação dos problemas em apreço.

Nos Estados-Membros da Comunidade Europeia, o Direito de Autor está hoje fortemente condicionado pela harmonização legislativa levada a cabo nos últimos anos: tal como outros ramos do Direito Privado, também o Direito de Autor se encontra submetido a um processo de *comunitarização*.

O que bem se compreende. Por um lado, a Comunidade preocupou-se em evitar que as divergências entre os Direitos nacionais sobre a matéria se repercutissem no funcionamento do mercado interno, o que pressupunha uma harmonização mínima do regime dos exclusivos sobre bens intelectuais. Por outro, os órgãos comunitários viram no desenvolvimento e na divulgação das tecnologias da comunicação e da informação uma importante fonte de estímulos ao crescimento económico, razão por que a tomaram como *Leitmotiv* de boa parte da legiferação levada a cabo nos últimos anos.

A harmonização comunitária do Direito de Autor foi empreendida em duas fases.

Na primeira, que se iniciou em 1991 e durou até 2001, foram adoptadas seis Directivas com carácter sectorial, que versaram sobre a protecção jurídica dos programas de computador[8], o direito de aluguer, o direito de comodato e certos direitos conexos aos direitos de autor[9], a radiodifusão por satélite e a retransmissão por cabo de obras protegidas pelo direito de autor[10], o prazo de protecção dos direitos de autor e de certos direitos conexos[11],

---

[8] Directiva 91/250/CEE, de 14 de Maio de 1991, publicada no *Jornal Oficial das Comunidades Europeias* (de aqui em diante *JOCE*), n.º L 122, de 17 de Maio de 1991, pp. 42 ss. Foi transposta pelo D.L. n.º 252/94, de 20 de Outubro.

[9] Directiva 92/100/CEE, de 19 de Novembro de 1992, publicada no *JOCE*, n.º L 346, de 27 de Novembro de 1992, pp. 61 ss. Foi transposta pelo D.L. n.º 332/97, de 27 de Novembro.

[10] Directiva 93/83/CEE, de 27 de Setembro de 1993, publicada no *JOCE*, n.º L 248, de 6 de Outubro de 1993, pp. 15 ss. Foi transposta pelo D.L. n.º 333/97, de 27 de Novembro.

[11] Directiva 93/98/CEE, de 29 de Outubro de 1993, publicada no *JOCE*, n.º L 290, de 24 de Novembro de 1993, pp. 9 ss. Foi transposta pelo D.L. n.º 334/97, de 27 de Novembro.

Direito de Autor e medidas tecnológicas de protecção 167

a protecção jurídica das bases de dados[12] e o direito de sequência em benefício do autor de uma obra de arte original que seja objecto de alienações sucessivas[13].

Na segunda, surgiu a Directiva 2001/29/CE, de 22 de Maio de 2001, relativa à harmonização de certos aspectos do direito de autor e dos direitos conexos na sociedade de informação[14].

Esta visa em parte dar execução na Comunidade Europeia aos Tratados celebrados em 1996 sob a égide da Organização Mundial da Propriedade Intelectual (OMPI): o Tratado Sobre Direito de Autor[15] e o Tratado Sobre Interpretações ou Execuções e Fonogramas[16]. Mas vai muito além do que estes instrumentos internacionais exigem, pois – contrariamente ao que o seu título inculca – não se limita a regular a utilização de obras e prestações no ambiente digital, estatuindo também acerca da sua utilização por outros meios[17]; e contém ainda uma minuciosa regulamentação das excepções e limitações aos direitos exclusivos nela consagrados[18], que os Tratados da OMPI não consagram.

O alcance da Directiva é, pois, muito vasto: encontramos nela a sede legislativa fundamental de um *Direito Comunitário de Autor*[19].

---

[12] Directiva 96/9/CE, de 11 de Março de 1996, publicada no *JOCE*, n.° L 77, de 27 de Março de 1996, pp. 20 ss. Foi transposta pelo D.L. n.° 122/2000, de 4 de Julho.

[13] Directiva 2001/84/CE, de 27 de Setembro de 2001, publicada no *JOCE*, n.° L 272, de 13 de Outubro de 2001, pp. 32 ss.

[14] *In JOCE*, n.° L 167, 22 de Junho de 2001, pp. 10 ss.

[15] Cujo texto se encontra reproduzido *in* José de Oliveira Ascensão/Pedro Cordeiro, *Código do Direito de Autor e dos Direitos Conexos*, 3.ª ed., Coimbra, 2004, pp. 253 ss. Entrou em vigor em 6 de Março de 2002, data em que se tornaram partes do Tratado 35 Estados (cfr. o estado das ratificações em http://www.wipo.int). Foi aprovado, em nome da Comunidade Europeia, pela Decisão do Conselho 2000/278/CE, de 16 de Março de 2000, publicada no *JOCE*, n.° L 89, de 11 de Abril de 2000, pp. 6 ss.

[16] Que entrou em vigor a 20 de Maio de 2002, data em que reuniu 32 ratificações. Veja-se o respectivo texto em José de Oliveira Ascensão/Pedro Cordeiro, ob. cit., pp. 261 ss., e o estado das ratificações em http://www.wipo.int. Aprovado, em nome da Comunidade Europeia, pela Decisão referida na nota anterior.

[17] Cfr. o art. 1.°, n.° 1, que dispõe: «A presente directiva tem por objectivo a protecção jurídica do direito de autor e dos direitos conexos no âmbito do mercado interno, com especial ênfase na sociedade da informação».

[18] Art. 5.°.

[19] O qual não logrou, todavia, suprimir a diversidade do Direito de Autor dos Estados-Membros: *vide*, para uma análise comparativa da transposição da Directiva em três países europeus, Lucy Beard/Valérie Budd/Arnd Haller/Marc Schuler/Ingrid Silver/Jörg Wimmers, «Harmonization of Copyright Law in the European Community. A comparative

168   *Direito da Sociedade da Informação/Law of the Information Society*

Portugal transpôs a Directiva para o seu Direito interno pela Lei n.º 50/2004, de 24 de Agosto, que procedeu a uma revisão parcial do Código do Direito de Autor e dos Direitos Conexos aprovado em 1985, bem como da Lei n.º 62/98, de 1 de Setembro, relativa à reprografia e à denominada cópia privada.

É, pois, fundamentalmente o regime consagrado neste diploma para as medidas em apreço que iremos examinar aqui. A fim de o entendermos devidamente, teremos, porém, de nos referir previamente aos instrumentos internacionais e comunitários que estão na sua origem.

IV. Objecto e beneficiários da protecção instituída

6. No artigo 11 do Tratado sobre Direito de Autor e no artigo 18 do Tratado sobre Interpretações ou Execuções e Fonogramas, os Estados contratantes vincularam-se a consagrar nos respectivos ordenamentos jurídicos uma *protecção específica* contra a neutralização de medidas tecnológicas.

A fim de que estas medidas sejam tuteladas, é indispensável, de acordo com as referidas disposições, que preencham quatro requisitos fundamentais: *a)* serem eficazes; *b)* serem utilizadas por autores, artistas ou produtores de fonogramas; *c)* serem utilizadas no exercício de direitos de autor ou conexos consignados nos Tratados ou na Convenção de Berna; e *d)* restringirem actos não autorizados pelos titulares desses direitos ou permitidos por lei.

Os *actos proscritos*, contra os quais os Estados contratantes devem instituir uma protecção jurídica adequada, são, nos termos das mesmas regras, os actos de neutralização das referidas medidas.

Este regime foi, no essencial, acolhido no artigo 6.º da Directiva 2001/29/CE, que todavia o alargou a novas categorias de situações, desviando-se deste modo da orientação moderadamente proteccionista dos tratados da OMPI[20].

---

overview of the implementation of the Copyright Directive 2001/29/EC) in France, Germany and the United Kingdom», *CRi*, 2004, pp. 33 ss., que concluem, no termo da sua investigação: «harmonization of copyright law remains as elusive as copyright itself» (p. 41). Na mesma linha fundamental de orientação, vejam-se: Bernt Hugenholtz, «Why the Copyright Directive is Unimportant, and Possibly Invalid», *European Intellectual Property Review*, 2000, pp. 501 s.; Lucie Guibault, *Le tir manqué de la Directive européenne sur le droit d'auteur dans la société de l'information* (disponível em http://www.ivir.nl).

[20] Outro tanto sucedeu nos Estados Unidos, por via do *Digital Millenium Copyright Act*, segundo informa David Rice, «Copyright as Talisman: Expanding "Property" in Di-

Direito de Autor e medidas tecnológicas de protecção   169

Primeiro, porque, além dos *actos de neutralização* propriamente ditos, a que se refere o n.º 1 do preceito em questão, impõe-se no n.º 2 que os Estados-Membros assegurem protecção jurídica adequada contra certos *actos preparatórios deles*, como o fabrico, a importação, a distribuição, a venda, o aluguer, a publicidade para efeitos de venda ou de aluguer ou a posse para fins comerciais de dispositivos, produtos ou componentes destinados a neutralizar medidas tecnológicas[21]. Tal resultará porventura da percepção de que o verdadeiro perigo não provém, nesta matéria, de actos individuais de neutralização, mas antes dos actos preparatórios desta levados a cabo pelas empresas que produzem e comercializam dispositivos de neutralização[22].

Segundo, porque o n.º 3 desse preceito o estendeu às medidas que se destinem a impedir actos não autorizados pelos fabricantes de bases de dados, que os Tratados da OMPI não contemplam.

Terceiro, porque, como veremos adiante, o n.º 4 da disposição em causa protege as medidas de carácter tecnológico contra certos actos de utilização de obras e prestações que, embora não autorizadas pelos titulares de direitos, são livres segundo as legislações nacionais.

7. O diploma de transposição da Directiva para a ordem jurídica portuguesa aditou um novo título ao Código do Direito de Autor e dos Direitos Conexos, integrado pelos artigos 217.º a 228.º e subordinado à epígrafe «Protecção das medidas de carácter tecnológico e das informações para a gestão dos direitos».

No artigo 217.º, n.º 1, assegura-se protecção jurídica contra a neutralização de *medidas eficazes* de carácter tecnológico; e no artigo 219.º estende-se essa protecção a certos actos preparatórios aí especificados, os quais coincidem com os que o artigo 6.º, n.º 2, da Directiva enuncia.

As medidas protegidas são definidas, no n.º 2 do art. 217.º, como «toda a técnica, dispositivo ou componente que, no decurso do seu funcionamento normal, se destinem a impedir ou restringir actos relativos a obras, prestações e produções protegidas, que não sejam autorizados pelo titular dos direitos de propriedade intelectual».

---

gital Works», *International Review of Law Computers & Technology*, 2002, pp. 113 ss. (pp. 121 ss.).

[21] Na esteira, aliás, do que já estabelecia o art. 7.º, n.º 1, alínea *c)*, da citada Directiva 91/250/CEE, relativa à protecção jurídica dos programas de computador. Sobre essa disposição, veja-se José Alberto Vieira, *A protecção dos programas de computador pelo Direito de Autor*, Lisboa, 2002 (polic.), n.ºs 32 ss.

[22] Cfr. Koelman/Helberger, est. cit. (nota 1), p. 178.

170 Direito da Sociedade da Informação/Law of the Information Society

Exclui-se, porém, a qualificação como tais de um *protocolo*, um *formato*, um *algoritmo* ou um *método de criptografia*, de *codificação* ou de *transformação*. O que suscita a questão – a que não podemos responder aqui, dada a sua índole predominantemente técnica – de saber qual o conteúdo útil (se algum) que, feita aquela exclusão, fica reservado à protecção das medidas tecnológicas instituída pelo Código; questão esta à qual acresce a da conformidade de tal exclusão com a Directiva, que a não prevê.

Tais medidas são consideradas eficazes, segundo o n.º 3 da mesma disposição, quando «a utilização da obra, prestação ou produção protegidas, seja controlada pelos titulares de direitos mediante a aplicação de um controlo de acesso ou de um processo de protecção como, entre outros, a codificação, cifragem ou outra transformação da obra, prestação ou produção protegidas, ou um mecanismo de controlo da cópia que garanta a realização do objectivo de protecção». Não é, portanto, necessário, a fim de que as medidas em questão preencham este requisito, que efectivamente impeçam o acesso ao material protegido – até porque se assim fosse seria inútil a sua tutela jurídica –; basta que permitam *algum grau de controlo* da utilização dos bens protegidos pelos titulares de direitos sobre estes, por isso que essa utilização é em princípio inviável sem a aplicação de um processo ou mecanismo que depende do consentimento daqueles sujeitos.

O art. 217.º, n.º 4, indo neste ponto além do que estabelece a Directiva, exige *autorização expressa* do criador intelectual para a aplicação de medidas tecnológicas de controlo de acesso.

Ocorre por isso perguntar: ter-se-á consagrado aqui, em benefício dos criadores intelectuais, uma nova faculdade jusautoral – o *direito de controlar o acesso à obra*, que alguns autores autonomizam relativamente aos direitos de reprodução e de comunicação ao público e entendem ter sido acolhido no *Digital Millenium Copyright Act* norte-americano[23]?

Supomos que a resposta deve ser negativa.

A aplicação de medidas tecnológicas não constitui um modo de aproveitamento económico da obra distinto da sua *reprodução*, da sua *comu-*

---

[23] Assim, por exemplo, Jane Ginsburg, «From Having Copies to Experiencing Works: the Development of an Access Right in U.S. Copyright Law», *Journal of the Copyright Society of the USA*, 2003 (disponível em http://papers.ssrn.com), pp. 113 ss., que define esse direito como «the right to control the manner in which members of the public apprehend the work» e o vê consagrado na secção 1201 da citada lei norte-americana.

nicação ao público ou da *distribuição dos seus exemplares*. Trata-se antes de um expediente destinado a controlar o cumprimento das condições a que o acesso individual à obra (*rectius*: aos seus exemplares) é subordinado pelo titular do direito ou pela empresa a quem este concedeu autorização para explorá-la por um desses meios.

Não cremos, aliás, que possa dar-se legalmente esse acesso, mesmo no ambiente digital, sem que previamente a obra haja sido reproduzida ou comunicada ao público (*lato sensu*), ou hajam sido distribuídos exemplares dela.

Por outro lado, a utilização dessas medidas não é privativa da exploração de obras intelectuais e prestações protegidas por direitos conexos, podendo também ter lugar no contexto do fornecimento ao público de serviços de acesso condicionado de diversa natureza[24].

Sendo assim, o controlo do acesso à obra através de medidas tecnológicas não pode ser colocado no mesmo plano que os diferentes modos de utilização da obra cujo exercício é reservado ao autor.

É certo que, como resulta do enunciado das medidas em apreço acima feito, estas permitem também diferenciar os *tipos* e a *intensidade* das utilizações feitas pelo público de obras ou prestações divulgadas por uma das referidas formas e, correspondentemente, especificar os preços e outras condições a que se sujeita o licenciamento dessas utilizações. E parece também inegável que os autores e titulares de direitos conexos têm um interesse digno de tutela jurídica em participar na definição dessas condições, porquanto elas se repercutem potencialmente na remuneração que auferem pela exploração económica da obra.

Sucede, porém, que a lei portuguesa já reserva ao titular do direito de autor a faculdade de escolher livremente os processos e as condições de utilização da obra (art. 68.º, n.º 3, do Código do Direito de Autor e dos Direitos Conexos); e estabelece mesmo, pelo que respeita ao contrato de edição, que este deve mencionar o número de edições que abrange, o número de exemplares que cada edição compreende e o preço de venda ao público de cada exemplar (*idem*, art. 86.º, n.º 1).

---

[24] Haja vista ao Decreto-Lei n.º 287/2001, de 8 de Novembro, que define o regime aplicável à oferta de acesso condicional aos serviços de televisão, de radiodifusão e da sociedade da informação, à respectiva protecção jurídica e aos equipamentos de utilizador que lhe estão associados (transpõe disposições das Directivas 95/47/CE, do Parlamento Europeu e do Conselho, de 24 de Outubro de 1995, relativa à utilização de normas para a transmissão de sinais de televisão, e 98/84/CE, do Parlamento Europeu e do Conselho, de 20 de Novembro de 1998, relativa à protecção jurídica dos serviços que se baseiem ou consistam num acesso condicional).

172 *Direito da Sociedade da Informação/Law of the Information Society*

A esta luz, a exigência de autorização constante do art. 217.°, n.° 4, não se afasta substancialmente do regime anterior.

8. Os Tratados da OMPI e a Directiva não especificam, pelo menos directamente, quem são os beneficiários da protecção prevista nos preceitos acima referidos.

É certo que no artigo 8.°, n.° 2, da Directiva se estabelece que deverão ter legitimidade para intentar acções de indemnização e para requerer injunções ou a apreensão dos dispositivos, produtos ou componentes destinados à neutralização de medidas tecnológicas «os titulares dos direitos cujos interesses sejam afectados por uma violação»; mas tal não exclui que outras categorias de sujeitos possam também fazê-lo[25].

Esta questão acha-se, no entanto, resolvida no n.° 1 do novo artigo 217.° do Código português. Aí se dispõe, na verdade, que é assegurada a referida protecção jurídica «aos titulares de direitos de autor e conexos, bem como ao titular do direito *sui generis* previsto no D.L. n.° 122/2000, de 4 de Julho [que disciplina a protecção jurídica das bases de dados] com a excepção dos programas de computador».

V. Sanções aplicáveis à neutralização de medidas tecnológicas de protecção

9. Os Tratados da OMPI e a Directiva da Comunidade Europeia também não definem a natureza das sanções aplicáveis à neutralização das medidas tecnológicas de protecção ou aos respectivos actos preparatórios, limitando-se a exigir, nos preceitos acima mencionados, que os Estados consagrem uma «protecção jurídica adequada» contra esses actos mediante a previsão de sanções eficazes (e, além disso, proporcionadas e dissuasoras, na fórmula da Directiva).

---

[25] Consoante prevê, por exemplo, o art. 4.° da Directiva 2004/48/CE do Parlamento Europeu e do Conselho, de 29 de Abril de 2004, relativa ao respeito dos direitos de propriedade intelectual (*in JOCE*, n.° L 157, de 30 de Abril de 2004, pp. 45 ss.). Segundo esse preceito, os Estados-Membros reconhecem legitimidade para requerer a aplicação das medidas, procedimentos e recursos referidos no capítulo II da Directiva, não apenas aos titulares de direitos de propriedade intelectual, mas também a todas as outras pessoas «autorizadas a utilizar esses direitos, em particular os titulares de licenças», os «organismos de gestão dos direitos colectivos de propriedade intelectual regularmente reconhecidos como tendo o direito de representar os titulares de direitos de propriedade intelectual» e os organismos de «defesa da profissão», na medida do permitido pela legislação aplicável e nos termos da mesma.

Direito de Autor e medidas tecnológicas de protecção 173

Na lei portuguesa prevê-se que a neutralização de medidas tecnológicas será punida com pena de prisão até 1 ano ou multa até 100 dias (artigo 218.º, n.º 1, do Código).

Por seu turno, os actos preparatórios consistentes, *v.g.*, no fabrico, importação, distribuição, venda, aluguer, publicidade para venda ou aluguer, bem como a posse para fins comerciais dos dispositivos em causa, serão punidos com pena de prisão até seis meses ou multa até 20 dias (artigo 219.º, n.º 1, do Código).

Mais longe ia o anteprojecto do diploma de transposição submetido a discussão pública em 2002[26], que previa para o mesmo efeito penas de prisão até 3 anos ou um ano, conforme os casos, e multa até 250 ou 100 dias.

Não era imune à crítica essa opção do legislador português.

Por força dela, a neutralização das medidas tecnológicas seria valorada da mesma forma que a violação de direitos de autor ou conexos, porquanto também a esta é aplicável, nos termos do artigo 197.º do Código, pena de prisão até três anos e de multa de 150 a 250 dias.

Ora, pelo menos algumas das medidas tecnológicas em apreço (*v.g.* as de controlo de acesso) não visam propriamente tutelar direitos de autor ou conexos, mas antes assegurar o pagamento da remuneração devida pela utilização de obras ou prestações disponibilizadas ao público[27]. Essas medidas constituem, na verdade, a base tecnológica em que assenta o comércio electrónico dirigido a proporcionar ao público o acesso remunerado a conteúdos protegidos disponíveis em linha.

Nesses casos, os bens jurídicos tutelados através das normas que reprimem o seu torneamento serão, pois, quando muito, direitos de crédito das empresas que exploram em rede obras ou prestações; não direitos autorais ou conexos do seus criadores ou daqueles a quem estes os cederam.

Com efeito, viola direito de autor aquele que reproduz, comunica ao público ou distribui exemplares de uma obra protegida sem o consentimento do titular dos direitos sobre ela; não aquele que lê, ouve ou visua-

---

[26] Cujo texto, acompanhado de uma nota justificativa, foi disponibilizado no sítio Internet do Gabinete de Direito de Autor (com o endereço http://www.gda.pt).

[27] Ver, nesta linha de pensamento, José de Oliveira Ascensão, *Estudos sobre direito da Internet e da sociedade da informação*, Coimbra, 2001, pp. 117 s.e 163 s. Perante o projecto inglês de transposição da Directiva 2001/29/CE, também Guido Westkamp recusa aos actos de neutralização de medidas tecnológicas a natureza de violações de direito de autor: cfr. «Towards Access Control in UK Copyright Law? Some Remarks on The Proposed Implementation of the EU Copyright Directive», *CRi*, 2003, pp. 11 ss. (p. 16).

174 Direito da Sociedade da Informação/Law of the Information Society

liza essa obra no ecrã de um computador sem ter pago a contrapartida para tanto exigida pelo provedor de serviços que a disponibilizou em rede, pois estas actividades não correspondem a faculdades de utilização da obra genericamente reservadas aos autores.

Ora, a violação do direito do empresário que explora a obra intelectual à remuneração pelo desfrute individual desta não é, manifestamente, objecto do mesmo desvalor social que a violação de direitos de exclusivo reconhecidos *ex lege* a autores e artistas.

A esta luz pareciam-nos desproporcionadas, pelo que respeita àquelas medidas, as penas previstas no projecto de reforma do Código. Tanto mais que noutro diploma legal vigente entre nós – o Decreto-Lei n.º 287/2001, de 8 de Novembro – eram qualificadas como contra-ordenações, puníveis com coimas, condutas análogas às que o projecto visava punir com penas de prisão e multa: o fabrico, a importação, a distribuição, a venda, a locação ou a detenção para fins comerciais de equipamentos ou programas informáticos concebidos ou adaptados com vista a permitir o acesso a um serviço de televisão, de radiodifusão sonora ou da sociedade da informação prestado mediante remuneração e com base em acesso condicional, sem autorização do prestador do serviço, bem como a instalação, manutenção ou substituição para fins comerciais de tais dispositivos e a utilização de comunicações comerciais para a sua promoção[28].

Não são, aliás, poucas – sobretudo numa época, como a presente, de acentuada *descriminalização* de condutas socialmente reprovadas – as vozes que se fazem ouvir contra a imposição de sanções criminais pela violação de direitos autorais[29].

A própria *Convenção Sobre o Cibercrime*[30] apenas exige que os Estados Partes tipifiquem como infracções criminais as violações de direitos patrimoniais de propriedade intelectual ou conexos que forem *cometidas intencionalmente, numa escala comercial* e *por meio de um sistema informático* (art. 10, n.ºs 1 e 2); e admite expressamente que aqueles Estados se reservem o direito de não procederem assim, desde que outros

---

[28] *Vide* os arts. 10.º e 12.º, n.ºs 1, alínea *h)*, e 2, do citado diploma.

[29] Sobre os problemas suscitados na ordem jurídica portuguesa pela tutela penal do direito de autor, vejam-se: Jorge Miranda/Miguel Pedrosa Machado, *Constitucionalidade da protecção penal dos direitos de autor e da propriedade industrial (Parecer)*, Lisboa, 1995; e José de Oliveira Ascensão, «Direito Penal de Autor», *in Estudos em Homenagem a Manuel Gomes da Silva*, Lisboa, 2001, pp. 457 ss.

[30] Assinada em Budapeste a 23 de Novembro de 2001 (texto disponível em http://conventions.coe.int).

Direito de Autor e medidas tecnológicas de protecção 175

meios eficazes se encontrem disponíveis e a tal não se oponham as suas obrigações internacionais (art. 10, n.º 3).

O certo, porém, é que a cominação de sanções criminais neste domínio se tem imposto um pouco por toda a parte[31]; ao que não serão alheias as dificuldades que os sistemas jurídicos nacionais têm enfrentado em impor a observância das normas de Direito de Autor, bem como as impressionantes proporções que o fenómeno da utilização não autorizada de obras e prestações protegidas recentemente atingiu[32].

VI. Medidas tecnológicas e utilizações livres de obras e prestações protegidas

10. Ensaiaremos agora uma resposta para a segunda das questões que colocámos no início: como se concilia a protecção das medidas tecnológicas com as utilizações livres de obras e prestações asseguradas pelo Direito de Autor vigente?

É este um dos pontos críticos do tema em exame.

Com efeito, se a ordem jurídica sancionasse a neutralização dessas medidas em quaisquer circunstâncias – incluindo, portanto, nos casos em que as utilizações de obras ou prestações são lícitas sem o consentimento do titular dos direitos de autor – poderia ficar comprometido o equilíbrio de interesses visado pelo Direito de Autor vigente[33].

---

[31] Haja vista, por exemplo, ao cit. *Copyright Act* norte-americano de 1998, cuja secção 1204 pune o torneamento de medidas tecnológicas de protecção com multa até 500.000 dólares ou prisão até cinco anos (e com multa até 1.000.000 de dólares ou prisão até dez anos em caso de reincidência).

[32] Estima-se que em 2002 terão ascendido a 41 milhões as cópias ilícitas de filmes apreendidas em todo o mundo; o que terá implicado um prejuízo na ordem dos 3,5 mil milhões de dólares para as produtoras cinematográficas norte-americanas: cfr. Amanda Ripley, «Hollywood Robbery», *Time*, 26 de Janeiro de 2004, pp. 44 ss. (p. 46). Por outro lado, Segundo informa Peter K. Yu, «P2P and the Future of Private Copying», *University of Colorado Law Review*, 2005, pp. 653 ss. (p. 658), a troca de ficheiros musicais *peer-to--peer* através da Internet terá estado na origem de um decréscimo das vendas de discos compactos nos Estados Unidos, que orçou 6% em 2001, 9% em 2002 e mais de 7% em 2003.

[33] Advertem também contra este risco: Lawrence Lessig, *Code and other Laws of Cyberspace*, Nova Iorque, 1999, pp. 135 ss. e 208; *idem, The Future of Ideas. The Fate of the Commons in a Connected World*, Nova Iorque, 2001, pp. 187 ss.; *idem, Free Culture*, Nova Iorque, 2004, pp. 139 ss.; Kamiel J. Koelman, *A Hard Nut to Crack: The Protection of Technological Measures* (disponível em http://ivir.nl), p. 11; *idem, The protection of technological measures vs. the copyright limitations* (disponível em *ibidem*), p. 2; Niva

Como é sabido, em certos casos dispensa-se o consentimento do autor para a utilização da obra, a qual é declarada livre por razões de interesse público – designadamente, a necessidade de assegurar o direito à informação e de fomentar a circulação das ideias, a cultura ou o ensino.

Assim, por exemplo, o artigo 75.º do Código de Direito de Autor e dos Direitos Conexos permite, entre outros actos, a reprodução pelos meios de comunicação social, para fins de informação, de discursos, alocuções e conferências pronunciadas em público, a reprodução de uma obra previamente tornada acessível ao público, desde que realizada por uma biblioteca pública, uma instituição científica ou de ensino, a inserção de citações ou resumos de obras alheias em apoio das próprias doutrinas ou com fins de crítica, discussão ou ensino e a inclusão de peças curtas ou fragmentos de obras alheias em obras próprias destinadas ao ensino.

Subtraído ao direito exclusivo do autor fica, por outro lado, o *uso privado* da obra, verificados que estejam certos requisitos, previstos nos arts. 75.º, n.º 2, alínea *a)*, e n.º 4, 81.º, alínea *b)*, e 108.º, n.º 2, do Código.

Finalmente, é também livre a utilização de obras protegidas decorrido o prazo de protecção estabelecido na lei, o qual é, na falta de disposição especial, de 70 anos após a morte do criador intelectual (art. 31.º do Código).

Por seu turno, a Directiva 2001/29/CE consagra, no art. 5.º, duas dezenas de excepções e limitações aos direitos de reprodução, comunicação ao público e distribuição consignados nos arts. 2.º, 3.º e 4.º, das quais uma é obrigatória para os Estados-Membros e as demais têm carácter facultativo.

Ora, se a protecção das medidas tecnológicas fosse irrestrita, os titulares de direito de autor ou direitos conexos poderiam impedir a reprodução de obras e prestações para os referidos fins e poderia qualquer um restringir o acesso a obras e prestações caídas no domínio público que disponibilizasse num sítio da Internet.

O que, evidentemente, subverteria o regime legal do direito de autor.

Elkin-Koren, «Copyright in Cyberspace: The Rule of Law and the Rule of Code», *in* Eli Lederman/Ron Shapira (organizadores), *Law, Information and Information Technology*, Haia/Londres/Nova Iorque, 2001, pp. 131 ss. (pp. 142 ss.); David Nimmer, «A Riff on Fair Use», *in Copyright. Sacred Text, Technology, and the DMCA*, Haia/Londres/Nova Iorque, 2003, pp. 385 ss.; Christophe Geiger, «Right to Copy v. Three-Step Test. The Future of the Private Copy Exception in the Digital Environment», *CRi*, 2005, pp. 7 ss.; Lucie Guibault/Natali Helberger, *Consumer Protection and Copyright Law*, 2005 (disponível em http://ivir.nl), pp. 16 s.

Direito de Autor e medidas tecnológicas de protecção 177

11. Este perigo foi em parte acautelado no n.° 4 do artigo 6.° da Directiva, que no entanto estabeleceu uma importante distinção consoante a natureza do suporte em que a reprodução é feita[34].

Assim, no tocante às *reproduções em papel* ou suporte semelhante, resulta do primeiro parágrafo desse preceito, conjugado com o artigo 5.°, n.° 2, alínea *a)*, da Directiva, que os Estados-Membros *devem* tomar as medidas adequadas a fim de assegurar que os utilizadores beneficiem das excepções ou limitações ao direito de reprodução previstas na respectiva legislação nacional.

Relativamente às *reproduções noutros suportes* (*maxime* o digital), determina-se no segundo parágrafo do n.° 4 do artigo 6.° que os Estados-Membros *podem* tomar essas medidas relativamente aos beneficiários da excepção para uso privado.

A Directiva mostra-se, pois, mais condescendente perante o uso privado efectuado através de meios tecnicamente menos perfeitos, mais dispendiosos e mais morosos. Ao que não será alheia a circunstância de as reproduções feitas por esses meios envolverem, pela qualidade presumivelmente inferior dos exemplares assim produzidos, menores riscos de perda de receitas para os titulares de direitos.

Acresce que, nos termos do segundo parágrafo, *in fine*, as ditas ressalvas não impedem os titulares de direitos de «adoptarem medidas adequadas relativamente ao número de reproduções efectuadas nos termos destas disposições».

Tais ressalvas não valem, de todo o modo, pelo que respeita a obras ou outros materiais «disponibilizados ao público ao abrigo de condições contratuais acordadas e por tal forma que os particulares possam ter acesso àqueles a partir de um local e num momento por eles escolhido», porquanto no quarto parágrafo do preceito em apreço se prevê que o disposto no primeiro e segundo parágrafos não se aplica a tais casos. Como o acesso nestas condições tende a tornar-se na forma mais comum de utilização de obras e outros bens intelectuais disponíveis em rede, isto significa que em alguma medida o uso privado de tais bens fica na disponibilidade dos titulares de direitos sobre os mesmos[35].

---

[34] Cfr., sobre o ponto, Karin Retzer, «On the Technical Protection of Copyright», *CRi*, 2002, pp. 134 ss. (p. 135).

[35] Neste sentido se pronunciam também Markus Fallenböck/Johann Weitzer, «Digital Rights Management: A New Approach to Information and Content Management?», *CRi*, 2003, pp. 40 ss. (p. 43). Vejam-se ainda sobre o problema Jessica Litman, *Digital*

178 *Direito da Sociedade da Informação/Law of the Information Society*

Destes problemas terá o legislador comunitário tido percepção. Com efeito, no art. 12.°, n.° 1, da Directiva previu-se que, o mais tardar até 22 de Dezembro de 2004, e posteriormente de três em três anos, a Comissão apresentaria ao Parlamento Europeu, ao Conselho e ao Comité Económico e Social um relatório sobre a aplicação da Directiva. No tocante ao art. 6.°, estabeleceu-se naquele preceito que o dito relatório examinaria, em especial, «se este artigo confere um nível de protecção suficiente e se os actos permitidos por lei estão a ser afectados negativamente pela utilização de medidas de carácter tecnológico efectivas».

Sobre o assunto, afirma-se ainda no considerando 51 da Directiva que «os Estados-Membros devem tomar medidas adequadas para assegurar que, pela alteração de uma medida de carácter tecnológico implementada ou outros meios, os titulares de direitos forneçam aos beneficiários dessas excepções ou limitações meios adequados que lhes permitam beneficiar das mesmas».

Dir-se-ia, pois, que a Directiva se inclinou para um *primado das excepções e limitações* aos exclusivos jusautorais sobre a utilização de medidas de carácter tecnológico tendentes a proteger esses exclusivos – solução que se nos afigura *de jure condendo* correcta à luz do que acima se disse.

Essa interpretação é, porém, infirmada pelo considerando 39 da Directiva, segundo o qual «[t]ais excepções e limitações não devem inibir nem a utilização de medidas de carácter tecnológico nem [a] repressão dos actos destinados a neutralizá-las».

Parece, por conseguinte, muito duvidoso que a Directiva haja tomado uma posição definitiva sobre o conflito de interesses subjacente ao problema em apreço[36].

Copyright, Nova Iorque, 2001, pp. 182 ss.; e Martin Kretschmer, «Digital Copyright: The End of an Era», *European Intellectual Property Review*, 2003, pp. 333 ss., que escreve: «There is no "fair use" for copy protected on-demand services, full stop» (p. 336).

[36] Sobre o ponto, vejam-se também: Carlos Rogel Vide, *Derecho de Autor*, Barcelona, s/d, p. 145; Gillian Davies, «Copyright in the Information Society. Technical Devices to Control Private Copying», *in* Peter Ganea/Christopher Heath/Gerhard Schricker (orgs.), *Urheberrecht Gestern – Heute – Morgen. Festschrift für Adolf Dietz zum 65. Geburtstag*, Munique, 2001, pp. 307 ss. (pp. 313 ss.); Maximilian Haedicke, «Die Umgehung technischer Schutzmassnahmen durch Dritte als mittelbare Urheberrechtsverletzung», *in ibidem*, pp. 349 ss. (pp. 360 ss.); Undine von Diemar, «Kein Recht auf Privatkopien – Zur Rechtsnatur der gesetzlichen Lizenz zu Gunsten der Privatvervielfältigung», *Gewerblicher Rechtsschutz und Urheberrecht*, 2002, pp. 587 ss. (pp. 592 s.); Bernhard Knies, «Kopierschutz für Audio-CDs. Gibt es den Anspruch auf die Privatkopie?», *Zeit-*

Direito de Autor e medidas tecnológicas de protecção 179

12. No diploma português de transposição da Directiva, as regras acima descritas foram acolhidas no novo artigo 221.º do Código. Estabelece o n.º 1 deste preceito:

> «As medidas eficazes de carácter tecnológico não devem constituir um obstáculo ao exercício normal pelos beneficiários das utilizações livres previstas nas alíneas *a)*, *e)*, *f)*, *i)*, *n)*, *p)*, *q)*, *r)*, *s)* e *t)* do n.º 2 do artigo 75.º, na alínea *b)* do artigo 81.º, no n.º 4 do artigo 152.º e nas alíneas *a)*, *c)*, *d)*, e *e)* do artigo 189.º do Código, no seu interesse directo [...].»

Ressalva-se, deste modo, um certo número de utilizações livres previstas no Código; mas estas estão longe de esgotar o elenco de utilizações desse tipo que não carecem, segundo as regras gerais, do consentimento dos titulares de direitos.

Assim, por exemplo, não são abrangidas pela referida disposição – podendo, por conseguinte ser subordinadas a pagamento pelos titulares do direito de autor – a reprodução pelos meios de comunicação social de discursos, alocuções e conferências pronunciadas em público (artigo 75.º, n.º 2, alínea *b)*); as revistas de imprensa (alínea *c)*); a inclusão de fragmentos de obras literárias ou artísticas em relatos de acontecimentos de actualidade (alínea *d)*); a inserção de citações ou resumos de obras alheias em apoio das próprias doutrinas (alínea *g)*); a inclusão de peças curtas ou fragmentos de obras alheias em obras próprias destinadas ao ensino (alínea *h)*), etc.

Sucede, por outro lado, que o próprio uso privado pode ser quantitativamente restringido pelos titulares de direitos através de medidas tecnológicas, porquanto se estabelece no n.º 8 do artigo 221.º que o disposto nos números anteriores não impede os titulares de direitos de aplicarem medidas eficazes de carácter tecnológico para limitar o número de reproduções autorizadas relativas ao uso privado.

Por fim, conforme prescreve a Directiva, o art. 222.º do Código prevê que o disposto no preceito antecedente não se aplica às obras, prestações ou produções protegidas disponibilizadas ao público na sequência de acordo entre titulares e utilizadores, de tal forma que uma pessoa possa aceder a elas a partir de um local e num momento por ela escolhido.

---

schrift für Urheber- und Medienrecht (de aqui em diante *ZUM*), 2002, pp. 793 ss. (pp. 796 s.); Haimo Schack, «Schutz digitaler Werke vor privater Vervielfältigung – zu den Auswirkungen der Digitalisierung auf § 53 UrhG», *ZUM*, 2002, pp. 497 ss. (pp. 503 ss.).

Este regime tem sido objecto de reparos[37]. Pelo seu carácter potencialmente restritivo das utilizações livres de obras e prestações protegidas, sobretudo as disponíveis em linha, ele é, na verdade, susceptível de afectar negativamente o acesso à informação e, reflexamente, a investigação científica e o ensino; o que, num país fortemente carenciado e dependente do estrangeiro nesta matéria, como o nosso[38], não pode deixar de ser encarado com preocupação.

Por outro lado, ao conferir aos titulares de direitos a possibilidade de imporem restrições ao acesso a obras e prestações disponibilizadas em linha por acordo com os respectivos utilizadores, abre o caminho à primazia das estipulações contratuais sobre as regras legais na definição dos usos reservados.

De todo o modo, deve assinalar-se como aspecto positivo do regime português a inovação relativamente à Directiva introduzida na parte final do n.º 1 do art. 221.º. Aí se prevê, na verdade, que:

> «os titulares [devem] proceder ao depósito legal, junto da Inspecção-Geral das Actividades Culturais (IGAC), dos meios que permitam beneficiar das formas de utilização legalmente permitidas.»

Visa-se deste modo assegurar a efectividade dessas utilizações com um mínimo de dispêndio de recursos para os interessados. Para tanto, estabelece-se ainda, no n.º 3 do mesmo preceito:

> «Sempre que se verifique, em razão de omissão de conduta, que uma medida eficaz de carácter tecnológico impede ou restringe o uso ou a frui-

---

[37] Ver José de Oliveira Ascensão, «Direito cibernético: a situação em Portugal», *Direito e Justiça*, 2001, pp. 9 ss., especialmente p. 20 (reportando-se à Directiva 2001/29/CE); *idem*, «A transposição da Directriz n.º 01/29 sobre aspectos do direito de autor e direitos conexos na sociedade da informação», *Revista da Faculdade de Direito da Universidade de Lisboa*, 2002, pp. 915 ss., especialmente pp. 927 ss.

[38] Mas não só: sobre os perigos análogos gerados pelas regras relativas à protecção de medidas tecnológicas constantes do *Digital Millenium Copyright Act* norte-americano, vejam-se Pamela Samuelson, «Anticircumvention Rules: Threat to Science», *Science*, 2001, pp. 2028 ss., e a *Amici Curiae Brief* subscrita em 26 de Janeiro de 2001 por Peter Jazsi e outros professores de Direito norte-americanos, disponível em http://www.eff.org, relativa ao caso *Universal Studios v. Corley*, descrito *supra*, no n.º 2. Veja-se também, em sentido crítico quanto à regra em apreço, Manfred Rehbinder, *Urheberrecht*, 13.ª ed., Munique, 2004, p. 418, que escreve, referindo-se à transposição alemã da Directiva 2001/29/CE: «A permissão do gozo dos limites é aqui subordinada [...] à vontade do respectivo titular de direitos» («Hier stellt also [...] die Zulassung der Schrankennutzung in Belieben des jeweiligen Rechteinhabers»).

ção de uma utilização livre por parte de um beneficiário que tenha legalmente acesso ao bem protegido, pode o lesado solicitar à IGAC acesso aos meios depositados nesses termos.»

Assim se desoneram os interessados, pelo menos em algumas situações, de recorrerem aos tribunais ou a instâncias extrajudiciais a fim de praticarem os actos de utilização que a lei declara livres[39].

13. Os meios legais tendentes a assegurar o exercício das utilizações livres de obras e prestações consagradas no Código compreendem ainda o previsto no n.º 2 do novo artigo 221.º, que dispõe:

> «Em ordem ao cumprimento do disposto no número anterior, os titulares de direitos devem adoptar adequadas medidas voluntárias, como o estabelecimento e aplicação de acordos entre titulares ou seus representantes e os utilizadores interessados.»

Remetem-se assim os interessados, em primeira linha, para acordos a celebrar com os titulares de direitos, sujeitando-se estes ao dever de franquearem o acesso pretendido aos beneficiários de utilizações livres.

Para o caso de esses acordos não serem celebrados, e em geral para a resolução de litígios sobre a matéria, institui-se no Código uma modalidade de *arbitragem necessária*, a efectuar pela Comissão de Mediação e Arbitragem prevista na Lei n.º 83/2001, de 3 de Agosto (que regula a constituição, a organização, o funcionamento e as atribuições das entidades de gestão colectiva do direito de autor e dos direitos conexos).

É o que resulta dos n.ºs 4 a 7 do citado art. 221.º, nos termos dos quais:

> 4 – Para a resolução de litígios sobre a matéria em causa, é competente a Comissão de Mediação e Arbitragem, criada pela Lei n.º 83/2001, de 3 de Agosto, de cujas decisões cabe recurso para o Tribunal da Relação, com efeito meramente devolutivo.
>
> 5 – O incumprimento das decisões da Comissão de Mediação e Arbitragem pode dar lugar à aplicação do disposto no artigo 829.º-A do Código Civil.
>
> 6 – A tramitação dos processos previstos no número anterior tem a natureza de urgente, de modo a permitir a sua conclusão no prazo máximo de três meses.

---

[39] Da exequibilidade deste regime quando os conteúdos protegidos sejam disponibilizados a partir de países estrangeiros, que suscita questões de outra índole, não há que curar neste estudo.

182   *Direito da Sociedade da Informação/Law of the Information Society*

7 – O regulamento de funcionamento da Comissão de Mediação e Arbitragem assegura os princípios da igualdade processual e do contraditório e define as regras relativas à fixação e pagamento dos encargos devidos a título de preparos e custas dos processos.»

Também neste particular se afigura um tanto insatisfatória a solução acolhida no diploma português de transposição da Directiva.

É que os membros da referida Comissão de Mediação e Arbitragem são nomeados por despacho do Primeiro-Ministro, sob proposta do Ministro da Cultura (art. 30.º, n.º 2, do citado diploma). Não podem, por isso, tais litígios ser submetidos a árbitros livremente escolhidos pelas partes. O que constitui uma restrição adicional à autonomia privada, que nada parece justificar num domínio já de si caracterizado por uma acentuada intervenção do Estado nas relações entre particulares. Preferível teria sido, por isso, a previsão da aplicabilidade nesta matéria do regime comum da arbitragem voluntária[40].

14. Em todo o caso, retira-se com nitidez do novo regime legal o reconhecimento aos beneficiários das utilizações livres, salvo nas hipóteses previstas no art. 222.º do Código, do poder de exigirem, por meios judiciais e extrajudiciais, que lhes sejam facultadas essas utilizações no tocante a obras e prestações protegidas através de medidas tecnológicas, a que tenham legalmente acesso; e isto ainda que tenham em vista efectuar reproduções para uso privado em suporte digital.

Neste particular o Direito português vai mais longe do que o alemão, que não inclui no referido poder dos utilizadores a cópia privada digital: haja vista ao § 95b da *Urheberrechtsgesetz*, introduzido nesta lei pela *Gesetz zur Regelung des Urheberrechts in der Informationsgesellschaft*, de 2003, nos termos do qual:

«(1) Sempre que um titular de direitos aplique medidas técnicas em conformidade com o disposto nesta lei, fica obrigado a colocar à disposição dos beneficiários das regras a seguir citadas, caso estes tenham legalmente acesso à obra ou objecto de protecção, os meios indispensáveis a fim de poderem prevalecer-se dessas disposições: [...] 6. § 53 [Reproduções para uso privado ou outro uso próprio] a) Alínea 1, desde que se trate de repro-

---

[40] Sobre o assunto, veja-se o nosso estudo «Meios extrajudiciais de composição de litígios emergentes do comércio electrónico», *in Direito da Sociedade da Informação*, vol. V, Coimbra, 2004, pp. 145 ss., e a demais bibliografia aí citada.

Direito de Autor e medidas tecnológicas de protecção 183

duções em papel ou suporte análogo através de qualquer processo fotome-
cânico ou outro processo com efeito análogo [...]. (2) O beneficiário de uma
das disposições mencionadas pode exigir daquele que violar o disposto no
n.° 1 que coloque à sua disposição o meio necessário ao exercício da correspondente faculdade [...].»[41]

O relevo social das questões disciplinadas nestas regras é eviden-
ciado pelas decisões recentemente proferidas pelos tribunais franceses no
caso *Stéphane P. e Union Féderale des Consommateurs Que Choisir c.
S.A. Films Alain Sarde, S.A. Studio Canal e S.A. Universal Pictures Video
France*[42].

Discutia-se na espécie a licitude da utilização em DVDs contendo
cópias do filme *Mulholland Drive*, produzidos e distribuídos em França
pelas rés, de medidas tecnológicas de protecção que tornavam impossível
a reprodução do filme para uso privado.

Pretendiam os autores que as rés fossem proibidas de aplicar essas
medidas tecnológicas e que o tribunal as condenasse a indemnizar um

---

[41] Tradução da nossa responsabilidade. É o seguinte o texto original: «(1) Soweit ein
Rechtsinhaber technische Massnahmen nach Massgabe dieses Gesetzes anwendet, ist er
verpflichtet, den durch eine der nachfolgend genannten Bestimungen Begünstigten, soweit
sie rechtsmässig Zugang zu dem Werk oder Schutzgegenstand haben, die notwendigen
Mittel zur Verfügung zu stellen, um von diesen Bestimmungen in dem erforderlichen
Masse Gebrauch machen zu können: [...] 6. § 53 [Vervielfältigungen zum privaten und
sonstigen eigenen Gebrauch] a) Absatz 1, soweit es sich um Vervielfältigungen auf Papier
oder einen ähnlichen Träger mittels beliebiger photomechanischer Verfahren oder anderer
Verfahren mit ähnlicher Wirkung handelt [...]. (2) Wer gegen das Gebot nach Absatz 2 vers-
tösst, kann von dem Begünstigten einer der genannten Bestimmungen darauf in Anspruch
genommen werden, die zur Verwirklichung der jeweiligen Befugnis benötigten Mittel zur
Verfügung stellen [...]». Acerca desta disposição, *vide* Artur-Axel Wandtke/Winfried Bul-
linger (organizadores), *Gesetz zur Regelung des Urheberrechts in der Informationsgesellschaft*, Munique, 2003, pp. 183 ss.; Manfred Rehbinder, *Urheberrecht*, cit. (nota 38), pp.
417 s.; Christian Berger, «Die Neuregelung der Privatkopie in § 53 Abs. 1 UrhG im Span-
nungsverhältnis von geistigem Eigentum, technischen Schutzmassnahmen und Informa-
tionsfreiheit», *ZUM*, 2004, pp. 257 ss.

[42] Sentenças do *Tribunal de Grande Instance de Paris*, de 30 de Abril de 2004, e da
Cour d'Appel de Paris, de 22 de Abril de 2005, disponíveis em http://www.juriscom.net.
Sobre estas decisões, vejam-se: Frédéric Pollaud-Dulian, «Les rapports de l'exception de
copie privée avec les mesures techniques de protection», *Revue Trimmestrielle de Droit
Commercial et de Droit Économique*, 2004, pp. 486 ss.; Natali Helberger, *It's not a right,
silly! The private copying exception in practice*, disponível em http://www.ivir.nl; e Valé-
rie-Laure Benabou, *Les routes vertigineuses de la copie privée au pays des protections
techniques. A propôs de l'arrêt Mulholland Drive*, disponível em http://www.juriscom.net.

adquirente do DVD em causa pelos prejuízos que este alegadamente sofrera em virtude de não poder reproduzir o filme noutro suporte (uma videocassete) para desfrutá-lo em privado.

Por ter entendido não existir no Direito de Autor francês um direito à cópia privada, o tribunal de primeira instância julgou improcedentes as pretensões dos autores. Neste sentido, aduziu:

> «le législateur n'a pas [...] entendu investir quiconque d'un droit de réaliser une copie privée de toute oeuvre mais a organisé les conditions dans lesquelles la copie d'une oeuvre échappe [...] au monopole détenu par les auteurs, consistant dans le droit exclusif d'autoriser ou d'interdire la reproduction de leurs oeuvres.»

E declarou ainda:

> «la directive [2001/29/CE] n'a [...] pas pour effet de reconnaître et encore moins d'instaurer un droit général à la copie privée parce qu'elle stipule qu'elle n'est applicable que si elle ne porte pas atteinte à l'exploitation normale de l'oeuvre ni ne cause un préjudice injustifié aux intérêts des titulaires de droits, et, parce qu'elle a laissé à la seule compétence des États membres l'appréciation de la nécessité de la prévoir dans leur droit interne.»

Desta decisão foi interposto recurso para a *Cour d'Appel* de Paris. Este tribunal manteve o entendimento, expresso pela primeira instância, de que a cópia privada constitui no Direito francês uma excepção legal ao direito de autor e não um direito subjectivo do utilizador da obra protegida. Decidiu, no entanto, que a reprodução para uso privado de um filme fixado num DVD não afectava a exploração normal da obra; e que a medida tecnológica de protecção aplicada pelas rés era incompatível com essa utilização. Em conformidade, proibiu-as de aplicarem a medida tecnológica em causa e condenou-as a ressarcirem o adquirente do DVD pelos prejuízos que este sofrera em virtude da conduta ilícita das rés.

VII. Conclusão

15. As soluções consagradas no Código do Direito de Autor e dos Direitos Conexos quanto à utilização de obras e prestações protegidas através de medidas tecnológicas configuram uma modificação do anterior equilíbrio entre os interesses dos titulares de direitos de autor e conexos,

Direito de Autor e medidas tecnológicas de protecção   185

por um lado, e dos utilizadores dessas obras e prestações, por outro, num sentido globalmente mais favorável aos primeiros.

Na verdade, apesar do pendor algo restritivo do regime instituído pelo diploma português de transposição da Directiva 2001/29/CE, a reforma introduzida naquele Código em 2004 conferiu às medidas tecnológicas em apreço uma ampla protecção, a qual torna possível que, mediante o recurso a dispositivos tecnológicos, os titulares de direitos estendam os seus exclusivos sobre obras e prestações protegidas a utilizações que até recentemente eram livres.

Daqui resulta, ao menos potencialmente, uma certa restrição do domínio público. Ora, a aptidão do Direito de Autor para promover a criatividade depende da preservação desse domínio, pois toda a criação intelectual assenta em alguma medida sobre aquilo que já existe. Não é, por isso, inequívoco que o regime das medidas de carácter tecnológico consignado na Directiva comunitária e na lei portuguesa seja inteiramente condizente com um dos objectivos precípuos deste ramo do Direito.

Mas – há que reconhecê-lo – ao proceder do referido modo o legislador português apenas repercutiu na ordem jurídica interna o que parece ser hoje uma tendência geral do Direito de Autor na União Europeia e nos Estados Unidos da América.

THE LAW SUPPORTING TECHNOLOGICAL PROTECTION FOR COPYRIGHTED WORKS: AN AMERICAN PERSPECTIVE

Susanna Frederick Fischer[*]

Introduction

This essay is an expanded and updated version of remarks delivered at a seminar at the University of Lisbon's Faculty of Law on March 5, 2003, at which Professor Doutor Dário Moura Vicente and I undertook to present a comparative look at American and European law on circumventing technological protections for copyrighted works.[1] As I observed at the time, this topic may initially strike readers who do not specialize in intellectual property law as arcane, of interest only to copyright mavens, and holding little relevance for the average person's daily life. But this is certainly not the case. To illustrate this point, Part I begins this essay with a story about one common type of technological protection that most Ame-

---

[*] Susanna Frederick Fischer is Assistant Professor of Law at Columbus School of Law, The Catholic University of America, Washington, DC. She can be contacted by email at fischer@law.edu.

[1] I would like to give special thanks to my colleague Professor Marshall Breger for his support and encouragement in spearheading the production of the American papers for this volume, as well as his leadership role in the organization of the very successful and ongoing series of Luso-American exchanges between my law school and the University of Lisbon's Faculty of Law. I would also like to thank all those affiliated with the Faculty of Law at the University of Lisbon who extended such gracious and generous hospitality to me and my colleagues, especially Professor Doutor Luis Menezes Leitão, Professor Doutor Luís de Lima Pinheiro, Professor Doutor Jorge Miranda, Professor Doutor Dário Moura Vicente, the late Professor Doutor António Marques dos Santos, Mrs. Annie Marques dos Santos, and Ivo Pêgo.

ricans encounter on an everyday basis: the encryption on a DVD. This story is based on the facts of a major lawsuit brought under the Digital Millennium Copyright Act of 1998 ("DMCA"), a radical revision to American copyright law that has incorporated new legal backups bolstering technological protections for copyrighted works.[2]

Part II explains how these "anti-circumvention provisions" came to be enacted, what they provide, and their controversial nature. They have prompted a firestorm of debate over the extent to which they have altered the existing copyright balance between, on the one hand, giving authors and publishers rights of control over creative works as an incentive to create and disseminate them, and, on the other hand, ensuring public access to the free flow of ideas. There has also been controversy over whether the anti-circumvention provisions are necessary or wise as a matter of policy. Proponents contend that they are needed to forestall widespread piracy of digital works and resulting serious harm to the content industries, such as the motion picture industry. Opponents criticize the anti-circumvention provisions as rushed and overly broad law. They fear that that the DMCA will have undesirable consequences, including chilling free expression and harming socially beneficial activities such as marketplace competition and scientific research.

This debate has started to play out in the courts. Part III analyzes the handful of substantive reported judicial decisions on the anti-circumvention provisions as of the time of writing in April 2005. These decisions reveal some interesting trends. Initially, courts interpreted the anti-circumvention provisions very broadly. Under this broad construction, unautho-

---

[2] *See* 17 U.S.C. § 1201 (2005). The DMCA is by no means the first law to affect the copyright balance. Prior to the DMCA, copyright law has been changed many times. The changes have generally shifted the balance in favor of copyright owners by, *inter alia,* (1) extending the scope of copyright protection by expanding the categories of copyrightable works, which, under the first Copyright Act of 1790, were originally limited to book, charts, and maps, but now include many other types of works, including computer software, musical works, sound recordings, architectural works, and photography; (2) extending the duration of copyright protection, from a fourteen year term of protection renewable for another fourteen years under the first Copyright Act of 1790 to the present basic copyright term of the life of the author plus seventy years; (3) creating new copyright rights; and (4) dropping or reducing required formalities, including copyright notice, publication, registration, and renewal. *See, e.g.,* Mark A. Lemley, *Romantic Authorship and the Rhetoric of Property, Book Review of Shamans, Software, and Spleens: Law and the Construction of the Information Society by James Boyle,* 75 TEX. L., REV. 873, 886-87; *see also* ROBERT A. GORMAN & JANE C. GINSBURG, COPYRIGHT 4-8, 12, 40-44 (6th ed. 2002).

rized circumvention of a technological protection on a copyrighted work, or trafficking in tools with the sole purpose of circumventing such a protection, amounts to a *per se* violation of the DMCA regardless of whether the circumvention was for a purpose that would be protected under the copyright defense of fair use. Additionally, courts applying this broad interpretation have given the statutory exemptions to the anti-circumvention provisions a correspondingly narrow construction.

The earliest anti-circumvention cases under the DMCA all involved technological protections on independently marketed copyrighted content, such as films on encrypted DVDs or ebooks sold with technological protections on distribution or copying. Courts interpreting the DMCA in such "content cases" have consistently read the statute very broadly. But their construction has not been based on a completely uniform method of statutory interpretation.

Judges ruling in the earliest content cases employed a highly texualist method of statutory interpretation, focusing on the plain meaning of the text without attempting to discern the congressional intent in enacting the statute. In later decisions in content cases, not all judges have followed this textualist approach, but there has been a clear trend towards greater textualism in the most recent rulings. But just as the interpretation of the DMCA was beginning to seem settled, courts have faced a new kind of anti-circumvention case with significant differences from the content cases.

The cases of this new type involve technologically protected computer code that is not independently marketed, unlike the copyrighted works at issue in the content cases. The plaintiffs are the manufacturers and distributors of consumer durable products that incorporate such technologically protected code. They have invoked the DMCA as a weapon against their competitors in the aftermarket for replacement parts or services. Clearly fearing that an overly broad interpretation of the DMCA in these "competition cases" will have socially undesirable consequences in stifling legitimate competition, some judges have interpreted the DMCA more narrowly, relying on a purposive approach to statutory interpretation that focuses on congressional intent in enacting the statute. There are, as yet, even fewer substantive reported decisions in competition cases than content cases. Those there are have not construed the anti-circumvention provisions consistently, either with the broad interpretation of the content cases or with each other. Part IV concludes that this inconsistency in interpretation is troubling from a rule of law perspective, that both the broad and the narrower interpretations that judges have applied to the anti-cir-

190   *Direito da Sociedade da Informação/Law of the Information Society*

cumvention provisions are flawed, and that Congress now needs to reconsider the DMCA to take into account a kind of litigation it never considered at the time of enactment, the competition case.

I. A Story About An Everyday Type of Technological Protection: CSS

This story will show how technological protections affect the everyday activities of many people, including consumers, software developers, and journalists or critics. The first character in my story is a prototypical fourteen year-old American boy called Michael, the most popular American boys' name in the year of his birth.[3] Michael is one of the world's biggest fans of the Harry Potter books.[4] He has read each one many times. Michael's Harry Potter books are very prized possessions, and he lavishes great care and attention to their welfare. He has covered each of these books with protective plastic covers, and takes care to open them very gently so as not to crack the spines.

Michael has gone to see every film based on the Harry Potter books as soon as possible.[5] He appreciates their fidelity to the books and their all-star casts of English actors. Michael would certainly want to acquire his own copies of the Harry Potter films to watch whenever he likes. Like most modern teenagers, Michael would want his copies to be in DVD format.

---

[3] *See* United States Social Security Admin., *Popular Baby Names*, http://www.ssa.gov/OACT/babynames/ (updated May 7, 2004) (has searchable list of popular baby names by birth year, starting in 1990).

[4] The Harry Potter books, a series of books about a young wizard and his adventures at a magical boarding school, have taken the children's publishing world by storm. The books are wildly popular with children across the globe and have been translated into many languages, including Portuguese. The Harry Potter books are: J.K. ROWLING, HARRY POTTER AND THE PHILOSOPHER'S STONE (1997) (published in the United States as HARRY POTTER AND THE SORCERER'S STONE (1998)); J.K. ROWLING, HARRY POTTER AND THE CHAMBER OF SECRETS (1998); J.K. ROWLING, HARRY POTTER AND THE PRISONER OF AZKABAN (1999); J.K. ROWLING, HARRY POTTER AND THE GOBLET OF FIRE (2000); J.K. ROWLING, HARRY POTTER AND THE ORDER OF THE PHOENIX (2003). A sixth book, HARRY POTTER AND THE HALF-BLOOD PRINCE, is scheduled for publication in July, 2005.

[5] Three Harry Potter films have been released as of time of writing: Harry Potter and the Sorcerer's Stone (2001); Harry Potter and the Chamber of Secrets (2002); Harry Potter and the Prisoner of Azkaban (2004). A fourth film, Harry Potter and the Goblet of Fire, was in production at the time of writing. *See* Internet Movie Database, http://www.imdb.com (2005).

DVD is a kind of optical disc storage technology. The acronym DVD originally stood for "digital video disc."[6] A DVD is a disc that closely resembles a CD in size and shape. DVDs can store digital information that a computer, DVD player, or game console can read and decode into sounds and pictures.[7] DVDs are a very versatile format, which some companies have sought to emphasize by changing the words behind the DVD acronym to "digital versatile disc".[8] DVDs can store a wide variety of material, including text, audio, still images, video, and data. A DVD-ROM can hold twenty-five times as much data as a CD-ROM and is much faster.[9] A basic DVD-Video disc can hold about two hours of high quality digital video while a dual-sided double-layer DVD-Video disc can store eight hours of high quality digital video and about thirty hours of VHS quality video.[10] DVD technology offers an enormous improvement in picture clarity and detail over the previously dominant video technology, analog VHS, as well as superior audio quality to CD audio.[11] DVDs can also have many other features, such as parental locks, on-screen menus, different camera angles, instant rewind, instant search features, and support for widescreen movies.[12]

Since first hitting the Japanese market in November 1996 and the U.S. market in March 1997, DVD player technology has rapidly become very widespread.[13] Hundreds of models of DVD players are now available, including players on sale for less than $50.[14] Computers are now commonly sold with DVD-ROM drives.[15] A typical American boy like Michael is very likely to have a DVD player at home.[16] Michael or his

---

[6] JIM TAYLOR, DVD DEMYSTIFIED 3 (2D ED. 2001).

[7] Taylor points out that DVD-Videos, which can be read by a DVD player, and DVD-ROMs, which can be read by a computer, are different applications of the same technology. *Id.* at 4-5.

[8] *Id.* at 3.

[9] *Id.*

[10] Jim Taylor, *DVD FAQ* ¶ 1.2, http://www.dvddemystified.com/dvdfaq.html (last revised April 4, 2005).

[11] *Id.* at 1.3 (noting that the actual quality of a video in DVD format will depend on the production process as well as the adjustment of the user's TV).

[12] *Id.* at 1.2.

[13] TAYLOR, *supra* note 7, at 58-59; Taylor, *supra* note 11, at ¶ 1.5.

[14] Taylor, *supra* note 11, at ¶ 1.5.

[15] *Id.*

[16] According to the Digital Entertainment Group, as of July 2004 almost sixty-two million American households had a DVD player, and thirteen million DVD players were

192   *Direito da Sociedade da Informação/Law of the Information Society*

family may also own a DVD recorder, though this is less likely because recorders are still much more expensive than players.[17] But DVD recorders are swiftly falling in price. In the not-too distant future, they are likely to be as cheap as VCRs, which they may eventually replace.[18]

While American consumers like Michael appear to be embracing DVD technology with open arms, there is grave concern in the film industry that it facilitates copyright piracy. These fears are nothing new; motion picture industry spokesmen have been voicing them ever since DVDs first became commercially available.[19] It is cheap and easy to make virtually perfect copies of a film stored in a digital format like DVD,

---

sold to American consumers in the first half of 2004, a rise of twenty-five percent from the previous year. See Press Release, Digital Entertainment Group, DVD Industry Ships a Record Three Billion DVDs Since Launch (July 15, 2004), *available at* http://www.digitalentertainmentinfo.com/News/press/071504.htm. The Digital Bits, relying on data provided by the Consumer Electronics Association ("CEA"), has reported that in 2004 nearly twenty million DVD players were sold in the United States, an enormous increase from the 317,000 players sold in 1997 and the almost 8.5 million players sold in 2000. The Digital Bits, CEA DVD Player Sales, http://www.thedigitalbits.com/articles/cemadvdsales.html (updated Apr. 8, 2005) (includes LD Combo players and Divx players but not DVD-ROM drives or DVD capable PlayStation 2 systems). One expert on DVDs has stated that in 2003 there were more than 250 million devices for playing back DVDs, including DVD players, DVD PCs, and DVD game consoles. See Taylor, *supra* note 11, at ¶ 1.5. That number is almost as large as the American population, which in April 2005 was estimated to be nearly 296 million. *See* United States Census Bureau, U.S. PopClock Projection, http://www.census.gov/main/www/popclock.html (Apr. 12, 2005).

[17] DVD recorders have not been commercially available as long as DVD players. They first went on sale in Japan in 1999 and sales commenced elsewhere in the world in 2000. Taylor, *supra* note 11, at § 1.14. In May 2004 the average price of a DVD recorder was around $475. Cnet News.com Staff, *Survey: DVD Recorder sales set to soar,* CNET NEWS.COM, http://news.com.com/Survey%3A+DVD-recorder+sales+set+to+soar/2100-1041_3-5206704.html?tag=mainstry (May 5, 2004) (reporting that thirteen percent of 2000 American adults surveyed were likely to buy a DVD recorder over the next twelve months).

[18] Taylor, *supra* note 11, at § 1.14. *See also Hard disks boost DVD recorder growth,* CNN.COM, http://edition.cnn.com/2003/TECH/ptech/12/15/dvd.drives.reut/ (Dec. 15, 2003).

[19] *E.g., If You Can't Protect What You Own — You Don't Own Anything, Hearing on H.R. 2281, the WIPO Copyright Treaties Implementation Act, and H.R. 2180, the Online Copyright Liability Limitation Act, Before the House Subcomm. On Courts & Intellectual Prop.,* 105th Cong. 79-82 (statement of Jack Valenti, President and CEO, Motion Picture Ass'n of America), *available at* http://www.mpaa.org/jack/97/97_9_16b.htm (Sept. 16, 1997); *see also* Universal City Studios, Inc. v. Reimerdes, 111 F. Supp.2d 294, 309 (S.D.N.Y. 1999), *amended to correct typographical errors,* 2001 U.S. Dist. LEXIS 12548 (S.D.N.Y. Aug. 17, 2001).

unlike a film recorded in an analog format such as a VHS video.[20] The quality of future generation copies of digitized films will not degrade, unlike copies of VHS tapes.[21] Many in the motion picture industry fear that if digital versions of copyrighted films are made available without authorization for downloading for free over the Internet, the film industry's revenue from the sale or rental of authorized DVDs will plummet, the industry will not be able to afford to make as many films, and its ability to spearhead the growth of the U.S. economy will founder.[22] As increasing bandwidth and faster DVD recorders enable ever faster downloading, these concerns are growing.[23]

Pre-DMCA copyright law did include some protection for films. It gave the copyright owners of audiovisual works, like the Harry Potter films, exclusive rights to prevent unauthorized reproductions, distributions, and public performances.[24] But when DVDs came onto the United States market in 1997, many copyright owners were unconvinced that existing copyright law provided an adequate defense against the threat of digital piracy. Some American motion picture studios successfully pressed for a copy protection requirement to be added to the DVD standard.[25] The major Hollywood studios protect commercially released DVDs of their films with a data encryption and authentication technology known as CSS, which is short for "content scrambling system."[26] CSS scrambles the content stored on a DVD so that viewers can only watch it on equipment with

---

[20] *E.g.,* Universal City Studios, Inc. v. Corley, 273 F.3d 429, 436 (2d Cir. 2001).

[21] *E.g.,* Universal City Studios, Inc. v. Reimerdes, 82 F. Supp.2d 211, 214 (S.D.N.Y. 2000).

[22] *E.g., Some Thoughts on the Digital Future of Movies, the Threat of Piracy, the Hope of Redemption, Hearing on Privacy & Piracy: The Paradox of Illegal Filesharing on Peer to Peer Networks Before the Permanent Subcomm. On Investigations Senate Comm. On Governmental Affairs,* 108th Cong. 88-98 (statement of Jack Valenti, President and CEO, Motion Picture Ass'n of America), *available at* http://www.mpaa.org/MPAA-Press/index.htm

(Sept. 30, 2003) (reporting unauthorized downloads of around a half million films every day).

[23] *See id.* A 4x DVD recorder, running at twenty-two Mbps, requires only fifteen minutes to write all the data on a standard 4.7G DVD. Taylor, *supra* note 11, at § 4.3.8.

[24] Copyright Act of 1976, 17 U.S.C. § 102(6), 106(1), 106(3), 106(4) (2004).

[25] Taylor, *supra* note 11, at § 1.11(3) (calling the studios "paranoid").

[26] *See* JESSICA LITMAN, DIGITAL COPYRIGHT 152 (2001); *see also Reimerdes,* 111 F. Supp.2d at 308-310 (noting that electronics companies developed CSS, not motion picture studios, but the major studios adopted it in an effort to create a united front against piracy).

194 *Direito da Sociedade da Informação/Law of the Information Society*

built-in CSS decryption software. A non-profit organization, the DVD Copy Control Association, licenses CSS to equipment manufacturers, subject to stringent security requirements.[27] Hundreds of consumer electronics manufacturers around the world are CSS licensees.[28] The goal of the CSS protection system is to prevent DVD users like Michael from viewing films on unlicensed DVD players or drives, copying films without the authority of the copyright owner, and viewing films in a region where the theatrical release has not yet ended.[29]

Cracking the CSS encryption system posed a tempting challenge for the second character in this story, a young Norwegian computer buff and software developer named Jon. In September 1999, at the age of fifteen, Jon collaborated with two other people he met on the Internet to reverse engineer a licensed DVD player designed to operate on the Microsoft operating system, extracting the player keys and other information necessary to decrypt CSS.[30] Neither Jon nor his collaborators obtained a license for CSS from the DVD Copy Control Association.[31]

Why did Jon do this? He has said that he was trying to develop a DVD player operable on Linux, an alternative operating system to the widely used Microsoft Windows, which at the time did not support any licensed DVD players.[32] But Jon's decryption program, which he called "DeCSS", was executable only by a computer that was running Windows.[33]

---

[27] Taylor, *supra* note 11, at § 1.11(3); DVD Copy Control Association webpage, http://www.dvdcca.org/ (last visited Apr. 10, 2005); *Reimerdes,* 111 F. Supp.2d at 310.

[28] *Reimerdes,* 111 F.Supp.2d at 308.

[29] DVD Copy Control Association, FAQ, http://www.dvdcca.org/faq.html (last visited Apr. 10, 2005). *See also Reimerdes,*111 F. Supp.2d at 308, 310. There has been some controversy as to whether CSS has in fact achieved itsgoal. *See, e.g.,* Universal City Studios, Inc. v. Corley, 273 F.3d 429, 438 (2d Cir. 2001) (noting disputed testimony as to the extent CSS-protected DVDs can be copied, but accepting that either some feature of CSS or some other safeguard implemented by DVD manufacturers under the requirements of the CSS licensing regime makes it difficult to copy DVDs and compress them enough that they can be rapidly distributed over the Internet).

[30] *Reimerdes* 111 F. Supp.2d at 311.

[31] *Id.*

[32] *Id.*

[33] *Id.* (Jon testified that decrypting a DVD on a Windows computer was a necessary step for playing the decrypted files on a machine running Linux because Linux, at that time, did not support the file system that was used on for DVDs).

If a computer user like Michael runs DeCSS with a DVD in his computer's disk drive, DeCSS will decrypt the CSS protection on the DVD, allowing the user to copy the DVD's files and store the copy on his hard drive. The copy is just a very large computer file that can be copied, manipulated, and transferred like any other non-encrypted computer file, and which can be played on a non-CSS compliant player.[34]

Jon posted the code for DeCSS on his personal web site.[35] Word traveled fast about the development of DeCSS. The DeCSS code spread like wildfire across the Internet, as hundreds of Web publishers posted it or posted links to other Web sites that had posted it.[36] These Web publishers include the third character in this story, Eric, who is a self-described hacker and online journalist.[37] Since 1984, Eric has published a well-known magazine for hackers, called *2600: The Hacker Quarterly*.[38] His pseudonym, Emmanual Goldstein, pays homage to the underground leader of George Orwell's 1984.[39] Eric posted the DeCSS code on his website for hackers, 2600.com.[40]

DeCSS and similar decryption software for DVDs have become so widespread on the Internet that users like Michael could very easily encounter them while web surfing. If Michael downloads DeCSS, and uses it to decrypt and play DVDs of Harry Potter films on his computer rather than a licensed player, he will be spared the expense of buying a licensed player or drive if he does not own one. Perhaps even more attractive to Michael, DeCSS will give him the power to make a backup copy of his Harry Potter DVDs, in case he loses or damages the original.

If Michael chooses to download DeCSS and use the program to decrypt and play CSS-protected DVDs, he is unlikely to know for certain whether American copyright law allows this. Few Americans have read or

---

[34] Id. at 313.

[35] *Id.* Jon posted it in executable object code, not source code. See Universal City Studios, Inc. v. Corley, 273 F.3d 429, 438 (2d Cir. 2001).

[36] *Id.* at 311-312

[37] CNN In Depth Specials, *Insurgency on the Internet, Q & A With Emmanual Goldstein of 2600: The Hacker's Quarterly,* CNN.COM, http://edition.cnn.com/TECH/specials/hackers/qandas/goldstein.html (2001).

[38] *Id*

[39] *Id.*

[40] *Reimerdes,* 111 F. Supp.2d at 308-309, 312. Eric initially posted the DeCSS code, in both source code and object code, at the end of an article about the DeCSS phenomenon. See *Corley,* 273 F.3d at 439).

are familiar with the lengthy and highly complex federal copyright statute.[41] Even if Michael suspects that the law may prevent these activities, it is doubtful that he would think his actions are morally wrong.[42] Jon also apparently reverse engineered the CSS-protected DVD in the belief that doing this was not morally wrong.[43] Studies indicate that many Americans share these views.[44]

Prior to the coming into force of the DMCA, Michael and Jon would have been unlikely to be found liable under American copyright law for these activities.[45] Michael probably would not have been sued since prior to the DMCA, the content industries were generally reluctant to sue individuals like Michael over personal and noncommercial uses of copyrighted works.[46] American courts have tended to give broad protection to reverse engineering under the doctrine of fair use.[47]

---

[41] *See* LITMAN, *supra* note 27, at 112 (stating "I have complained more than once ... that the copyright law is complicated, arcane, and counterintuitive, and the upshot of that is that people don't believe the copyright law says what it does say").

[42] A study conducted by the Motion Picture Association of American ("MPAA") and Online Testing Exchange ("OTX") of 3600 Internet users in eight countries (Australia, France, Germany, Italy, Japan, Korea, United Kingdom, and the United States) reported that almost half of those surveyed believed that it was acceptable to download a movie before its theatrical release, and "the vast majority" believed it was acceptable to download films after they were were released on DVD or Video. *See* MPAA Press Release, MPAA/OTX Worldwide Piracy Study 2 (July, 2004), *available at* http://www.mpaa.org/MPAAPress/ This study also reported that a majority of those who had not downloaded a film on the Internet would consider doing so if it were legal. *Id.* at 3. There has been some criticism of the methodology of this study. *See, e.g.,* Ashlee Vance, *Shock Therapy not used in Movie Downloading Study – Official,* THE REGISTER, *at* http://www.theregister.co.uk/2004/07/13/mpaa_shock_scare/ (July 13, 2004); Jay Lyman, *Analysts Question MPAA's Findings on Piracy,* TECHNEWS-WORLD, http://www.technewsworld.com/story/35036.html (July 9, 2004).

[43] Jon's moral perspective is evidenced by his choice of title for his weblog, "So Sue Me," which he has maintained since 2003 at http://www.nanocrew.net/blog/ (last visited Apr. 10, 2005).

[44] *See supra* note 43.

[45] This assumes they would be subject to the personal jurisdiction of United States courts, although this would likely not be the case for a Norwegian subject like Jon, unless he had American assets or other significant contacts with the United States.

[46] *See infra* note 74 and accompanying text.

[47] *See, e.g.,* Sega Enterprises, Ltd. v. Accolade, Inc., 977 F.2d 1510 (9th Cir. 1992); Sony Computer Ent., Inc. v. Connectix Corp., 203 F.3d 596 (9th Cir.), *cert. denied*, 531 U.S. 871 (2000). Of course, fair use is a case-specific analysis requiring balancing the four fair use factors in the individual circumstances of each case. Copyright Act of 1976, 17 U.S.C. § 107 (2004).

The Law Supporting Technological Protection for Copyrighted Works   197

What about Eric, the online journalist? His posting or linking to DeCSS unquestionably did not amount to direct infringement of any of the exclusive pre-DMCA copyright rights in films on DVD.[48] But the law recognized two types of secondary infringement, known as vicarious and contributory infringement, both judicially created doctrines.[49] Whether Eric would be liable for secondary copyright infringement is a more difficult legal question, which lacked a definitive answer at the relevant time, but was arguably answerable in the negative.

Vicarious copyright liability required direct infringement by a third party.[50] It additionally would have required Eric to have the "right and ability to supervise the infringing activity and also ... a direct financial interest in such activities."[51] Assuming that it could be established that some Internet users directly infringed copyright in films stored on encrypted DVDs, it is still unlikely that Eric would have been found liable for vicarious infringement, because neither of the other two requirements would have been satisfied. Although some case law suggested that the requirement of a direct financial benefit could include possible indirect financial benefit from infringement, it would still not be met where Erik did not actually profit or hope to profit from infringement.[52] Nor was Eric in a position to control direct infringers, whether through formal means like contractual arrangements or informal means like blocking technology.

For Eric to be liable for contributory copyright infringement would require that he had induced, caused, or materially contributed to copyright infringement by another, with knowledge of that infringing activity.[53] Even if posting or linking to DeCSS could be viewed as a material contribution to infringement by providing the facilities for infringement, the *Sony* doctrine would have arguably precluded the knowledge element from being satisfied, assuming that Eric had no actual knowledge of specific acts of direct infringement. In *Sony Corp. v. Universal City Studios, Inc.*, the United States Supreme Court refused to impute constructive kno-

---

[48] *See* 17 U.S.C. § 106 (rights of the copyright holder).

[49] *See, e.g.*, Fonavisa, Inc. v. Cherry Auction, Inc., 76 F.3d 259 (9th Cir. 1996). *Cf.* 3 NIMMER, NIMMER ON COPYRIGHT § 12.04[3](A).

[50] *See* Subafilms, Ltd. v. MGM-Pathe Comms. Co., 24 F.3d 1088, 1092 (9th Cir. 1994).

[51] Gershwin Publishing Corp. v. Columbia Artists Management, Inc., 443 F.2d 1159, 1162 (2d Cir. 1971).

[52] *See* NIMMER, *supra* note 50 at § 12.04[A][1].

[53] *Gershwin*, 443 F.2d at 1162.

198   *Direito da Sociedade da Informação/Law of the Information Society*

wledge to the defendant sellers of video recorders that were capable of both infringing and "commercially significant" or "substantial" non-infringing uses (private, non-commercial time-shifting of television programs).[54] Eric could have invoked *Sony* to argue that DeCSS was capable of both infringing and non-infringing uses, in that it could be used to decrypt and copy films on DVD that were protected by copyright as well as films that were in the public domain, although it is not clear whether a court would have found that these uses met the "commercially significant" or "substantial" requirement. The *Sony* doctrine is currently under reexamination by the United States Supreme Court in *MGM Studios, Inc. v. Grokster*.[55] But prior to the enactment of the DMCA, it was at least arguable that it could apply to insulate Eric from liability for secondary copyright infringement, since the decided case law at that time did not clearly resolve the question.

Eric apparently did not post any films or link to audiovisual content. Even if he had, linking without permission would likely not have given rise to liability for direct copyright infringement under pre-DMCA copyright law.[56] Whether Eric could have been found secondarily liable under the existing copyright law is a bit more controversial, but still unlikely. Although in the view of one federal district court, someone linking to a copyrighted work could be found liable for secondary infringement by inducing the making of infringing RAM copies by web browsers who followed the link to DeCSS,[57] that court failed properly to take into account that web browsing would be almost certainly shielded from direct copyright liability under the doctrine of fair use.[58]

Had the DMCA not been enacted, this story would thus be quite likely to end without legal consequences for Michael, Jon, and Eric. But it does not end that way because the DMCA changed the law to reinforce technological protections for copyrighted works. Several major motion picture studios invoked the new law to sue Eric in a New York federal

---

[54] Sony Corp. v. Universal City Studios, Inc., 464 U.S. 417, 442 (1984).

[55] MGM Studios, Inc. v. Grokster Ltd., 380 F.3d 1154 (9th Cir. 2004), *cert. granted*, 160 L.Ed.2d 518 (2004) (oral argument took place on March 29, 2005 and a decision should be handed down by the summer of 2005).

[56] *See, e.g.,* Stacy Dogan, *Infringement Once Removed: The Perils of Hyperlinking to Infringing Content*, 87 Iowa L. Rev. 829, 853 (Mar. 2002).

[57] Intellectual Reserve, Inc. v. Utah Lighthouse Ministry, Inc., 75 F. Supp.2d 1290 (D. Utah 1999).

[58] *See* Dogan, *supra* note 57, at 867-68.

court. They successfully claimed that his posting and linking of DeCSS violated the DMCA's anti-trafficking provisions.[59] The studios did not sue Jon, not because they believed that the DMCA did not apply to his activities, but because he was a Norwegian subject whose contacts with the United States were insufficient for an American court to exercise personal jurisdiction over him. Norwegian authorities did prosecute Jon, although the prosecution was ultimately unsuccessful.[60] Michael was not sued either, because, unlike Eric and Jon, he does not really exist. I chose to include the fictional Michael in this story to represent the many real Internet users whose everyday activities are likely to be affected by the scope of the law supporting technological protections for copyrighted works.

Not only does the state of the law in this area affect Michael's ability to obtain tools to circumvent technological protections on independently marketed copyrighted content like films on DVD, but it also impacts his ability to use or buy many aftermarket products that are interoperable with consumer durable goods, such as universal remote transmitters for garage door opener systems. Before I consider how American courts have interpreted the scope of the anti-circumvention provisions, I will explain in the next section how these provisions came to be enacted and what they provide.

II. The DMCA Incorporates New Legal Protections to Bolster Technological Protections for Copyrighted Works

Two parallel developments led to the enactment of the DMCA's incorporation of new legal protections to strengthen technological protections. One of these developments was technological, and the other was normative. Both arose in response to rapidly advancing digital technologies, including DVD. The DMCA is long and complex, as is its legislative

---

[59] Universal City Studios v. Reimerdes, 111 F. Supp.2d 294 (S.D.N.Y. 2000), *aff'd sub nom.*Universal City Studios, Inc. v. Corley, 273 F.3d 429 (2d Cir. 2001).

[60] *See* Drew Cullen, *Norway throws in the towel in DVD Jon case*, THE REGISTER, http://www.theregister.com/2004/01/05/norway_throws_in_the_towel/ (Jan. 5, 2004). Analysis of the governing Norwegian law's application to Jon's activities is beyond the scope of this article, which focuses entirely on American law. For more information about the Norwegian prosecution, *see* Electronic Frontier Foundation, Norway vs. Johansen web page, http://www.eff.org/IP/Video/Johansen_DeCSS_case/ (last visited Apr. 12, 2004).

200 Direito da Sociedade da Informação/Law of the Information Society

history. Both the statutory text and the legislative history fail to address some significant issues and leave others unclear or unresolved.

In the early to mid 1990s, copyright holders viewed new digital technologies with both excitement and fear. These new technologies have made the copying and distribution of works much easier and more effective, in that virtually perfect copies can be made and instantly distributed for free with the click of a mouse.[61] Although the potential for broader online distribution excited many copyright holders, many industry producers of copyrighted content, including book publishers, film producers, music publishers, and the recording industry, had serious concerns that existing copyright law would no longer effectively protect their content in a digital age.[62] They wanted an enhanced ability to control online uses of their copyrighted works.[63] In an effort to achieve such control, they promoted the development of technological means to protect against accessing and copying digital works.[64] But as quickly as such technological protections were created, other technologies to defeat them developed in response.[65]

---

[61] *See supra* notes 21-24 and accompanying text. *See also* The Chamberlain Group, Inc. v. Skylink Technologies, Inc., 381 F.3d 1178, 1197 (Fed. Cir. 2004).

[62] *See, e.g.,* LITMAN, *supra* note 27, at 91.

[63] *Id.*

[64] An example of efforts to develop technological protection measures is the as yet unsuccessful attempts of the music industry to develop the Secure Digital Music Initiative (SDMI). *See infra,* note 66. Other industries are attempting to develop technological protections, such as the efforts of the publishing industry to develop secure e-books. *E.g.,* Pamela Samuelson & Suzanne Scotchmer, *The Law and Economics of Reverse Engineering,* 111 YALE L.J. 1575, 1632 (2002)

[65] One example is the battle that occurred over SDMI. Responding to a challenge issued by SDMI, a group of Princeton University and Rice University computer security researchers successfully cracked some of the watermarking technologies that SDMI was planning to use. *See* SDMI Challenge FAQ, http://www.cs.princeton.edu/sip/sdmi/faq. html#B1 (2000) (last visited Apr. 10. 2005). Controversy ensued after the research team announced that they planned to publish their results rather than accepting a cash prize from SDMI in exchange for keeping their findings confidential. *Id.* The Recording Industry Association of America ("RIAA") sent the researchers a letter threatening legal action under the DMCA if they published their research, causing the researchers to withdrew their paper from an academic conference. But the researchers were not completely cowed; they filed suit for a declaratory judgment that their activities did not violate the DMCA. First Amended Complaint, Felten v. RIAA, Case No CV-01-2660 (D.N.J. filed June 26, 2001), *available at* http://www.eff.org/IP/DMCA/Felten v RIAA/20010626 eff felten amended complaint.html. This lawsuit persuaded the RIAA to enter into negotiations that ultimately resulted in permission to publish the paper. *See* Joseph P. Liu, *The DMCA and the*

As the competition between offensive and defensive technologies escalated into a technological arms race,[66] social norms were simultaneously emerging for the copying of digital content.[67] A mindset was widely taking hold, especially among young people, that it was acceptable to copy digital content for personal use, or to exchange with friends.[68] This attitude is exemplified by the explosive popularity of Napster's original peer-to-peer music "sharing" service.[69]

That this norm took such firm root was not really surprising given the many existing exemptions in copyright law for various personal and non-commercial uses of copyrighted works. One example is the statutory protection from liability for watching copyrighted films or videos at home or in another private place, with family or social acquaintances.[70] Another is the Supreme Court's *Sony* decision finding that manufacturers of analog home video recorders were not secondarily liable for the copyright infringement by users on the basis that a commercially significant use of the recorders was to "timeshift" or record television programs for watching at

---

Regulation of Scientific Research, 18 BERKELEY TECH. L.J. 501, 513-514 (2003). The lawsuit was dismissed. *Id.* The results of the challenge caused the SDMI initiative to stop in its tracks. The SDMI project's web site currently states "[a]s of May 18, 2001 SDMI is on hiatus and intends to re-assess technological advances at some later date." SDMI website, http://www.sdmi.org (last visited Apr. 10, 2005).

[66] *See, e.g.* Jeffrey D. Sullivan & Thomas Morrow, *Practicing Reverse Engineering in an Era of Growing Constraints under the Digital Millennium Copyright Act and Other Provisions,* 14 ALB. L. J. SCI. & TECH. 1, 5 (2003), *see also* Samuelson & Scotchmer, *supra* note 65, at 1632.

[67] *See* Christopher May, *Digital Rights Management and the Breakdown of Social Norms,* FIRST MONDAY, http://www.firstmonday.org/issues/issue8_11/may/index.html (Nov. 2003).

[68] *See, e.g.,* Pew Internet & American Life Project, Internet Tracking Study, 13 Million Americans ''Freeload'' Music on the Internet; One Billion Free Music Files Now Sit on Napster Users' Computers, (June 8, 2000), *available at* http://www.pewinternet.org/PPF/r/16/report_display.asp (finding that twenty-one percent of Internet users had downloaded music from the Internet and at least fourteen percent of Internet users had freeloaded digital music that they did not own. The study also found that music downloading was particularly popular among college students and young men; that around a quarter of current students had freeloaded music; and that nearly one third of students under age thirty with Internet access had done so).

[69] *Id.* (reporting that as of June 2000, less than a year after its August 1999 release, Napster had 10 million users). *See also* May, *supra* note 68.

[70] *See* Copyright Act of 1976, 17 U.S.C. §§ 101 (definition of "to perform publicly"), 106(4) (right of public performance) (2005).

202   *Direito da Sociedade da Informação/Law of the Information Society*

a more convenient time.[71] Still another is the Audio Home Recording Act of 1992, which amended the law to expressly permit noncommercial copying of analog media like cassette tapes, as well as the then-new digital audiotape format, although this exemption may not apply to all types of digital media.[72]

The development of a copying norm for digital content may also be the consequence of the content industries' previously permissive stance toward personal copying, lending, or gifts of copyrighted content in analog formats. The content industries did not treat home copying as an industry threat when the most widely used copying formats, like analog cassette tapes, degraded badly in quality when they were serially copied.[73]

But unlike analog technologies, works in digital formats do not degrade when copied, even when copied from copies.[74] As use of digital technologies, such as the Internet, became more widespread, the content industries began to view personal copying as a threat to their interests, and they lobbied for changes to American copyright law. In the early 1990s, these industries found a strong supporter in Bruce Lehman, the Commissioner of Patents and Trademarks, who had been named chair of a Working Group on Intellectual Property that formed part of the Clinton Administration's Information Infrastructure Task Force, charged with setting policy for the future of the Internet.[75] Following a public hearing and the solicitation of public comments, in July 1994 Lehman's Working Group issued a preliminary draft report, the "Green Paper", which recommended a number of changes to U.S. copyright law to give copyright owners grea-

---

[71] Sony Corp. v. Universal City Studios, Inc., 464 U.S. 417 (1984) (2004).

[72] 17 U.S.C. § 1008. The Audio Home Recording Act ("AHRA") required consumer digital audio recording devices to incorporate a serial copy management system that prohibited making second generation copies. *Id.* at § 1002. *See also* Recording Indus. Ass'n of Am. v. Diamond Multimedia Sys., Inc., 180 F.3d 1072 (9th Cir. 1999) (finding that Diamond's small portable MP3 recording device, the Rio, was not a "digital audio recording" device under the AHRA). Jessica Litman has argued that the AHRA should be interpreted to apply to all non-commercial copies of recorded music, in any format, but this interpretation does not seem consistent with the narrow definition of "digital audio" in the statute, as interpreted in *Diamond. Compare* Jessica Litman, *War Stories,* 20 Cardozo Arts & Ent. L.J. 337, 345-46 (2002) *with* Jane C. Ginsburg, *Copyright Use and Excuse on the Internet,* 24 Colum.-VLA J. L & Arts 4, n.11 (Fall, 2000).

[73] *See, e.g.,* Litman, *supra* note 73, at 345-46.

[74] *See, e.g.,*Universal City Studios, Inc. v. Reimerdes, 82 F. Supp.2d 211, 214 (S.D.N.Y. 2000).

[75] Litman, *supra* note 27, at 90.

ter control over their content on the Internet.[76] After another period of public hearings and public comments, the Working Group released a final report in September 1995. This "White Paper" advocated interpreting existing copyright law as giving strong protections to copyright owners, and also recommended amending the law both to provide that unauthorized transmissions violated the distribution rights of copyright owners and also to prohibit the manufacturing, importing, or distributing of technologies for the circumvention of copyright owners' technological protection measures.[77]

The White Paper received a very hostile reaction from many prominent copyright scholars.[78] Many librarians, online service providers, recording device manufacturers, software developers, telecommunications companies, consumers, and civil liberties supporters also disliked the proposals.[79] Among other things, opponents of the White Paper feared that its proposed amendments to copyright law would critically wound the defense of fair use, and would also fail to protect Internet service providers and telecommunications companies from ruinous secondary liability for transmitting infringing content over the Internet.[80] In the face of so much opposition, the draft legislation foundered in the 104th Congress.[81]

---

[76] Information Infrastructure Task Force, Working Group on Intellectual Property Rights, *Intellectual Property and the National Information Infrastructure: A Preliminary Draft of the Report of the Working Group on Intellectual Property Rights* (1994). Jessica Litman has criticized this draft report as "attempt[ing] a radical recalibration of the intellectual property balance"). LITMAN, *supra* note 27, at 91.

[77] See Information Infrastructure Task Force, *Intellectual Property and the National Information Infrastructure: The Report of the Working Group on Intellectual Property Rights* 19-130, 230-234 (1995), available at: http://www.ladas.com/NII/NIITofC.html (recommending that "the Copyright Act be amended to include a new Chapter 12, which would include a provision to prohibit the importation, manufacture or distribution of any device, product or component incorporated into a device or product, or the provision of any service, the primary purpose or effect of which is to avoid, bypass, remove, deactivate, or otherwise circumvent, without authority of the copyright owner or the law, any process, treatment, mechanism or system which prevents or inhibits the violation of any of the exclusive rights under Section 106. The provision will not eliminate the risk that protection systems will be defeated, but it will reduce it").

[78] *See, e.g.,* JAMES BOYLE, SHAMANS, SOFTWARE, AND SPLEENS: LAW AND THE CONSTRUCTION OF THE INFORMATION SOCIETY 135-39 (1996); Pamela Samuelson, *The Copyright Grab,* WIRED 4.01 (Jan. 1996), *available at* http://www.wired.com/wired/archive/4.01/white.paper_pr.html.

[79] *See* LITMAN, *supra* note 27, at 122-23.

[80] *Id.* at 126-128.

204   *Direito da Sociedade da Informação/Law of the Information Society*

Despite this apparent failure, Lehman was undaunted in his quest for anti-circumvention legislation. He switched the focus of his efforts to an international approach and pushed for an international diplomatic conference in Geneva, believing that if the World Intellectual Property Organization adopted copyright treaties including anti-circumvention provisions, the United States would have to enact implementing anti-circumvention legislation.[82] This strategy proved very successful and led to the quick negotiation of two new multilateral copyright agreements, the WIPO Copyright Treaty and the WIPO Performances and Phonograms Treaty (collectively, the "WIPO Internet Treaties").[83] The United States signed both treaties as soon as they opened for signature, in December 1996. Among other things, both WIPO Internet Treaties contain provisions establishing new international norms for legal protection against circumvention technologies.

The WIPO Internet Treaties require member states to provide "adequate legal protection and effective legal remedies against the circumvention of effective technological measures" that are used by copyright holders to protect their works to restrict unauthorized or illegal uses of their works.[84] The treaty language is broad and general, giving individual member states considerable flexibility in determining precisely how to implement the anti-circumvention prohibitions. In treaty negotiations, the United States had unsuccessfully pressed for stronger and more specific provisions, including prohibitions on the manufacture, sale, or distribution of devices or services to circumvent technical protections.[85] Despite the failure of these efforts, the copyright industries in the United States gene-

---

[81] *See* Bruce Lehman, *Symposium, Beyond Napster: Debating the Future of Copyright on the Internet: Introductory Remarks,* 50 AM. U. L.R. 355, 360 (Dec. 2000).

[82] *Id.* at 360-61.

[83] *Id.* WIPO Copyright Treaty, Dec. 20, 1996, 36 I.L.M. 65 [hereinafter "WCT"], *available at* http://www.wipo.int/clea/docs/en/wo/wo033en.htm; WIPO Performances and Phonograms Treaty, Dec. 20, 1996, 36 I.L.M. 76 [hereinafter WPPO], *available at* http://www.wipo.int/treaties/en/ip/wppt/index.html. Both of these treaties required ratification by thirty states to enter into force. WCT art. 20; WPPO art. 29. The WCT entered into force in March 2002 and the WPPO in May 2002. As of January 17, 2005, there were fifty-one parties to the WCT. *See* WIPO WCT, Contracting Parties, http://www.wipo.int/treaties/en/ip/wct/index.html (last visited Apr. 10, 2005) and, as of the same date, there were forty-nine parties to the WPPT. *See* WIPO WPPT, Contracting Parties, http://www.wipo.int/treaties/en/ip/wppt/index.html (last visited Apr. 10, 2005).

[84] WCT art. 11, WPPO art. 18.

[85] *See* LITMAN, *supra* note 27, at 129-130.

rally praised the WIPO Internet Treaties for obliging member states to provide effective legal protection against the circumvention of technological protections.[86]

Although international treaties signed by the United States are not generally self-executing, Professor Pamela Samuelson has argued that the WIPO Copyright Treaty could have been sent to the Senate for ratification without implementing legislation, on the basis that existing law was already consistent with the their anti-circumvention provisions.[87] But the Clinton Administration decided that implementing legislation was needed as a result of another treaty obligation to protect copyright management information.[88] The negotiation of the WIPO Internet Treaties thus ultimately satisfied the hopes of Bruce Lehman in that the treaties resulted in continued debate on proposed domestic anti-circumvention law, with the added spur that the Internet treaties now had to be implemented into United States law.

Despite the continued presence of considerable opposition to changing United States copyright law, Congress enacted the DMCA after only about a year and a half of debate. It radically amended the copyright law to add anti-circumvention provisions, as well as some other major changes.[89] For such a major revision to the copyright law, the period spent on study and enactment of the DMCA was extremely short. The previous major revision to United States copyright law, the 1976 Copyright Act, was not enacted until after two decades of study.[90]

The DMCA is a dauntingly long and complex statute. David Nimmer, the current editor of the major multi-volume treatise on copyright law, has written that he "personally did not have any meaningful comprehension about the Digital Millennium Copyright Act until months after it had passed and I had studied it repeatedly and in great depth."[91] Viewed independently, the DMCA's anti-circumvention provisions are long and complicated too.

---

[86] Silicon Valley is a notable exception. *See, e.g.,* Pamela Samuelson, *Why the Anti-Circumvention Provisions Need to Be Revised,* 14 BERKELEY TECH. L.J. 519, 522 (1999).

[87] *Id.* at 531

[88] *Id.*

[89] Digital Millennium Copyright Act, Pub. L. No. 105-304, 112 Stat. 2860 (1998).

[90] *See* U.S. LIBRARY OF CONGRESS COPYRIGHT OFFICE, REPORT OF THE REGISTER OF COPYRIGHTS ON THE GENERAL REVISION OF THE U.S. COPYRIGHT LAW, COPYRIGHT LAW (1961)

[91] David Nimmer, *Kisses Sweeter Than Wine,* in COPYRIGHT, SACRED TEXT, TECHNOLOGY, AND THE DMCA 496 (2003).

206   *Direito da Sociedade da Informação/Law of the Information Society*

The anti-circumvention provisions distinguish two different types of technological protections: "access controls" that protect against access to a copyrighted work and "copy controls" that are designed to protect against infringement of copyright of a copyrighted work. The DMCA prohibits, in section 1201(a)(1)(A), the circumvention of access controls that "effectively control[ ]access to" a copyrighted work, but has does not have any corresponding prohibition against the circumvention of copy controls.[92] The DMCA also has anti-trafficking bans in sections 1201(a)(2)(A)-(C) and 1201(b)(1)(A)-(C) that apply to certain devices that can be used to circumvent access or copy controls.[93] These anti-trafficking provisions prevent the manufacture, importation, offering to the public, provision, or trafficking of technologies that are "primarily designed or produced for the purpose of circumventing a technological measure" that "effectively" controls access to or copying of a copyrighted work; or that have "only limited commercially significant purpose or use" other than circumvention; or that are marketed "for use in" circumvention, whether directly or by another acting in concert with the defendant and with the defendant's knowledge.[94]

The DMCA did not give copyright owners the complete control that they had sought. The DMCA contains a general savings provision for fair use, which states: "[n]othing in this section shall affect rights, remedies, limitations, or defenses to copyright infringement, including fair use, under this title."[95] As the bill wended its way through various congressional committees, it acquired some exemptions and other limitations in an

---

[92] Copyright Act of 1976, 17 U.S.C. § 1201(a)(1)(A) (2004). Although the text is silent about the reasons for this, the legislative history indicates that this difference was intentional. See S. Rep. No. 105-90 at 12 (1998) (stating "[t]he prohibition in 1201(a)(1) [was] necessary because prior to [the DMCA], the conduct of circumvention was never before made unlawful. The device limitation in 1201(a)(2) enforces this new prohibition in conduct. The copyright law has long forbidden copyright infringements, so no new prohibition was necessary.")

[93] 17 U.S.C. § 1201(a)(2), 1201(b)(1). Different terminology is sometimes used to distinguish the two different anti-trafficking controls. For example, David Nimmer calls the anti-trafficking ban on technologies to circumvent access controls the "anti-trafficking" provision and the anti-trafficking ban on technologies to circumvent copy controls the "additional violations". *See* David Nimmer, *A Riff on Fair Use,* in COPYRIGHT, SACRED TEXT, TECHNOLOGY, AND THE DMCA 393 (2003). For simplicity, I refer to both as "anti-trafficking" provisions.

[94] 17 U.S.C. §§ 1201(a)(2)(A)-(C), 1201(b)(1)(A)-(C).

[95] 17 U.S.C. § 1201(c).

effort to accommodate the objections of various groups, including online service providers, telecommunications companies, libraries, and universities.[96] One addition was a limited safe harbor for online service providers that exempted certain transmissions from copyright liability, including information posted on computer networks at the direction of subscribers, as long as the online service provider promptly removed material that copyright owners notified them was infringing.[97] Others were the specific and complex exemptions added to the bill's anti-circumvention prohibition in section 1201(a)(1).[98] These include an exemption for certain law enforcement and national security activities.[99] They also include exemptions for reverse engineering of a computer program for the fairly narrow purpose of developing an interoperable program,[100] for certain acts of "good faith" encryption research,[101] for certain acts to protect personal privacy,[102] for some security testing of computers or computer networks,[103] and an exemption for nonprofit libraries to decide whether to acquire a copyrighted work.[104]

As finally enacted, the DMCA also includes some narrow exemptions to the anti-trafficking provisions, including exemptions for certain acts of reverse engineering, certain acts of encryption research, and certain acts of security testing.[105] But some groups that obtained statutory exemptions to the anti-circumvention provision, such as libraries, did not receive a corresponding exemption to the anti-trafficking provisions. This effectively requires such groups to develop circumvention technology themselves. Puzzlingly, the DMCA does not require software developers to develop their own circumvention tools for the exercise of their limited privilege to reverse engineer, despite the fact that this group was more likely than other privileged groups, such as libraries, to be able to develop their own circumvention technologies.[106] Some of the exemptions to the anti-traf-

---

[96] *See, e.g.,* LITMAN, *supra* note 27, at 134-35.

[97] 17 U.S.C. § 512.

[98] *See* LITMAN, *supra* note 27, at 135-142, *see also* NIMMER, *supra* note 92 at 453-54.

[99] 17 U.S.C. § 1201(e).

[100] 17 U.S.C. §1201(f)(1).

[101] 17 U.S.C. § 1201(g)(2).

[102] 17 U.S.C. §1201(i).

[103] 17 U.S.C. §1201(j)(2).

[104] 17 U.S.C. § 1201(d). Jessica Litman has pointed out that libraries did not specifically request or want this exemption. *See* LITMAN, *supra* note 27, at 136.

[105] 17 U.S.C. § 1201(e), 1201(f)(2); 1201(g)(4); 1201(j)(4).

[106] 17 U.S.C. 1201(f)(2).

208   *Direito da Sociedade da Informação/Law of the Information Society*

ficking provisions are more restricted for technologies that circumvent copy controls than for technologies that circumvent access controls. For example, the encryption research and security testing exemptions apply only to trafficking in technologies that circumvent access controls, but not to those circumventing copy controls.[107]

The DMCA also contains user exemption provisions that delegate rulemaking authority to the Librarian of Congress, in consultation with the Copyright Office and the Department of Commerce, to declare exemptions to the prohibition against circumvention of access controls where there is a finding that certain users have been adversely affected in their ability to make non-infringing uses of particular classes of works.[108] These exemptions apply only to the anti-circumvention provision, not to the anti-trafficking bans. There was an initial two-year moratorium on the enforcement of the ban against circumvention of access controls to allow for this rulemaking, and the DMCA provides for a subsequent rulemaking every three years.[109] Exemptions granted by one rulemaking do not automatically carry over into a new rulemaking.[110]

The most recent rulemaking, in October 2003, considered a large number of proposals for user exemptions but granted them to only four relatively narrow classes of works for the period October 28, 2003 through October 27, 2006: (1) lists of Web sites blocked by commercial filtering software or "censorware", to enable critics of this type of software to expose excessive blocking (though specifically excluding lists of Internet locations blocked by software like firewalls designed to protect against damage to computers, or to block receipt of unwanted spam); (2) computer programs protected by dongles that fail to permit authorized users to access them due to damage or malfunction, and which cannot be repaired or replaced due to obsolescence, to enable authorized users to access these programs; (3) computer programs and video games that were distributed in formats that are now obsolete and require the original hardware or media to be accessed, to enable libraries and archives to make preservation copies; and (4) literary works for which all existing ebook versions

---

[107] 17 U.S.C. 1201(g)(4), 1201(j)(4).

[108] 17 U.S.C. §§ 1201(a)(1)(B)-(D).

[109] 17 U.S.C. §1201(a)(1)(A)-(C).

[110] *See* 17 U.S.C. § 1201(a)(1)(C)-(D) (describing procedure for rulemaking in each successive three-year period); HOUSE COMMERCE REP., H.R. REP. NO. 105-551 at 37 (1998) ("on each occasion, the assessment of adverse impacts on particular categories of works is to be determined *de novo*").

The Law Supporting Technological Protection for Copyrighted Works   209

have access controls that bar the read-aloud function and prevent screen readers from displaying the text in a specialized format, to enable these works to be accessible to the blind and visually impaired.[111]

If none of the exemptions apply, a defendant is subject to very serious criminal penalties for willful violations of the DMCA's prohibitions on circumventing access controls and trafficking in technologies to circumvent access controls. These penalties include fines of up to $500,000 for a first office, as well as imprisonment for up to five years.[112] Non-profit libraries, archives, and educational institutions are exempt from criminal liability.[113] Both fines and imprisonment double for a second offense.[114]

Civil remedies include statutory damages of up to $2500 per violation and triple damages for repeated violations.[115] Courts have discretion to reduce or remit damages for most innocent violations, and are under an obligation to remit damages where a nonprofit library, archive, or educational institution proves its violation was innocent. The remedies and criminal penalties for directly circumventing copy controls are limited to those for copyright infringement under section 501(a) of the Copyright Act.[116]

Despite the length and detail of the anti-circumvention provisions, the statutory text is silent on certain issues.[117] For example, the statutory text does not fully explain the meaning of the "effective" control or protection that is required for a technological protection to be bolstered by the DMCA. While the statute does contain definitions of when a technological measure "effectively controls access to a work" or "effectively protects a right of a copyright owner under this title", these definitions do not make clear just how strong such a measure must be to qualify.[118] The statutory

---

[111] See United States Copyright Office, Library of Congress, Rulemaking on Exemptions from Prohibition on Circumvention of Technological Measures that Control Access to Copyrighted Works 68 Fed. Register 62011 (Oct. 27 2003), *available at* http://www.copyright.gov/1201/.

[112] 17 U.S.C. § 1204(a)(1).

[113] 17 U.S.C. § 1204(b).

[114] 17 U.S.C. § 1204(a)(2).

[115] 17 U.S.C. § 1203.

[116] 17 U.S.C. §501(a) (2004).

[117] *See generally* Nimmer, *supra* note 92.

[118] *See* 17 U.S.C. § 1201(a)(3)(B)(defining a technological measure that "effectively controls access to a copyrighted work" as a measure which "in the ordinary course of its operation, requires the application of information, or a process or a treatment, with the authority of the copyright owner, to gain access to the work") and 17 USC § 1201(b)(2)(B)

text additionally fails to explain why the anti-circumvention provisions give greater protection to access controls than copy controls. It also does not explain the difference between the two kinds of trafficking violations, which are almost identically worded. Nor does it state whether the exemptions it contains are exhaustive, or whether judges can use their common law powers to apply a fair use defense in cases involving alleged violations of the anti-circumvention provisions. The statutory text does not explain the relationship between the general savings provision for fair use and the user exemptions/specific exemptions. It is silent as to why some of its specific exemptions only apply to the anti-circumvention provision in section 1201(a)(1), such as the exemption to protect personally identifying information in section 1201(j), while other exemptions, such as the reverse engineering provision in section 1201(f), also apply to the anti-trafficking provisions in section 1201(a)(2) and 1201(b)(1).

Despite its length and complexity, the legislative history of the DMCA fails to fully clarify many issues on which the statute is mute. For some issues, the legislative history is as silent as the statute. For example, the legislative history does not explain why some of the specific exemptions are more limited in their application than others.[119]

For other issues, the legislative history provides more confusion than clarification. An example is the House Commerce Committee Report's explanation of the phrase "effectively controls." The statute describes this requirement slightly differently for access and copy controls. A technological access control is only protected if it "effectively controls access to a copyrighted work," while a copy control is protected if it "effectively protects a right of a copyright owner."[120] But in purporting to explain these two requirements, the House Commerce Committee used the following identical language for both access and copy controls:

In the Committee's view, measures that can be deemed to "effectively control access to a work" would be those based on encryption, scrambling, authentication, or some other measure which requires the use of a "key" provided by the copyright owner to gain access.[121]

(defining a technological measure that "effectively protects a right of a copyright owner under this title" as a measure which "in the ordinary course of its operation, prevents, restricts, or otherwise limits the exercise of a right of a copyright owner under this title").

[119] *See* Nimmer, *supra* note 92, at 471.

[120] 17 U.S.C. §§ 1201(a)(2); 1201(b)(1).

[121] HOUSE COMMERCE REP., H.R. REP. NO. 105-551 at 39, 40 (1998).

While this may be simply the result of a typographical error, it is certainly confusing and unhelpful as a guide to interpretation of the statute.[122]

While the legislative history does elsewhere provide some better clarification, some of its explanations have encountered widespread criticism. For example, the Senate Judiciary Report explains that the justification for greater protection being given to access protections over copy controls was the similarity between access controls and technological protections on homes to guard against break-ins with a tool primarily designed to break into homes, whereas copy controls are were already protected by existing copyright law.[123] One of the many critics of this housebreaking metaphor, Professor Jessica Litman, has argued that it is inapposite where a technological protection is employed by a person to protect a work in which she has no property rights because she is not legally entitled to prevent others from seeing a public domain work.[124]

The value of the DMCA's floor commentary has also been doubted. Much of this floor commentary praised the bill for protecting fair use in the digital environment.[125] But the copyright scholar and practitioner David Nimmer has charged that this floor commentary is mere wishful thinking because the anti-circumvention provisions fail to adequately safeguard fair use.[126]

To many of its critics, the DMCA has destroyed the traditional copyright balance between the public domain and intellectual property rights and will prevent people from exercising their fair use and free speech rights. Some academics have argued that, as a result, the DMCA is constitutionally flawed.[127] One prominent law professor, Pamela Samuelson, charged in a 1999 article that the DMCA's anti-circumvention provisions were "unpredictable, overbroad, inconsistent, and complex."[128] She asses-

---

[122] *See* Nimmer, *supra* note 92, at 470.

[123] SENATE JUDICIARY REPORT, S. Rep. No. 105-190, at 11-12 (1998).

[124] *See, e.g.,* LITMAN, *supra* note 27, at 132-33; *see also* Michael J. Madison, *Rights of Access and the Shape of the Internet,* 44 B.C.L. Rev. 433, 471-78 (Mar. 2003) (arguing that this 'place metaphor' was intended to punish pirates, and criticizing reasoning from it that the DMCA could be used to control access to information, not just prevent piracy).

[125] *See* Nimmer, *supra* note 92 at 459.

[126] *Id.* at 463-64.

[127] *See, e.g.,* Lawrence Lessig, THE FUTURE OF IDEAS: THE FATE OF THE COMMONS IN A CONNECTED WORLD 187 (2001).

[128] Samuelson, *supra* note 87, at 562 (contending that the DMCA was out of step with the Clinton Administration's principles articulated in its Framework for Electronic Commerce).

212   *Direito da Sociedade da Informação/Law of the Information Society*

sed the DMCA's specific exemptions and user exemption provisions as insufficient to protect many legitimate and socially valuable activities.[129] Professor Samuelson predicted that the DMCA would damage both the digital economy and the public interest.[130] Over the past few years, judges have had to consider these issues as they relate to litigation brought under the anti-circumvention provisions.

III. Judicial Interpretation of the DMCA

Despite widespread criticism of the anti-circumvention provisions, most judges who have ruled on them have been unreceptive to constitutional challenges to the DMCA and have construed the anti-circumvention provisions very broadly.[131] Most of the lawsuits that have included claims under the DMCA's anti-circumvention provisions have been content cases involving the distribution or use of technologies to access and copy technologically protected independently marketed copyrighted works, such as Hollywood films in DVD format. For example, 321 Studios, LLC ("321"), a manufacturer of software products for copying DVDs, brought an action against various motion picture copyright owners seeking a declaratory judgment that 321's distribution of DVD Copy Plus and DVD-X Copy did not violate either of the DMCA's anti-trafficking provisions.[132] Operators of websites marketing other DVD copying programs, including DVD-Squeeze, SmartRipper, and CladDVD, have also been sued under the DMCA.[133] The satellite television company DIRECTV has included claims under the DMCA's anti-trafficking provisions in many of the hundreds of lawsuits it has brought against the suppliers and users of technologies allegedly enabling pirating of its encrypted television signals by circumventing access controls.[134] Cable providers have

---

[129] *Id.* at 537-46.

[130] *Id* at 563.

[131] *See infra* Part III A-B.

[132] *See, e.g.,* 321 Studios v. Metro Goldwyn Mayer Studios, Inc., 307 F. Supp.2d 1085 (N.D. Cal. 2004).

[133] *See, e.g.,* Paramount Pictures Corp. v. Ladd, 2004 U.S. Dist. LEXIS 12352 (S.D.N.Y. June 18, 2004) (magistrate's recommendation for entry of default judgment where defendants failed to answer complaint).

[134] *See, e.g.,* Directv, Inc. v. Little, 2004 U.S. Dist. LEXIS 16350 n. 1 (N.D. Cal. Aug. 12 2004) (stating "Directv's anti-piracy strategy also includes bringing thousands of legal actions-of which this case is one-in jurisdictions across the country against suppliers

The Law Supporting Technological Protection for Copyrighted Works   213

also filed lawsuits including anti-trafficking claims against suppliers of cable pirating devices.[135]

But not all cases including allegations of violations of the anti-circumvention provisions have involved independently marketed copyrighted works. Claims have increasingly been made that these provisions apply to technologically protected computer programs embedded in consumer durable products like garage door opener systems or printer toner cartridges, even if those computer programs are not independently marketed. After such consumer durables are sold, the aftermarket for replacement parts and services for them is often very valuable. The plaintiffs in the competition cases have sought to control this aftermarket by restraining competitors from distributing interoperable products, such as universal remote transmitters for use with garage door opener systems and components for remanufactured printer toner cartridges.[136] In the few decisions that have yet been handed down in competition cases, some judges have been reluctant to apply the broad interpretation of the anti-circumvention provisions that has been consistently applied in content cases

---

and users of pirate access devices" and refusing to grant plaintiff's partial summary judgment motion on, *inter alia,* claims under both DMCA anti-trafficking provisions); DIRECTV, Inc. v. Haupert *3, 2004 U.S. Dist. LEXIS 15307 (E.D. Wisc. Aug. 4, 2004) (stating "DIRECTV has filed suit against hundreds, if not thousands, of defendants based on the same claims asserted against Haupert [which included claims under the DMCA's anti-trafficking provisions]"); Direct TV, Inc. v. Mars, 2004 U.S. Dist. LEXIS 6769 (E.D. Mich. Apr. 16, 2004) (granting motion to amend complaint to add, *inter alia,* claims under both anti-trafficking provisions of the DMCA); *see also* DirecTV, Inc. v. Borow, 2005 U.S. Dist. LEXIS 1328 *2-3, 12-13 (N.D. Ill. Jan. 6 2005) (granting DirecTV's motion for summary judgment on, *inter alia,* a claim that defendant Randy Borow violated section 1201(a) of the DMCA by hacking into DirectTV's security system and decrypting its encrypted TV signal without paying a subscription fee; Borow did not respond to the summary judgment motion and simply denied all wrongdoing in his answer).

[135] *See, e.g.,* Comcast of Ill. X, LLC v. Hightech Elecs., Inc., 2004 U.S. Dist. LEXIS 14619 *4 (N.D. Ill. July 28, 2004) (refusing to dismiss claims under both of the anti-trafficking provisions of the DMCA brought by cable provider against websites that allegedly assisted in distribution of cable pirating devices); *see also* CSC Holdings, Inc. v. Greenleaf Electronics, Inc., 2000 U.S. Dist. LEXIS 7675 *6 (N.D. Ill. June 1, 2000) (awarding preliminary injunction to cable provider for, *inter alia,* violatiing § 1201(a)(2) of the DMCA).

[136] *E.g.,* Lexmark Int'l, Inc. v. Static Control Components, Inc., 253 F. Supp.2d 943 (E.D.Ky. 2003), *vacated by and remanded,* 387 F.3d 522 (6th Cir. 2004); The Chamberlain Group, Inc. v. Skylink Techs., Inc., 381 F.3d 1178 (Fed. Cir. 2004).

A. *A Consistently Broad Interpretation of the Anti-Circumvention Provisions in the Content Cases*

Despite the large number of content cases that have included anti--circumvention claims, relatively few DMCA cases have as yet generated substantive rulings. Most of these rulings have endorsed a road construction of these provisions. An influential example is *Sony Computer Entertainment, Inc. v. GameMasters*, apparently the first reported decision interpreting the anti-circumvention provisions.[137] In *GameMasters,* a California federal district judge, Thelton Henderson, ruled on a motion for a preliminary injunction that the defendant's Game Enhancer product, a device that allowed Sony PlayStation electronic game system owners to bypass technological controls designed to prohibit them from playing video games that were not licensed in the same geographic region as their PlayStation console, likely violated the anti-trafficking provision in section 1201(a)(2)(A) because circumvention was the primary purpose of the product.[138]

i. *A Textualist Approach to Statutory Interpretation*

The court in *GameMasters* took a textualist approach to statutory interpretation. Use of a textualist method of statutory interpretation has become increasingly widespread since the 1980s, led by judges like Justice Antonin Scalia of the United States Supreme Court and the Seventh Circuit's Judge Frank Easterbrook. Judges employing a textualist approach focus on the "plain meaning" of the statutory text, generally spurning or discounting arguments rooted in legislative history.[139] An example is Justice Scalia's concurring opinion in a 1996 Supreme Court decision,

---

[137] Sony Computer Entertainment, Inc. v. GameMasters, 87 F. Supp.2d 976 (N.D. Cal. 1999).

[138] *Id.* at 987.

[139] *See, e.g.,* William N. Eskridge, Jr., *The New Textualism,* 37 U.C.L.A. L. REV. 621, 623-24 (1990); Antonin Scalia, *Common-Law Courts in a Civil-Law System: The Role of the United States Federal Courts in Interpreting the Constitution and Laws*, in A MATTER OF INTERPRETATION: FEDERAL COURTS AND THE LAW 3, 22, 29-37 (Amy Gutmann ed., 1997); *see also* T. Alexander Aleinikoff, *Patterson v. McLean: Updating Statutory Interpretation*, 87 MICH. L. REV. 209-30 (1988); Bernard W. Bell, *R.E.S.P.E.C.T.: Respecting Legislative Judgments in Interpretive Theory,* 78 N.C.L. REV. 1254 (2000).

Bank One Chicago, N.A. v. Midwest Bank & Trust Co., in which he stated: "I agree with the Court's opinion, except that portion of it which enters into a discussion of "the drafting history of [the statutory provision at issue] ... In my view a law means what its text most appropriately conveys, whatever the Congress that enacted it might have "intended." The law *is* what the law *says*, and we should content ourselves with reading it rather than psychoanalyzing those who enacted it."[140] Scalia's approach to statutory interpretation displays a concern rooted in democratic theory about giving too much power to unelected judges. Scalia has cast doubt on evidentiary value of legislative history that does not represent the intent of the whole Congress.[141] An effective majority of the current justices on the Supreme Court has subscribed to this "new textualist" approach.[142]

Textualists like Justice Scalia acknowledge that the plain meaning of statutes is often unclear and that statutory interpretation will thus sometimes require consultation of other materials such as other statutes containing similar language or related legislation.[143] But textualists generally eschew consulting legislative history to determine Congressional intent. Justice Scalia, for example, shuns legislative history except in rare cir-

---

[140] Bank One Chicago, N.A. v. Midwest Bank & Trust Co. 516 U.S. 264, 279 (1996).

[141] *Id.* at 280.

[142] *See* e.g. Alan Schwartz, *Constitutional Law and the Supreme Court: The New Textualism and the Rule of Law Subtext in the Supreme Court's Bankruptcy Jurisprudence,* 45 N.Y.L. SCH. L. REV. 149 (2001); *see also, e.g.,* Barnhart v. Sigmon Coal Co., Inc., 534 U.S. 438, 457, 461-62 (2002) (stating in 6-3 majority opinion written by Justice Thomas: "Floor statements from two Senators cannot amend the clear and unambiguous language of a statute. We see no reason to give greater weight to the views of two Senators than to the collective votes of both Houses, which are memorialized in the unambiguous statutory text.... Our role is to interpret the language of the statute enacted by Congress. This statute does not contain conflicting provisions or ambiguous language. Nor does it require a narrowing construction or application of any other canon or interpretative tool. "We have stated time and again that courts must presume that a legislature says in a statute what it means and means in a statute what it says there. When the words of a statute are unambiguous, then, this first canon is also the last: 'judicial inquiry is complete'". (citations omitted)). The term "new textualism" was coined by William Eskridge. *See* Eskridge, *supra* note 140 at 623-34.

[143] *See, e.g.,* Pierce v. Underwood, 497 U.S. 552 (1988) (considering meaning of "substantial evidence" under Administrative Procedure Act to intepret term "substantially justified in Equal Access to Justice Act); Kungys v. United States, 485 U.S. 759 (1988) (looking to other criminal statutes to assist in interpreting meaning of term "material" in denaturalization statute).

cumstances where there has been a mistake of expression as opposed to policy, so that literal meaning of the statute would lead to an unthinkable, absurd or unconstitutional result.[144] Justice Scalia stresses that it is critical that judges use legislative history only to correct obvious errors of expression. He has stated: "Congress can enact foolish statutes as well as wise ones, and it is not for the courts to decide which is which and rewrite the former."

Applying such a textualist approach, the court in *GameMasters* read the anti-trafficking provisions to apply to any device that was primarily designed to circumvent a technological control restricting access, had only limited commercial purpose beyond such circumventing purpose, or was marketed for the circumventing purpose.[145] Judge Henderson did not discuss congressional intent in enacting the DMCA, nor did he consult legislative history as an aid to interpretation of the statute.

The broad interpretation of the anti-circumvention provisions of *GameMasters* as well as its textualist method of statutory interpretation were both followed in *RealNetworks, Inc. v. Streambox, Inc.* In this case, the Western District of Washington, also ruling on a preliminary injunction motion, held that one type of defendant's software, the Streambox VCR, which bypassed a "Secret Handshake" authentication sequence necessary to access copyrighted audio and video files streamed over the Internet with plaintiff's software, likely violated the anti-trafficking provisions in sections 1201(a)(2) and 1201(b)(1) of the DMCA.[146] Judge Marsha Pechman read the statute broadly, interpreting the anti-trafficking provisions as containing three disjunctive tests, only one of which must be satisfied for there to be liability.[147] She found the *Sony* doctrine inapplicable as a defense to violations of the DMCA.[148] Nor did she accept the argument that the DMCA did not protect the Secret Handshake because it was not an effective protection.[149] Her reading of the statute was wholly textualist; she did not refer to legislative history or congressional intent.

---

[144] *See, e.g.,* Green v. Bock Laundry Mach. Co., 490 U.S. 504, 527 (1989).

[145] Sony Computer Entertainment, Inc. v. GameMasters, 87 F.Supp.2d 976, 987 (N.D. Cal. 1999).

[146] RealNetworks, Inc. v. Streambox, Inc., 2000 U.S. Dist. LEXIS 1889 *17-18 (W.D. Wash. Jan 18, 2000).

[147] *Id.* at *20.

[148] *Id.* at *22-23.

[149] *Id.* at *23.

ii. An Different Approach to Statutory Interpretation in a Content Case leads to an Equally Broad Interpretation: _Universal City Studios v. Reimerdes_

Another notable example of the consistently broad interpretation of the anti-circumvention provisions in the content cases is the very influential trial court ruling in the case brought by several major motion picture studios over the activities of Jon and Eric described in the story in Part I. In this case, originally titled _Universal City Studios, Inc. v. Reimerdes,_ the motion picture studios claimed that Eric and his company had violated the DMCA's anti-trafficking provisions by posting the DeCSS code on the 2600.com website, as well as links to other websites that had posted the DeCSS code.[150] The plaintiffs first obtained a preliminary injunction to restrain the defendants from posting DeCSS. Defendants complied, but they continued to link to other sites that posted or linked to DeCSS, referring to this activity as "electronic civil disobedience."[151] A trial on the merits followed.

The trial judge, Judge Lewis Kaplan of the Southern District of New York, focused on section 1201(a)(2), and endorsed a broad interpretation of this anti-trafficking provision. He found that the plaintiffs were entitled to permanent injunctive relief barring defendants from disseminating DeCSS by posting or linking, as well as declaratory relief.[152] Kaplan rejected defendants' argument that this anti-trafficking provision should not apply to their activities because it would prevent too many fair uses of copyright materials, and also did not accept their contention that it was unconstitutional under the First Amendment as applied to the public dissemination of DeCSS.[153] His decision was quite disapproving of defendants' conduct, and used strongly worded analogies to murder and suicide:

> Computer code is expressive. To that extent, it is a matter of First Amendment concern. But computer code is not purely expressive any more than the assassination of a political figure is purely a political statement.

---

[150] Universal City Studios, Inc. v. Reimerdes, 111 F. Supp.2d 294, 303, 316 (S.D.N.Y. 2000). The suit was originally filed against Eric and two others, Shawn Reimerdes and Roman Kazan. After Reimerdes and Kazan settled, plaintiffs amended their claims to add Eric's company, 2600.com, as a defendant. _Id._ at 312 n. 91; Universal City Studios, Inc. v. Corley, 273 F.3d 429, 440 n. 8 (2d Cir. 2001).

[151] _Corley,_ 273 F.3d at 441.

[152] _Reimerdes,_ 111 F. Supp.2d at 343-45.

[153] _Id._ at 304-305

218 · Direito da Sociedade da Informação/Law of the Information Society

Code causes computers to perform desired functions. Its expressive element no more immunizes its functional aspects from regulation than the expressive motives of an assassin immunize the assassin's action.

In an era in which the transmission of computer viruses—which, like DeCSS, are simply computer code and thus to some degree expressive—can disable systems upon which the nation depends and in which other computer code also is capable of inflicting other harm, society must be able to regulate the use and dissemination of code in appropriate circumstances. The Constitution, after all, is a framework for building a just and democratic society. It is not a suicide pact.[154]

Although Judge Kaplan's interpretation of the anti-trafficking provisions was as broad as the construction of them in *GameMasters* and *RealNetworks,* Kaplan's method of statutory interpretation differed from the prior decisions. He did not use a wholly textualist approach to statutory interpretation, but rather applied an essentially intentionalist, or purposive, method. Under this approach, which was the dominant method of statutory interpretation for much of the twentieth century, the judge focuses on the will of the legislature more than the text of the statute.[155] The importance of the text is as evidence of congressional intent.[156] A judge applying an intentionalist method of statutory interpretation typically checks the legislative history to ensure that his construction of the meaning of the text does not contradict congressional intent.[157] Such a judge would frown on

---

[154] *Id.*

[155] *See, e.g.,* HENRY M. HART & ALBERT M. SACKS, THE LEGAL PROCESS: BASIC PROBLEMS IN THE MAKING AND APPLICATION OF LAW (tent. ed. 1958)); *see also* Aleinikoff, *supra* note 140, at 20, 23-24; Robert J. Gregory, *Overcoming Text in an Age of Textualism: A Practitioner's Guide to Arguing Cases of Statutory Interpretation,* 35 AKRON L. REV. 451 (2002).

[156] *See, e.g.,* Gregory, *supra* note 156, at 456.

[157] *See* Eskridge, *supra* note 140, at 627. Two of the most prominent intentionalist theorists, Henry Hart and Albert Sacks, recommended that an interpreter should seek to identify the broad purpose prompting the legislation and then interpret the legislation consistently with that purpose. *See* HART & SACKS, *supra* note 156. Some intentionalists would go further than simply checking for contrary legislative intent. For example, Judge Richard Posner proposed a test of "imaginative reconstruction", according to which an interpreter "should try to put himself in the shoes of the enacting legislators and figure out how they would have wanted the statute applied to the case before him." RICHARD POSNER, THE FEDERAL COURTS, 286-87 (1985). More recently Judge Posner has suggested a slightly different test,: how the enacting legislators would have wanted the interpreter to interpret the

an excessively literal reading of statutory text. For example, Judge Learned Hand, a proponent of an intentionalist approach to statutory interpretation, discouraged judicial consultation of dictionaries, fearing that judges "might come out with a result which every sensible man would recognize to be quite the opposite of what was really intended; which would contradict or leave unfulfilled its plain purpose."[158]

Judge Kaplan's intentionalist approach resulted in a much broader interpretation of the anti-trafficking provisions than that advocated by the defendants, who argued that whether the copyrighted work was accessed to make some use of it that the law would protect under the doctrine of fair use was relevant to the determination of whether there was a DMCA violation.[159] Judge Kaplan rejected this argument where the initial access was unauthorized.[160] Disagreeing with the defendants that the purpose for which the DeCSS program was written was relevant, Judge Kaplan stated:

> The offering or provision of the [DeCSS circumvention] program is the prohibited conduct – and it is prohibited irrespective of why the program was written, except to whatever extent motive may be germane to determining whether their conduct falls within one of the statutory exceptions.[161]

In keeping with his intentionalist approach to statutory interpretation, Judge Kaplan claimed that his interpretation of the statute was "crystal clear" from the terms of the statute as confirmed by its legislative history, warning that "courts may not undo what Congress has so

---

statute. *See* Richard Posner, *Legal Formalism, Legal Realism, and the Interpretation of Statutes and the Constitution*, 37 CASE W. RES. L. REV. 179, 199-201 (1987).

[158] Learned Hand, *How Far Is a Judge Free in Rendering a Decision?* in THE SPIRIT OF LIBERTY 103, 106 (I. Dilliard ed., 3d ed. 1960).

[159] Universal City Studios, Inc. v. Reimerdes, 111 F. Supp.2d 294, 322 (S.D.N.Y.2000).

[160] *Id.* at 323. Jessica Litman has argued that the wording of the DMCA does not clearly state whether the word "access" should be understood to refer only to initial access to a copyrighted work (such as the authorization to view a DVD given to the purchasers of that DVD), or whether it includes all subsequent acts after initial access (such as every subsequent act of viewing, listening to or using a DVD.) LITMAN, *supra* note 27, at 144, 153 (strongly advocating the former interpretation). Judge Kaplan would apparently agree that if initial access is authorized, subsequent acts of access will not amount to anti-circumvention violations, but would appear to disagree with Professor Litman as to whether authorization to circumvent technological controls has been given to purchasers of DVDs.

[161] *Id.* at 319.

220   *Direito da Sociedade da Informação/Law of the Information Society*

plainly done by "construing" the words of the statute to accomplish a result that Congress rejected."[162]

Another way in which Judge Kaplan's interpretation of the anti-trafficking provisions was very broad relates to the statutory limitation of protection to technological protection measures that "effectively control[ ] access to" a copyrighted work.[163] Kaplan held that even if CSS was a weak means of protection that was not difficult to evade, it was still protected by the DMCA because its function was to control access.[164] He again employed a purposive method of statutory interpretation, checking to make sure that his reading of the DMCA's language was confirmed by the legislative history.[165] Kaplan found support in the House Judiciary Committee's section by section analysis of the DMCA, as well as the House Commerce Committee report's citation of an encryption measure as one example of a control that effectively protects a copyrighted work.[166] He reasoned that that since encryption could always be decrypted, it was not necessary for the protection to be strong or difficult to circumvent for the law to protect it.[167]

Judge Kaplan then turned to the second question under section 1201(a)(2)(A), whether DeCSS was primarily designed to circumvent CSS. He found the answer to be "perfectly obvious."[168] On the evidence, DeCSS was created for the sole purpose of decrypting CSS.[169] Judge Kaplan noted: "[t]hat is all it does."[170] Thus, in his view, there was a clear violation of section 1201(a)(2)(A), as well as 1201(a)(2)(b).[171] In Kaplan's view, whether the authors of DeCSS originally wrote it to develop

---

[162] *Id.* at 324.

[163] 17 U.S.C. §§ 1201(a)(2)(A)-(C), *see also* 17 U.S.C. § 1201(b)(1)(A)-(C) (2005).

[164] *See Reimerdes,* 111 F. Supp.2d. at 317-18. There has been widespread criticism of this approach. *See, e.g.,* Samuelson & Scotchmer, *supra* note 65, at 1646-48 (2002) (contending that the DMCA harms the incentive to develop really effective technological protection measures); *see also* Madison, *supra* note 125, at 478,499-500 (arguing that "a measure ought not to be 'effective,' and a remedy under the DMCA ought not to be available, if the plaintiff's technological measure can be defeated with relative ease").

[165] *See Reimerdes,* 111 F. Supp.2d at 318.

[166] *Id*

[167] *Id.*

[168] *Id.* at 319.

[169] *Id.*

[170] *Id.*

[171] *Id.*

a Linux player was irrelevant to whether the defendants violated the anti-trafficking provisions.[172]

Consistent with his broad interpretation of the anti-trafficking provision, Judge Kaplan construed the statutory exemptions narrowly, concluding that none of them protected defendants' posting activities.[173] He found the exemption for certain forms of reverse engineering in s. 1201(f) to be inapplicable on the facts because neither Eric nor his company had actually engaged in any reverse engineering.[174] But even if they had, Kaplan reasoned that the exemption would still not apply. Although section 1201(f)(3) exempts providing information to others that has been obtained through circumvention or the development of technical means to circumvent, Kaplan read this provision as limited only to dissemination for the purpose of achieving interoperability with another computer program.[175] On the facts, Kaplan found that interoperability with Linux could not be defendants' sole motivation in posting DeCSS where it had been developed on a Windows system and its creators knew that it could be used to decrypt and play movies in DVD format.[176] True to his intentionalist method of statutory interpretation, Kaplan checked that his narrow reading of the reverse engineering exception was confirmed by the legislative history, finding support in the House Commerce Committee report's statement that the reverse engineering exception did not apply to making circumvention tools "generally available" other than in the limited circumstance of achieving interoperability.[177]

Judge Kaplan also found that defendants' activities did not amount to "good faith encryption research" that would be exempted under the encryption research exemption in 1201(g).[178] Nor could defendants' public posting of DeCSS be viewed as computer security testing under 1201(j), since that exemption was limited to "assessing a computer, computer system, or computer network solely for the purpose of good faith testing, investigating, or correcting a security flaw or vulnerability with the authorization of the owner or operator of such computer system or computer

---

[172] *Id.*

[173] *Id.*

[174] *Id.* at 320.

[175] *Id.*

[176] *Id.* (disbelieving Jon's testimony that achieving interoperability with Linux was his only motivation in developing DeCSS).

[177] *Id.* (citing HOUSE COMMERCE REPORT, H.R. REP. No. 105-551 at 43 (1998)).

[178] *Id.* at 321.

network."[179] Although Kaplan did not refer to the legislative history to confirm his reading of these last two exemptions, this is a minor exception to an otherwise predominantly intentionalist approach to statutory interpretation. It may be attributable to the fact that defendants' post-trial memorandum apparently limited their argument on the statutory exemptions to the reverse engineering exemption.[180]

Another of defendants' arguments rejected by Judge Kaplan rejected was the contention that fair use concerns mandated a narrower interpretation of the DMCA that would render it inapplicable to defendants' posting activities. On this issue, Kaplan's interpretative method was also intentionalist. He started by examining the language of the statute, and then checked that his reading of it comported with its legislative history.[181] According to Kaplan, the legislative history revealed that when Congress enacted the DMCA, it had carefully considered the balance between the competing interests of fair use and the protection of technological self-help measures, and had provided for fair use safeguards through limiting the access control prohibition to the initial act of access, as well as the rulemaking procedure for user exemptions and the specific exemptions to liability.[182] On Kaplan's intentionalist approach to statutory interpretation, where Congress had specifically considered the competing policy concerns, it would be entirely inappropriate for a court to accept a contrary interpretation.[183] Judge Kaplan noted that fair use remained fully applicable where the copyright owner had authorized access.[184]

Judge Kaplan also broadly interpreted the phrase "offering to the public, provide or otherwise traffic in" section 1201(a)(2), finding that it applied to defendants' linking activities, whether they had linked to pages that automatically downloaded DeCSS or to pages that gave the user the choice to link to or download DeCSS.[185] However, Kaplan qualified this finding by noting that not every act of linking to a large, content-rich site that had DeCSS posted on it somewhere would necessarily amount to a DMCA violation.[186] But he found defendants' linking activity to be a vio-

---

[179] *Id.*
[180] *Id.* at 319.
[181] *Id.* at 322.
[182] *Id.* at 322-23.
[183] *Id.* at 324.
[184] *Id.* at 323.
[185] *Id.* at 325.
[186] *Id.*

lation even where they had linked to large sites because they had done so with the clear intention of publicly disseminating DeCSS.[187] Kaplan did not cite legislative history in support of this interpretation, but this is another small exception to a primarily intentionalist approach to statutory interpretation.

Bolstering his broad interpretation of the anti-circumvention provisions, Judge Kaplan's ruling also made short work of defendants' constitutional challenges to the DMCA as applied to the posting of DeCSS. Although Kaplan accepted that computer code was expression that could validly claim First Amendment protection, he did not accept defendants' argument that the appropriate test for constitutional review of the anti-circumvention provisions as applied to computer code was the strict scrutiny test, under which a regulation must serve a compelling state interest by the least restrictive means available.[188] Because he adjudged DeCSS to be a content neutral regulation that incidentally affected expression, he found that the proper constitutional test was intermediate scrutiny, or whether the regulation furthers an important or substantial government interest; whether that interest is unrelated to the suppression of free expression; and whether the regulation incidentally places a greater burden on freedom of speech than is necessary to further that interest.[189] Kaplan found that the anti-trafficking provision in section 1201(a)(2), as applied to posting, met this standard because it furthered the important government interest of protecting against piracy of digitized copyrighted works and the incidental burden on free expression was no greater than was necessary to accomplish this interest.[190]

In Judge Kaplan's view, the anti-trafficking provision was not unconstitutionally overbroad by reason of depriving technologically unskilled people of their fair use rights. Although CSS encryption prevented the copying of movies accessed through licensed DVD players, many fair uses could be made of these movies that did not require any copying.[191] While Kaplan accepted that the DMCA might prevent some people without technological expertise from copying portions of DVD movies for some fair use purposes that involved copying, he did not believe that the evidence

---

[187] *Id.*
[188] *Id.* at 327-30
[189] *Id.*
[190] *Id.* at 330, 332-33.
[191] *Id.* at 338.

224 Direito da Sociedade da Informação/Law of the Information Society

before him was sufficient to determine whether the fair use rights of third parties would be substantially affected by the injunction.[192] Nor was he willing to find that the DMCA was unconstitutionally vague as applied to others where the defendants had engaged in clearly proscribed conduct.[193]

However, Judge Kaplan concluded that there were greater First Amendment concerns for linking than for posting. Subjecting linking to strict liability under the DMCA risked chilling legitimate linking and thereby inhibiting free expression.[194] To mitigate this risk, Kaplan created a test for linking liability that mirrored the well-known "actual malice" test for liability for defaming public figures that the United States Supreme Court had crafted in *New York Times v. Sullivan*.[195] For an injunction barring linking to a web site posting circumvention tools to be legally valid, there must be "clear and convincing evidence" that the linker (a) knew at the relevant time that the offending material was on the linked-to site, (b) knew that it was unlawful circumvention technology; and (c) created or maintained the link for the purpose of disseminating that technology.[196] Kaplan was satisfied that such clear and convincing evidence existed in *Reimerdes*.[197]

Judge Kaplan was unreceptive to arguments that issuing an injunction against posting and linking would be inequitable for futility when there were hundreds of sites all over the Internet that had posted DeCSS. like "locking the barn door after the horse is gone".[198] Though Kaplan admitted being disturbed by this possibility, he found other competing concerns to be more troubling. The first was his fear that failing to issue an injunction would incite others to follow the defendants in encouraging widespread flouting of the law to immunize their own unlawful activity.[199] The second concern was the related one that widespread posting could destroy intellectual property rights. Just because others were harming the plaintiffs' intellectual property did not mean that defendants could not be causing harm to it.[200] Kaplan summarized his position with a striking

---

[192] *Id.* at 336-338.
[193] *Id.* at 339.
[194] *Id.* at 340.
[195] *Id.* at 340-41 (citing New York Times Co. v. Sullivan, 376 U.S. 254 (1964)).
[196] *Id.* at 341.
[197] *Id.*
[198] *Id.* at 344.
[199] *Id.*
[200] *Id.*

metaphor: "In short, this Court, like others than have faced the issued [sic], is not persuaded that modern technology has withered the strong right arm of equity."[201] He stressed the importance of creating a legal deterrent that would "contribute to a climate of appropriate respect for intellectual property rights in an age in which the excitement of ready access to untold quantities of information has blurred in some minds the fact that taking what is not yours and not freely offered to you is stealing."[202]

iii. *Upholding the Constitutionality of the DMCA and Broadly Interpreting the Statute: Universal City Studios, Inc. v. Corley*

The United States Court of Appeals for the Second Circuit upheld Judge Kaplan's ruling on appeal, and the unsuccessful appellants did not petition for Supreme Court review.[203] Judge Jon O. Newman, writing for a unanimous three judge panel, substantially agreed with Kaplan's reasoning on an appeal that was limited to constitutional issues.[204] To the extent that its constitutional analysis required statutory interpretation, the Second Circuit construed the statute broadly, using an intentionalist method of statutory interpretation.

The Second Circuit disagreed with appellants' argument that 1201 (c)(1) mandated a narrow construction of the statute to permit circumvention of technological access controls for fair use purposes.[205] In keeping with its intentionalist approach to statutory interpretation, the Second Circuit invoked the legislative history, which, it stated, "makes quite clear" that the congressional purpose in enacting the statute was to balance the competing interests of preventing piracy and accommodating fair use through crafting specific statutory exemptions as well as the fail safe mechanism of the rulemaking procedures for the user exemptions.[206] The Second Circuit criticized the appellants' suggested interpretation of the statute as rendering meaningless the specific exemptions for fair use, pointing out that "[i]t would be strange for Congress to open small, carefully

---

[201] *Id.* at 344.

[202] *Id.* at 345.

[203] Universal City Studios, Inc. v. Corley, 273 F.3d 429 (2d Cir. 2001).

[204] The other judges on the panel were Judge José A. Cabranes, a Circuit Judge, and Judge Alvin W. Thompson, a United States District Judge for the District of Connecticut, sitting by designation. *Id.* at 433.

[205] *Id.* at 443.

[206] *Id.* 444 n. 13.

226 *Direito da Sociedade da Informação/Law of the Information Society*

limited windows for circumvention to permit fair use in subsection (d) if it then meant to exempt in subsection 1201(c)(1) any circumvention necessary for fair use."[207]

The Second Circuit also used rejected appellants' argument that the statute should be narrowly construed based on section 1201(c)(4), which provides that "nothing in this section shall enlarge or diminish any rights of free speech or for the press for activities using consumer electronics, telecommunications, or computing products."[208] The court relied on legislative history that it read as showing that Congress did not want to enlarge those rights.[209]

The Second Circuit did not accept the appellants' argument that the purchaser of a DVD had the authority of the copyright owner to view it and therefore the definition of "to circumvent a technological measure" in section 1201(a)(3)(A) would permit such a purchaser to circumvent the encryption on the DVD to view it on a different computer platform. On the court's broad interpretation of the anti-trafficking provisions, section 1201(a)(3)(A) only exempted those who had *decrypted* with the copyright owner's authority, not those who had authority to *view* the copyrighted work.[210] It found that there was no evidence that defendants had authority to decrypt.[211]

Appellants' constitutional challenges were as unsuccessful as their proposed narrow reading of the statute. The Second Circuit rejected appellants' First Amendment challenge to the DMCA as applied through the injunction barring posting. Its constitutional reasoning was virtually identical to Judge Kaplan's: namely, that the First Amendment protected DeCSS, which as computer code conveying information, was protected expression that had a speech and a non-speech component; that the regulation of DeCSS was content-neutral because it applied only to the functional capability of DeCSS to tell a computer to decrypt CSS, and was thus subject to the intermediate scrutiny test; and that the trial court's injunction met this test.[212]

---

[207] *Id.*

[208] *Id.* at 444.

[209] *Id.*

[210] *Id.* Section 1201(a)(3)(A)'s definition reads: " to 'circumvent a technological measure' means to descramble a scrambled work, to decrypt an encrypted work, or otherwise to avoid, bypass, remove, deactivate, or impair a technological measure, without the authority of the copyright owner". 17 U.S.C. § 1201(a)(3)(A) (2005).

[211] *Id.* at 444.

[212] *Id.* at 445-55. The Second Circuit refused to consider the argument that the

As for the second prong of the as-applied challenge, directed to the injunction barring linking, the Second Circuit did not find it necessary to decide whether Judge Kaplan's reworked *New York Times v. Sullivan* test was required to meet First Amendment concerns, but rejected appellants' arguments that it was necessary for liability that the linker had had an intent to cause harm and that an injunction against linking could only issue in circumstances analogous to those in which a print medium could be enjoined.[213]

The Second Circuit also rejected the appellants' argument that DMCA was unconstitutional for eliminating fair use, noting that Supreme Court had never held that fair use was constitutionally required.[214] The court described this claim as "extravagant" where appellants were not barred by the injunction from making fair use of any copyrighted materials, and where there was insufficient evidence that third parties were barred from fair uses.[215] According to the Second Circuit, neither the Copyright Act's fair use provision nor the Constitution required that people be given access to digital works to copy them in the original or preferred digital format.[216]

iv. *Content Cases Since Reimerdes and Corley: An Equally Broad Interpretation, But A Growing Trend Toward Textualism*

Federal district courts have increasingly used a more textualist approach to statutory interpretation in reported decisions on the interpretation and constitutionality of the anti-circumvention provisions since *Reimerdes* and *Corley*. These decisions, *United States v. Elcom, Ltd.* ("Elcom"),[217] *321 Studios v. Metro Goldwyn Mayer Studios, Inc.* ("321 Stu-

---

enactment of the DMCA exceeded congressional authority under the Intellectual Property Clause by locking up public domain works for an unlimited time because this argument had been raised only in a footnote to appellants' brief, as well as in an *amici curiae* brief, and there was insufficient evidence in the record to support it. *Id.* at 444-45.

[213] *Id.* at 457

[214] *Id.* at 458.

[215] *Id* at 458-59 (also finding no support for the appellants' claim that, under the constitution, fair use guaranteed a right of access so the original work could be copied in its original format).

[216] *Id.*

[217] U.S. v. Elcom Ltd., 203 F. Supp.2d 1111 (N.D. Cal. 2002).

228   *Direito da Sociedade da Informação/Law of the Information Society*

dios"),[218] and *Davidson & Assocs., Inc. v. Internet Gateway* ("Davidson"),[219] were all made on pretrial motions. But all of these decisions gave the anti-circumvention provisions a broad construction.

Elcom was a criminal prosecution of a Russian software company, ElcomSoft Company Limited ("ElcomSoft"), under the DMCA's anti-trafficking provision in section 1201(b).[220] At issue was ElcomSoft's development and sale of a product known as the Advanced eBook Processor. This product allowed users of the free Adobe Acrobat eBook reader to bypass various restrictions imposed on eBook purchasers by publishers or distributors, including prohibitions on copying, printing, emailing to another computer, or having the ebook read aloud by a computer.[221] ElcomSoft moved to dismiss the indictment on the grounds that this anti--trafficking provision was unconstitutional, arguing that it violated the Due Process Clause because it was unconstitutionally vague as applied to ElcomSoft, violated the First Amendment as applied and on its face, and exceeded the powers of Congress to enact it.[222] Judge Ronald Whyte, United States District Judge for the Northern District of California, rejected all of these arguments. Whyte's constitutional reasoning was similar to that of *Reimerdes* and *Corley,* but he employed a more textualist approach to statutory interpretation.[223]

---

[218] 321 Studios v. Metro Goldwyn Mayer Studios, Inc., 307 F. Supp.2d 1085 (N.D. Cal. 2004).

[219] Davidson & Assocs., Inc. v. Internet Gateway, 334 F. Supp.2d 1164 (E.D. Mo. 2004).

[220] *Elcom,* 203 F. Supp.2d at 1118-19. ElcomSoft was prosecuted after Adobe Systems persuaded the Justice Deparment to prosecute Dmitry Sklyarov, a Russian programmer who worked on the Advanced eBook Processor, under the DMCA. Sklyarov was imprisoned for several weeks. After a storm of protest from computer programmers and free speech advocates, Adobe withdrew support for Sklyarov's prosecution and the Justice Department dropped all charges against him, permitting him to return home to Russia in exchange for testifying at the trial of ElcomSoft. *See* Lisa M. Bowman, *Sklyarov Reflects on DMCA Travails,* CNet News.com (Dec. 20, 2002), http://news.com.com/2100-1023-978497.html; Free Dmitry Sklyarov, http://www.freesklyarov.org/ (last visited Apr. 10, 2005); Michelle Delio & Brad King, *Sklyarov, Boss, Plead Not Guilty,* Wired News.com (Aug. 30, 2001), http://www.wired.com/news/politics/0,1283,46396,00.html; Lisa M. Bowman, *ElcomSoft Verdict: Not Guilty,* CNET News.com, (Dec. 17, 2002) http://news.com.com/2100-1023-978176.html.

[221] *Elcom,* 203 F. Supp.2d at 1117-18.

[222] *Id.* at 1122, 1127, 1132, 1135.

[223] Judge Whyte agreed with *Reimerdes* and *Corley* that, while computer code is expression protected by copyright laws and the First Amendment, the DMCA is not an

The Law Supporting Technological Protection for Copyrighted Works   229

Judge Whyte read the DMCA broadly. He found that, on the plain meaning of the anti-trafficking provision in section 1201(b), it contained

unconstitutional regulation of expression as applied to the sale of the Advanced eBook Processor. *Id.* at 1126-32. He agreed with the conclusion of both *Reimerdes* and *Corley* that the DMCA was content-neutral in that it sought to ban code not because of what it says but because of what it does. *Id.* at 1128-29. Judge Whyte also agreed with *Reimerdes* and *Corley* that the appropriate standard of review was intermediate scrutiny. *Id.* at 1129. Judge Whyte found that the DMCA satisfied this test as applied to ElcomSoft, because it promoted two legitimate and substantial governmental interests: preventing unauthorized copying of copyrighted works and promoting electronic commerce, and was sufficiently narrowly tailored. *Id.* at 1129-31. Judge Whyte also endorsed the reasoning of *Reimerdes* and *Corley* by finding that the DMCA did not burden substantially more speech than necessary because even if it made fair use more difficult for technologically protected works, it did not eliminate or prohibit fair use for the lawful possessor of a copyrighted work. *Id.* at 1131. Judge Whyte noted that fair use would still protect quoting from a work "the old fashioned way" by hand or re-typing," even if the DMCA would prevent cutting or pasting technologically protected digital material. *Id.* Judge Whyte agreed with the Second Circuit's statement in *Corley* that there was no constitutional guarantee of the most technologically convenient way to engage in fair use. *Id.* Nor, in his view, did the DMCA prevent access to public domain works; he found that this contention was based on the wrongful assumption that the only available public domain version of a work is electronic with technological protections. *Id.* According to Judge Whyte, the DMCA only protected against the copying of public domain works in particular formats, and was not an absolute bar on copying the public domain work. *Id.* at 1131-32. As an example, Whyte cited the publication of a Shakespeare play using the copy protection technology of a type of paper that was difficult to photocopy; backing up this copy protection technology with law would not give that publisher rights over Shakespeare's public domain works but only the right to control copying of the copy-protected publication. *Id.* Judge Whyte echoed *Corley's* reasoning in rejecting the defendant's facial challenge to the DMCA based on overbreadth, finding that the DMCA did not unlawfully impair the First Amendment rights of third parties by interfering with their fair use rights or their rights to access public domain works. *Id.* at 1133-34. He also found that an overbreadth challenge was unavailable because the statute did not regulate expression or conduct commonly associated with expression. *Id.* at 1133. Judge Whyte agreed with the Second Circuit in *Corley* that there was no Supreme Court authority holding that fair use was constitutionally required. *Id.* at 1134 n. 4. Consequently, he found that there was no established constitutional right to make a backup copy of an electronic work. *Id.* at 1135. Even if the DMCA impaired a lawful purchaser's ability to make a backup copy or space-shift that copy to another computer, this did not amount to unconstitutional overbreadth. *Id.* Judge Whyte also found, as Judge Kaplan had in *Reimerdes*, that the DMCA was not unconstitutionally vague under the First Amendment. *Id.* at 1136-37. Judge Whyte ruled on one constitutional argument that the Second Circuit had refused to consider in *Corley*, that Congress had exceeded its authority in enacting the DMCA. *See supra* note 213. He viewed this contention as just as unmeritorious as the First Amendment arguments, finding that Congress "plainly" had authority to enact the DMCA under the Commerce Clause, and was not limited in this authority by any restrictions laid down by

230   *Direito da Sociedade da Informação/Law of the Information Society*

no ambiguity as to which circumvention tools it prohibited or allowed, but rather amounted to a clear ban on trafficking in any circumvention tool, even one that could be used for fair use purposes rather than infringement.[224] Thus, Whyte concluded that the statute was not unconstitutionally vague as applied to ElcomSoft.

Judge Whyte stated that "[b]ecause the statutory language is clear, it is unnecessary to consider the legislative history to determine congressional intent or the scope of the statute."[225] However, though he used language that sounds textualist, in fact Whyte did not completely move away from an intentionalist method of statutory interpretation. He referred to statements in the legislative history to confirm his reading of the statutory text.[226] In Whyte's view, congressional intent to preserve fair use did not invalidate his interpretation, because the DMCA did not eradicate fair use, even though it might make it more difficult to engage in fair use if a person was not technologically sophisticated enough to circumvent technological restrictions on the use of copyrighted works.[227] Whyte explained that this was "part of the sacrifice Congress was willing to make in order to protect against unlawful piracy and promote the development of electronic commerce and the availability of copyrighted material on the Internet."[228]

After Judge Whyte's ruling, the ElcomSoft case went on to trial in 2002. The jury acquitted ElcomSoft of liability.[229] A statement made by the jury foreman, Dennis Strader, provides some insight into the verdict. Strader said after the verdict that the jurors had agreed that the product was illegal but acquitted the company because they believed that it did not intend to violate the law.[230] According to Strader, an important factor in

---

the Intellectual Property Clause. *Id.* at 1137-42. Judge Whyte found that the DMCA was not "irreconciliably inconsistent" with the purpose of the Intellectual Property Clause because, even if it made the exercise of fair use rights more difficult, it did not eliminate fair use, give rights over public domain works, or give anyone perpetual copyright rights. *Id* at 1141.

[224] *Id.* at 1122-25.

[225] *Id.* at 1124.

[226] *Id.* at 1124-25 (citing S. Rep. No. 105-190, at 8 (1998), Burton Decl. Exh. P).

[227] *Id.* at 1125.

[228] *Id.*

[229] *See* Joanna Glasner, *Jury Finds ElcomSoft Not Guilty*, Wired News (Dec. 17, 2002) http://www.wired.com/news/business/0,1367,56894,00.html.

[230] *See* Bowman, *supra* note 221 (quoting Strader as saying: "[w]e didn't understand why a million-dollar company would put on their Web page an illegal thing that would (ruin) their whole business if they were caught").

The Law Supporting Technological Protection for Copyrighted Works 231

the jury's decision was the complexity of the DMCA. The jury had found this law difficult to understand, which strengthened their belief that ElcomSoft's Russian executives could not comprehend it. One commentator has speculated that the jury was expressing their opinion of the DMCA in their verdict.[231]

A second decision in a content case after *Corley* that also broadly construed the anti-circumvention provisions was handed down by a different federal district court judge in the Northern District of California in *321 Studios v. Metro Goldwyn Mayer Studios, Inc.*[232] In this case, 321 Studios ("321"), the marketer of two DVD copying software products sued a number of major movie studios, seeking, *inter alia,* a declaratory judgment that distributing these products did not violate any of the anti-trafficking provisions of the DMCA, or, alternatively, that these provisions were unconstitutional for violating the enumerated powers of Congress and/or the First Amendment.[233] The two products at issue, DVD Copy Plus and DVD X-COPY, differed slightly from each other. DVD Copy Plus permitted users to copy some of the video content on a DVD, even if encrypted with CSS, onto a recordable CD, while DVD X-COPY permitted users to create a backup copy of a DVD that was encrypted with CSS.[234] Judge Susan Illston granted defendants' motion for partial summary judgment on the DMCA claim.[235]

Judge Illston praised *Reimerdes, Corley,* and *Elcom* as "instructive and persuasive," finding them "dispositive" on many of the issues before her.[236] Her constitutional reasoning was extremely similar to the reasoning of all of those previous decisions.[237] Her interpretation of the sta-

---

[231] *Id.* ("[s]ome lawyers speculated that the jury might have been rendering an opinion on the law itself, as well as on the strict legality of ElcomSoft's activities").

[232] 321 Studios v. Metro Goldwyn Mayer Studios, Inc., 307 F. Supp.2d 1085 (N.D. Cal. 2004).

[233] *Id.* at 1089-90 (also seeking a declaratory judgment that the distribution of the software did not violate the Copyright Act, because it had substantial non-infringing uses, constituted fair use and/or that the Copyright Act, as applied to bar the distribution of the software, violated the First Amendment).

[234] *Id.* at 1089.

[235] *Id.* at 1104-1105.

[236] *Id.* at 1092.

[237] Judge Illston agreed that computer code was speech that was subject to First Amendment protections. *Id.* at 1099. She also agreed that intermediate scrutiny was the appropriate test to apply to the challenged portions of the DMCA, and, applying that test, came to a similar conclusion that the anti-trafficking provisions did not impermissibly

232   *Direito da Sociedade da Informação/Law of the Information Society*

tute was similarly broad, but her method of statututory interpretation was more textualist.

For example, Judge Illston agreed with Judge Kaplan in *Reimerdes* that CSS "effectively controls access" and "effectively protects the right of a copyright owner" even if CSS access keys were widely available on the Internet.[238] She likened CSS to a deadbolt for which skeleton keys were widely available on the black market.[239] However, unlike Judge Kaplan, Illston did not invoke legislative history as confirmation for this construction. Rather, her interpretation was based on entirely on plain meaning. She stated: "it is evident that CSS is a technological measure that both effectively controls access to DVDs and effectively protects the right of a copyright holder."[240]

Judge Illston also broadly interpreted the statute in rejecting the argument that 321's activities did not violate the DMCA because its copying product only worked on original DVDs and the purchaser of an original DVD had the copyright owner's authority to bypass CSS to view the DVD.[241] Illston agreed with *Corley* that section 1201(a)(3)(A) should be read to exempt from liability only those who had the copyright owner's authority to decrypt the DVD, not just authority to view it.[242] But to sup-

---

burden fair use rights of third parties or impair their rights to access public domain works. *Id.* at 1100-1103. Echoing the reasoning of *Corley* and *Elcom,* Judge Illston found that fair use had not been eliminated by the DMCA because it was still possible to copy the content on the DVD in other ways than an exact DVD copy, even though such copying might not be as easy as 321 would wish. *Id.* at 1101-1102. Also following the reasoning in *Corley* and *Elcom,* Judge Illston found that the DMCA did not impair the right to access public domain works since users could still access such works in formats other than electronic copy protected formats. *Id.* at 1102. She noted that 321 could legally market its DVD copying software for copying non-CSS encrypted DVDs if the portion of the code that decrypted CSS was removed. *Id.* Finally, Judge Illston agreed with Judge Whyte in *Elcom* that the DMCA did not exceed the scope of congressional powers under the Intellectual Property Clause or the Commerce Clause of the United States Constitution. *Id.* at 1103-1104. She also rejected the argument that the DMCA could not be upheld under the Necessary and Proper Clause, finding this constitutional provision irrelevant where Congress had stated that the congressional authority for enacting the DMCA was the Commerce Clause. *Id.* at 1104 n. 4.

[238] *Id.* at 1095.
[239] *Id.*
[240] *Id.*
[241] *Id.* at 1095-1096.
[242] *Id.* at 1096.

port this interpretation, Judge Illston again relied on plain meaning, and did not refer to legislative history.[243]

Judge Illston also rejected 321's contention that CSS was not a copy control measure, as well as its argument that software did not violate the copy control provisions of the DMCA where many uses of the software would not involve copyright infringement, such as making copies of public domain movies or archival backup copies.[244] She echoed the reasoning of both *Elcom* and *Corley* in finding that customers' uses of 321's copying software was not relevant to the issue of whether the software itself violated the anti-trafficking provisions.[245] Her method of statutory interpretation was again wholly textualist; she did not refer to legislative history. She stated: "Indeed, a simple reading of the statute makes it clear that its prohibition applies to the manufacturing, trafficking in and making of devices that would circumvent encryption technology, not to the users of such technology. It is the technology itself at issue, not the uses to which copyrighted material may be put."[246] Applying this interpretation, Judge Illston found that 321's software was both primarily designed and produced to circumvent CSS and also marketed to the public for use in circumventing CSS, and she concluded that this software therefore violated both of the anti-trafficking provisions in sections 1201(a)(2) and 1201(b)(1).[247]

The Eastern District of Missouri's decision in *Davidson* also gave the statute a broad interpretation and employed a textualist method of statutory interpretation.[248] In *Davidson,* the court had to rule on cross-motions for summary judgment that included claims for violation of the anti-circumvention and trafficking provisions in section 1201(a) of the DMCA.[249] The plaintiffs (collectively, "Blizzard") owned copyright in various popular and lucrative computer games sold on CD-ROMs, as well as in the

---

[243] The *Corley* court also did not refer to legislative history to assist with the meaning of this term despite its more intentionalist method of statutory interpretation to resolve other issues of statutory meaning. *See* Universal City Studios, Inc. v. Corley, 273 F.3d 429, 444 (2d Cir. 2001).

[244] 321 Studios v. Metro Goldwyn Mayer Studios, Inc., 307 F. Supp.2d 1085, 1097(N.D. Cal. 2004).

[245] *Id.* at 1097.

[246] *Id.*

[247] *Id.* at 1098-99.

[248] Davidson & Assocs., Inc. v. Internet Gateway, 334 F. Supp.2d 1164 (E.D. Mo. 2004).

[249] *Id.*

234   *Direito da Sociedade da Informação/Law of the Information Society*

computer program for a 24-hour online gaming service, Battle.net, that was available to purchasers of the games.[250] A number of software developers embarked on a volunteer collaborative project to develop a free server, known as bnetd, which sought to provide users with an alternative to Blizzard's online gaming service, partially "for hack value" and partially to serve users who were dissatisfied with Blizzard's service.[251] To create a workable emulator that was compatible with Blizzard's software, the developers reverse engineered Blizzard's software and protocols.[252] Blizzard sued some of the lead developers as well as their Internet service provider, claiming, *inter alia,* that, in developing and distributing the bnetd emulator, the defendants had circumvented technological access controls protecting the Battle.net service from using pirated or unauthorized games, thus violating section 1201(a)(1)(A).[253] These controls consisted of an authorization sequence, or "secret handshake", between a Blizzard game and the Battle.net server, using a commonplace encryption algorithm, that had to successfully take place before users could log onto the Battle.net service and access Battle.net mode.[254] Blizzard also sought to bar users from reverse engineering through a clickwrap end user license agreement, which required the user to agree to the terms of the license before they could install and play a Blizzard game, as well as terms of use that required users to agree before they could use the Battle.net service.[255]

The defendants contended that their conduct fell within the reverse engineering exception under 1201(f) and, additionally, that they were not liable because the DMCA only protected against initial access to copyrighted works, not subsequent access.[256] Moreover, they argued that as lawful purchasers of Blizzard software, they had authorization to access

---

[250] *Id.* at 1168.

[251] *Id.* at 1172.

[252] *Id.* at 1172-73.

[253] *Id.* at 1168, 1183, 1185-86.

[254] *Id.* at 1169.

[255] *Id.* at 1170. Blizzard also claimed for breach of contract. The court found that the end user license agreements and Battle.net terms of use were enforceable contracts under applicable state law, that Blizzard's state law contract claim was not preempted by the Copyright Act; that the contracts were not unenforceable because they prohibit the fair use of the Blizzard software (because defendants had waived their fair use rights by agreeing to the license agreement); and that the contractual terms did not constitute copyright misuse. *Id.* at 1175-1183.

[256] *Id.* at 1183.

the Battle.net mode that allowed users to create and play games on the Battle.net online service.[257]

Judge Charles Shaw rejected these arguments, finding that defendants had violated section 1201(a)(1)(A) because it was undisputed that they had circumvented the secret handshake and, although they had permission, as purchasers of the Blizzard games, to use those games as well as Battle.net, they did not have permission to circumvent the access control.[258] As Judge Shaw noted, this was a similar approach to that of Judge Kaplan in *Reimerdes,* who had found that the purchaser of a DVD only had permission to access and view it but not to view it on a competing platform.[259] Additionally, Shaw found that section 1201(f) did not apply to defendants' activity because it amounted to more than simply enabling interoperability of an independently created computer program with other programs. The defendants' bnetd server allowed unauthorized copies of Blizzard games to be played on it and was distributed for free, which allowed others to develop additional Battle.net emulators.[260] Moreover, the defendants did not develop an independently created computer program, but a functional alternative to Battle.net.[261] As a result, the defendants' activity "extended into the realm of copyright infringement" and 1201(f) was inapplicable as a defense.[262]

Judge Shaw also found that defendants had violated the anti-trafficking provisions in section 1201(a)(2). Defendants did not deny that the three conditions in section 1201(a)(2)(A)-(C) were satisfied, in that the secret handshake was a technological measure that "effectively controls access" to Battle.net mode, the sole purpose of bnetd was to allow access to Battle.net mode, and the defendants distributed bdnetd in the knowledge that it could be used to circumvent the secret handshake.[263] They attempted to defend themselves entirely on the basis of section 1201(f)(2)and (3), claiming that their purpose of their development and distribution of circumvention technology was to enable interoperability with Blizzard's software.[264] But Shaw did not agree that this was their sole purpose. Based on

---

[257] *Id.* at 1168, 1184.
[258] *Id.* at 1185.
[259] *Id.*
[260] *Id.*
[261] *Id.*
[262] *Id.*
[263] *Id.* at 1186.
[264] *Id.*

236   *Direito da Sociedade da Informação/Law of the Information Society*

the fact that their free bnetd service had "limited commercial purpose", he found that the defendants' purpose was to avoid the anti-circumvention restrictions.[265] Moreover, their activity amounted to copyright infringement, rendering section 1201(f) inapplicable.[266]

B. *A Less Consistent Interpretation in Competition Cases*

The broad construction of to the anti-circumvention provisions in *Davidson* and the other content cases has not been uniformly endorsed by judges in competition cases. While some judges have done so, others have interpreted the provisions more narrowly, including two federal circuit courts of appeals, the Federal Circuit and the Sixth Circuit. The courts that have applied a narrow interpretation have used an intentionalist method of statutory interpretation, while other judges in competition cases have used a textualist approach.

i. *Decisions in Competition Cases Using a Textualist Method of Statutory Interpretation to Broadly Interpret the Anti-Circumvention Provisions*

An example of a ruling in a competition case in which a judge endorsed interpretation of the DMCA's anti-circumvention provisions as broad as the construction applied in the content cases of *GameMasters, Reimerdes, Corley, Elcom,* and *Davidson,* is *Storage Technology Corp. v. Custom Hardware Engineering & Consulting, Inc.*[267] This case arose out of a dispute between competitors providing servicing for a computer data storage and retrieval system that had been developed and sold by the plaintiff company, Storage Technology Corporation ("StorageTek"). StorageTek did not sell its copyrighted maintenance software separately, nor did it license it with the functional code for the storage system.[268] The maintenance software was normally disabled, but could be activated to run various diagnostic tests and activities, including creating and sending text messa-

---

[265] *Id*. at 1186-87.

[266] *Id*. at 1187.

[267] Storage Technology Corp. v. Custom Hardware Engineering & Consulting, Inc., 2004 U.S. Dist. LEXIS 12391 (D. Mass. Jul. 2, 2004).

[268] *Id*. at *3, 8.

The Law Supporting Technological Protection for Copyrighted Works 237

ges to technicians so that they knew what repair functions to carry out.[269] StorageTek had protected its maintenance software with a proprietary algorithm.[270]

A Massachusetts federal district judge, Judge Rya Zobel, granted a preliminary injunction to restrain the defendants from using a computer program to circumvent the algorithm, finding that StorageTek was likely to succeed on its claim for violation of the anti-circumvention provision in section 1201(a)(1) because the algorithm was "unquestionably a qualifying access control measure" that defendants had bypassed.[271] Since the technique used by the defendants to access the maintenance code involved making a RAM copy of the entire code, Judge Zobel also found that StorageTek was likely to succeed on a claim for copyright infringement.[272] Although defendants unsuccessfully challenged the validity of StorageTek's copyrights based on erroneous registrations, they did not challenge the originality of the works at issue.[273] Judge Zobel found that the defendants were not protected by the reverse engineering exemption in section 1201(f) because that only exempted circumventions that did not amount to infringement.[274]

Although Judge Zobel's reasoning on the DMCA's applicability is extremely brief, her construction of the provision is as broad as that of the content cases. Judge Zobel applied a textualist method of statutory interpretation. She did not rely on any legislative history or anything else outside the plain text of the statute as support for her interpretation.

Another example of a textualist approach to statutory interpretion that led to a broad construction of the DMCA is the decision of the Eas-

---

[269] *Id.* at *7-8.

[270] *Id.* at *3.

[271] *Id.* at *10, 14-15.

[272] *Id.* at *11-13. Judge Zobel held that the defendants were not protected by section 117 of the Copyright Act, which permits the owners or lessees of computers to copy computer programs if the program is copied solely by turning on a machine containing a lawful copy of the program for the sole purpose of maintenance and repair of that machine, if the copy "is used in no other manner and is destroyed immediately after the maintenance and repair is completed," and if any part of the computer program that is not necessary for the machine to be turned on is not accessed or used. 17 U.S.C. § 117(c). Judge Zobel reasoned that this section was inapplicable because defendants were not turning on the machine just for repair, but with the goal of circumventing plaintiffs' technological protection measures and intercepting the text repair messages. *Id.* at *12-13.

[273] *Id.* at *14.

[274] *Id.* at *15.

238 *Direito da Sociedade da Informação/Law of the Information Society*

tern District of Kentucky in *Lexmark Int'l, Inc. v. Static Control Components, Inc.* to grant of a preliminary injunction to a manufacturer of laser printers and toner cartridges in order to restrain a competitor from manufacturing and selling a component microchip for replacement toner cartridges for laser printers in.[275] Although this ruling was vacated on appeal to the Sixth Circuit and I will discuss this appeal in the next subsection, it is worth paying some attention to the trial court's ruling..

The plaintiff, Lexmark International, Inc. ("Lexmark"), claimed that the defendant Static Control Components Inc. ("SCC") had, *inter alia,* violated the anti-trafficking provision of the DMCA in section 1201(a)(2) by circumventing the authentication sequence between Lexmark's printers and the microchip on Lexmark's toner cartridges, which was designed to prevent unauthorized toner cartridges from being used with Lexmark printers.[276] Lexmark sold some of its toner cartridges (Prebate cartridges), at discounted prices, in exchange for shrinkwrap agreements by customers to use discounted cartridges only once and then return them to Lexmark for recycling and remanufacture.[277] The authentication sequence at issue ran between a Lexmark printer and the microchip on a toner cartridge every time a cartridge was inserted into the printer, so that the printer could determine whether the cartridge was authorized.[278] If the authentication sequence did not successfully take place, the printer would not print with that toner cartridge.[279]

Lexmark asserted that the authentication sequence was a technological measure controlling access to copyrighted works, namely two computer programs that controlled certain printer operations.[280] These two programs were the Printer Engine Program, which controlled certain printer operations, and the Toner Loading Program, which enabled the printer to estimate the amount of toner in the toner cartridges at a given time.[281] SCC designed microchips that contained copies of Lexmark's Toner Loading Program and which, when installed on a remanufactured toner car-

---

[275] Lexmark Int'l, Inc. v. Static Control Components, Inc., 253 F. Supp.2d 943 (D. Ky. 2003), *vacated by and remanded,* 387 F.3d 522 (6th Cir. 2004), *reh'g denied,* 2004 U.S. App. LEXIS 27422 (6th Cir. Dec. 29, 2004).

[276] *Id.* at 946-47, 951, 967, 974.

[277] *Id.* at 947.

[278] *Id.* at 952-53.

[279] *Id.*

[280] *Id.* at 946.

[281] *Id.* at 948-50.

tridge, would mimic the authentication sequence that Lexmark printers used to identify authorized Lexmark toner cartridges.[282] SCC admitted that it designed its microchips to circumvent Lexmark's authentication sequence.[283] Indeed, SCC's advertising boasted about the ability of its technology to break Lexmark's secret code. [284]

Lexmark also claimed that SCC's copying of the Toner Loading Program amounted to copyright infringement.[285] Chief Judge Karl Forester found that Lexmark was likely to succeed on this copyright infringement claim.[286] He also found that Lexmark's claim that SCC's activities violated the anti-trafficking provision of the DMCA was equally meritorious.[287]

Chief Judge Forester used a textualist method of statutory interpretation. Citing *Elcom*, he stated that the "plain meaning of the DMCA is clear" and took the view that it would be inappropriate for the Court to consider the legislative history.[288] Forester was satisfied that the plain meaning was "ordinary customary meaning."[289] He consulted a dictionary to determine that this meaning was the "ability to enter, obtain, or to make use of."[290] Applying this interpretation, he found that because the authentication sequence "controls the consumer's ability to make use of such programs," the authentication sequence was a technological measure that "effectively controls access" to the two copyrighted programs under section 1201(a)(2).[291] Forester also found that Lexmark had shown that SCC's microchips satisfied all three tests for liability under section 1201(a)(2), because these microchips were primarily designed to circumvent the authentication sequence controlling access to plaintiffs' computer programs, had no commercial purpose other than to circumvent, were marketed by SCC as being able to circumvent, and none of the exemptions to liability under section 1201(a)(2) applied.[292]

---

[282] *Id.* at 955-56.

[283] *Id.* at 955.

[284] *Id.* at 956.

[285] *Id.* at 946.

[286] *Id.* at 957-66.

[287] *Id.* at 966-71.

[288] *Id.* at 967.

[289] *Id.*

[290] *Id.*

[291] *Id.* at 968.

[292] *Id.* at 968-69.

240   *Direito da Sociedade da Informação/Law of the Information Society*

Chief Judge Forester applied this textualist method of statutory interpretation to construe the statute broadly. He stated that "[t]he DMCA is clear that the right to protect against unauthorized access is a right separate and distinct from the right to protect against violations of exclusive copyright rights such as reproduction and distribution."[293] An aspect of this broad reading was his refusal to find that the anti-circumvention provisions were limited only to content cases involving the protection of copies of works like books and films with an independent market value. Forester stated: "If the DMCA were only intended to protect copyrighted works from digital piracy, that goal was established through section 1201(b)."[294] He cited Nimmer's description of the right of access protected by section 1201(a)(2) as being the "electronic equivalent [of] breaking into a castle."[295] In keeping with his textualist approach, Chief Judge Forester did not refer to the legislative history for support, though he did cite some prior case law as supportive of his interpretation. He did not cite to *Reimerdes* or *Corley,* but found the authentication sequence to be "indistinguishable" from the access control measure at issue in *Game-Masters.*[296]

Chief Judge Forester used a similar textualist approach to statutory interpretation to find the reverse engineering exception in section 1201(f) inapplicable to SCC's activities. Without reference to any legislative history, he read the text of the exemptions in 1201(f)(2) and (3) as being clearly limited to acts of developing circumvention devices and making them available to others only to enable interoperability of an independently created computer program with other programs, provided that this did not constitute copyright infringement.[297] He found this exemption inapplicable on the facts because SCC's microchip was not an independently created computer program since it served no legitimate purpose other than circumvention and contained exact copies of Lexmark's Toner Loading Program.[298] Moreover, Forester found that section 1201(f) was inapplicable where SCC's conduct constituted copyright infringement.[299]

---

[293] *Id.* at 969.
[294] *Id.*
[295] *Id.*
[296] *Id.* at 970.
[297] *Id.*
[298] *Id.* at 971.
[299] *Id.*

True to his textualist approach, Chief Judge Forester was unreceptive to public policy arguments made by SCC and founded on environmental concerns and the need to protect competition. Since Lexmark had its own remanufacturing program, Chief Judge Forester found insufficient evidence to support SCC's contention that the environment would be harmed by a greater number of toner cartridges thrown out in the trash.[300] While agreeing with SCC that public policy generally favors competition, Chief Judge Forester found this protection inapplicable to SCC's activity because it amounted to copyright infringement and violated the DMCA.[301] In the circumstances, Chief Judge Forester found injunctive relief to be appropriate.[302]

The district court's ruling in *Lexmark* was appealed to the Sixth Circuit, which disagreed with much of Chief Judge Forester's approach to the interpretation of the DMCA its majority opinion written by Judge Jeffrey Sutton.[303]

2. Narrower Interpretations Using Intentionalist Methods of Statutory Interpretation in Competition Cases

The Sixth Circuit's *Lexmark* decision is only one of two very recent decisions by federal circuit court of appeals in competition cases that have not endorsed as broad an interpretation of the DMCA as applied in content cases. The second case is *The Chamberlain Group, Inc. v. Skylink Techs., Inc.*, a case involving competitors in the aftermarket for replacement electronic garage door opener transmitters.[304] Both of these decisions used a more purposive approach to statutory interpretation, but this consistency in methodology has not led to an entirely consistent construction of the statute. In another case, *Portionpac Chem. Corp. v. Sanitech Sys., Inc*, a Florida federal district judge used an apparently intentionalist approach to dismiss a claim brought under the anti-trafficking provision in

---

[300] *Id.* at 972-73.

[301] *Id.* at 973.

[302] *Id.* at 974.

[303] Lexmark Int'l, Inc. v. Static Control Components, Inc., 387 F.3d 522, 529 (6th Cir. 2004), *reh'g denied*, 2004 U.S. App. LEXIS 27422 (Dec. 29, 2004). The other two judges on the panel were Senior Judge Gilbert Merritt and Judge John Feikens, United States District Judge for the Eastern District of Michigan, sitting by designation. *Id.* at 527.

[304] The Chamberlain Group, Inc. v. Skylink Techs., Inc., 381 F.3d 1178 (Fed. Cir. 2004).

242   *Direito da Sociedade da Informação/Law of the Information Society*

§ 1201(a)(2) of the DMCA by the manufacturer or a food storage sanitation package against a competitor.[305] The reasoning is sparse and the facts are not set out fully in the report of the decision, but the judge did refer to the legislative history to construe the DMCA and find it inapplicable.

> a. *Locking the Back Door But Not the Front? The Sixth Circuit's Fact-Specific Ruling in Lexmark International, Inc. v. Static Control*

The Sixth Circuit majority disagreed with the district court's assessment of Lexmark's likelihood of success on its DMCA claims, as well as on its copyright infringement claim. As a result, the preliminary injunction was vacated, and the case was remanded to the district court for further proceedings.[306]

The majority disagreed with the district court's conclusion that Lexmark's authorization sequence effectively controls access to the Printer Engine Program. This disagreement was the result of a difference over statutory interpretation. The majority did not agree with the district court's broad interpretation of the phrase "effectively controls access" to mean "controls the consumer's ability to make use of these programs."[307] Rather, the court interpreted the statutory phrase to require that all forms of access to the copyrighted work be blocked. It reasoned that while Lexmark's authentication sequence might well block one type of access (the ability to "make use of" the Printer Engine Program by preventing the printer from functioning with a non-authorized toner cartridge), it did not block the ability of a purchaser of the printer to copy or read the Printer Engine Program code.[308] The majority compared the authentication sequence to a house with a lock on the back door, but not the front.[309]

The majority speculated that the reason Lexmark had not protected all access to the program code was that it was not a conduit to copyrightable expression in the way that the encrypted data on a CD was a conduit to a motion picture.[310] The majority agreed with Judge Kaplan in *Reimerdes* that, to be "effective", an access control need not be difficult or impos-

---

[305] Portionpac Chem. Corp. v. Sanitech Sys., Inc., 210 F. Supp.2d 1302 (M.D. Fla. 2002).

[306] *Id.* at 529.

[307] *Id.* at 546.

[308] *Id.* at 546-47.

[309] *Id.* at 547.

[310] *Id.* at 548

sible to evade, because otherwise the DMCA would only apply where it was unnecessary.[311] But to be protected by the DMCA, the access control did have to protect the copyrighted work from being read or copied.

The majority's approach to statutory interpretation was intentionalist. It checked its reading against the legislative history to ensure that it did not conflict with congressional intent.[312] It read the legislative history as showing that the DMCA's purpose was to protect against "massive piracy" of digital works.[313] Nowhere in the legislative history did the majority find support for the view that Congress had enacted the DMCA to prevent the circumvention of technological measures designed to stop the use of consumer goods like printer cartridges or garage door openers, where these simultaneously failed to protect the "the copyrightable content of a work."[314] Indeed, according to the majority, Congress had included the exemption in section 1201(f) to ensure that there was competition in the area of consumer electronics.[315]

The majority also disagreed with the district court's conclusion that the authentication sequence effectively controlled access to the Toner Loading Program, because, as for the Printer Engine Program, it was not the Static Control chip that permitted access to the Toner Loading Program but rather the consumer's purchase of a Lexmark printer.[316] The majority criticized the district court's reasoning leading to its conclusion that the Toner Loading Program was a copyrighted work and remanded this issue to the district court.[317] If the program was not copyrightable, the DMCA would not protect it.

The majority also differed from the district court's conclusion that the "interoperability" exemption in 1201(f)(3) applied, partially due to a different interpretation of this provision. It permits the information obtained through the circumvention of access controls or the means of circumventing acess controls to be provided to others if "solely for the purpose of enabling interoperability of an independently created computer program with other programs", provided that doing so does not amount to copyright infringement or violate other applicable law (other than the anti-circum-

---

[311] *Id*. at 549.
[312] *Id*.
[313] *Id*.
[314] *Id*.
[315] *Id*.
[316] *Id*. at 550.
[317] *Id*.

244 *Direito da Sociedade da Informação/Law of the Information Society*

vention provisions.[318] The court disagreed with Lexmark's interpretation that this exemption required the independently created computer programs to have existed prior to Lexmark's Toner Loading Program.[319]

The court also gave two other fact-based reasons for its disagreement with the conclusion that the exemption was inapplicable. The first was evidentiary: Lexmark had not satisfied its burden of establishing that there were no independently created computer programs on SCC's microchips.[320] The second was also essentially factual: the conclusion that SCC's distribution of its chip did not amount to copyright infringement (because the Toner Loading Program was unprotected) or violate any other applicable law.[321]

The court's reasoning, "as far as it goes", was satisfactory to Judge Merritt, but he wrote a separate concurring opinion to express the view that Judge Sutton's majority opinion was too limited in its scope.[322] Merritt would have preferred the majority to make clear that its holding extended beyond the specific facts of the Lexmark dispute, to ensure that DMCA could not be used offensively as a weapon to stifle competition in manufactured goods.[323] He feared that a too limited holding would permit other manufacturers to gain monopolies in the market for replacement parts by using more creative lock-out codes.[324] Merritt wanted to make clear that the result would not be different if Lexmark came up with a more creative Toner Loading Program or cut off other access to the Printer Engine Program.[325] On Merritt's interpretation of the statute, the purpose of the circumvention was the crucial factor. In his view, unless the plaintiff could plead and prove that a defendant had circumvented technological measures for the purpose of pirating copyrighted works, the DMCA would not apply.[326]

Judge Merritt's approach to statutory interpretation was intentionalist in the sense that he was concerned with whether his proposed interpretation comported with congressional purpose, although he did not check his

---

[318] *Id.*
[319] *Id.* at 550-51.
[320] *Id.*
[321] *Id.* at 551.
[322] *Id.* at 551.
[323] *Id.* at 551.
[324] *Id.* at 552.
[325] *Id.* at 551.
[326] *Id.* at 552-53.

reading against the legislative history. Merritt contended that Lexmark's proposed interpretation of the DMCA violated congressional purpose, stating "Congress did not intend to allow the DMCA to be used offensively in this manner [to stifle competition], but rather only sought to reach those who circumvented protective measures "for the purpose" of pirating works protected by the copyright statute."[327] He argued that this congressional purpose was evident from the language of the statute itself, as well as from its larger context as part of the copyright code and from the United States Constitution. Merritt cited the language in section 1201(a)(2)(A), which provided that the DMCA barred trafficking in technology that is "primarily designed or produced *for the purpose of* circumventing a technological measure that effectively controls access to a [protected] work" (emphasis added).[328] Additionally, he pointed out that the fair use exception to copyright infringement considered the purpose of making a copy as a relevant factor, and the DMCA's reverse engineering exception showed that the congressional purpose of the statute was only to prevent piracy.[329] Moreover, he contended that Lexmark's proposed interpretation would conflict with the Copyright Clause of the United State Constitution, which limited Congress' power to give copyright rights to rights that would "promote the Progress of Science and the Useful Arts."[330] Merritt therefore concluded that the burden should be on Lexmark to prove that SCC's "primary purpose" in circumventing was to pirate a copyrighted work, and this should be the first issue on remand.[331] Only if Lexmark could satisfy this burden, would the burden shift to SCC to prove that one of the statutory exemptions existed.[332]

The third judge on the Sixth Circuit panel, Judge Feikens, concurred in part and dissented in part. He concurred with the majority's conclusion that Lexmark was not likely to succeed on its claim that SCC had violated the DMCA by selling a product that circumvents an access control on the Printer Engine Program.[333] While Feikens also concurred with the court's reasoning on this issue, he took the view that there were additional reasons

---

[327] *Id.*
[328] *Id.*
[329] *Id.*
[330] *Id.* at 553 (citing U.S. Const. Art. I, § 8, cl. 8).
[331] *Id.*
[332] *Id* at 552.
[333] *Id.* at 565.

246   *Direito da Sociedade da Informação/Law of the Information Society*

to support its conclusion.[334] These additional reasons amounted to an implied license theory. Judge Feikens believed that the purchaser of a Lexmark printer with the Printer Engine Program installed had an implied license to use the program, since the printer would not work without it.[335] As a result, Lexmark had no right to prevent a purchaser from using the Printer Engine Program and SCC could not be found to have violated the DMCA.[336]

Judge Feikens used an essentially intentionalist method of statutory interpretation. While contending that the "plain language" of the DMCA supported his interpretation since the statute defined circumvention as an activity "without the authority of the copyright owner," Feikens checked this construction against the legislative history, and concluded that it supported his interpretation by reason of several statements that the purpose of the DMCA was to restrict devices that facilitated copyright infringement, not devices with legitimate non-infringing uses.[337] Feikens stated that "it is clear Congress did not intend the DMCA to apply" to a situation where the chip at issue could make only non-infrining uses of the Printer Engine Program.[338]

Judge Feikens was in agreement with the result reached by the majority on the issue of whether the SCC had violated the DMCA by selling a product that violated access controls on the Toner Loading Program, but he did not endorse the majority's reasoning.[339] He took a different view of the issue of the copyrightability of the Toner Loading Program because he believed there was support to be found in the record that the program was sufficiently original to be copyrightable, and he also found that the doctrines of scenes a faire and merger did not bar copyright protection for the work.[340] He found no evidence in the record that SCC's chip was primarily designed or produced for the purpose of accessing the Toner Loading Program.[341] Feikens emphasized the fact-specific nature of his reasoning

---

[334] *Id.* (noting that he wrote on this issue only because it clarified his reasoning regarding the claim that SCC had violated the DMCA by selling a product that circumvented an access control on the Toner Loading Program).

[335] *Id.* at 563-64.

[336] *Id.* at 563.

[337] *Id.* at 564.

[338] *Id.*

[339] *Id.* at 564-65.

[340] *Id.* at 562.

[341] *Id.*

by stating that his conclusion would have be different if SCC had realized, or should have realized, that the Toner Loading Program was on its chip and if it, as a practical matter, could have made a chip that did not access the Toner Loading Program.[342] Judge Feikens did not think that consumers had an implied license to use the Toner Loading Program after the first refill of the toner cartridge.[343]

b. *A Purposive Approach to Statutory Interpretation Results in a "Reasonable Relationship" test: The Chamberlain Group v. Skylink*

Another recent competition case in which federal appellate judges have construed the anti-circumvention provisions more narrowly than the content cases is *The Chamberlain Group, Inc. v. Skylink Techs., Inc.*[344] The plaintiff in this case ("Chamberlain") was a manufacturer of garage door opener systems ("GDOs") and remote controls for use with those systems, who sued a competitor, Skylink Technologies, Inc. ("Skylink"), over its manufacture and sale of universal handheld portable remote transmitters that, using a resynchronization process, could be programmed to interoperate with a line of Chamberlain GDOs that incorporated a copyrighted "rolling code" computer program.[345] In late August of 2004, the Federal Circuit affirmed an Illinois federal judge's grant of summary judgment in favor of the defendant on claims that it was violating the anti-trafficking provisions in section 1201(a)(2) and 1201(b) of the DMCA.[346]

Chamberlain contended that this "rolling code," which continuously changed the transmitter signal required to open the garage door, was a technological protection measure protected by the DMCA, and also argued that the resynchronization process circumvented this technological measure because code grabbers could use it to activate a Chamberlain GDO

---

[342] *Id.*

[343] *Id.* at 563.

[344] The Chamberlain Group, Inc. v. Skylink Techs., Inc., 381 F.3d 1178 (Fed. Cir. 2004) ("Chamberlain III").

[345] *Id.* at 1183-85. Skylink was Chamberlain's primary competitor in the sale of universal remote transmitters for electronic garage door opener systems. *Id.* at 1183.

[346] *Id.* at 1182. Other claims originally made by the plaintiffs, including several claims for patent infringement, were not the subject of this appeal except to the extent they were relevant to the Federal Circuit's jurisdiction to hear the appeal. *Id.* at 1188-1190. The Federal Circuit found that it had jurisdiction even though the patent claims were all dismissed because these dismissals altered the legal positions of the parties with respect to the dismissed claim. *Id.* at 1190-91.

248   *Direito da Sociedade da Informação/Law of the Information Society*

without authorization.[347] According to Chamberlain, the technological protection was not a separate computer program but was used by the rolling code program to control access to itself.[348]

The United States District Court for the Northern District of Illinois denied Chamberlain's motion for partial summary judgment on its DMCA claims, and granted Skylink's subsequent motion for partial summary judgment with respect to these claims.[349] In support of its unsuccessful motion for summary judgment, Chamberlain made an argument founded on a textualist method of statutory interpretation, contending that the plain language of the DMCA applied to Skylink's activities.[350] Skylink responded that its universal transmitter had other purposes than circumvention; that Chamberlain had failed to establish that its GDOs had a computer program that was protected by copyright; that the rolling code computer program protected an uncopyrightable process; that Chamberlain had authorized consumers to use competing universal transmitters; and that the exemption in 1201(f) applied.[351]

Judge Rebecca Pallmeyer did not appear to question the validity of a broad textualist method of interpretation. She stated: "As is clear from the statute itself, the DMCA prohibits any product that satisfies any of the three bases of liability listed [in the statute]."[352] She also took the view that where there were multiple purposes for the product at issue, including both circumventing protective measures and legitimate purposes, there would still be a violation of the anti-trafficking provisions.[353] But she

---

[347] *Id.* at 1184-85. The parties disagreed as to whether Chamberlain had really developed "rolling code" as a security measure. Chamberlain argued that it did so to to protect against "code grabbing" by burglars, though admitting this problem was more theoretical than real. Skylink contended that Chamberlain developed it for a different reason, to prevent activation of garage doors by planes flying overhead. *Id.* at 1184 n. 2. There was dispute over the copyright status of Chamberlain's computer program, but the Federal Circuit assumed, for the purposes of summary judgment, that it had a valid copyright. *Id.* at 1185 n. 4.

[348] *Id.* at 1185.

[349] *See* The Chamberlain Group, Inc. v. Skylink Techs. Inc. ("Chamberlain I"), 292 F. Supp.2d 1023 (N.D. Ill. 2003) (denying Chamberlain's motion for partial summary judgment); Chamberlain Group, Inc. v. Skylink Techs., Inc., ("Chamberlain II"), 292 F. Supp.2d 1040 (N.D. Ill. 2003) (granting Skylink's motion for partial summary judgment).

[350] *See Chamberlain I*, 292 F. Supp.2d at 1035.

[351] *See Chamberlain III*, 381 F.3d at 1186.

[352] *Chamberlain I*, 292 F. Supp.2d at 1034.

[353] *Id.* at 1036-37.

The Law Supporting Technological Protection for Copyrighted Works 249

found that there was a genuine dispute of material fact as to whether Chamberlain's rolling code computer program was protected by copyright and also as to whether owners of Chamberlain's GDOs had authorization to use the universal transmitter.[354]

Judge Pallmeyer's interpretation of the statute did not fundamentally change on Skylink's subsequent summary judgment motion, which she had invited.[355] She based her decision to grant Skylink summary judgment entirely on one of its claimed defenses, namely that the users of the transmitter had Chamberlain's consent to use Skylink's transmitter to operate a Chamberlain GDO.[356] Pallmeyer also found that Chamberlain had failed to satisfy its burden to show that Skylink had acted without authorization.[357]

Chamberlain advanced several unsuccessful arguments to counter the defense of authorization. One was that this was an affirmative defense, on which Skylink bore the burden of proof.[358] Additionally, Chamberlain argued that it never intended to authorize its purchasers or competitors to circumvent the technological protections, explaining that the reason it had failed to explicitly prohibit its customers from using competing universal remote transmitters was that it had never anticipated that a competitor would crack its code.[359] Chamberlain also contended that there were restrictions on the use of competing transmitters on its website and owners' manual, that the warranty in its owners' manual evidenced its intention to prohibit the use of such transmitters, that the purchaser of a GDO did not automatically receive authorization to circumvent the rolling code security measure, and that even if users had permission to circumvent the measure, that did not give the sellers of competing products such authorization.[360]

Judge Pallmeyer rejected Chamberlain's argument that there were implied restrictions in the website, owners' manual, and warranty. She found that their mere mention of Chamberlain's own products was insufficient support for the claimed restrictions, in light of the longstanding industry practice of marketing universal remote transmitters, as well as the fact that the purchaser of a product who chose to use unauthorized acces-

---

[354] *Id*. at 10438-40
[355] *Id*. at 1041.
[356] *See Chamberlain II*, 292 F. Supp.2d at 1044-1046.
[357] *Id*.
[358] *Id*. at 1044.
[359] *Id*.
[360] *Id*. at 1045.

250   *Direito da Sociedade da Informação/Law of the Information Society*

sories had the option to forego the benefits of the warranty.[361] Pallmeyer also found that, in the absence of contractual restrictions on consumers' uses of Chamberlain's products, the owner of a Chamberlain GDO had authorization to replace the original remote transmitter with an interoperable competing product, pointing out that a contrary finding would result in the "extreme" conclusion that owners who had replaced a lost or damaged original remote transmitter with a competing universal one would be liable under the anti-circumvention provision in section 1201(a)(1) of the DMCA.[362] According to Pallmeyer, consumers were entitled to the reasonable expectation that federal law would not prevent this type of everyday activity.[363] Additional factors supporting her decision were the history of the universal transmitter industry, the lack of restrictions imposed by Chamberlain on the user of competing transmitters, and the fact that a consumer had to take active steps to program the Skylink universal transmitter signal into the Chamberlain GDO's memory.[364]

On appeal to the Federal Circuit, Chamberlain made another argument based on a textualist method of statutory construction. It contended that where Skylink had violated the plain language of section 1201(a)(2), the district court had wrongly placed the burden on Chamberlain to prove that access was unauthorized.[365] Skylink countered with the equally textualist argument that this would place an additional "authorization" requirement into the DMCA that the law did not contain.[366] Chamberlain also argued that the DMCA overrode pre-existing consumer expectations about legitimate uses of products that had embedded computer code, and therefore all uses of such products to interoperate with competing products were illegal unless consumers had explicit authorization for them.[367] In an opinion written by Judge Arthur Gajarsa, a three-judge panel of the Federal Circuit affirmed Judge Pallmeyer's order of summary judgment in favor of Skylink.[368] But its decision went much further than simply affirming Pallmeyer's finding that there was a lack of authorization.

---

[361] *Id.*

[362] *Id.* at 1045-46.

[363] *Id.* at 1046.

[364] *Id.* at 1046.

[365] *Chamberlain III*, 381 F.3d at 1190-91.

[366] *Id.* at 1191.

[367] *Id.* at 1191 n. 8, 1193.

[368] *Id.* at 1182. The other two judges on the panel were Judge Richard Linn and Judge Sharon Prost.

The Federal Circuit viewed the questions of statutory construction confronting it as issues of first impression in the Seventh Circuit, whose law it had to apply.[369] It used textualist language, stating that it was necessary to "start with the plain language of the statute ... If the statute is unambiguous, our inquiry is at an end; we must enforce the congressional intent embodied in that plain wording."[370] The opinion also states, in classically textualist language: "Policy considerations cannot override our interpretation of the text and structure [of a statute], except to the extent that they may help to show that adherence to the text and structure would lead to a result so bizarre that Congress could not have intended it."[371]

But despite this use of textualist language, the Federal Circuit's method of statutory interpretation was really essentially intentionalist. On the court's construction of the text, the anti-circumvention provisions had not established a new property right, like a copyright or a patent, but rather a new form of liability, "a new violation prohibiting actions or products that facilitate infringement," which did not "fundamentally alter" the preexisting legal framework regarding reasonable expectations of consumers and competitors.[372] According to the Federal Circuit, only a property right, not a mere liability, could provide copyright owners with exemption from antitrust law or the doctrine of copyright misuse.[373] As Judge Kaplan had done in *Reimerdes,* the Federal Circuit checked the legislative history for confirmation of its construction and found it to be supportive, along with the statutory structure and context.[374] The Federal Circuit's opinion states: "[t]hough 'we do not resort to legislative history to cloud a statutory text that is clear' ... we nevertheless recognize that 'words are inexact tools at best, and hence it is essential that we place the words of a statute in their proper context by resort to the legislative history."[375]

The Federal Circuit also used textualist language in rejecting Chamberlain's contention about the burden of proof, finding that it was clear from the statute's "plain language" that, unlike an action for copyright infringement, a plaintiff making a claim under the DMCA's anti-circum-

---

[369] *Id.* at 1191-92.

[370] *Id.* at 1192.

[371] *Id.* (citing Central Bank, N.A. v. First Interstate Bank, N.A., 511 U.S. 164, 188 (1994)).

[372] *Id.* at 1192-94

[373] *Id.* at 1193-94.

[374] *Id.* at 1194-95.

[375] *Id.* at 1196 (citing Ratzlaf v. U.S., 510 U.S. 135, 147 (1994)).

ventionprovisions had the burden of showing that circumvention lacked authorization, because the statute's definition of circumvention contained the language "without the authority of the copyright owner" in section 1201(a)(3)(A).[376]

But despite this use of textualist language, the Federal Circuit was also applying an essentially intentionalist method of statutory interpretation for this issue as well. The Federal Circuit invoked the legislative history of the DMCA to determine the congressional will as to who bore the burden of proving unauthorized access.[377] It rejected Chamberlain's argument that any user of a product containing embedded computer code to make that product interoperable with a competing product was illegal without explicit authorization.[378]

On the Federal Circuit's view, another implication of the distinction between a property right and a liability was that the DMCA could not be validly construed to find a *per se* violation whenever copyrighted software was accessed, which had been the broad approach of the content cases. Rather, the court said the proper construction of the DMCA was that it contained a "rule of reason" prohibiting only acts of access that had some reasonable relationship to copyright infringement.[379] According to the Federal Circuit, this rule of reason was supported not only by a literal reading of the statutory language, but also by the legislative history, which evidenced congressional intent to balance the competing interests of copyright owners and users by qualifying the anti-circumvention right and creating a liability, as opposed to a new property right.[380] Under this rule of reason, defendants could only be subject to liability under section 1201(a)(2) of the DMCA for trafficking in devices that circumvented access controls if these devices facilitated copyright infringement.[381] Trafficking in devices to circumvent copy controls would always facilitate copyright infringement and thus give rise to liability under section 1201(b).[382]

The Federal Circuit sought to distinguish some of the previous case law that had broadly construed the statute, including some of the content

---

[376] *Id.* at 1193.
[377] *Id.* at 1194-97.
[378] *Id.* at 1193-94.
[379] *Id.* at 1192, 1202-1203.
[380] *Id.* at 1192-1196.
[381] *Id.* at 1195.
[382] *Id.*

cases and the district court's ruling in *Lexmark*. While admitting that some of the language in *Reimerdes* was supportive of Chamberlain's proposed reading of the anti-circumvention provisions, the Federal Circuit distinguished *Reimerdes* on its facts since it involved an accused product that enabled copyright infringement because it had only one purpose, to decrypt CSS, whereas Skylink's universal transmitter "enabled only legitimate uses of copyrighted software."[383] The Federal Circuit also distinguished *Reimerdes'* predecessors *Gamemasters* and *RealNetworks* on the basis that these cases also concerned access that was "intertwined with a protected right."[384] It distinguished the district court's decision in *Lexmark* on the basis that the defendants' conduct in that case had amounted to copyright infringement (the Sixth Circuit's ruling had not yet been handed down), whereas Skylink's universal remote transmitter did not infringe Chamberlain's copyrights nor contribute to third party copyright infringement.[385]

The Federal Circuit also contended that Chamberlain's broad suggested reading of the statute would lead to absurd and irrational results, "lead[ing] to a result so bizarre that Congress could not have intended it" and at odds with the DMCA's statutory stucture and legislative history as well as the statutory structure of the Copyright Act.[386] According to the Federal Circuit, one such result would be the creation of vastly different copyright regimes for owners who employed technological protections for their copyrighted works and for those who did not.[387] Copyright owners would have unlimited rights to prevent access to works that were protected by technological access controls, even where such access was for uses that were granted to the public under copyright law.[388] This would destroy the balance between the competing interests that Congress had tried to protect.

Additionally, the Federal Circuit found that such a result was unsupportable as a matter of statutory construction because it would amount to a clear conflict with the fair use savings provision in 1201(c)(1) that stated that "nothing in this section shall affect rights, remedies, limitations, or

---

[383] *Id.* at 1198.

[384] *Id.* at 1199.

[385] *Id.* at 1197, 1199.

[386] *Id.* at 1202 (citing Central Bank, N.A. v. First Interstate Bank, N.A., 511 U.S. 164, 188 (1994)).

[387] *Id.* at 1199-1200.

[388] *Id.* at 1200.

254 *Direito da Sociedade da Informação/Law of the Information Society*

defenses to copyright infringement, including fair use under this title."[389] Moreover, such a reading would lead to serious policy difficulties. A construction that did not separate access from protection would mean that if someone disabled a burglar alarm to gain access to a house containing copyrighted music or books they would violate the DMCA; the Federal Circuit viewed this as "absurd" and "disastrous" policy since criminal and tort law should govern this sort of activity, not copyright law. [390] It would also give manufacturers too much power to immunize themselves against legitimate competition by simply adding some tiny copyrighted work to their product and wrapping it with some easily evaded encryption technology.[391] For the law to permit this would also conflict with both antitrust law and copyright misuse, which would be unsupportable even if the anti-circumvention provisions had created a new property right.[392] Additionally, Chamberlain's suggested construction would prevent copyright owners to ban uses that were exclusively fair and would thus effectively repeal the fair use doctrine for technologically protected copyrighted works.[393]

The Federal Circuit admitted that its "rule of reason" was less clear than the *Reimerdes* and *Lexmark* district court's broader constructions of the DMCA, and might thus create some uncertainty and "consume some judicial resources."[394] But the court contended that its construction was the only possible meaning of the DMCA that was consistent with congressional intent to balance the interests of copyright owners, consumers, and users of copyrighted products.[395] It found that its application of this interpretation was clear in this case: because Chamberlain had not only failed to show a lack of authorization, but also the requisite relationship between the access and copyright infringement, Chamberlain could not ban Skylink's activities under the DMCA because the Skylink products at issue "enabled only legitimate uses of copyrighted software."[396]

The Federal Circuit's opinion left some open questions. One was whether a contract, like the Lexmark shrinkwrap agreement, would make

---

[389] *Id.* (citing 17 U.S.C. § 1201(c)(1)).
[390] *Id.* at 1201.
[391] *Id.*
[392] *Id.* at 1201-1202.
[393] *Id.* at 1202.
[394] *Id.* at 1202-1203.
[395] *Id.* at 1203.
[396] *Id.* at 1198.

a difference. [397] The Federal Circuit said that it was not deciding this issue because such a contract was not used by Chamberlain. Another question was whether it would make an difference if the product at issue enabled both copyright infringement and legitimate uses. The decision expressly did not clarify the relationship between fair use in s. 107 and violations of s. 1201.[398] The Federal Circuit stated:

> We do not reach the relationship between § 107 fair use and violations of § 1201. The District Court in Reimerdes rejected the DeCSS defendants' argument that fair use was a necessary defense to § 1201(a), ...; because any access enables some fair uses, any act of circumvention would embody its own defense. We leave open the question as to when § 107 might serve as an affirmative defense to a prima facie violation of § 1201. For the moment, we note only that though the traditional fair use doctrine of § 107 remains unchanged as a defense to copyright infringement under § 1201(c)(1), circumvention is not infringement.

The Federal Circuit characterized the dispute over the interpretation of the DMCA's anti-circumvention provisions is in reality "a dispute over the precise balance between copyright owners and users that Congress captured in the DMCA's language."[399]

IV. Conclusion: The Need for Congressional Reassessment of the DMCA's Anti-Circumvention Provisions

Courts faced with the challenge of interpreting the DMCA's anti-circumvention provisions have not used a consistent method of statutory interpretation. In both content and competition cases, some judges have applied a strictly textualist approach, some judges have applied an intentionalist approach, and some have applied something in between. In the content cases, these methodological differences have not resulted in inconsistent interpretations of the DMCA. Courts ruling in these cases, including the Second Circuit, have agreed with a broad interpretation that

---

[397] *Id.* at 1202 n. 17 ("It is not clear whether a consumer who circumvents a technological measure controlling access to a copyrighted work in a manner that enables uses under the Copyright Act but prohibited by contract can be subject to liability under the DMCA").

[398] *Id.* at 1200 n. 14.

[399] *Id.* at 1196.

256 *Direito da Sociedade da Informação/Law of the Information Society*

favors content owners employing technological protections over users of the technologically protected works.

But not all courts have been willing to endorse this broad interpretation in competition cases. The Federal Circuit recently applied a narrower construction of the anti-circumvention provisions, refusing to find liability without a reasonable relationship between the act of circumvention of a technological protection on a copyrighted work and copyright infringement. The Sixth Circuit read the anti-circumvention provisions narrowly in a different way, requiring as a precondition for liability that the technological control at issue block all forms of access to the copyrighted work.

Because not many content cases have generated substantive rulings on the interpretation of the anti-circumvention provisions, and there are even fewer such rulings in the competition cases, it may be premature to view this inconsistency in statutory interpretation in competition cases as a clear trend. Nevertheless, the inconsistent interpretations of the anti-circumvention provisions are still troubling from a rule of law perspective. Inconsistent interpretations of the same statute conflict with the fundamental rule of law principle that the legal philosopher Lon Fuller called "congruence", or the requirement that the laws as declared must parallel their administration. For this requirement of congruence to be satisfied, judges must accurately interpret and apply statutes as enacted by the legislature.[400]

Congruence is one of eight requirements that Fuller viewed as absolutely essential to a rule of law system, or, as he put it, demanded by the "inner morality" of law.[401] Without congruence, Fuller warned, the result is something that "is not properly called a legal system at all, except perhaps in the Pickwickian sense in which a void contract can still be said to be one kind of contract."[402] According to Fuller, the inner morality of law requires principled statutory interpretation. This requires "judges and other officials [to] apply statutory law, not according to their fancy or with

---

[400] LON FULLER, THE MORALITY OF LAW 39, 81-(1969).

[401] *Id.* at 39, 42. The other seven requirements were (1) the requirement of generality, or there be general rules; (2) the requirement of promulgation, or that the laws be made public; (3) the requirement of non-retroactivity; (4) the requirement of clarity, that laws be clear and not obscure or incoherent; (5) the requirement that the law not be contradictory; (6) the requirement that law not demand the impossible; (7) the requirement of constancy, or that the law not change too frequently *Id.* at 39, 46-81.

[402] *Id.* at 39.

crabbed literalness, but in accordance with principles of interpretation that are appropriate to their position in the whole legal order."[403]

Fuller advocated a type of intentionalist approach to statutory interpretation, according to which judges should consider the "true reason of the remedy" or the social problem the legislature was attacking with the piece of legislation at issue, and seek to discern the general principles underlying the legislative cure.[404] Whether Fuller's preferred method of statutory interpretation is the only approach that would comport with the rule of law is an interesting jurisprudential question that is beyond the scope of this essay to resolve. But Fuller apparently assumed that a statute has only one valid interpretation and this assumption seems to be shared by all the judges who have sought to interpret the DMCA. While deconstructionalists might accept the notion that a statute has multiple interpretations, to permit this would pose serious problems for certainty and predictability. Uncertainty as to what is prohibited by the DMCA is likely to have undesirable market effects on the consumer durables aftermarket, since it may deter legitimate competitors from competing in this market, chill innovation in developing aftermarket products, and also deter users from purchasing legitimate aftermarket products. To promote the rational ordering of human behavior, there is a clear need for a consistent interpretation of the anti-circumvention provisions.

But it is not surprising that judges have failed to agree on the correct interpretation of the DMCA in the competition cases. Since both its text and legislative history are incomplete and unclear in many respects, judges lack adequate guidance in construing the DMCA's meaning, whether they are applying a textualist or intentionalist method of statutory interpretation. The lack of guidance leaves courts too free to apply varying interpretations of the law.

Additionally, both the broad interpretation that has been consistently applied in the content cases and the different narrowing constructions in some competition cases are flawed. The broad interpretation reads the anti-circumvention provisions as barring the circumvention of technological access controls as well as trafficking in any technology that is primarily designed to circumvent, is marketed for use in circumventing, or has only limited commercially significant uses other than circumvention, regardless of the purpose of the circumvention, provided that none of the

---

[403] *Id.* at 82.
[404] *Id.* at 82-83.

statutory exemptions and user exemptions apply. But, as the Federal Circuit pointed out in *Chamberlain,* such a construction creates a policy nightmare, wreaking havoc with the reasonable expectations of consumers and competitors by giving copyright owners excessive power to protect themselves from competition and also to prevent fair use.

But the Federal Circuit's proposed narrowing construction is equally problematic because it has apparently been conjured up out of thin air. Once an access control has been put onto a copyrighted work, the statute only exempts acts of circumvention, or trafficking in circumvention technologies, that fall within the specific statutory and user exemptions. It bars all other types of unauthorized access, without making any carve-out for acts that bear some reasonable relationship to copyright protections. The same goes for copy controls, to the extent that a third party sells or distributes technology to circumvent them. The only type of circumvention that would generally have to bear some reasonable relationship to copyright infringement is direct circumvention of a copy control, which is not, in any event, prohibited by the anti-circumvention provisions, but by pre-existing copyright law. This reading is at very much at odds with the structure of the anti-circumvention provisions.

The Sixth Circuit's narrowing construction also has difficulties in that it leaves a large loophole that copyright owners can use to completely shield themselves from competition. As long as they use technologies that block all access to a copyrighted work, and as long as that work is sufficiently original, they can effectively ward off competition. Clever competitors who want to immunize themselves from competition will simply wrap their products in original copyrighted code and ensure that there is no back-door way to access the product. This narrowing construction thus really does not effectively limit the problematic broad interpretation of the content cases.

While the current state of inconsistency in judicial interpretation of the anti-circumvention provisions is thus worrying from both a rule of law and policy perspective, it also can be viewed more optimistically as a promising opportunity. It gives Congress a pressing reason to revisit the DMCA to recalibrate the proper balance between the rights of copyright owners and of the users of digital works and to take into account a type of case that Congress had not considered at the time it enacted the DMCA, the competition case.

At the time of writing, legislation had been introduced in the 109th Congress to amend the DMCA to give users greater rights to access digital content for personal use without running afoul of the anti-circumvention provisions, as well as providing protection for circumventing technological protections in order to make a fair use of the protected digital content. The Digital Media Consumers' Rights Act of 2005 ("DMCRA") seeks to amend the DMCA to protect fair use and scientific research by adding an exemption to the anti-trafficking provisions where a person is engaging "solely in furtherance of scientific research into technological measures."[405] This bill also proposes an amendment to the fair use savings provision in section 1201(c) that clarifies that a person will not violate the anti-circumvention provisions by circumventing a technological access control to make a non-infringing use of the protected work, nor is it a violation of copyright law to "manufacture or distribute a hardware or software product capable of substantial non-infringing uses," except in cases of direct infringement.[406]

Similar legislation was previously introduced in the 108th Congress.[407] Another bill introduced in the 108th Congress, but not yet reintroduced in the 109th, was the Benefit Authors without Limiting Advancement or Net Consumer Expectations, or BALANCE Act of 2003, which proposed amendments to the DMCA to protect users' rights to directly circumvent or distribute circumvention tools for non-infringing purposes, such as using a public domain work or exercising fair use rights.[408] Additional efforts to amend the DMCA are likely to be introduced during the current congressional term.

Congress should not be too slow to take up the challenge of clarifying the proper copyright balance for technologically protected works. Its ultimate goal should not simply be to enact law that is easier for courts to interpret consistently than the anti-circumvention provisions, but also to strike a better balance between protecting copyrighted material and promoting fair use and legitimate competition.

---

[405] H.R. 1201, 109th Cong. § 5(a) (2003) (introduced by Representative Rick Boucher, a Virginia Democrat, on behalf of himself, John Doolitle, a California Republican, and Joe Barton, a Texas Republican).

[406] *Id.* at § 5(b).

[407] H.R. 107, 108th Cong. (2003) (introduced by Representative Rick Boucher, on behalf of himself, John Doolittle, Spencer Bachus (an Alabama Repuiblican), and Patrick Kennedy (a Rhode Island Democrat).

[408] H.R. 1066, 108th Cong. §5 (2003) (introduced by Representative Zoe Lofgren, a California Democrat on behalf of herself and Representative Rick Boucher).

V

DIREITO INTERNACIONAL PRIVADO
PRIVATE INTERNATIONAL LAW

THE IMPACT OF ECONOMIC INTEGRATION ON CHOICE OF LAW DOCTRINE

Lessons from the Interaction of U.S. Federalism and Choice of Law for the Evolutions of Private International Law within the Context of EU Integration

Antonio F. Perez[*]

I. Choice of Law and Federalism

This essay advances the simple thesis that choice of law methodology varies in accordance with the degree of political and economic integration of state or sub-state units in a larger political and economic system. This thesis, which I will develop in terms of the U.S. paradigm will, I hope, have implications for the trajectory of choice of law theory in Europe as the European Union moves toward further integration. Admittedly, on further reflection this hypothesis will be subject to many qualifications, caveats and exceptions. But, for now, its provisional statement requires only the exploration of two core questions: first, the trajectory of U.S. choice of law as a function of U.S. economic integration; and, second, the possibility that private international law analysis in the European Union may also be following the same path.

More precisely, I explain the nature of American Federalism and the role that increasing economic and political integration played in the 1930s

---

[*] Professor of Law, The Columbus School of Law, The Catholic University of America. A.B. Harvard; J.D. Columbia University. This paper is based on a presentation made at the University of Lisbon, March. 6, 2003, and it is dedicated to the memory of Professor Marques dos Santos of the Faculty of the University of Lisbon, with whom I shared the dais that day. I knew him briefly, but in that short time his energy, vibrant intellect, and extraordinary good will and graciousness left an indelible impression. I will not forget him.

264   *Direito Internacional Privado/Private International Law*

– the so-called New Deal of the Roosevelt Administration – in giving rise to a federalist backlash. This transformation of choice of law doctrine arguably better served the interests of the American states in preserving their autonomy as a counterweight to increasing centralization of governance. Second, I critique a recent discussion of the European Court of Justice (ECJ), which I believe suggests that the ECJ is becoming more sensitive to the need to facilitate the protection of the residual sovereignty of the Member States of the European Union, and that this sensitivity is expressed, as it was in the United States, through the development of unilateral choice of law principles framed in terms of state interests rather than traditional multilateral approaches that maximize the protection of private interests and legal stability.

A. *The American Experience*

Before the New Deal, conflict-of-law principles reigning in the United States were not unlike those that have reigned in Europe. However, what was and remains different about the American experience is that adjudication of disputes occurs in the U.S. in two sets of courts — state courts of general jurisdiction; and federal courts, with jurisdiction limited primarily to cases arising under federal law and cases involving parties who are citizens of different states.[1] In state courts, in cases having multistate connecting factors, in which a choice of law question arose, Americans borrowed heavily from European multilateral approaches.[2] In short, the *lex loci* rules ensured stable adjudication and protected private expectations by seeking to ensure that the law of one, and only one, jurisdiction would be applied, irrespective of where the suit was initiated. (At least this was the theory, for we all recognize that various escape devices, ranging from characterization in American parlance (qualification in European

---

[1] U.S. CONST, art. III, § 1.

[2] Alabama Great Southern Railroad v. Carroll, 97 Ala. 126, 11 So. 803 (1892) (an American law school casebook classic, selected for student instruction because it its thoroughgoing application of multilateral, lex loci rules in a tort case applying the place of injury rule, in which the common law fellow servant rule provided a complete defense to an employer's liability for an employee's injury caused by a fellow servant's negligent conduct occurring in another state arising out of an employment relation arising outside of the state of injury). *See generally* WILLIAM M. RICHARDS & WILLIAM M. REYNOLDS, UNDERSTANDING THE CONFLICT OF LAWS, 151 (Matthew Bender & Co. 1993).

parlance), *renvoi*, and public policy, frequently undermine the result uniformity to which multilateral approaches aspire.) At the same time, in federal courts in cases not arising under federal law, the U.S. Supreme Court initially answered the choice of law question in a rather curious way. Purporting to rely on an early federal statute, the Court asserted that in trans-state cases it was authorized to find or fashion rules of law regulating private disputes as though it were a common-law court of general jurisdiction.[3] The general federal common law this doctrine allowed the Court to develop provided a kind of trans-American body of law, which in turn assured result uniformity across the nation in furtherance of the emerging American common market.

In the 1930s, with the federalization of the national economy — and, by that I mean the adoption of statutes by the national Congress regulating whole areas of the national economy, such as labor, trade, securities, and communications — the space reserved for state regulation diminished substantially. The expansion of national (or federal) law was facilitated by an expansive interpretation by the Supreme Court of the Congress's authority to regulate interstate commerce so as now to permit the regulation of purely intrastate commerce, which affected, or when considered cumulatively might affect, interstate commerce.[4] Eventually, this authority was extended to permit the regulation of non-economic intra-state activities which affect interstate commerce, thus creating the possibility that the national Congress might regulate those areas of private life that were tra-

---

[3] Swift v. Tyson, 41 U.S. (16 Pet.) 1 (1842). *See also* MORTON HORWITZ, HE TRANSFORMATION OF AMERICAN LAW 1770-1860, 196-97 (1977) (arguing that concentration of adjudication to federal courts, which was encouraged by the creation of a federal common law, ensured that commercial litigation would be diverted from state courts which, because of their susceptibility to local political pressure, would have undermined protection for commercial interest in the nascent American common market).

[4] NLRB v. Jones & Laughlin Steel, 301 U.S. 1 (1937) (sustaining federal regulation of unfair labor practices even where only intra-state commercial activity was involved because the Congress could rationally determine and had determined that labor peace with respect to wholly intra-state activity would substantially affect inter-state commerce, and the regulation of interstate commerce was within an enumerated grant of federal legislative authority under the U.S. Constitution); Wickard v. Filburn, 317 U.S. 111 (1942) (deferring to Congress's conclusion that the production and consumption of wheat for personal use, rather than sale, was within the scope of federal regulatory authority over inter-state commerce because such production or consumption, after considering the cumulative effects of multiple individuals engaging in such private activity could have substantial effects on supply and demand conditions in inter-state commerce for wheat).

ditionally regulated by the states, such as basic expressions of the police power, including criminal law, health and safety, and laws governing basic obligations and status.[5] Indeed, the national authority for the regulation of commerce became the legal basis for the prohibition of racial discrimination.[6] Although recent decisions of the Supreme Court have begun to suggest that there are now categorical and procedural limits on the Congress's authority to federalize questions of local law,[7] the dominant pattern of U.S. regulatory jurisprudence in the past century has clearly been one of increasing centralization and reduction of space for local regulation. Thus, it is in the context of after the New Deal revolution in regulatory jurisprudence that one needs to locate the transformation of American conflict-of-laws jurisprudence

The revolution in conflict of laws doctrine was achieved without explicit constitutional amendment. In a handful of transformative decisions, as it simultaneously revolutionized its understanding of the federal commerce authority, the Supreme Court revised its understanding of the constitutional limits on the discretion of U.S. states in their selection of choice of law principles. At the same time, the Supreme Court transformed choice of law reasoning in federal courts. The effect of these two changes was to afford protection to substantive state policy choices in policy areas in which states had constitutionally cognizable interests. (This increasing respect for state policy diversity, in areas in which the federation had not insisted on policy uniformity, facilitated inter-jurisdictional competition between states. It is suggested by some American scholars that inter-juris-

---

[5] Perez v. U.S., 402 U.S. 147 (1971) (local loan sharking activity, even if entirely unrelated to inter-state criminal activity, could be made a federal crime for the purpose of regulating interstate commerce, because such activities were indistinguishable from activities related to interstate crime and distinguishing between the two classes of cases would have been administratively burdensome).

[6] Heart of Atlanta Motel, Inc. v. U.S., 379 U.S. 241 (1964) (federal statute prohibiting racial discrimination in public accommodations deemed an appropriate exercise of federal regulatory authority over inter-state commerce, because such racial discrimination could impede inter-state travel and thereby substantially affect inter-state commerce).

[7] U.S. v. Lopez, 514 U.S. 549 (1995) (refusing to extending the cumulative effects rationale to authorize federal regulation of hand gun possession at or near local schools, because gun possession, unlike wheat production or consumption, does not involve economic activity); U.S. v. Morrison, 120 S.Ct. 1740 (2000) (invalidating a federal civil cause of action for gender-based violence, because such violence did not involve economic activity and was more like a simple common-law claim of assault or battery which traditionally has been regulated only by the states).

dictional competition encourages the production of better local law. This theory was first advanced in the context of the market for incorporation created by a corporate promoter's federalism-based opportunity to choose the state of incorporation.[8] The theory has now been extended to choice of law questions generally.[9]

The key doctrinal shift occurred first in the law of the federal courts, in which in non-federal question cases the courts had chosen to apply a transcendental body of federal common law. In the face of increasing federalization of substantive law in areas, which the federal Congress now was constitutionally competent to exercise presumptive jurisdiction, the Supreme Court concluded that it had transgressed its own authority under the federal Constitution and thereby invaded the powers reserved to the states under the 10th Amendment of the Constitution. Accordingly, a federal court would henceforth apply the law of the state in which it sat, absent a controlling principle of federal law derived from a federal interest in the matter.[10] The effect of this decision was to reinforce state authority

---

[8] *Compare* Roberta Romano, *The State Competition Debate in Corporate Law*, 8 Cardozo L Rev. 709 (1987) (race-to-the-top characterization of market for incorporation), *with* Melvin Eisenberg, *Federalism and Corporate Law: Reflections Upon Delaware*, 83 Yale L. J. 663 (1974) (race-to-the-bottom). Recent American law and economics analysis disaggregates the question of the role of federalism in creating a market for corporate control into a more nuanced set of questions, for some of which there is a race-to-the-bottom while for others there is a race-to-the-top. *See, e.g.*, Lucian Ayre Bebchuk, *Federalism and the Corporation: The Desirable Limits on State Competition in Corporate Law*, 105 Harv. L. Rev. 1435 (1992)(treating the question of market failure as an issue-by-issue empirical question).

[9] There is now an emerging literature on the subject. For exhaustive citations to this literature, *see generally* Erin Ann O'Hara, *Economics, Public Choice, and the Perennial Conflict of Laws*, 90 GEO. L.J. 941 n.2 (2002); Andrew Guzman, *Choice of Law: New Foundations*, 90 GEO. L.J. 883, 884 n. 1 (2002); and Paul B. Stephan, *The Political Economy of Choice of Law*, 90 GEO. L.J. 957, 957 n.2 (2002).

[10] Erie Railroad Co. v. Tompkins, 304 U.S. 64 (1938) (holding that a federal court sitting in New York with jurisdiction based on the diversity of citizenship between victim and the defendant railroad should apply the law that a New York state court would apply — in this case the law of the place of accident, Pennsylvania, would have provided a complete defense to the railroad as against a trespasser — rather than the general federal common law, which would have considered the victim an invitee and, therefore, not given the railroad a complete defense to liability); see also Klaxon Co. v. Stentor Electric Mfg. Co., 313 U.S. 487 (1941) (making explicit the implicit holding in *Erie* that a federal court sitting with diversity jurisdiction, rather than merely apply the substantive law of the state in which it sat, would apply the conflict of laws principles of the state in which it sat in order to determine the applicable substantive law — in other words, leaving open the possibility of a reference to the law of another state).

by ensuring that state and federal courts would decide a question in the state way.

The Supreme Court's re-interpreted the U.S. Constitution's limits on the discretion of states in selecting conflict of laws principles, moving from a restrictive multilateralism approach to a deferential unilateralist methodology. Nominally, the Full Faith and Credit Clause in Article IV (1), the so-called comity clause, governs the duty of states to give effect to each other's "Public Acts" and "Judgments."[11] Notwithstanding its plain language, the comity clause has never been interpreted as a general duty to give effect to sister-state law but instead applied to the recognition and enforcement of judgments of the courts of other states in the federation. Yet, together with the Due Process Clause of the Fourteenth Amendment,[12] the Full Faith and Credit Clause has been relevant to identifying constitutional limitations on state discretion in choice of law. Under the two clauses, it was initially thought that a state could not apply its own law to defeat the application of the law of the place of making of a contract. To do so, when the forum state itself lacked any contact to the matter in dispute or the status of the parties at the time of its making would deny property rights without due process of law. This approach suggesting that "*lex loci contractus*" was a rule of constitutional dimension.[13] Thus, prior to the New Deal revolution, the ruling multilateral methodology was arguably constitutionalized by the Supreme Court in its interpretation of the relevant provisions of the U.S. Constitution.

After the New Deal, in decisions analyzing the combined effect of the Full Faith and Credit Clause and Due Process Clauses, the Supreme Court concluded that either the place of contracting in an employment relation or the place of injury of the victim worker could as forum apply its own law, since each state had an interest through a cognizable connecting factor, to the subject matter of the dispute.[14] This line of reasoning many years later

---

[11] U.S. CONST. art. IV, § 1.

[12] U.S. CONST. art. XIV, §1.

[13] *See, e.g.*, Home Ins. Co. v. Dick, 281 U.S. 397 (1930) (in an action brought in Texas court to recover on a ire insurance policy on a tugboat by a Texas assignee of the original contract, the Supreme Court refused to permit the application of the Texas statute forbidding statute of limitations periods shorter than two years because, under the Due Process of the Fourteenth Amendment to the federal constitution, Texas could did not have the power to apply its law when Texas's only connection to the matter was the plaintiff's status as a Texas domiciliary).

[14] *See* Alaska Packers Association v. Industrial Accident Commission, 294 U.S. 532 (1935) (California could lawfully apply its workman's compensation law to injury occur-

was extended even to cover cases in which no single contact was constitutionally sufficient as a basis for applying state law but as aggregation of individually inadequate contacts were sufficient.[15] Thus, the combination of an after-acquired domicile, the decedent's employment in the jurisdiction, and the defendant insurer's doing business in the jurisdictions were deemed sufficient to apply a jurisdiction's law to displace the law of the place of accident in a simple case of insurance law. In other words, the constitutional law of choice of law had moved from arguably constitutionalizing a multilateral approach to choice of law arguably to constitutionalize a form of conflict of laws analysis focusing on state interests that would authorize even the most aggressive forms of forum-favoritism. In sum, as federal regulation of the economy expanded, the forum-favoritism became less of a threat to the maintenance either of national solidarity or the forging of a national market.

One interesting example of increased respect for state autonomy lies in the area of corporate law, which yields a possible comparison with the law of the European Union. Under recent decisions, the Supreme Court has analyzed the applicability of state law governing corporations under what is known as the "Internal Affairs" doctrine. Certainly, there was no

---

ring in Alaska when contract for employment was made in California); and Pacific Employers Insurance Commission v. Industrial Accident Commission, 306 U.S. 493 (1939) (California could apply it workman's compensation law to the injury of an employee working in California even though Massachusetts was the place of making of the employment contract). In short, the Supreme Court recognized the constitutionality of unilateral choice of law methodology. *See also* Watson v. Employers' Liability Ins. Corp, 348 U.S. 66 (1954) (direct action against insurer of manufacturer of negligently manufactured product permitted in Louisiana, the state of the victim's domicile, notwithstanding that product was manufactured by out-of-state subsidiary of out-of-state manufacturer and insurance contract prohibited direct action against the insurer); *and* Clay v. Sun Ins. Office v, Ltd, 377 U.S. 179 (1964) (permitting application of forum's statutory prohibition on certain statutes of limitations on an insurance contract applicable to plaintiff's property when, at the time the contract was made, the plaintiff neither resided in nor owned property in the forum states). These cases have been construed to suggest that a state interest in its domiciliary or property located in the state is a constitutionally sufficient basis to apply that state's law.

[15] Allstate Insurance Co. v. Hague, 449 U.S. 302 (1981) (holding that an aggregation of contacts — in that case, the defendant's doing business generally in a state, the plaintiff's decedent's after-acquired domicile in the state, and the decedent's regular commuting to and from the state — were together constitutionally sufficient basis for the state to apply its law to an insurance issue arising out of an automobile accident, when each individual contact was unrelated to the contract for insurance or accident giving rise to the insurance claim in dispute).

Due Process or Full Faith and Credit objection to the application of state law to the rules under which decisions regarding a proposed takeover of a corporation incorporated or registered in that state. Nor was there a clear case of controlling federal law. But, it was suggested that the so-called negative implications of federal regulatory authority over commerce, the so-called Dormant Commerce Clause, invalidated the state law insofar as it imposed an undue burden on interstate commerce. The court rejected this challenge,[16] distinguishing this case from the court's previous decision invalidating a state's attempt to apply its internal corporate law to the regulation of takeover battles over corporations in which the state's citizens owned a defined share of the corporation.[17] In short, the court has concluded that the state of incorporation or registration has a constitutionally sufficient contact to apply its law, but that when a state regulates the purchase and sale of stock, as such, or the interests of third parties contracting with the corporation — the interest of creditors, in sum — the laws of jurisdictions with contacts generating interests in those matters will be free to apply their law to those matters.

B. *The European Experience*

In *Uberseering*,[18] a decision of the ECJ rendered November 5, 2002; the fundamental tension between multilateral and unilateral rules raised its ugly head once again in the context of European integration. The substance of the conflict, in EU terms, was between on one hand the traditional multilateral choice of law rule of "real seat," which operated to protect third-party interests with respect to corporations, and on the other the right of states to regulate corporations created under their law coupled with the corollary right of those new legal persons to be established in other states members of the European Union.

The Court of Justice in *Uberseering* was faced with the narrow question of whether German law could deny a corporation established in the Netherlands the capacity to sue, thereby abridging its right of secondary establishment, while at the same time authorizing an unrelated action

---

[16] CTS Corp. v. Dynamics Corp. of America, 381 U.S. 69 (1987).

[17] Edgar v. Mite Corp., 457 U.S. 624 (1982).

[18] Uberseering BV v. Nordic Construction Company Baumanagement GmbH (NCC), Case C-208/00, [2002] ECR, OJ C 323, 21/12/002, p.12, Celex No. 600J0208.

against the same corporation. The basis for the German denial of capacity to sue was simply that, after its shares had been acquired by German nationals, the corporation had moved its actual center of administration to Germany without, as required by the German version of the "real seat" doctrine (the so-called "*Sitztheorie*"), dissolving the corporation in the Netherlands and reincorporating it the Federal Republic.

What is remarkable in the opinion is that, after distinguishing its earlier jurisprudence — *Daily Mail and General Trust*,[19] which had addressed the right of the state of origin of a corporation to condition exercise of the right of secondary establishment on compliance with its tax law; and *Centros Ltd*,[20] in which the right of secondary establishment was invoked to enable a corporation registered but not doing business in the UK to establish a branch in Denmark — it employed what was essentially an interest-based analysis comparable to the kind of analysis an American court would employ. The Court neither ruled out the one of *Sitztheorie* nor immunized the right of establishment from the application of *Sitztheorie*. Rather, it focused on the specific interests that might justify the application of *Sitztheorie* — such as the protection of third-party interests, the equalization of competition, the protection of labor rights through participation in corporate governance — and found that none of these interests of Germany would be furthered by the application of *Sitztheorie* to deny a foreign corporation with its center of administration in Germany the legal capacity to sue. The right of establishment, although it might not extend as far as encompassing those other cases, certainly included the narrower right to legal capacity. In short, in the language of interests analysis, the ECJ found a "false conflict" — this is to say, a case in which the policy interests of only one jurisdiction, in this case the state of incorporation, would be furthered through the application of its law.[21] Thus, if the ECJ has dipped into the ocean of interest analysis, it is *Uberseering*'s methodological implications, rather than its specific holding concerning the inte-

---

[19] The Queen v. H.M. Treasury and Commissioners of Inland Revenue, ex parte Daily Mail and General Trust PLC, Case C-81/87, 1988 E.C.R. 5483.

[20] Centros Ltd. v. Erhvervs-og Selskabsstyrelsen, Case C-212/97, 1999 E.C.R. II-1459.

[21] *See generally* WILLIAM RICHMAN & WILLIAM REYNOLDS, UNDERSTANDING THE CONFLICT OF LAWS 213-216 (2nd ed. 1993) (explaining the analysis pioneered in U.S. conflicts law by Professor Brainerd Currie and connecting it to the rise of American legal realism); *see also* Brainerd Currie, *Married Women's Contracts: A Study in Conflict-of-Laws Method*, 25 U. Chi. L. Rev. 227 (1958).

272   *Direito Internacional Privado/Private International Law*

raction of the right of establishment with *Sitztheorie*, that may well be of long-term significance.

Of course, the full implications of this important development in EU jurisprudence remain to be seen. At a minimum, it is unclear whether the ECJ will, as the U.S. Supreme Court initially attempted when it moved to a constitutional analysis of choice of law grounded in state interests, itself try to balance state interests so as to achieve the jurisdiction selecting effects of multilateral rules or instead, as the U.S. Supreme Court ultimately chose, abandon that effort and accept pure unilateralism instead.[22] When applied to the narrow question of the interaction of the right of establishment and *Sitztheorie*, some may well misconstrue the decision as ruling out the application of local law even when truly important state interests are at stake.[23] Already, some voices suggest that the American-style competition in the market for place of incorporation, the so-called race-to-the-top theory, is implausible in Europe. Some point to the difficulty in generating competition given the lack of diversity in existing European company laws, presumably because they already have achieved efficient outcomes.[24] Others point to the absence of both minimal state uniformity and community-level securities laws, either of which could provide a safety net ensuring that inter-state regulatory competition would not cause excessive harm to third-party stakeholder interests.[25] It is not entirely clear why both the perfection and imperfection of European corporate law should both be arguments against increased jurisdictional competition,

---

[22] *See supra* note 14.

[23] See Wulf-Henning Roth, *From Centros to Ubeberseering: Free Movement of Companies, Private International Law, and Community Law*, 52 ICLQ 177, 205 (2003) (concluding that, under the reasoning of the ECJ, the right of establishment "sets an unsurmountable limit to any conflicts policy of a Member State attempting to protect its population vis-à-vis unknown legal regimes")(italics omitted).

[24] Christian Kersting, *Corporate Choice of Law—A Comparison of the United States and European Systems and a Proposal for a European Directive*, 28 Brook. J. Int'l L. 1, 40 (2002) ("the already substantial harmonization of European company law leaves less room for permissive rules ...").

[25] *See* Werner F. Ebke, *The "Real Seat" Doctrine in the Conflict of Corporate Laws*, 36 Int'l Law. 1015, 1033 (2001) (arguing that, in contract to the United States: "Efforts to harmonize the Member States' laws on the structure and organization of corporations have not come to fruition. In addition, there is no comparable body of comprehensive European securities laws that could represent an effective counterbalance to the divergent approaches of the member States' laws toward the protection of shareholders and other security holders of large or listed companies.")

The Impact of Economic Integration on Choice of Law Doctrine   273

thereby reinforcing local diversity. In any event, such a visceral negative reaction to the possible dangers posed by *Ubeerseering*'s rationale may lead to legislative overreaction. The European Union may well consider the legislative option of regulations governing choice-of-law issues, much like the recent internalization of the Brussels/Lugano Treaty system for the recognition and enforcement of judgments through EU Regulation.[26] If so, the ECJ's current move toward a conflict of laws methodology that focuses on a particularized understanding of state interests as a the vehicle for reconciling community law with national sovereignty may well be superseded by community legislation governing choice of law.

Yet, one can hope that the need for legal adversity and decentralized governance will find some expression in EU law governing choice of law. Federalism seeks to balance uniformity against diversity. It may be that European subsidiarity principles might perform a similar function, but even in Europe this proposition is widely doubted.[27] Moreover, one should note in the recent debates concerning the nature of federalism at the U.S. Supreme Court, the Justice is more likely to invoke European constitutional reasoning as a basis for analogy, Justice Steven Berger, has sided repeatedly with the faction favoring central authority against those who would protect local autonomy and diversity.[28] But case law is filled with uncertainty, is it not?

Let me close by quoting an American professor of Comparative Law, George Fletcher of Columbia University, who has written that when he was a young student in Europe, he learned from his German teacher that in the continental system "what cases said had less importance than what scholars thought the cases said or, at least, what scholar said the cases said. In that moment I understood the difference between the German and Ame-

---

[26] *See* Council Regulation No. 44/2001 of 22 December 2000 on jurisdiction and recognition and enforcement of judgments in civil and commercial matters, O.J. L012 16/01/2001 P.0001-023.

[27] *See, e.g.*, Koen Lenaearts, The Principle of Subsidiarity and the Environment in the European Union,: Keeping the Balance of Federalism, 17 Fordham Int'l L. J. 846, 893 (1994) (arguing that subsidiarity does not function as a constitutional norm but rather as a kind of political principle).

[28] *See* U.S. v. Printz, 521 U.S. 811, 976-77 (1997)(Breyer, J, dissenting) (invoking European principles to suggest that cooperative federalism would not undermine democracy and, therefore, that federal regulatory authority should extend to directing state executives to implement federal mandates)..

rican legal traditions."[29] For Fletcher, the American common-law system invited an inquiry into cases as a source of law, but more important as "a source of experience, drama and insight."[30] One hopes that Portuguese scholars will explore the drama of the U.S. case law bridging our federalism and conflicts of law principles, seeking to find in it a source of insight for Portugal's task of integrating in the EU without forsaking the wisdom found in its own national experience.

---

[29] George P. Fletcher, *Comparative Law as a Subversive Discipline*, 46 Am. J. Comp L. 683, 692 (1998).

[30] *Id.*

FEDERALISMO
E DIREITO INTERNACIONAL PRIVADO
– algumas reflexões sobre a comunitarização
do Direito Internacional Privado*

*Luís de Lima Pinheiro***

ABSTRACT: *This contribution corresponds to a lecture delivered in March 2003 in an early stage of the process of communitarization of the Conflict of Laws in the European Union. The contribution sustains that in an association of sovereign states the jurisdiction to prescribe and adjudicate in matters of Conflict of Laws shall be vested in the member states. Nevertheless, it would be advantageous that, in the exercise of this jurisdiction, the member states achieve a voluntary unification or harmonization. On this basis, it is argued that the accelerated communitarization of the Conflict of Laws is neither coherent nor justified. This communitarization is related with an ambitious policy of unification of private law which not only does not match the present stage of European integration but is also unnecessary to the deepening if this integration.*

Introdução

O tema "Federalismo e Direito Internacional Privado" é especialmente aliciante para os juristas portugueses, em virtude do processo de integração europeia. Este processo é acompanhado da atribuição de com-

---

* Texto de conferência proferida em Março de 2003.
** Professor da Faculdade de Direito da Universidade de Lisboa.

276   *Direito Internacional Privado/Private International Law*

petência nesta matéria a órgãos comunitários, do crescente papel das fontes comunitárias do Direito Internacional Privado e da tendência, que se manifesta na jurisprudência do TCE, para entender que os Tratados instituintes das comunidades condicionam e limitam a actuação de algumas normas de Direito Internacional Privado.

A União Europeia não é, pelo menos ainda, um Estado federal[1]. O sistema comunitário assemelha-se mais a uma *confederação*, em que os Estados-Membros continuam a ser sujeitos de Direito Internacional revestidos de soberania, embora esta soberania esteja limitada pela delegação de alguns poderes nos órgãos comunitários ou pela renúncia ao seu exercício a favor destes órgãos[2].

Regista-se, sem dúvida, uma certa tendência para a *acentuação de elementos federalizantes*, e é nesse sentido que apontam os trabalhos em curso da Convenção sobre o Futuro da União Europeia, que está a preparar um projecto de Tratado Constitucional[3].

Tem-se verificado um alargamento das competências legislativas dos órgãos comunitários em matéria de Direito Internacional Privado e, mais em geral, numa *comunitarização do Direito Internacional Privado*. Resta saber se este processo de comunitarização é coerente, tendo em conta o presente estádio de integração europeia e a perspectiva de evolução no sentido de um Estado federal.

Neste contexto, a crítica da comunitarização do Direito Internacional Privado não encerra um juízo de desvalor relativamente à integração económica e política da Europa. Sou a favor desta integração, embora entenda que é necessário um debate público mais esclarecedor sobre o modelo confederativo ou federal que se pretende instituir. As presentes reflexões incidem sobre a coerência dessa comunitarização com a actual realidade euro-

---

[1] É mesmo controverso que a União Europeia tenha personalidade jurídica; já as Comunidades Europeias gozam de um personalidade jurídica distinta da dos Estados-Membros

[2] Ver NGUYEN QUOC/DAILLIER/PELLET – *Droit international public*, 6.ª ed., Paris, 1999, 422; SEIDL-HOHENVELDERN/STEIN – *Völkerrecht*, 10.ª ed., Colónia et al., 2000, 3 e seg.; FAUSTO DE QUADROS – *Direito das Comunidades Europeias e Direito Internacional Público. Contributo para o estudo da natureza jurídica do Direito Comunitário Europeu*, Coimbra, 1984, 336 e segs.; ANDRÉ GONÇALVES PEREIRA/FAUSTO DE QUADROS – *Manual de Direito Internacional Público*, 3.ª ed., Coimbra, 1993, 128; JORGE MIRANDA – *Curso de Direito Internacional Público*, Cascais, 2002, 204 e seg.

[3] A informação sobre esta Convenção está disponível em http://european-convention.eu.int. Ver também Paulo de PITTA E CUNHA – "A Convenção Europeia", *in A Integração Europeia no Dobrar do Século*, 115-120, Coimbra, 2003.

peia, o seu fundamento nos Tratados instituintes e a sua adequação a um modelo federal que respeite a diversidade cultural e o pluralismo jurídico.

Retomo aqui as considerações que teci em *Direito Internacional Privado,* Volume I – *Introdução e Direito de Conflitos – Parte Geral*[4] e, com respeito aos regimes comunitários de competência internacional e reconhecimento de decisões estrangeiras, em *Direito Internacional Privado,* Volume III – *Competência Internacional e Reconhecimento de Decisões Estrangeiras*[5].

Para o efeito vou examinar sucintamente as competências dos órgãos comunitários em matéria de Direito Internacional Privado (I), o significado das fontes comunitárias do Direito Internacional Privado (II) e os limites que possam decorrer dos Tratados instituintes para a actuação das normas nacionais de Direito Internacional Privado (III).

I – Competências dos órgãos comunitários em matéria de Direito Internacional Privado

A) *Competência legislativa*

Cabe distinguir entre competência legislativa e competência jurisdicional em matéria de Direito Internacional Privado.

A atribuição de *competência legislativa* aos órgãos comunitários em matéria de Direito Internacional Privado há-de ser justificada por uma política de unificação deste ramo do Direito à escala comunitária. Daí que me proponha iniciar o exame deste ponto por uma apreciação político--jurídica.

A unificação do Direito de Conflitos é, sem dúvida, desejável. Em princípio, esta unificação deveria ter âmbito universal[6]. Com efeito, os problemas e as finalidades de regulação das situações transnacionais são comuns tanto às situações intracomunitárias como às situações extracomunitárias. No entanto, perante as dificuldades com que tem deparado a unificação do Direito Internacional Privado à escala mundial em determi-

---

[4] Almedina, Coimbra, 2001, 162 e segs. e 269 e segs.

[5] Almedina, Coimbra, 2002, 178 e segs., 311 e segs. e 324 e seg.

[6] Ver Hélène GAUDEMET-TALLON – "Quel droit international privé pour l'Union Européenne?" *in International Conflict of Laws for the Third Millenium. Essays in Honor of Friedrich K. Juenger,* 317-338, Ardsley, Nova Iorque, 2001, 332 e segs.

278   *Direito Internacional Privado/Private International Law*

nados domínios, seria de admitir, neste domínios, uma unificação à escala comunitária.

Resta saber se esta unificação à escala comunitária deve ser feita através de intervenções legislativas dos órgãos da comunidade ou com base na vontade dos Estados-Membros.

Em minha opinião, a atribuição de competência legislativa genérica aos órgãos comunitários em matéria de Direito Internacional Privado não é justificada à luz das finalidades dos Tratados instituintes.

A União Europeia assenta no respeito da cultura, das tradições e da identidade nacional dos Estados-Membros (§ 5.° do Preâmbulo do Tratado da União Europeia e art. 6.°/3 do mesmo Tratado [ex-art. F]). O Direito é parte da cultura e participa da identidade nacional e, por isso, estes valores postulam o respeito da autonomia dos sistemas jurídicos dos Estados-Membros e do pluralismo jurídico no seio da comunidade.

O presente estádio da integração europeia, que ainda não deu corpo a um Estado federal, mas a uma associação de Estados soberanos, também não se ajusta à atribuição aos órgãos comunitários de competências legislativas que cerceiem substancialmente a autonomia legislativa dos Estados-Membros, designadamente no domínio do Direito privado.

Mesmo naqueles domínios em que, excepcionalmente, se possa justificar uma atribuição de competência aos órgãos comunitários em matéria de Direito Internacional Privado, por força do princípio da subsidiariedade, consagrado pelo Tratados da União Europeia e da Comunidade Europeia (arts. 2.° /2 e 5.°/2, respectivamente), deveria adoptar-se uma atitude muito restritiva quanto à intervenção legislativa comunitária. Esta intervenção só se justificaria quando os objectivos visados com a unificação não pudessem ser suficientemente realizados pelos Estados-Membros e pudessem ser melhor alcançados ao nível comunitário. Nos casos em que esta intervenção se justificasse, deveria dar-se preferência à harmonização relativamente à uniformização, quando a primeira seja suficiente para o processo de integração[7].

Em regra, os objectivos visados com a unificação do Direito Internacional Privado podem ser realizados através de convenções internacionais celebradas pelos Estados-Membros e de outros instrumentos mais flexíveis, como as Leis-Modelo.

---

[7] Em sentido contrário, ver Karl KREUZER – "Die Europäisierung des internationalen Privatrechts – Vorgaben des Gemeinschaftsrecht", *in Gemeinsames Privatrecht in der Europäischen Gemeinschaft*, 457-542, 2.ª ed., 1999, 502 e 520 e segs.

Federalismo e Direito Internacional Privado

A circunstância de todos os Estados-Membros serem partes da Convenção de Bruxelas sobre Competência Judiciária e a Execução de Decisões em Matéria Civil e Comercial e da Convenção de Roma sobre a Lei Aplicável às Obrigações Contratuais demonstra que os objectivos visados com a unificação do Direito Internacional Privado podem ser suficientemente realizados pelos Estados-Membros e que, por conseguinte, não se justifica uma intervenção dos órgãos comunitários[8]. Por certo que a utilização de uma convenção internacional implica dificuldades práticas, designadamente quanto à adesão de novos Estados comunitários e à sua revisão. Mas não parece que estas dificuldades práticas, de per si, justifiquem a intervenção dos órgãos comunitários. De todo o modo, estas dificuldades práticas poderiam ser obviadas pelo recurso a um instrumento mais flexível e respeitador da autonomia dos Estados-Membros, como a elaboração de Leis-Modelo que os Estados-Membros seriam livres de adoptar.

Por esta razão, a unificação de âmbito comunitário deveria ser feita numa base voluntária, com respeito da autonomia legislativa dos Estados--Membros[9].

Até à entrada em vigor do Tratado de Amesterdão, a ordem jurídica comunitária não se afastou muito desta visão das coisas. Entendia-se geralmente que só nas matérias em que a Comunidade tinha competência para a harmonização do Direito material podia o Direito Internacional Privado ser também harmonizado[10].

Este quadro, porém, foi radicalmente alterado pelo Tratado de Amesterdão. Este Tratado inseriu no Tratado da Comunidade Europeia um Título IV – "Vistos, asilo, imigração e outras políticas relativas à circulação de pessoas". Nos termos dos arts. 61.° /c) e 65.°, o Conselho adoptará medidas no domínio da cooperação judiciária em matéria civil, "na medida do necessário ao bom funcionamento do mercado interno"[11]. Estas medidas terão por objectivo, nomeadamente (art. 65.°):

---

[8] Ver também Haimo SCHACK – "Die EG-Kommission auf dem Holzweg von Amsterdam", *ZEuP* 7 (1999) 805-808, 808 e – "Das neue Internationale Eheverfahrensrecht in Europa", *RabelsZ.* 65 (2001) 615-633, 619.

[9] Esta unificação à escala comunitária deveria acautelar a conjugação dos seus instrumentos com eventuais convenções internacionais de âmbito universal de que sejam partes Estados-Membros.

[10] Cf. Hans SONNENBERGER – "Europarecht und Internationales Privatrecht", *ZvglRWiss* 95 (1996) 3-47, 31. Cp. Marc FALLON – "Les conflits de lois et de juridictions dans un espace économique intégré. L'expérience de Communauté européenne", *RCADI* 253 (1995) 9-282, 154 e segs.

[11] Estas medidas serão adoptadas nos termos do art. 67.° (ex-art. 73.°-O), com o adi-

280 *Direito Internacional Privado/Private International Law*

"a) Melhorar e simplificar:
– o sistema de citação e de notificação transfronteiriça dos actos judiciais e extrajudiciais;
– a cooperação em matéria de obtenção de meios de prova;
– o reconhecimento e a execução das decisões em matéria civil e comercial, incluindo as decisões extrajudiciais;
"b) Promover a compatibilidade das normas aplicáveis nos Estados--Membros em matéria de conflitos de leis e de jurisdição".

É difícil de entender qual a relação entre a atribuição de competência aos órgãos comunitários em matéria de Direito Internacional Privado e as "políticas relativas à circulação de pessoas". Como as normas de Direito Internacional Privado não têm, em princípio, nenhuma incidência sobre a liberdade de circulação de pessoas, não se pode encontrar aí um fundamento para a atribuição dessa competência. Mas também não se vê como pode a referência à circulação de pessoas constituir um limite para essa atribuição ou para o exercício da competência atribuída[12].

Já a fórmula utilizada na al. b) do art. 65.º – "promover a compatibilidade" – tem subjacente um clara intencionalidade limitativa. A formulação proposta no *Addendum* da Presidência holandesa que esteve na base do art. 65.º – "aproximar as regras em matéria de conflitos de leis e de competência" – foi abandonada por se entender que ia demasiado longe na atribuição de competência ao Conselho[13]. Daí que, segundo a melhor interpretação, este preceito não confira ao Conselho competência para uni-

---

tamento feito pelo Tratado de Nice, que determina que em derrogação do n.º 1 o Conselho adopta nos termos do art. 251.º as medidas previstas no art. 65.º, com exclusão dos aspectos referentes ao Direito da Família. Isto tem por consequência, além da expressa inclusão do Direito Internacional Privado da Família no âmbito de competência a Comunidade, um encurtamento do período transitório (previsto no art. 67.º/1) em que esta medidas são tomadas por unanimidade, com exclusão das relativas ao Direito da Família. Ver Jürgen Basedow – "European Conflict of Laws under the Treaty of Amsterdam", *in International Conflict of Laws for the Third Millenium. Essays in Honor of Friedrich K. Juenger*, 175-192, Ardsley, Nova Iorque, 2001, 180 e segs. e Harmut Linke –"Die Europäisierung des Internationalen Privat-und Verfahrensrechts. Traum oder Trauma?", *in Einheit und Vielfalt des Rechts. FS Reinhold Geimer*, 529-554, Munique, 2002, 544 e segs.

[12] Cp., porém, Jayme/Kohler – "Europäisches Kollisionsrecht 1997 – Vergemeinschaftung durch 'Säulenwechsel'?", *IPRax* 17 (1997) 385, 386 e Christian Kohler – "Interrogations sur les sources du droit international privé européen après le traité d'Amesterdam", *R. crit.* 88 (1999) 1-30, 15 e segs.

[13] Cf. Kohler (n. 12) 20.

Federalismo e Direito Internacional Privado 281

ficar o Direito de Conflitos e o Direito da Competência Internacional[14]. É mesmo duvidoso que o Conselho tenha uma competência genérica para a harmonização destas matérias; a fórmula utilizada pode sugerir que o Conselho só tem competência para a adopção de medidas que visem a resolução de problemas suscitados pelas divergências dos sistemas nacionais que sejam susceptíveis de prejudicar o bom funcionamento do mercado comum[15].

Apesar disso, estes preceitos têm sido entendidos pelos órgãos comunitários, bem como por uma parte da doutrina[16], no sentido da atribuição à Comunidade Europeia de competência legislativa genérica em matéria de Direito Internacional Privado. O Conselho poderia unificar ou harmonizar o Direito de Conflitos e os regimes da competência internacional e do reconhecimento de sentenças estrangeiras através de regulamentos ou directivas[17].

Por certo que esta competência legislativa só deve ser exercida "na medida do necessário ao bom funcionamento do mercado interno" (art. 65.°). A meu ver a unificação em matéria de Direito Internacional Privado não é, em princípio, necessária para o bom funcionamento do mercado interno.

Há diversos países em que vigoram diferentes sistemas locais com os seus próprios Direitos de Conflitos e regimes de competência e de reconhecimento de decisões e em que, como parece óbvio, as divergências entre estes regimes não prejudicaram o "bom funcionamento do mercado interno".

O exemplo mais saliente é o dos EUA. Na ordem jurídica dos EUA, os Estados federados têm competência legislativa em matéria de *choice of law* e *jurisdiction* dos tribunais estaduais e de reconhecimento de decisões

---

[14] Cf. KOHLER (n. 12) 20, GAUDEMET-TALLON (n. 6) 326 e ALEGRÍA BORRÁS – "Derecho Internacional Privado y Tratado de Amsterdam", *Rev. Esp. Der. Int.* 51 (1999) 383-426, 400 e 424.

[15] Cf. KOHLER (n. 12) 20 e seg.

[16] Cf. MOURA RAMOS – "Previsão normativa e modelação judicial nas convenções comunitárias relativas ao Direito Internacional Privado", *in O Direito Comunitário e a Construção Europeia*, 93-124, Coimbra, s. d., 102, ver também n. 31, KREUZER (n. 7) 530 e BASEDOW (n. 10) 190 e seg. Cp. autores referidos *supra* n. 14 e MOURA RAMOS – "The New EC Rules on jurisdiction and the recognition and enforcement of judgments", *in Law and Justice in a Multistate World. Essays in Honor of Arthur T. Von Mehren*, 199-218, Ardsley, Nova Iorque, 2002, 201 e referências aí contidas à n. 17.

[17] Cf. KREUZER (n. 7) 531 e seg. e BASEDOW (n. 11) 190 e seg.

282   *Direito Internacional Privado/Private International Law*

"estrangeiras" pelos tribunais estaduais. No essencial, esta autonomia só é limitada pelo Direito federal ao nível dos princípios constitucionais, através da *Full Faith and Credit Clause,* da *Due Process Clause*, da *Privileges and Immunities Clause* e da *Equal Protection Clause*[18].

As vantagens de uma harmonização dos sistemas locais nestes domínios não conduziram a qualquer alienação das competências dos Estados federados, mas a "leis uniformes" [*Uniform Acts*] que são *propostas* aos Estados federados, para que as adoptem se assim entenderem[19].

No que se refere às relações familiares e sucessórias é óbvio que as normas de conflitos e os regimes da competência internacional e do reconhecimento de decisões estrangeiras não têm qualquer incidência directa ou indirecta no funcionamento do mercado interno[20].

No que toca às relações do tráfico corrente de bens e serviços, a unificação do Direito Internacional Privado à escala comunitária pode constituir um contributo modesto para a criação de um ambiente mais favorável à actividade económica intracomunitária, mas não é uma condição necessária para o bom funcionamento do mercado comum. Há outros factores que seriam bem mais importantes para a facilitação da actividade económica intracomunitária – designadamente a existência de uma língua comum – e que ninguém pretende que sejam "necessários ao bom funcionamento do mercado comum".

No entanto, sob pena de se negar todo o efeito útil aos arts. 61.°/c) e 65.° do Tratado da Comunidade Europeia, parece de reconhecer que subjacente à redacção destes preceitos está uma avaliação diferente das "necessidades do bom funcionamento do mercado interno"[21]. Seria pois de admitir que a intervenção comunitária pudesse ser justificada em certas áreas específicas e bem delimitadas do Direito Internacional Privado em que fosse detectável alguma incidência, ainda que indirecta, no funcionamento do mercado interno.

A unificação de vastos sectores do Direito Internacional Privado deveria ficar assim reservada à acção intergovernamental, o que explica que, contrariamente ao proposto pela Comissão e pelo *Addendum* holan-

---

[18] Cf. SCOLES/HAY/BORCHERS/SYMEONIDES.– *Conflict of Laws*, 3.ª ed., St. Paul, Minn., 2000, 145 e segs. e 282 e segs.

[19] Cf. E. FARNSWORTH – *An Introduction to the Legal System of the United States*, 3.ª ed., Nova Iorque, 1996, 70.

[20] Ver, em sentido convergente, SCHACK (n. 8 [1999]) 807 (n. 8 [2001]) 618; GAUDEMET-TALLON (n. 6) 335 e (n. 26) 180; LINKE (n. 11) 545 e seg.

[21] Ver, designadamente, BASEDOW (n. 11) 187 e seg.

Federalismo e Direito Internacional Privado

dês, tenha sido mantido o quarto travessão do art. 293.° (ex-art. 220.°) do Tratado da Comunidade Europeia que determina que os "Estados-Membros entabularão entre si, sempre que necessário, negociações destinadas a garantir, em benefício dos seus nacionais" "a simplificação das formalidades a que se encontram subordinados o reconhecimento e a execução recíprocos tanto das decisões judiciais como das decisões arbitrais"[22].

Também aqui, porém, os órgãos comunitários fizeram uma "interpretação" que, na prática, prescinde de qualquer nexo efectivo com o funcionamento do mercado interno. Com efeito, o Conselho tem entendido que o bom funcionamento do mercado interno exige a uniformização de quase todo o Direito Internacional Privado. Assim, já adoptou três regulamentos neste domínio[23], a saber:

    – o Reg. (CE) n.° 1346/2000, de 29/5, relativo aos processos de insolvência[24];

    – o Reg. (CE) n.° 1347/2000, de 29/5, relativo à competência, ao reconhecimento e à execução de decisões em matéria matrimonial e de regulação do poder paternal em relação a filhos comuns do casal[25]; e

    – Reg. (CE) n.° 44/2001, de 22/12/2000, relativo à competência judiciária, ao reconhecimento e à execução de decisões em matéria civil e comercial[26].

Além disso, o Plano de acção do Conselho e da Comissão sobre a melhor forma de aplicar as disposições do Tratado de Amesterdão relativas à criação de um espaço de liberdade, de segurança e de justiça (1998),

---

[22] Cf. KOHLER (n. 12) 22 e seg. Cp. BASEDOW (n. 11) 186 e seg., entendendo que a subsistência do quarto travessão do art. 293.° do Tratado pode explicar-se pela circunstância de abranger matérias que, por não serem de Direito privado, estão excluídas do âmbito de aplicação dos arts. 61.°/c) e 65.°.

[23] Ao abrigo das mesmas disposições do Tratado foram também publicados os Regs. (CE) n.° 1348/2000, do Conselho, de 29/5/2000, relativo à citação e à notificação dos actos judiciais e extrajudiciais em matéria civil e comercial nos Estados-Membros, *JOCE* L 160/37, de 30/6/2000, e n.° 1206/2001, do Conselho, de 28/5/2001, relativo à cooperação entre os tribunais dos Estados-Membros no domínio da obtenção de provas em matéria civil ou comercial, *JOCE* L 174/1, de 27/6/2001. Ver ainda Decisão da Comissão de 25/9/2001 que estabelece um manual de entidades requeridas e um glossário de actos que podem ser objecto de citação ou de notificação ao abrigo do Reg. (CE) n.° 1348/2000 do Conselho, *JOCE* L 298/1, de 15/11/2001.

[24] *JOCE* L 160/1, de 30/6/2000.

[25] *JOCE* L 160/19, de 30/6/2000.

[26] *JOCE* L 012/1, de 16/1/2001.

284   *Direito Internacional Privado/Private International Law*

contempla a uniformização em matéria de Direito aplicável às obrigações não-contratuais e, se necessário, o início da revisão de certas disposições da Convenção de Roma sobre a Lei Aplicável às Obrigações Contratuais, num prazo de dois anos a contar da entrada em vigor do Tratado (1/5/99). O mesmo Plano prevê que no prazo de cinco anos a contar da entrada em vigor do Tratado se examine a possibilidade de actos comunitários sobre o Direito aplicável ao divórcio e sobre a competência internacional, Direito aplicável, reconhecimento e execução de sentenças em matéria de regime matrimonial de bens e de sucessão por morte.

Por acréscimo, o TCE tem entendido que a Comunidade Europeia tem competência externa relativamente às matérias em que exerceu as suas competências internas[27]. No âmbito do Direito económico, o TCE entende que esta competência é exclusiva, no sentido em que só a Comunidade pode celebrar com Estados terceiros convenções internacionais que afectem as normas comunitárias. É controverso se, e em que termos, esta solução é extensível às competências exercidas em matéria de Direito Internacional Privado[28].

Nas matérias do Direito Internacional Privado em que a Comunidade Europeia não tiver ainda exercido uma competência reguladora, os Estados--Membros são livres de legislar ou celebrar com terceiros Estados convenções internacionais. Neste sentido, o Tratado da Comunidade Europeia não atribui à Comunidade Europeia uma competência exclusiva em matéria de Direito Internacional Privado. No entanto, uma vez exercida, esta competência exclui ou, pelo menos, limita a competência dos Estados-Membros[29].

---

[27] Ver ac. 31/3/1971, no caso *Accord européen sur les transports routiers* [*CTCE* (1971) 69] e Maria LUÍSA DUARTE – *A Teoria dos Poderes Implícitos e a Delimitação de Competência entre a União Europeia e os Estados-Membros*, Lisboa, 1997, 424 e segs. e 575 e segs.

[28] Os órgãos comunitários tendem para uma extensão incondicional; no mesmo sentido, JAYME/KOHLER – "Europäisches Kollisionsrecht 2000: Interlokales Privatrecht oder universelles Gemeinschaftsrecht?", *IPRax* (2000) 454-465, 454 e seg.; cp. ALEGRÍA BORRÁS (n. 14) 408 e seg., defendendo a necessidade de examinar em cada caso os limites derivados do âmbito do Título IV do Tratado da Comunidade Europeia, os termos do instrumento extracomunitário e, em último caso, a existência de uma "boa cláusula de desconexão" (i.e., uma disposição convencional que salvaguarde a aplicação das normas comunitárias nas relações entre os Estados-Membros). Ver ainda Id. – "La incidencia de la comunitarización del Derecho Internacional Privado en la elaboración de convenios internacionales", *in Estudos em Homenagem à Professora Doutora Isabel de Magalhães Collaço*, vol. I, 45-77, Coimbra, 2002.

[29] Divergindo do afirmado por JAYME/KOHLER (n. 28) 455, entendo que não se trata, no entanto, de uma verdadeira competência concorrente.

Resulta do anteriormente exposto que, em minha opinião, esta atribuição de competência genérica aos órgãos comunitários em matéria de Direito Internacional Privado não é justificada à luz dos objectivos visados pelos Tratados instituintes, está em contradição com o disposto no Tratado da União Europeia sobre o respeito da cultura, das tradições e da identidade nacional dos Estados-Membros e não se ajusta ao actual estádio de integração europeia.

No exercício desta competência tem-se verificado uma violação do disposto no art. 65.º do Tratado da Comunidade Europeia e do princípio da subsidiariedade, designadamente quanto à uniformização dos regimes da competência internacional e do reconhecimento de decisões estrangeiras. Os órgãos comunitários não demonstraram que o bom funcionamento do mercado interno exige esta uniformização e que os objectivos visados com a unificação destes regimes não podem ser suficientemente realizados pelos Estados-Membros[30].

Quais são, então, as verdadeiras razões para as intervenções dos órgãos comunitários em matéria de Direito Internacional Privado?

Creio que há um motivo mais genérico e estratégico e um motivo de ordem prática.

O motivo de ordem prática prende-se com as dificuldades inerentes à utilização de convenções internacionais, ilustradas pelas sucessivas convenções de adesão à Convenção de Bruxelas e à Convenção de Roma que acompanharam os processos de alargamento das Comunidades Europeias. Este motivo não explica, porém, a razão por que a Comunidade Europeia em lugar de recorrer a instrumentos mais flexíveis, optou por uma unificação por via de regulamentos comunitários.

O motivo estratégico, que também parece estar subjacente aos projectos de unificação geral do Direito privado na Europa, consiste na utilização do Direito como um instrumento para a integração política europeia, procurando superar, através do activismo dos titulares dos órgãos comunitários e de alguns autores, os défices de vontade política que se têm verificado nos Estados-Membros. Através da unificação de vastos sectores do Direito pretende-se não só reafirmar a subordinação dos sistemas jurídicos dos Estados-Membros relativamente à ordem jurídica comunitária mas

---

[30] Ver, em sentido convergente, SCHACK (n. 8 [1999]) 807 e seg.; Id. – *Internationales Zivilverfahrensrecht*, 3.ª ed., Munique, 2002, 48 e seg.; GAUDEMET-TALLON (n. 6) 328 e seg. e – "De l'utilité d'une unification du droit international privé de la famille dans l'union européenne?", *in Estudos em Homenagem à Professora Doutora Isabel de Magalhães Collaço*, vol. I, 159-185, Coimbra, 2002, 179 e segs.; LINKE (n. 11) 545 e seg.

286 *Direito Internacional Privado/Private International Law*

também reduzir ao mínimo a sua autonomia[31], segundo um modelo que corresponde a um Estado europeu com elevado grau de centralização.

Esta instrumentalização do Direito é criticável, visto que ignora a autonomia do Direito enquanto subsistema social, não respeita a autonomia legislativa e a identidade cultural dos Estados-Membros e não corresponde a um projecto político claro e definido, baseado na vontade política esclarecida e democraticamente expressa dos cidadãos comunitários sobre o modelo de Europa que desejam.

B) *Competência jurisdicional*

Em regra, são competentes em matéria de Direito Internacional Privado os tribunais dos Estados-Membros. O Tribunal das Comunidades Europeias (TCE) destina-se sobretudo a assegurar o respeito do Direito Comunitário na interpretação e aplicação dos tratados.

O TCE é competente, designadamente, para o controlo da legalidade dos actos comunitários – competência essencialmente administrativa; para a acção destinada a verificar a violação dos Tratados pelos Estados-Membros; para decidir a título prejudicial sobre a interpretação dos tratados, a validade e interpretação dos actos das instituições comunitárias; e, para conhecer dos litígios entre as Comunidades e os seus agentes, dentro dos limites e condições estabelecidas no estatuto ou decorrentes do regime que a estes é aplicável.

O Tribunal de Primeira Instância (TPI) exerce, como primeira instância, uma parte da competência atribuída ao TCE, designadamente com respeito aos litígios entre as Comunidades e os seus agentes e aos recursos interpostos por particulares com fundamento em ilegalidade de actos comunitários.

Não obstante, no exercício destas competências os tribunais comunitários podem ter de apreciar situações que relevam da ordem jurídica estadual no âmbito de questões prejudiciais suscitadas pela aplicação do Direito Comunitário. É o que se verifica, nos litígios entre as Comunidades e os seus agentes, com as questões prévias relativas ao estado das pessoas e a relações de família suscitadas pelas normas de Direito Comunitário que atribuem certos direitos e vantagens aos referidos agentes[32].

---

[31] Num sentido que obviamente transcende a "primazia do Direito Comunitário".

[32] Cf. G. BADIALI – "Le droit international privé des Communautés européennes", *RCADI* 191 (1985) 91-182, 124 e segs. e 132 e segs. e FALLON (n. 10) 100 e segs. e 105 e segs.

Veremos, porém, que os tribunais comunitários têm evitado o recurso a normas de conflitos para a resolução destas questões.

Além disso, o TCE também tem outras competências, e entre estas encontram-se casos em que o TCE pode ter de apreciar situações transnacionais a título principal.

Primeiro, o TCE tem competência para interpretar convenções concluídas com base no art. 293.° (ex-art. 220.°) do Tratado da Comunidade Europeia, bem como as concluídas com base no art. K.3 do Tratado da União Europeia na redacção anterior ao Tratado de Amesterdão.

Saliente-se o Protocolo relativo à interpretação pelo TCE da Convenção de Bruxelas Relativa à Competência Judiciária e à Execução de Decisões em Matéria Civil e Comercial (1971, modificado em 1978, 1982, 1989 e 1996).

No exercício desta competência o TCE tem apreciado questões transnacionais, designadamente no que se refere à validade de pactos de jurisdição.

Segundo, o TCE tem, em princípio, competência para interpretar os regulamentos comunitários, mesmo em matéria de Direito privado (art. 234.° ex-art. 177.° do Tratado da Comunidade Europeia). É o que se verifica com os regulamentos comunitários de Direito Internacional Privado, nos termos do art. 68.° (ex-art. 73.°-P) do Tratado da Comunidade Europeia.

Terceiro, o TCE tem competência para interpretar a Convenção de Roma sobre a Lei Aplicável às Obrigações Contratuais ao abrigo do Primeiro Protocolo relativo à interpretação pelo TCE da Convenção sobre a Lei Aplicável às Obrigações Contratuais (1988) e do Segundo Protocolo que atribui ao TCE determinadas competências em matéria de interpretação da mesma Convenção (1988). Não tenho notícia da entrada em vigor destes Protocolos.

Quarto, o TCE é competente para conhecer dos litígios relativos a responsabilidade extracontratual da Comunidade Europeia por danos causados pelas suas instituições ou pelos seus agentes (art. 235.° ex-art. 178.° do Tratado da Comunidade Europeia). Em princípio, o TPI também é competente, em primeira instância, nesta matéria (art. 225.° ex-art. 168.°-A do Tratado da Comunidade Europeia na redacção dada pelo Tratado de Nice).

Enfim, nos termos do art. 238.° (ex-art. 181.°) do Tratado da Comunidade Europeia o TCE é ainda competente para decidir com fundamento em "cláusula compromissória" constante de um contrato de Direito público ou de Direito privado, celebrado pela Comunidade ou por sua

288   *Direito Internacional Privado/Private International Law*

conta[33]. Também neste caso o TPI é, em princípio, competente em primeira instância (art. 225.º ex-art. 168.º-A do Tratado da Comunidade Europeia na redacção dada pelo Tratado de Nice).

II – O significado das fontes comunitárias do Direito Internacional Privado

A) *Direito Internacional Privado de fonte comunitária que opera ao nível da ordem jurídica comunitária*

O Direito Internacional Privado de fonte comunitária pode operar ao nível da ordem jurídica comunitária ou das ordens jurídicas dos Estados-Membros.

É indiscutível que opera *ao nível da ordem jurídica comunitária* nos casos em que se trata de Direito Internacional Privado aplicável pelas jurisdições comunitárias.

É o que se verifica com o Direito de Conflitos contido no Tratado da Comunidade Europeia.

Em primeiro lugar, foi assinalado que as jurisdições comunitárias são competentes para conhecer dos litígios relativos à responsabilidade extra-contratual da Comunidade Europeia por danos causados pelas suas instituições ou pelos seus agentes. Nesta matéria, o art. 288.º/2 (ex-art. 215.º/2) do Tratado da Comunidade Europeia remete para os princípios gerais comuns aos Direitos dos Estados-Membros.

No que toca à competência do TCE fundada em "cláusula compromissória" constante de um contrato de Direito privado ou de Direito público celebrado pela Comunidade ou por sua conta, o Tratado da Comunidade Europeia limita-se a determinar que a responsabilidade contratual da Comunidade é regulada pela lei aplicável ao contrato em causa (art. 288.º/1 ex-art. 215.º/1).

A jurisprudência do TCE nesta matéria, relativamente escassa, confirma que, em primeiro lugar, o tribunal atende ao Direito escolhido expressa ou tacitamente pelas partes. Na falta de designação pelas partes, parece que o tribunal, entre a determinação do Direito nacional aplicável e o recurso aos princípios jurídico-materiais comuns aos Estados em con-

---

[33] Sobre este preceito, ver considerações formuladas por RAÚL VENTURA – "Convenção de arbitragem", *ROA* 46 (1986) 289-413, 314 e seg.

tacto com a situação, tem dado preferência, nesta matéria, à primeira via, e aplicado o Direito do Estado com o qual situação apresenta uma conexão mais estreita[34]. É de supor que, com a entrada em vigor da Convenção de Roma sobre a Lei Aplicável às Obrigações Contratuais, o TCE *atenda* ao Direito de Conflitos *unificado* aí contido, pelo menos com respeito aos contratos de Direito privado[35].

Com respeito às questões prévias relativas ao estado das pessoas e a relações de família que se colocam nos litígios entre as Comunidades e os seus agentes, os tribunais comunitários têm evitado a formulação de regras de conflitos para a determinação do Direito estadual aplicável[36]. O sentido da jurisprudência comunitária não é inequívoco. Segundo uns os tribunais comunitários atendem aos Direitos de Conflitos dos Estados-Membros cujos tribunais seriam competentes para conhecer a questão (se ela se suscitasse a título principal)[37]. Segundo outros esta jurisprudência baseia-se nos elementos comuns aos Direitos de Conflitos dos Estados-Membros envolvidos[38].

---

[34] Ver D. LASOK e P. A. STONE – *Conflict of Laws in the European Community*, Oxon, 1987, 36 e segs.

[35] Cf. G. BADIALI (n. 32) 91 e segs., FALLON (n. 10) 116 e Antonio SAGGIO – "Diritto internazionale privato e diritto uniforme nel sistema comunitario", *Riv. diritto europeo* (1996) 215-233, 221. O TCE também é competente para decidir os litígios entre a Comunidade e os seus agentes, dentro dos limites e condições estabelecidos no estatuto ou decorrentes do regime que a estes é aplicável (art. 236.° ex-art. 179.°). O art. 288.°/4 (ex-art. 215.°) regula a responsabilidade pessoal dos seus agentes pelas disposições do respectivo estatuto ou do regime que lhes é aplicável. Trata-se de uma matéria jurídico-administrativa que não parece colocar um problema de determinação do Direito aplicável que deva ser resolvido pelo Direito Internacional Privado.

[36] Ver RIGAUX – "Droit international privé et droit communautaire", *in Mélanges Yvon LOUSSOUARN*, 341-354, 1992, 347 e segs. e MOURA RAMOS – "O Tribunal de Justiça das Comunidades Europeias e a Teoria Geral do Direito Internacional Privado. Desenvolvimentos Recentes", *in Estudos em Homenagem à Professora Doutora Isabel de Magalhães Collaço*, vol. I, 431-467, Coimbra, 2002, 445 e segs. Em sentido desfavorável a esta formulação ver alegações do Procurador-Geral Jean-Pierre WARNER no caso *Mme P.* v. *Comissão*, TCE 5/2/81, proc. n.° 40/79 [*Rec.* 1981: 361, 382 e seg.], mas com argumentos pouco convincentes. RIGAUX considera que se trataria de um esforço desmesurado a elaboração de um sistema geral de normas de conflitos face à raridade dos casos em que é necessário. O autor favorece o recurso às regras de conflitos do tribunal do Estado-Membro que seria competente para conhecer a questão (se ela se suscitasse a título principal, segundo creio), invocando neste sentido os regulamentos de execução do Estatuto dos funcionários emitidos pela Comissão.

[37] Cf. RIGAUX [loc. cit.] e FALLON (n. 10) 108 e segs.

[38] Cf. SAGGIO (n. 35) 219 e MOURA RAMOS (n. 16 [s. d.]) 94 (mas cp. [n. 36] 446 e segs.].

B) *Direito Internacional Privado de fonte comunitária que opera ao nível da ordem jurídica dos Estados-Membros*

O significado do Direito Comunitário derivado como fonte do Direito Internacional Privado vigente na ordem jurídica interna foi limitado antes do Tratado de Amesterdão[39].

A maior parte destas normas comunitárias de Direito Internacional Privado estão contidas em directivas. Trata-se pois de medidas de harmonização dos sistemas de Direito Internacional Privado dos Estados-Membros. A jurisprudência comunitária reconhece um efeito directo às directivas não transpostas no prazo devido, mas limita-o à eficácia vertical: na falta de medidas de execução pelos Estados estes actos apenas podem ser opostos pelos particulares aos Estados que os não cumpram; já não podem ser invocados nas relações interparticulares[40].

Decorre do anteriormente exposto que, a partir da entrada em vigor do Tratado de Amesterdão, o Direito Comunitário derivado passou a ser uma das fontes mais importantes do Direito Internacional Privado vigente na ordem interna dos Estados-Membros. Os Regulamentos já adoptados pelo Conselho neste domínio foram anteriormente referidos (I)[41]. A concretizarem-se os planos dos órgãos comunitários, o Direito Comunitário derivado tenderá a constituir a mais importante das fontes do Direito Internacional Privado vigente na ordem interna dos Estados-Membros.

---

[39] Ver LIMA PINHEIRO (n. 4) 164 e seg. e (n. 5) 49. Em geral, ver Peter NORTH – "Is European Harmonisation of Private International Law a Myth or a Reality? A British Perspective", *in Essays in Private International Law* (1993), 1-21, Oxford, 1990; Karl KREUZER – "*Lex communis europæe de collisione legum*: utopie ou nécessité", *in España y la codificación del Derecho internacional privado*, 225-246, Madrid, 1991, 233 e segs.; RIGAUX (n. 36); e, JAYME/KOHLER – "Das Internationale Privat- und Verfahrensrecht der EG nach Maastricht", *IPRax* 12 (1992) 346-356, "Europäisches Kollisionsrecht 1994: Quellenpluralismus und offene Kontraste", *IPRax* 14 (1994) 405-415, "Europäisches Kollisionsrecht 1995 – Der Dialog der Quellen", *IPRax* 15 (1995) 343-354, "Europäisches Kollisionsrecht 1996 – Anpassung und Transformation der nationalen Rechte", *IPRax* 16 (1996) 377, (n. 11) 385 e "Europäisches Kollisionsrecht 1999 – Die Abendstunde der Staatsverträge", *IPRax* 19 (1999) 401-413.

[40] Cf. JAYME – "Identité culturelle et intégration: le droit international privé postmoderne", *RCADI* 251 (1995) 9-268, 84 e SONNENBERGER (n. 10) 34 e segs.

[41] Há ainda a mencionar, como medida de harmonização do Direito de Conflitos tomada depois da entrada em vigor do Tratado de Amesterdão, a Dir. 2002/65/CE do Parlamento Europeu e do Conselho, de 23/9/2002, relativa à comercialização à distância de serviços financeiros prestados a consumidores e que altera as Dirs. 90/619/CEE do Conselho, 97/7/CE e 98/27/CE [*JOCE* L 271/16, de 9/10/2002].

Federalismo e Direito Internacional Privado

II – Dos limites que possam decorrer dos Tratados instituintes para a actuação das normas nacionais de Direito Internacional Privado

A) *Aspectos gerais*

Constitui questão muito controversa a da incidência das normas e princípios que consagram as liberdades de circulação de pessoas, mercadorias e serviços e o direito de estabelecimento sobre os Direitos de Conflitos nacionais.

Uns defendem que do Tratado da Comunidade Europeia decorrem certas soluções conflituais e limites à aplicação de normas de Direito privado que condicionam o Direito de Conflitos dos Estados-Membros[42]. Outros entendem que este Tratado não contém "normas de conflitos ocultas" e que o problema da compatibilidade de normas internas de Direito de Conflitos com o Direito Comunitário originário só se coloca excepcionalmente, com relação a certas normas discriminatórias[43].

Esta segunda posição merece a minha preferência.

Por certo que pode haver uma tensão entre as normas comunitárias que consagram as liberdades fundamentais e algumas normas internas de Direito Internacional Privado.

Por conseguinte, a tensão entre as normas e princípios comunitários relativos às liberdades fundamentais e o Direito de Conflitos dos Estados--Membros é *normalmente* resolúvel mediante a autonomização das questões de Direito privado suscitadas pela aplicação dessas normas comunitárias e a sua sujeição ao Direito Internacional Privado dos Estados-Membros.

Entendimento algo diverso, porém, tem sido seguido pelo TCE. Examinarei em seguida algumas decisões relativas ao direito de estabelecimento e à liberdade de prestação de serviços que vieram colocar limites

---

[42] Ver Jürgen BASEDOW – "Der kollisionsrechtliche Gehalt der Produktsfreheiten im europäischen Binnenmarkt: favor offerendis", *RabelsZ*. 59 (1995) 1-54 e RADICATI DI BROZOLO – "Libre circulation dans la CE et règles de conflit", *in L'européanisation du droit international privé*, org. por Paul LAGARDE e Bernd VON HOFFMANN, 87-103, Colónia, 1996; mais moderadamente, FALLON (n. 10) 127 e segs., 140 e segs. e 178; Wulf-Henning ROTH – "Die Grundfreiheiten und das Internationale Privatrecht – das Beispiel Produkthaftung", *in Gedächtnisschrift für Alexander Lüderitz*, 635-657, Munique, 2000 e "Der Einfluss der Grundfreiheiten auf das internationale Privat- und Verfahrensrecht", *in Systemwechsel im europäischen Kollisionsrecht*, 47-63, Munique, 2002; KROPHOLLER – *Internationales Privatrecht*, 4.ª ed., Tubinga, 2001, 73 e seg.

[43] Ver BADIALI (n. 32) 107 e SONNENBERGER (n. 10) 13 e segs.

292   *Direito Internacional Privado/Private International Law*

ou condicionamentos à actuação do Direito de Conflitos em matéria de "sociedades" e de relações laborais.

B) *Direito de estabelecimento e Direito de Conflitos das "sociedades" comunitárias*

Tem sido discutido se o direito de estabelecimento atribuído pelo Direito Comunitário implica que cada Estado-Membro deve aplicar às "sociedades" comunitárias (na acepção ampla do art. 48.° ex-art. 58.° do Tratado da Comunidade Europeia) o Direito da sua constituição. A doutrina dominante responde negativamente[44]. Também o TCE, no caso *Daily Mail* (1988)[45], decidiu que até à conclusão de uma convenção de reconhecimento entre os Estados-Membros ou outra regulação comunitária desta matéria o Direito Comunitário não coloca condicionamentos aos Direitos de Conflitos nacionais na determinação do estatuto pessoal das sociedades

Mais recentemente, no caso *Centros* (1999), o TCE decidiu que, por força das disposições sobre direito de estabelecimento, um Estado-Membro não pode recusar o registo de uma dita "sucursal" de uma sociedade constituída em conformidade com a legislação de outro Estado-Membro, no qual tem a sede estatutária, mesmo quando segundo o Direito Internacional Privado daquele Estado-Membro seriam aplicáveis as suas normas sobre a constituição de uma sociedade, uma vez que se tratava de uma sociedade interna que, em fraude à lei, fora constituída no estrangeiro (uma sociedade pseudo-estrangeira)[46].

Segundo a melhor interpretação desta decisão, que a compatibiliza com a proferida no caso *Daily Mail*, ela fundamenta-se numa interpretação autónoma do conceito de "sucursal" utilizado pelo art. 43.°/1 (ex-art. 52.°) do Tratado da Comunidade Europeia, e não comporta uma tomada de posição sobre o estatuto pessoal das "sociedades" comunitárias[47]. A interpretação das normas sobre direito de estabelecimento seguida pelo tribunal é discutível. Para além disso, porém, o registo da dita "sucursal" sus-

---

[44] Ver referências em LIMA PINHEIRO – "O Direito aplicável às sociedades. Contributo para o Direito Internacional Privado das sociedades", *ROA* 58 (1998) 673-777, n. 210 e, a favor da posição contrária, n. 211.

[45] Cf. ac. 27/9/88 [*CTCE* (1988-8) 5483].

[46] TCE 9/3/99 [*CTCE* (1999-3) I – 1459].

[47] Cf. Werner EBKE – "Centros – Some Realities and Some Mysteries", *Am. J. Comp. L.* 48 (2000) 623-660, 632 e segs.

Federalismo e Direito Internacional Privado 293

citava questões prévias de Direito privado que deveriam ser resolvidas segundo o Direito Internacional Privado do Estado-Membro em causa. A decisão é, a este respeito, errada. Ao impor incondicionalmente o registo da "sucursal" o TCE fez prevalecer as normas relativas ao direito de estabelecimento sobre o Direito Internacional Privado dos Estados-Membros[48].

A mesma orientação geral foi seguida mais recentemente no caso *Überseering* (2002)[49]. Nesta decisão o TCE afirmou que o exercício da liberdade de estabelecimento pressupõe necessariamente o reconhecimento da personalidade jurídica da sociedade constituída em conformidade com o Direito de outro Estado-Membro, onde tem a sua sede estatutária, em qualquer Estado-Membro em que pretenda estabelecer-se[50]. Por conseguinte, no caso de a sociedade transferir a sede da sua administração para um Estado diferente daquele em que se constituiu e estabeleceu a sede estatutária, a recusa de reconhecimento da sua personalidade jurídica constitui, no entender do tribunal, uma restrição à liberdade de estabelecimento que é, em princípio, inadmissível[51].

Esta decisão, se também não afasta a regra da sede da administração na definição do estatuto pessoal das "sociedades" comunitárias[52], estabelece um claro limite à actuação desta regra, visto que obriga ao reconhecimento da personalidade jurídica adquirida pelas "sociedades" constituídas fora do Estado da sede da sua administração, segundo o Direito do Estado constituição (i.e., com base na teoria da constituição)[53].

Este entendimento é de reprovar. A personalidade jurídica é uma questão prévia de Direito privado suscitada pelas normas relativas à liberdade de estabelecimento que deveria ser apreciada exclusivamente segundo a lei designada pelo Direito de Conflitos do Estado em que se pretendia exercer esta liberdade.

---

[48] Cp., porém, MOURA RAMOS (n. 36) 455 e segs. com mais referências.

[49] 5/11/2002 disponível em http://europa.eu.int.

[50] N.º 59.

[51] N.º 82.

[52] Cp. LIMA PINHEIRO (n. 44) 770 e seg., com mais referências, no sentido de as normas sobre direito de estabelecimento implicarem a submissão do estatuto das "sociedades" comunitárias" à lei do Estado-Membro de constituição. Decorre do exposto no texto que já não sigo este entendimento.

[53] Relativamente às teorias sobre a determinação do estatuto pessoal das sociedades ver LIMA PINHEIRO (n. 44) 678 e segs. e *Direito Internacional Privado. Vol. II – Direito de Conflitos. Parte Especial*, 2.ª ed., Almedina, Coimbra, 2002, 79 e segs.

294   *Direito Internacional Privado/Private International Law*

Nestes casos, as questões prévias de Direito privado suscitadas pela aplicação das normas relativas à liberdade de estabelecimento relevam da ordem jurídica dos Estados-Membros e, por conseguinte, devem ser solucionadas com base no Direito Internacional Privado dos Estados-Membros e não segundo critérios autónomos pretensamente deduzidos dessas normas comunitárias.

Entretanto, aguarda-se o pronunciamento do TCE sobre outras questões suscitadas pelos tribunais nacionais relativamente às implicações desta jurisprudência para o Direito de Conflitos das sociedades.

C) *Liberdade de prestação de serviços e normas laborais susceptíveis de aplicação necessária*

Passo agora a referir algumas decisões proferidas em matéria de relações laborais à luz das normas relativas à liberdade de prestação de serviços.

Principiarei pelos casos *Arblade* (1999)[54] e *Mazzoleni* (2001)[55], relativos à aplicação de normas belgas, essencialmente de Direito do Trabalho, a trabalhadores destacados para o seu território. Nestas decisões o TCE entendeu que as normas nacionais inseridas na categoria de "leis de polícia e de segurança" (normas susceptíveis de aplicação necessária) aplicáveis aos serviços prestados no território do Estado que as edita por pessoas estabelecidas noutros Estados-Membros constituem limites à liberdade de prestação de serviços que só podem ser justificados por razões imperativas de interesse geral e que se apliquem a qualquer pessoa ou empresa que exerça uma actividade no território do Estado-Membro de acolhimento na medida em que esse interesse não esteja salvaguardado pelas regras a que o prestador está sujeito no Estado-Membro em que está estabelecido. O tribunal afirmou ainda que a aplicação destas normas, como de quaisquer outras regulamentações nacionais, de um Estado--Membro aos prestadores estabelecidos noutros Estados-Membros, deve ser adequada para garantir a realização do objectivo que as mesmas prosseguem e não ultrapassar o necessário para atingir esse objectivo.

Nesta base, no caso *Mazzoleni*, o TCE decidiu que "os artigos 59.° e 60.° do Tratado não se opõem a que um Estado-Membro obrigue uma

---

[54] 23/11/1999 [*CTCE* (1999) I-08453].
[55] 15/3/2001 [*CTCE* (2001) I-02189].

Federalismo e Direito Internacional Privado 295

empresa estabelecida noutro Estado-Membro que efectue uma prestação de serviços no território do primeiro Estado-Membro a pagar aos seus trabalhadores a remuneração mínima estabelecida pelas normas nacionais desse Estado. A aplicação de tais regras pode, contudo, revelar-se desproporcionada quando se trate de assalariados de uma empresa estabelecida numa região fronteiriça que sejam conduzidos a efectuar, a tempo parcial e durante breves períodos, uma parte do respectivo trabalho no território de um ou até mesmo vários Estados-Membros que não o de estabelecimento da empresa. Incumbe, em consequência, às autoridades competentes do Estado-Membro de acolhimento determinar se e em que medida a aplicação de uma regulamentação nacional que imponha um salário mínimo a tal empresa é necessária e proporcionada para garantir a protecção dos trabalhadores em causa"[56].

A mesma orientação foi seguida pelo mesmo tribunal no caso *Portugaia* (2002), em que se afirma que "Incumbe, por isso, às autoridades nacionais ou, se for caso disso, aos órgãos jurisdicionais do Estado-Membro de acolhimento, antes de aplicarem a regulamentação relativa ao salário mínimo aos prestadores de serviços estabelecidos noutro Estado-Membro, verificar se esta prossegue efectivamente e pelos meios apropriados um objectivo de interesse geral"[57].

Estas decisões não são proferidas à luz da Directiva Relativa ao Destacamento de Trabalhadores[58], por à data da ocorrência dos factos ainda não ter expirado o prazo para a sua transposição e, segundo parece, ainda não terem sido transpostas para a ordem jurídica interna dos Estados em que trabalho foi executado. Em minha opinião o entendimento seguido pelo TCE entra em contradição com o disposto nesta Directiva, que estabelece que os Estados comunitários devem assegurar, aos trabalhadores destacados para o seu território por uma empresa estabelecida noutro Estado comunitário, a *protecção mínima* concedida pelo seu Direito em certas matérias (arts. 1.°/1 e 3.°)[59].

---

[56] N.° 41.

[57] N.° 24, 24/1/2002 [*CTCE* (2002) I-00787]. Sobre esta decisão ver MOURA VICENTE – "Destacamento internacional de trabalhadores", *in Direito Internacional Privado. Ensaios*, vol. I, 85-106, Coimbra, 2002, 96 e seg.

[58] Dir. 96/71/CE do Parlamento Europeu e do Conselho, de 16/12 [*JOCE* L 18/1, de 21/1/97].

[59] Ver, sobre esta Directiva, LIMA PINHEIRO (n. 53) 203 e seg. Cp. MOURA VICENTE (n. 57) 97.

296 *Direito Internacional Privado/Private International Law*

As decisões que acabo de examinar também manifestam uma certa tendência para fazer prevalecer as normas sobre a liberdade de prestação de serviços sobre o Direito Internacional Privado dos Estados-Membros. Nestes casos não se trata do Direito de Conflitos geral, mas de normas susceptíveis de aplicação necessária do Estado em que os serviços são prestados[60].

Esta jurisprudência, quando interpretada no sentido do estabelecimento de limites genéricos à actuação de normas de conflitos que desencadeiem a aplicação do Direito privado do Estado destinatário da prestação de serviços por empresas estabelecidas noutros Estados-Membros, fundamenta-se a meu ver num entendimento equivocado das relações entre o Direito Comunitário e o Direito Internacional Privado.

O equívoco assenta numa confusão entre regimes de Direito público sobre o acesso e exercício de actividades económicas e regimes de Direito privado aplicáveis às relações estabelecidas no exercício dessas actividades. O acesso e exercício de uma actividade está submetido aos regimes de Direito público do Estado em que o prestador de serviços está estabelecido, uma vez que se trata de normas que são, em regra, de aplicação territorial. Por isso se compreende que, num mercado comum, só limitadamente possam ser aplicadas normas sobre acesso e exercício de actividades do Estado destinatário da prestação aos serviços prestados por pessoas estabelecidas noutros Estados-Membros (dito princípio do país de origem). Já a aplicação de regimes de Direito privado depende das normas de Direito Internacional Privado (que não seguem o princípio do país de origem), razão por que não se pode partir do princípio que a prestação de serviços está submetida ao regime estabelecido pelo Estado-Membro de origem. De onde resulta que as soluções desenvolvidas pela jurisprudência comunitária sobre a aplicação de regimes de Direito público sobre o acesso e exercício de actividades não são, em princípio, transponíveis para a aplicação de normas de Direito privado do Estado destinatário da prestação.

Por certo que podem ocorrer casos de aplicação cumulativa de normas imperativas de Direito privado do Estado de origem e do Estado destinatário da prestação de serviços. Isto cria alguma desvantagem para os prestadores de serviços transfronteiriços. Mas esta desvantagem não resulta, por si, da aplicação de normas do Estado destinatário da prestação de serviços. É antes uma desvantagem inerente ao carácter transnacional

---

[60] Ver MOURA RAMOS (n. 36) 463 e segs.

Federalismo e Direito Internacional Privado 297

desta relação, que apresenta um contacto significativo com dois Estados que dispõem de sistemas jurídicos autónomos e que são internacionalmente competentes para a regular. Qualquer relação que tenha laços significativos com mais de um Estado está potencialmente sujeita à aplicação cumulativa de normas de diferentes Estados. A aplicação de normas jurídico-privadas do Estado-Membro destinatário da prestação pode ser tão ou mais justificada, à luz das finalidades próprias do Direito de Conflitos, que a aplicação das normas correspondentes do Estado de origem. Estas finalidades não devem ser sacrificadas sempre que tenham alguma incidência, por mais ténue e casual que seja, na posição do prestador de serviços.

A jurisprudência referida admite, apesar de tudo, uma outra interpretação. As normas do Estado de acolhimento dos trabalhadores cuja aplicação estava em causa encontram-se numa zona cinzenta entre o Direito privado e o Direito público e são, normalmente, de aplicação territorial. É legítimo pensar que o TCE, partindo do princípio que o prestador de serviços estava submetido a normas correspondentes no Estado de origem, entendeu que a aplicação cumulativa das normas do Estado de acolhimento deveria ser encarada como uma restrição à liberdade de prestação serviços. É um entendimento, que embora me pareça discutível à luz do Tratado da Comunidade Europeia e incompatível com a Directiva Relativa ao Destacamento de Trabalhadores, não é extensível à generalidade das normas de Direito privado.

Em suma, deve entender-se que as restrições à liberdade de prestação de serviços proibidas pelo Tratado da Comunidade Europeia são, em princípio, as que dizem respeito às normas sobre acesso e exercício de actividades económicas editadas pelo Estado-Membro destinatário da prestação. Da aplicação de normas de Direito privado às relações estabelecidas no exercício destas actividades não decorre, em princípio, qualquer restrição no sentido do art. 49.º (ex-art. 59.º) do mesmo Tratado. A aplicação destes regimes de Direito privado só deve ser considerada como um limite à liberdade de prestação de serviços quando estes regimes forem discriminatórios.

Em sentido convergente pode referir-se o pronunciamento do legislador comunitário no 23.º Considerando da Directiva sobre Comércio Electrónico[61], segundo o qual "O disposto na legislação aplicável por força das

---

[61] Dir. 2000/31/CE do Parlamento Europeu e do Conselho, de 8/6/2000 [*JOCE* L 178/1, de 17/7/2000]. Este diploma não é, porém, inteiramente coerente – ver LIMA PINHEIRO – "Direito aplicável à responsabilidade extracontratual na *Internet*", *RFDUL* 42

298 Direito Internacional Privado/Private International Law

normas de conflitos do Direito Internacional Privado não restringe a liberdade de prestar serviços da sociedade da informação nos termos constantes da presente Directiva".

D) Direito Internacional Privado e princípio da não discriminação

Já se aceita que a proibição de discriminação em razão da nacionalidade, no âmbito de aplicação do Tratado da Comunidade Europeia, consagrada no art. 12.º (ex-art. 6.º), seja incompatível com normas de Direito Internacional Privado que estabeleçam um tratamento menos favorável de nacionais de outros Estados-Membros[62]. Este tratamento menos favorável pode resultar da utilização, como critério diferenciador, seja da nacionalidade, seja de outro critério que conduza ao mesmo resultado discriminatório (discriminação oculta).

A utilização do elemento de conexão nacionalidade, designadamente em matéria de estatuto pessoal, não encerra, porém, qualquer discriminação[63]. A equiparação entre nacionais e estrangeiros está assegurada, no plano do Direito de Conflitos, quando o mesmo elemento de conexão for utilizado em todos os casos.

IV – Considerações finais

Numa associação de Estados soberanos é de esperar que a competência em matéria de criação e aplicação do Direito Internacional Privado per-

---

(2001) 825-834, 833 e seg. Cp. Moura Vicente – "Comércio electrónico e responsabilidade empresarial", in Direito Internacional Privado. Ensaios, vol. I, 193-239, Coimbra, 2002, 217 e segs.

[62] Ver Kropholler (n. 42) 72 e seg.

[63] No seu ac. 10/6/1999, no caso Johannes [CTCE (1999) I-03475], o TCE decidiu que a proibição de discriminação em razão da nacionalidade, consagrada no art. 12.º (ex-art. 6.º) do Tratado da Comunidade Europeia, se limita ao âmbito de aplicação deste Tratado e que nem as normas nacionais de Direito Internacional Privado que determinam o direito substantivo nacional aplicável aos efeitos do divórcio entre cônjuges nem os preceitos nacionais de Direito Civil que regulam em termos de Direito substantivo esses efeitos se incluem no âmbito de aplicação do Tratado; de onde resulta que o art. 12.º do Tratado não obsta a que o Direito de um Estado-Membro atenda à nacionalidade dos cônjuges como factor de conexão que permite determinar o Direito substantivo nacional aplicável aos efeitos de um divórcio.

Federalismo e Direito Internacional Privado 299

tença aos órgãos dos Estados-Membros[64]. Isto sem prejuízo de, no exercício desta competência, os Estados-Membros realizarem uma *unificação ou harmonização voluntária*.

Acresce que a atribuição de competência legislativa genérica aos órgãos comunitários em matéria de Direito Internacional Privado não é justificada à luz dos objectivos visados pelos Tratados instituintes e está em contradição com o disposto no Tratado da União Europeia sobre o respeito da cultura, das tradições e da identidade nacional dos Estados--Membros e com a intencionalidade subjacente aos arts. 61.°/c) e 65.° do Tratado da Comunidade Europeia na redacção dada pelo Tratado de Amesterdão.

No exercício desta competência tem-se verificado uma *violação do disposto no art. 65.° do Tratado da Comunidade Europeia e do princípio da subsidiariedade*, designadamente quanto à uniformização dos regimes da competência internacional e do reconhecimento de decisões estrangeiras. Os órgãos comunitários não demonstraram que o bom funcionamento do mercado interno exige esta uniformização e que os objectivos visados com a unificação destes regimes não podem ser suficientemente realizados pelos Estados-Membros.

A competência dos tribunais comunitários em matéria de Direito Internacional Privado é muito limitada. No entanto, na decisão de questões suscitadas pela aplicação das normas comunitárias sobre o direito de estabelecimento e a liberdade de prestação de serviços o TCE tem manifestado uma tendência para inferir dessas normas limites e condicionamentos à actuação do Direito de Conflitos dos Estados-Membros. Esta tendência fundamenta-se num entendimento equivocado das relações entre o Direito Comunitário e o Direito Internacional Privado e, em certos casos, é incompatível com a própria legislação comunitária.

A acelerada comunitarização do Direito Internacional Privado não é, por estas razões, coerente nem justificada. Ela insere-se numa ambiciosa política de unificação do Direito privado que não só está desajustada do actual estádio da integração europeia como também é desnecessária para o aprofundamento desta integração e, designadamente, para a construção de um Estado federal.

Um Estado federal é compatível com uma pluralidade de sistemas jurídico-privados e não implica uma unificação do Direito Internacional Privado ou sequer, das normas de conflitos aplicáveis às situações que

---

[64] Ver GAUDEMET-TALLON (n. 6) 330 e segs.

300   *Direito Internacional Privado/Private International Law*

estão em contacto com mais de um Estado federado (e que integram o Direito Interlocal). Necessário é apenas que as normas de Direito Internacional Privado (bem como as de Direito Interlocal) sejam compatíveis com a Constituição federal, designadamente quanto ao respeito dos direitos fundamentais e à exigência de que a competência dos tribunais do Estado do foro ou a aplicação do seu Direito material se baseiem num laço suficientemente significativo com a situação.

Apesar de a comunitarização do Direito Internacional Privado se operar, em vasta medida, sem base jurídico-positiva ou mesmo em violação do Direito positivo, tudo indica que os órgãos comunitários persistirão na mesma orientação política. Por isso, a única possibilidade de inverter este processo seria inserir nos Tratados instituintes ou no futuro Tratado Constitucional disposições que estabelecessem restrições inequívocas às competências dos órgãos comunitários em matéria de Direito Internacional Privado e que salvaguardassem os Direitos de Conflitos dos Estados-Membros relativamente à aplicação das normas comunitárias que consagram as liberdades fundamentais.

Para o efeito, creio que se deveria estabelecer a *regra da competência legislativa exclusiva* dos Estados-Membros em matéria de Direito Internacional Privado. Esta regra admitiria excepções nas matérias em que os órgãos comunitários tivessem competência para a harmonização legislativa. No âmbito do Direito privado os órgãos comunitários só deveriam ter competência para a harmonização legislativa em matérias bem delimitadas, enumeradas taxativamente, e o exercício desta competência deveria ser sujeito aos requisitos apropriados que decorrem do princípio da subsidiariedade e da compatibilidade com os instrumentos de unificação adoptados numa base intergovernamental.

Por acréscimo, deveria introduzir-se uma *regra interpretativa* segundo a qual das normas comunitárias que consagram as liberdades fundamentais não decorrem limites para a actuação das normas de Direito Internacional Privado vigentes na ordem jurídica dos Estados-Membros, com ressalva do princípio da não discriminação.

THE PROPOSED FOREIGN JUDGMENTS
RECOGNITION AND ENFORCEMENT ACT

Raymond Marcin[*]

The prestigious American Law Institute (ALI) has been considering, and continues to consider, a set of principles dealing with the recognition, by American courts (state as well as federal) of judgments made by courts of other national sovereignties. ALI refers to this work as its International Jurisdiction and Judgments Project. The project was initially undertaken to draft legislation that would implement the General Convention on International Jurisdiction and the Effects of Foreign Judgments in Civil and Commercial Matters, being drafted by the Hague Conference on Private International Law. The ALI project has gone forward, however, independently from, but not necessarily inconsistently with, the work of the Hague Conference. ALI calls its set of principles the (Proposed) Foreign Judgments Recognition and Enforcement Act. It is contemplated that eventually ALI will commend the Act to the United States Congress for enactment into law.

At its most recent Annual Meeting in May of 2004, the proposed Act was on ALI's agenda. ALI considered the text of the proposed Act at length, and put off final consideration until its Annual Meeting in 2005. The proposed Act should be of no small interest to all lawyers who deal in international litigation and indeed to lawyers in other national sovereignties who deal in local litigation the results of which must be recognized and enforced within the United States. Because the ALI did not take any final action on the proposed Act, the proposed Act is not yet in its final form, and work on the proposed Act will be ongoing throughout the time

---

[*] Professor of Law, Catholic University of America.

prior to the ALI's next Annual Meeting in May of 2005. Hence this is an account of the work of ALI in progress.

The judgment-recognition-and-enforcement provisions of the proposed Act can perhaps best be approached from a basic understanding of the American law on inter-*state* judgment recognition *within* the United States. Judgment recognition among the several states *within* the United States is governed by a provision in § 1 of Article 4 of the United States Constitution, known as the Full Faith and Credit Clause. The Clause states: "Full Faith and Credit shall be given in each State to the public Acts, Records, and judicial Proceedings of every other State ...." This Full Faith and Credit Clause, being a constitutional mandate, results in a very strong concept of inter-*state* recognition of the final judgments of other *state* courts. The Full Faith and Credit Clause, however, does not apply to judgments by courts of other national sovereignties, and the common law of the states within the United States in the first instance leaves recognition of judgments by courts of *other national sovereignties* to the vague, weak, and non-binding principles of comity and international cooperation. Put simply, the idea behind the proposed Act is to provide a clearer, stronger, and more binding set of judgment-recognition principles, closer to those recognized under the Full Faith and Credit Clause, for use in all courts, state and federal, within the United States whenever judgments of the courts of other national sovereignties are presented for recognition and enforcement.

State statutory law, and some development of state common law have in recent years moved in the direction of giving more effect to judgments by courts of other national sovereignties. For example, more than half the states have adopted the Uniform Foreign Money-Judgments Recognition Act, and even states that have not adopted the Uniform Act have employed common-law principles that comport with the Act. The uniformity is not, however, complete. Moreover, the Uniform Foreign Money-Judgments Recognition Act applies, as its name suggests, only to the money judgments issued by foreign courts. The proposed Foreign Judgments Recognition and Enforcement Act applies generally to both monetary and non-monetary judgments, such as injunctive orders (with some limitations).

As indicated above, the idea behind the proposed Foreign Judgments Recognition and Enforcement Act is to move all courts within the United States, state and federal, by means of a *federal* statute, towards a stronger concept of recognition of the *final* judgments of courts of other national sovereignties. It is, in other words, an effort to align all courts within the United States with the by-now-proverbial fact of a global economy and the concomitant need for standardization of the litigation practices that must serve that global economy. International business decisions depend to a large extent on predictability – and not just on predictability in market trends. They depend on the predictability that the decisions made will not lead to counterproductive litigation, or if litigation is needed, that the decisions will be defensible internationally and enforceable internationally.

The major operative provision in the current draft states that any judgment or order of a governmental unit outside the United States that meets the standards set out in the proposed Act is entitled to recognition and enforcement by a court in the United States with respect to the liability or non-liability of the defendant, and with respect to damages [§§ 3(a) and 1(b) & (c)]. Obviously much is hidden in the requirement that the judgment or order meet the standards in the proposed Act.

The proposed Act does not apply to judgments of courts of other national sovereignties (referred to in the proposed Act as "foreign judgments") rendered in connection with *domestic relations* matters, such as divorce, custody, adoption, maintenance, etc. The authors of the proposed Act consider divorce jurisdiction to be too specialized, and other international agreements and federal statutes already cover other domestic relations matters [§ 1(a)(i) – e.g., Hague Conventions on the Civil Aspects of Child Abduction (1980), on the Protection of Children and Cooperation in respect to Intercountry Adoption (1993), the federal Parental Kidnapping Prevention Act, the federal International Child Support Enforcement Act]. Nor does the proposed Act apply to *bankruptcy*-type proceedings [1(a)(ii) – too specialized]. Similarly the proposed Act *ex*cludes awards from *arbitration* tribunals and court orders concerning *agreements to arbitrate* – but it *in*cludes court judgments either confirming or setting aside arbitration awards. The public policies of the several states within the United States vary widely on the issue of the enforceability of agreements to arbitrate [§ 1(a)(iii)].

Beyond those exclusions, the proposed Act allows American courts *discretion* as to whether they will recognize and enforce foreign courts' judgments for taxes, fines, and penalties, declaratory judgments, and injunctive orders [§ 2(b)]. The making of injunctive orders discretionary in terms of recognition and enforcement may be thought of as significant. Injunctions are widely used in the United States, and American courts are widely understood as possessing broad injunctive powers. The so-called "structural" injunction has taken hold in American jurisprudence, with courts in effect taking over the running of government agencies and even some major businesses affected with a public interest. The broad use of the injunctive power made by American courts probably underscores the reticence in the proposed Act. Although the recognition and enforcement of another sovereignty's injunctive orders is *permitted* (but not required) under the proposed Act, the proposed Act directs American courts *not* to directly *enforce* another sovereignty's *anti-suit* injunctive order. American courts *may*, however, give *some* ancillary recognition to the anti-suit injunction, such as in determining motions to stay American court proceedings [§13].

The proposed Act applies *only* to *final* judgments. The classic definition of a final judgment in American jurisprudence is a ruling that disposes of all the issues as to all the parties, leaving nothing to be done except enforcement of the judgment. This concept of finality under ordinary American law contemplates either that appellate procedures have been exhausted, or that the time for appeal has lapsed and an appeal has not been taken. The proposed Act, however, has a looser definition of "finality". A judgment is "final" under the proposed Act if it is enforceable in the country of origin, even though an appeal is still pending or has not yet been taken.

The classic case is one in which there has been a full trial on the merits and a set of appeals all the way to the highest appellate tribunal. Rulings, however, can result in finality even without a full trial or appeals. *Default* judgments can become final. Judgments of *dismissal* at the pleading or pre-trial stage can become final. The proposed Act accommodates both eventualities [§ 3]. American courts must. Under the proposed Act, recognize and enforce *default* judgments if the party seeking recognition satisfies the American court that the rendering court had jurisdiction over the defendant in accordance with the law of the rendering court's country, with a few exceptions for exercises of jurisdiction that are deemed to be unreasonable or unfair, such as transitory jurisdiction [§§ 3(b) & 6]. Some judgments of *dismissal* that have achieved finality are treated as final judgments for the defendant, and thus must be recognized, with a few exceptions, such as dismissals for lack of jurisdiction [§ 3(c)].

American courts typically adhere to strong *claim preclusion* and *issue preclusion* principles. Once a *claim* or cause of action has been litigated and decided with finality, it cannot be raised again in a later lawsuit between the same parties. Once an *issue* within a claim has been fully and fairly litigated and decided with finality, it cannot be litigated again in a later lawsuit, even if that later lawsuit is on a different claim or cause of action. The proposed Act applies these principles of claim preclusion and issue preclusion to foreign judgments that are presented for recognition and enforcement [§ 4]. Operatively, this means that the foreign judgment, if it satisfies American case law on claim or issue preclusion, can have preclusive effect on and can block efforts to re-litigate a claim or issue in American courts.

Under the proposed Act, actions to secure the recognition and enforcement of the foreign judgment may be filed in either a state or the federal (national) court system, regardless of the citizenships of the parties or the amount in controversy [§ 8(a)]. There is a slight preference for the federal or national court system, in that if the suit is filed in a state court system, the defendant may remove it to the federal court, again without regard to the citizenships of the parties or the amount in controversy [§ 8(b)]. The action must, however, be filed in a state or federal district in which the judgment debtor *is subject to personal jurisdiction* or where *assets* belonging to the judgment debtor *are located* [§ 9(b)]. This requirement raises the possibility of multiple suits to enforce the judgment of the court of another country. If multiple suits are filed the proposed Act requires that the suit filed in the state or district where the judgment debtor has its domicile or its principal establishment (called "the main enforcement action") will control, and all other pending actions must be stayed. If the judgment debtor has no state or district of domicile, then the state or district where its principal assets are located is regarded as "the main enforcement action" and will control [§ 9(d)(i)-(iv)].

There is an alternative and somewhat streamlined method of securing the recognition and enforcement of *money* judgments of a court of another country. The alternative method is by *registration* of the money judgment in *federal* court only [§ 10]. The judgment may be registered in a federal court in any federal district in which the judgment debtor is believed to hold property. The alternative "registration" procedure applies to money judgments only, applies only to judgments of courts of other national sovereignties that have formal reciprocity agreements with the United States, and is not allowed in cases of default judgments or judgments that are still subject to appeal [§ 10(a)]. The idea is that a truly final, and therefore non-modifiable, judgment for a sum of money will be subject to fewer defenses, although a motion to vacate the registration is allowed [§ 10(f)].

From a very practical point of view, the important provisions in the proposed Act are those that indicate when it will *not* apply. One significant provision involves the concept of *reciprocity* [§ 7]. A foreign judgment will not be recognized or enforced – in fact the provision is mandatory, "... shall not be recognized or enforced..." – if the American court finds that comparable judgments of American courts would not be recognized or enforced in the courts of the other country. Lack of reciprocity is regarded as an *affirmative defense*. The litigant who is resisting recognition of the judgment must plead the defense with specificity. The ALI, at is Annual Meeting in May of 2004, decided that the burden of proof should also rest on the party resisting recognition of the foreign judgment [§ 7(b)]. The proposed Act authorizes the United States Secretary of State to negotiate formal reciprocity agreements with other countries [§ 7(e)].

Beyond the reciprocity limitation, there are other substantive situations in which directs that American courts *not* give recognition to foreign judgments. One set of situations involves the bases of the foreign court's jurisdiction [§ 6]. In American courts there is a concept known as *quasi in rem* jurisdiction, under which a court is recognized as having the power to go forward with litigation *without* personal jurisdiction over the defendant; the court's power in those *quasi in rem* situations is based on its power over the defendant's *property*, even though it has no power over the defendant's person. The suit need have nothing directly to do with the property – the defendant's property is merely used as a jurisdictional "handle". Article 23 of the German Code of Civil Procedure seems to allow for this type of jurisdiction, and this type of jurisdiction has been declared to be "exorbitant" by the Brussels Convention on Jurisdiction and Enforcement of judgments in Civil and Commercial Matters, as well as its successor European Union regulation. The proposed Act only allows recognition of a foreign court's judgment that was based on this type of *quasi in rem* jurisdiction in admiralty and maritime cases, and in cases in which the foreign court's judgment was based on a claim of entitlement to the property that was used as a jurisdictional "handle" [§ 6(a)(i)].

If the jurisdiction of the foreign court was based solely on the plaintiff's nationality, the proposed Act denies recognition to the court's judgment. Article 14 of the French Civil Code allows this type of jurisdiction, which has similarly been disapproved by the Brussels Convention and the EU regulation [§ 6(a)(ii). Similarly, and for similar reasons, the proposed Act denies recognition to judgments if the jurisdiction of the foreign court was based solely on the plaintiff's domicile, habitual residence, or place of incorporation [§ 6(a)(iii)].

In American courts there is a form of personal jurisdiction that has become very controversial in recent years. It is known as *transient* (or *"tag") jurisdiction.* The idea is that, regardless of the defendant's total lack of any meaningful connection with the state that is seeking to gain personal jurisdiction over him, if he can be found and served with the court's summons and complaint while he just happens transiently to be within the borders of the state in question, that state's court has achieved full personal jurisdiction over him. The United States Supreme Court several years ago divided four to four with a separate concurrence on the issue of the constitutionality of that practice, thus barely sustaining it in American jurisprudence. The proposed Act denies recognition to a foreign court's judgment if the judgment was based jurisdictionally on "transient" or "tag" jurisdiction, unless the defendant was a fugitive or the claim against the defendant was based on a gross violation of human rights under international law denies recognition to the court's judgment § 6(a)(iv)].

There is a "catch-all" appended to the proposed Act. American courts will not recognize the judgment of a foreign court if the jurisdiction was unreasonably or unfairly based. The wording here is quite broad and undefined, but the proposed Act does state that the mere fact that the jurisdictional basis is not recognized in American jurisprudence does not necessarily make it unfair or unreasonable [§ 6(a)(v)].

Beyond these jurisdictional problems, there are several other, more general situations in which an American court *must*, under the proposed Act, decline to recognize a foreign court's judgment [§ 5]. These more general situations speak to matters of basic fairness in the rendering court's system of jurisprudence, such as the system not providing impartial tribunals or procedures compatible with fundamental principles of fairness [§ 5(a)(i)], the circumstances calling into question the integrity of the rendering court [§ 5(a)(ii)], jurisdiction over the defendant being defective [§ 5(a)(iii)], the judgment rendered without actual notice reasonably calculated to inform the defendant of the pendency of the suit [§ 5(a)(iv)], the judgment having been rendered contrary to a forum-selection agreement between the parties [§ 5(a)(v)], the judgment having been obtained by fraud [§ 5(a)(vi), or the judgment being repugnant to the public policy of the United States or the particular state within the United States where the judgment is sought to be enforced [§ 5(a)(vii)].

Finally, under the proposed Act, American courts have *discretion* to decide *not* to recognize the judgment of a foreign court if the litigant who is resisting the recognition proves that the rendering court lacked subject-matter jurisdiction, the judgment is inconsistent with a prior judgment rendered between the same parties, the judgment resulted from a lawsuit that

308   *Direito Internacional Privado/Private International Law*

was started while an American lawsuit involving the same parties and the same issues was already pending, or the judgment results from a lawsuit initiated in order to frustrate a claimant's right to have the matter decided in a more appropriate American court [§ 5(b)(i)-(iv)].

ANNEX

The Foreign Judgments Recognition and Enforcement Act

(Tentative Draft – This Draft has not been considered by the members of the American Law Institute and does not represent the position of the Institute on any of the issues with which it deals. The action, if any, taken by the members with respect to this Draft may be ascertained by consulting the Annual Proceedings of the Institute, which are published following each Annual Meeting.)

§ 1. *Scope and Definitions*

(a) This Act applies to foreign judgments as herein defined other than:
  (i) judgments for divorce, support, maintenance, custody, adoption, or other judgments rendered in connection with matters of domestic relations;
  (ii) judgments of bankruptcy, liquidation, or similar proceedings; and
  (iii) foreign arbitral awards or court orders in respect of agreements to arbitrate, except that if they are to be recognized or enforced, judgments of foreign courts confirming or setting aside foreign arbitral awards are subject to the criteria for recognition and enforcement set out in the Act.
(b) "Foreign judgment" means any final judgment or final order of the court of a foreign state granting or denying a sum of money, or determining a legal controversy. A judgment or order is final for purposes of the Act if it is enforceable in the state of origin, even though an appeal therefrom is pending or the judgment or order is subject to appeal.
(c) "Foreign state" or "foreign country" means any governmental unit outside the United States or outside any territory under control of the United States.

§ 2. *Recognition and Enforcement Generally*

(a) Except as provided in subsection (b), a foreign judgment shall be recognized and enforced by courts in the United States in accordance with this Act.

The Proposed Foreign Judgments Recognition and Enforcement Act 309

(b) (i) Judgments for taxes, fines, and penalties may, but need not, be recognized and enforced provided they meet the criteria of this Act.

(ii) Declaratory judgments and injunctions or comparable orders are not directly enforceable, but may be entitled to recognition provided they meet the criteria of this Act.

(c) An action or other proceeding to enforce a judgment shall be brought within [10] [15] years from the time the judgment becomes enforceable in the rendering state, or in the event of an appeal, from the time when the judgment is no longer subject to ordinary forms of review in the state of origin.

§ 3. *Effect of Foreign Judgment in the United States*

(a) A foreign judgment that meets the standards set out in this Act is entitled to recognition and enforcement by a court in the United States with respect to the liability or nonliability of the defendant, and with respect to the damages or other relief, whether monetary or non-monetary, as well as interest and costs, if any, awarded to the prevailing party. If the foreign judgment orders payment in a foreign currency, a court in the United States may order payment in that currency or in United States dollars at the exchange rate prevailing on the date of the judgment granting enforcement.

(b) A foreign judgment rendered in default of appearance of the defendant is entitled to recognition and enforcement, provided that the party seeking recognition satisfies the court in the United States that (i) the rendering court had jurisdiction over the defendant in accordance with the law of the state where the judgment was issued, and (ii) the rendering court had jurisdiction on a basis not unacceptable under § 6 of this Act, and (iii) that the defendant was duly served in the proceeding in the state of origin. The party resisting recognition or enforcement may raise the defenses set out in §§ 5 and 7, but may not raise defenses going to the merits of the controversy.

(c) A judgment of dismissal rendered by a foreign court, if otherwise entitled to recognition, shall be treated in the same way as a judgment fair the defendant, except

(i) if the ground for dismissal was lack of jurisdiction of the rendering court;

(ii) if the ground for dismissal was that the action was time-barred, unless the party seeking to rely on the judgment of dismissal establishes that the claim is extinguished under the law applied to the claim by the rendering court;

(iii) if the dismissal was based on other grounds not regarded by courts in the United States as constituting dismissal with prejudice, including defective service, failure to pay the required filing fees, failure to post security, failure to join required parties, or similar defects.

§ 4. *Claim and Issue Preclusion; Effect of Challenge to Jurisdiction in the Court of Origin*

(a) Except as provided in § 3, a foreign judgment shall be given the same preclusive effect by a court in the United States that the judgment would be accorded in the state of origin, unless the rule of preclusion applicable in the state of origin would be manifestly incompatible with a superior interest in the United States in adjudicating or not adjudicating the claim or issue in question. The party seeking to rely on the preclusive effect of a foreign judgment shall have the burden to establish that the claim or issue is precluded.

(b) If an issue was raised and contested in the foreign court concerning the judicial jurisdiction of that court,

    (i) findings of fact pertinent to the determination of jurisdiction are conclusive;

    (ii) legal determinations are conclusive as to the jurisdiction of the rendering court under its own law, but the party resisting recognition or enforcement may show that such jurisdiction is unacceptable under § 6.

§ 5. *Nonrecognition of a Foreign Judgment*

(a) A foreign judgment shall not be recognized or enforced in a court in the United States if the person resisting recognition or enforcement establishes that:

    (i) the judgment was rendered under a system that does not provide impartial tribunals or procedures compatible with fundamental principles of fairness;

    (ii) the judgment was rendered in circumstances that raise substantial and justifiable doubt about the integrity of the rendering court with respect to the judgment in question;

    (iii) the judgment was rendered on a basis of jurisdiction over the defendant unacceptable under § 6;

    (iv) the judgment was rendered without notice reasonably calculated to inform the defendant of the pendency of the proceeding in a timely manner.

    (v) the proceeding in the foreign court was undertaken contrary to an agreement between the parties under which the dispute giving rise to the judgment was to be determined in a forum (whether court or arbitration) other than the rendering court, unless the defendant submitted to the jurisdiction of the rendering court without raising the defense of the forum – selection agreement;

    (vi) the judgment was obtained by fraud that had the effect of depriving the defendant of adequate opportunity to present its case to the court; or

The Proposed Foreign Judgments Recognition and Enforcement Act   311

(vii) the judgment or the claim on which the judgment is based is repugnant to the public policy of the United States, or to the public policy of a particular state of the United States where the relevant legal interest, right, or policy is regulated by state law.

(b) A foreign judgment need not be recognized or enforced in a court in the United States if the person resisting recognition or enforcement establishes that:

(i) the state of origin of the court that issued the foreign judgment did not have jurisdiction to prescribe or jurisdiction to adjudicate with respect to the subject matter of the controversy;

(ii) the judgment is irreconcilable with another judgment rendered between the same parties in the United States or with a judgment rendered in a foreign state that is entitled to recognition or enforcement under the Act;

(iii) the judgment results from a proceeding initiated after commencement in a court in the United States of a proceeding including the same parties and the same subject matter, and the proceeding in the United States was not stayed or dismissed; or

(iv) the judgment results from a proceeding undertaken with a view to frustrating a claim – ant's opportunity to have the claim adjudicated in a more appropriate court in the United States, whether by an anti-suit injunction or restraining order, by a declaration of nonliability, or by other means.

(c) The party resisting recognition or enforcement shall have the burden of proof with respect to the defenses set out in subsections (a) and (b), except that if a defense is raised pursuant to subsection (a) (v) that the judgment was rendered in contravention of a forum-selection clause, the party seeking recognition or enforcement shall have the burden of establishing the invalidity of the clause.

§ 6. *Bases of Jurisdiction Not Recognized or Enforced*

(a) A foreign judgment rendered on any of the following bases of jurisdiction shall not be recognized or enforced in the United States:

(i) except in admiralty and maritime actions, the presence or seizure of property belonging to the defendant in the forum state, when the claim does not involve a direct right to the property;

(ii) the nationality of the plaintiff;

(iii) the domicile, habitual residence, or place of incorporation of the plaintiff;

(iv) service of process based solely on the transitory presence of the defendant in the forum state, unless

(a) the defendant was a fugitive at the time of service; or

312   *Direito Internacional Privado/Private International Law*

(b) the claim on which the judgment was given was based on gross violation of human rights under international law and the defendant could not have been sued on such a claim in a forum more closely linked to the events on which the claim is based.

(v) any other basis that is unreasonable or unfair given the nature of the claim and the identity of the parties. A basis of jurisdiction is not unreasonable or unfair solely because it is not an acceptable basis of jurisdiction for courts in the United States.

(b) A foreign judgment based on an assertion of an unacceptable basis of jurisdiction as defined in subsection (a) shall not be denied recognition or enforcement if the factual circumstances would clearly support jurisdiction not inconsistent with subsection (a).

(c) An appearance by the defendant in the state of origin, or an unsuccessful objection to the jurisdiction of the rendering court, does not deprive the defendant of the right to resist recognition or enforcement under this section, but factual determinations by the rendering court concerning jurisdiction are binding on the defendant.

§ 7. *Reciprocal Recognition and Enforcement of Foreign Judgments*

(a) A foreign judgment shall not be recognized or enforced in a court in the United States if the court finds that comparable judgments of courts in the United States would not be recognized or enforced in the courts of the state of origin.

(b) A judgment debtor or other person resisting recognition or enforcement of a foreign judgment in accordance with this section shall raise the defense of lack of reciprocity with specificity as an affirmative defense. Once the defense of lack of reciprocity is raised, [the judgment creditor or other person seeking to rely on the foreign judgment shall have the burden to show that the courts of the state of origin would grant recognition and enforcement to comparable judgments of courts in the United States.] [the party resisting recognition or enforcement shall have the burden to show that there is substantial doubt that the courts of the state of origin would grant recognition or enforcement to comparable judgments of courts in the United States.] Such showing may be made through expert testimony, or by judicial notice if the law of the state of origin or decisions of its courts are clear.

(c) In making the determination required under subsections (a) and (b), the court shall, as appropriate, inquire whether the courts of the state of origin deny enforcement to

(i) judgments against nationals of that state in favor of nationals of another state;

The Proposed Foreign Judgments Recognition and Enforcement Act   313

(ii) judgments originating in the courts of the United States or of a state of the United States;

(iii) judgments for compensatory damages rendered in actions for personal injury or death;

(iv) judgments for statutory claims;

(v) particular types of judgments rendered by courts in the United States similar to the foreign judgment for which recognition or enforcement is sought;

(vi) recognition practice of the state of origin with regard to judgments of other states.

(d) Denial by courts of the state of origin of enforcement of judgments for punitive, exemplary, or multiple damages shall not be regarded as denial of reciprocal enforcement of judgments for the purposes of this section if the courts of the state of origin would enforce the compensatory portion of such judgments.

(e) The Secretary of State is authorized to negotiate agreements with foreign states or groups of states setting forth reciprocal practices concerning recognition and enforcement of judgments rendered in the United States. The existence of such an agreement between a foreign state or group of foreign states and the United States establishes that the requirement of reciprocity has been met as to judgments within the agreement. The fact that no such agreement between the state of origin and the United States is in effect, or that the agreement is not applicable with respect to the judgment for which recognition or enforcement is sought, does not of itself establish that the state fails to meet the reciprocity requirement of this section.

(f) A party seeking to raise a defense under this section may, in appropriate cases, be required to give security.

§ 8. *Jurisdiction of Courts in the United States*

(a) The district courts of the United States shall have original jurisdiction, concurrently with the courts of the states, of an action brought to enforce a foreign judgment or to secure a declaration with respect to recognition under this Act, without regard to the citizenship or residence of the parties or the amount in controversy.

(b) Any such action brought in a state cow1 may be removed by any defendant against whom the enforcement or declaration is sought to the United States District Court for the district and division embracing the place where the action is pending, without regard to the citizenship or residence of the parties or the amount in controversy. A notice of removal shall be filed in accordance with the time limits and procedures of 28 U.S.C. § 1446(b).

The district court may, in its discretion, remand any claim to which the foreign judgment does not apply. In exercising its discretion, the district court shall

314   *Direito Internacional Privado/Private International Law*

consider whether the claims involving the foreign judgment are so closely related to the other claims that it would be efficient to hear the entire action.

(c) Any action brought in a state court in which a foreign judgment asserted to be entitled to recognition under the Act is raised as a partial or complete defense, set-off, counterclaim, or otherwise, may be removed to the United States District Court for the district and division embracing the place where the action is pending, without regard to the citizenship or residence of the parties or the amount in controversy. Any party by or against whom such defense, set-off, counterclaim or other claim is asserted is entitled to remove the action. A notice of removal shall be filed by such party within 30 days after the close of pleadings.

(d) (i) When an action has been removed pursuant to subsection (c), the district court may, prior to determining whether the foreign judgment is entitled to recognition, decide to retain the entire action or, in its discretion, remand to the state court from which the action was removed, any claim with respect to which the defense of a foreign judgment is not invoked. In exercising the discretion to remand pursuant to this subsection, the district court shall consider whether claims involving the foreign – judgment defense are so closely related to other claims to which the foreign-judgment defense does not apply that it would be efficient to retain the entire action.

(ii) After making a determination as to whether the foreign judgment is entitled to recognition, the district court may decide to retain the action, or, in its discretion, remand all or part of the action to the state court from which the action was removed. In exercising the discretion to remand pursuant to this subsection, the district court shall consider the impact of the determination of the issue of recognition on the remaining claims and issues in the case, the interest of the parties, and judicial efficiency.

(iii) A remand pursuant to subsections (d) (i) and (d)(ii) shall not be subject to review by appeal or otherwise; however, in a case remanded under subsection (d)(ii), the determination by the district court on the issue of recognition of the foreign judgment under this Act shall be subject to immediate appellate review as a final order.

§ 9. *Means of Enforcement of Foreign Judgments*

(a) (i) Any foreign judgment entitled to recognition and enforcement under this Act may be enforced by means of a civil action, as provided in this section.

(ii) A foreign judgment for a sum of money only, entitled to enforcement under this Act, other than a judgment rendered by default or a judgment subject to appeal, may also be enforced by registration, as provided in § 10.

(b) An action to recognize or enforce a judgment under this Act may be brought in the appropriate state or federal court
  (i) where the judgment debtor is subject to personal jurisdiction; or
  (ii) where assets belonging to the judgment debtor are situated.

(c) Process in such actions may be served upon the judgment debtor in accordance with applicable state or federal law, including treaties to which the United States is a party.

(d) (i) When a judgment creditor brings more than one action to enforce a foreign judgment in the United States and the judgment debtor raises defenses under the Act, at least one such action shall be brought in the state or federal court for the place where the judgment debtor is domiciled or has its principal establishment in the United States, or where the judgment debtor's principal assets in the United States are situated.

  (ii) If pursuant to paragraph (i) the judgment creditor brings an action where the judgment debtor is domiciled or has its principal establishment, that action shall be the "main enforcement action." If the judgment creditor has not brought an action in such place or there is no such place, the action brought at the place of the judgment debtor's principal assets in the United States shall be the "main enforcement action," and the court at such place shall be the "main enforcement court."

  (iii) A judgment creditor bringing more than one action pursuant to this section shall inform each court in the United States where such action is brought of all other proceedings relating to the same judgment of which it has knowledge, and shall supplement such information as appropriate.

  (iv) All issues concerning the recognition of a foreign judgment under the Act shall be decided by the main enforcement court, and proceedings relating to the issue of recognition shall be stayed in all other courts in the United States where an action to enforce the judgment may be pending. The decision on recognition shall be binding on all such courts or any other court in the United States where enforcement may thereafter be sought.

(e) The court may, in appropriate circumstances, require the person resisting enforcement to post security.

§ 10. *Registration of Foreign Money Judgments in Federal Courts*

(a) Except as provided hereafter, a foreign judgment [issued by the court of a state that has entered into an agreement with the United States for reciprocal recognition of judgments in accordance with § 7(e) of this Act] may be registered in accordance with this section in any United States court for a district in which

316 *Direito Internacional Privado/Private International Law*

the debtor has property. A judgment so registered shall have the same effect as a judgment of a United States court, and may be enforced in like manner, subject, however, to the defenses to enforcement of foreign judgments provided for in this Act. This section authorizes registration only of judgments for a sum of money, and does not authorize registration of judgments rendered by confession or default of appearance or upon failure to defend on the merits, or of judgment subject to appeal. [A judgment not eligible for registration under this section may not be registered in a state court.]

(b) A judgment creditor seeking to register a foreign judgment shall file with the clerk of the registering court (i) a certified copy of the judgment, together with a certified translation into English where necessary; [(ii) a statement setting forth the agreement between the state of origin of the judgment and the United States in accordance with § 7(e)]; and (ill) an affidavit pursuant to subsection (c).

An application for registration under this section does not expose the judgment creditor to jurisdiction of the registering court.

(c) The affidavit called for in subsection (b) shall set forth (i) grounds for the belief that the judgment debtor has property in the district where the federal court is located; (ii) that the judgment was not rendered in default of appearance or because of failure to defend on the merits; (iii) that all appeals from the judgment have been exhausted or the time for appeal has expired; (iv) that the judgment has not been satisfied; (v) that the judgment debtor has insufficient assets in the state of origin of the judgment to satisfy the judgment, or that the judgment debtor has taken steps to conceal assets in the state of origin. The affidavit shall also identify any other court in the United States in which registration or enforcement has been sought. The judgment creditor is under a duty to supplement or correct the affidavit in order to keep the required information current.

(d) Upon receipt of the application for registration and supporting documents, the clerk of the court shall register the foreign judgment on the judgment docket in the same manner as a judgment of the court in which it is registered. A judgment so registered shall have the same effect as a judgment of the registering court, including creation of a lien in accordance with state law.

(e) The clerk of the registering court shall promptly notify the judgment debtor of the registration of the judgment.

If the judgment debtor has a registered agent in the United States, notice of the registration shall be given to such agent; if the judgment debtor is a corporation with a branch office or other establishment in the United States, notice shall be given to a managing agent or other responsible person at any such branch or establishment; in other cases, notice shall be given at the last known address or addresses of the judgment debtor, as well as at other addresses of the debtor over the preceding five years known to the creditor, in the United States and elsewhere. The judgment creditor, upon certification under oath, shall furnish to the clerk a list of the addresses required by this section, and shall advance the costs of the notice.

The notice shall advise the judgment debtor that a writ of execution may be issued 60 days from the date of registration, unless within that time the judgment debtor files with the clerk a motion addressed to the court to vacate the judgment or the registration.

(f) A motion to vacate the registration shall be filed within 60 days from the date of registration, with a copy to the judgment creditor. Unless the court orders otherwise, any lien or other security entered pursuant to subsection (d) shall remain in effect, but may not be enforced before the motion to vacate is decided. Notice that a motion to vacate the registration has been filed shall be given by the clerk of the district court where the motion is pending to all other courts in the United States in which registration or enforcement has been sought, and no execution shall issue in any court while the motion to vacate is pending. The court may, in appropriate cases, require security to be furnished by the person seeking enforcement.

A motion to vacate does not have the effect of subjecting the judgment debtor to personal jurisdiction of the registering court.

(g) When a motion to vacate registration under this section raises a genuine issue with respect to recognition of the foreign judgment under the Act, the court shall vacate the registration and treat the matter as if it had been brought under § 9. In such case, the court may, if appropriate, continue any lien that may be in effect or may order the judgment debtor to give security under such conditions as may be necessary.

(h) In the case of multiple registrations under this Act, each federal court to which a motion to vacate is addressed shall decide issues focused on the property alleged to be situated within the district; for issues concerning recognition under the Act, the proceeding called for by subsection (g) shall be held in the court for the district where the judgment debtor is domiciled or has its principal establishment in the United States if the judgment debtor has property in that district and an application for registration has been filed there. If these conditions are not met, the proceeding called for by subsection (g) shall be held in the registering court where the greatest value of the judgment debtor's assets is situated. If the judgment creditor brings both an action under § 9 and applies for registration under this section, the proceeding called for by subsection (g) shall be held in the main enforcement court defined in § 9.

(i) Registrations entered pursuant to subsection (d) shall remain in effect pending decision on the motion to vacate, but no writ of execution may be issued while the motion is pending, and no other court shall hear or determine the issue of recognition. If the motion to vacate is granted, all courts before which registration or enforcement has been sought shall be notified, and all liens entered pursuant to subsection (d) shall be discharged, unless the ruling is appealed and a stay is issued, subject in appropriate cases to security furnished by the person seeking enforcement.

§ 11. *Declination of Jurisdiction When Prior Action Is Pending*

(a) Except as provided in subsection (b), when an action is brought in a court in the United States and it is shown that a proceeding including the same parties and the same subject matter has previously been brought and is pending in the courts of a foreign country, the court in the United States shall stay, or when appropriate, dismiss the action, if:

    (i) the foreign court has jurisdiction on a basis not unacceptable under § 6; and

    (ii) the foreign court is likely to render a timely judgment entitled to recognition under this Act.

(b) A court in the United States may decline to stay or dismiss the action under subsection (a) if the party bringing the action shows

    (i) that the jurisdiction of the foreign court was invoked with a view to frustrating the exercise of jurisdiction of the court in the United States, when that court would be the more appropriate forum;

    (ii) that the proceedings in the first court are vexatious or frivolous; or

    (iii) that there are other persuasive reasons for accepting the costs of parallel litigation.

§ 12. *Provisional Measures in Aid of Foreign Proceedings*

(a) A court in the United States may grant provisional relief in support of an order, whether or not it is final, issued by a foreign court

    (i) to secure enforcement of a judgment entitled to recognition and enforcement under this Act; or

    (ii) to provide security or disclosure of assets in connection with proceedings likely to result in a judgment entitled to recognition and enforcement under this Act.

(b) In granting provisional relief in accordance with this section,

    (i) the court is authorized to make use of such remedies and procedures as are available to it in connection with ordinary proceedings in courts in the United States;

    (ii) a federal court may grant an injunction freezing assets of the defendant situated anywhere in the United States.

(c) Notice of an order issued pursuant to this section shall be given to the defendant in the foreign action, whether or not the defendant is found in the United States or in the jurisdiction of the court issuing the order. Notice of an order issued pursuant to subsection (b) (i) shall be in accordance with the applicable state statute or rule; notice of an order issued pursuant to subsection (b) (ii) shall be in accordance with Rule 65 of the Federal Rules of Civil Procedure.

No order pursuant to this section shall be made unless it provides an opportunity for the defendant within a reasonable time to contest the issuance of the order or to apply for a modification.

(d) The applicant for provisional relief in accordance with this section may be required to give security.

(e) A court in the United States to which application has been made in accordance with this section for provisional relief in aid of an order of a foreign court may, in the interests of justice, communicate directly with the foreign court.

§ 13. *Foreign Orders Concerning Litigation in the United States*

Orders of a foreign court that may concern or affect litigation in the United States shall not be directly enforced by courts in the United States, but may be taken into account for purposes of determining motions to stay, dismiss, or otherwise regulate related proceedings in the United States.

VI

DIREITO ADMINISTRATIVO
ADMINISTRATIVE LAW

JUDICIAL RESOLUTION OF ADMINISTRATIVE DISPUTES

(Administrative Procedure in Portugal)

José Sérvulo Correia[*]

CONTENTS: § 1. The meaning of administrative disputes. § 2. The administrative courts: a dualistic judiciary. § 3. The scope of the jurisdiction of the administrative courts. § 4 Remedies in the administrative courts. § 5. Final remarks.

§ 1. **The meaning of administrative disputes**

1. Article 212.3 of the Portuguese Constitution identifies disputes deriving from legal administrative relations as the scope of the jurisdiction of the administrative courts. *Legal administrative relations* should be understood as reciprocal legal positions between subjects of law which are governed by administrative law. In Portugal, in accordance with the Continental conception, administrative law relates not only to administrative powers, their exercise and the respective remedies but also to the organization and operation of administrative agencies, the exercise of and limitations on regulatory power, the law on public procurement and administrative contracts, administrative liability, public property and public works, the police and the civil service law[1]. This list of areas governed by administrative law is not exhaustive. In the Portuguese legal system, administrative law encompasses all principles and rules designed speci-

---

[*] Professor, Faculty of Law of the University of Lisbon.
[1] See SCHWARTZ, Bernard, *Administrative Law*, Third ed., Boston: LB, 1991, p. 2.

fically to steer public administration in its triple structural, substantive and procedural essence.

We may therefore understand *administrative disputes* as any dispute between two or more parties in a legal relationship governed by administrative law and relating to some aspect of that legal relationship. Given the broader scope of administrative law in Portugal than in the USA, the judicial resolution of administrative disputes is not confined to judicial review of administrative adjudication or rulemaking. This concept encompasses, amongst other questions, disputes deriving from the implementation of contracts with public bodies and from the administrative authorities' liability for damages, and also those where the claimant seeks a judicial declaration on disputed rights or a judicial injunction of *facere* or *non facere* against the administrative authorities, not only when the public conduct sought or opposed consists of rulemaking or adjudication, but also when the applicant seeks other types of administrative, legal or material acts.

Administrative disputes are governed by two important constitutional principles.

The first principle states that administrative disputes form the scope of the jurisdiction of the administrative courts. This principle admits of exceptions (Constitution, article 212, 2).

The second principle grants effective judicial protection for every physical or legal person whose rights or legitimate interests may be or have been offended by any administrative agencies or bodies. No exceptions are permitted to this principle, which corresponds to a fundamental right (Constitution, article 268, 4 and 5).

§ 2. **The administrative courts: a dualistic judiciary**

2. In 1832, the first liberal reform of Portuguese public administration, which sought to convert traditional administrative powers into executive power within the framework of the constitutional State, established the first bodies especially devoted to the jurisdictional solution of administrative disputes. Gradually, over the course of the 19th century and the early decades of the 20th century, these bodies took on the nature of courts, and came to be known as such, as may be seen in the status of their judges, the type of adversarial procedure and the *res judicata* status of their decisions.

However, only in 1974 did a constitutional law finally make the break with the French model of *contentieux administratif*, transferring these courts to the realm of judicial power. And only in 1977 did a further law establish enforcement proceedings for securing obedience to orders of the administrative courts by any administrative authorities. For several years, the choice between the existence of separate administrative courts or the institution of a unified judiciary remained within the scope of legislative discretion. Only with the constitutional review of 1982 did the Constitution not only permit, but actually impose the separate existence of a system of administrative and tax law courts headed by a Supreme Administrative Court.

3. The current system of specialized courts for administrative and fiscal disputes consists of three tiers. At the base, we have the *circuit administrative courts*, in sixteen different locations around the country. In most cases, the circuit administrative courts and the tax courts are combined, and known as the *administrative and tax courts*.

The middle tier consists of the *central administrative courts*, located in Lisbon and Porto.

At the top of the pyramid is the *Supreme Administrative Court*, created in 1870.

The Supreme Administrative Court and the administrative central courts each have an administrative law section and a tax law section, formed by different judges. The Supreme Administrative Court also has a plenary, formed by the Presiding Judge and the longest-serving judges in each section, which decides on conflicts of jurisdiction between the sections of the court or between the sections of the central administrative courts, or else between the circuit administrative courts and the tax courts.

4. All administrative court judges enjoy the same constitutional guarantees of immunity and independence as the judges in civil and criminal courts.

Powers for the appointment, promotion, transfer and dismissal of administrative and tax court judges lie with the *Higher Council for the Administrative and Tax Courts*. This Council, provided for in the Constitution, is chaired by the Presiding Judge of the Supreme Administrative Court (who is elected by and from the judges of this court) and also comprises two members appointed by the President of the Republic, four members elected by Parliament and four judges elected by and from the entire administrative and fiscal judiciary.

The composition of the Higher Council reflects the intention of combining representatives of State bodies endowed with democratic legitimacy deriving from direct and universal suffrage with representatives of the judges themselves in the delicate task of managing the careers of members of the administrative and fiscal judiciary. We should recall that, in the manner of Continental European systems, the judiciary is made up of career judges who are first appointed to the circuit courts and only gradually rise through the ranks on the basis of technical assessment of their performance by the Higher Council and of length of service. Only exceptionally may a very small number of jurists of proven experience in the field of public law, obtained through public office, legal practice, university teaching or service in the administrative authorities, be admitted through a competitive procedure to the Supreme Administrative Court.

5. Procedural law defines the competent court for every case falling within the scope of jurisdiction of the administrative courts. For this purpose, the *Code of Procedure in the Administrative Courts* (referred to below as *Code of Procedure*) sets out criteria of competence on the grounds of subject matter, territory and hierarchy. Multiple venues are not therefore available for the same case. The Portuguese system for judicial resolution of administrative (and tax) law disputes does not allow any kind of forum shopping. There is no possibility of lotteries for claims filed in more than one court[2]. Portuguese procedural law does not provide for *lis pendens*[3]. If the forum where the claim is filed does not meet the venue requirements, it has the authority to transfer the case to the court deemed competent. And there are no venue provisions for alternative possible locations: a suit can be legally brought only in the competent court. And for each case (conceived in terms of its objective and subjective elements), only one specific court has jurisdiction.

Only for disputes deriving from contracts (between the public administration and private entities or between two different public entities) may the parties agree which circuit administrative court they wish to judge the case. In the absence of agreement between the parties as to

---

[2] About the opportunity for forum shopping created by the availability of multiple forums in the USA venue system, see: PIERCE/SHAPIRO/VERKUIL, *Administrative Law and Process*, 3rd edition, New York: Foundation Press, 1999, §§ 5.6.1. and 5.6.2.

[3] In accordance with articles 497 and 498 of the Code of Civil Procedure, *lis pendens* exists when a previous cause is still in progress, and a new action is brought which is identical in terms of parties, the statements of the relevant facts and of the law, and of submissions.

venue, the circuit administrative court with territorial jurisdiction over the place of contractual performance is competent (Code of Procedure, article 19).

6. The injunctive nature of the rules on the competence of the administrative courts does not prevent the parties from agreeing on arbitration for certain types of administrative dispute. This is the case of disputes relating to contracts, the liability of the administrative authorities and the legality of adjudicative decisions that the competent administrative bodies can still revoke (Code of Procedure, article 180).

7. The circuit administrative courts are, in accordance with the general rule, the first instance reviewing courts. Exceptionally, cases are heard directly by the Supreme Administrative Court (for instance, in the judicial review of decisions taken by the Council of Ministers or by the Prime-Minister). As for the number of instances, the principle is a two-step review. For this reason, when the Supreme Administrative Court pronounces a first instance judgment, an appeal can be brought before a larger bench of the court's judges.

Examples of higher courts having first instance jurisdiction for certain types of cases are not rare in comparative law. Suffice it to recall the example of exclusive circuit court review in the United States. Normally, the purpose of legislation permitting direct access to review by a higher court is not to ensure a personal forum for certain higher administrative authorities. These legislative solutions are instead based on the presumption that the decision-making powers of higher administrative authorities relate to situations where higher level public and private interests are involved.

8. The Portuguese system for judicial resolution of administrative disputes combines the principle of two-step review with a three-tier hierarchy of courts and with the principle of reserving first instance jurisdiction for the circuit administrative courts. Accordingly, the legislation had to create procedural mechanisms to allow the Supreme Administrative Court to exercise its jurisdiction over more important cases. The focus therefore fell on the effects of resolving certain cases on the unity and quality of the jurisdictional application of administrative law, and on the postulate that a Supreme Court should be able to judge in the final instance cases of greater social or economic relevance.

These procedural mechanisms consist of:

(i) A second instance decision by the Supreme Administrative Court, due to *per saltum* appeal against administrative circuit courts decisions;
(ii) Exceptional third level review by the Supreme Administrative Court;
(iii) Appeal for the uniformity of the case-law;
(iv) Referral for a preliminary ruling.

Per saltum appeal applies when the value of the cause judged by a circuit administrative court exceeds three million Euros, or is undeterminable, and the parties, in their arguments, only raise questions of law (Code of Procedure, article 151).

Exceptional third level review applies to decisions handed down in the second instance by central administrative courts, when the question at issue is of fundamental importance, in view of its legal or social importance, or when an appeal clearly needs to be admitted for better application of the law (Code of Procedure, article 150).

The *appeal for the uniformity of the case-law* applies when there is a contradiction on the same fundamental question of law between two decisions of the Supreme Administrative Court, or between a decision of a central administrative court and a pervious decision handed down by the same court or the Supreme Administrative Court (Code of Procedure, article 152).

Referral for a preliminary ruling applies when a circuit administrative court is faced with a new question of law which raises serious difficulties and may be raised again in other disputes. In these cases, the preliminary ruling of the Supreme Administrative Court is binding, but only for the purposes of the final decision on the case in which it is handed down.

In admitting appeals for third level review and referrals for a preliminary ruling, the Supreme Administrative Court exercises a considerable margin of discretionary leave[4].

In the Supreme Administrative Court and the central administrative courts, decisions are always taken by panels of judges. In the circuit administrative courts, a single judge is the general rule. But panels of three judges hear cases of greater economic value or relating to immaterial interests.

---

[4] *See* SÉRVULO CORREIA, *Direito do Contencioso Administrativo*, I, Lisbon: Lex, 2005, pp. 695-708.

§ 3. The scope of the jurisdiction of the administrative courts

9. The material scope of jurisdiction of the administrative courts coincides as a general rule with that of *administrative disputes*[5]. But the case law and legal scholarship have considered that article 212.3 of the Constitution, which reserves the judgment of actions relating to disputes deriving from legal administrative relations for the administrative courts, has the nature of a general clause without thereby seeking to prohibit the exceptional adoption of other criteria for jurisdiction. The exceptional rules consist both of assigning jurisdiction over certain administrative disputes to the civil and criminal courts, and of assigning to the administrative courts jurisdiction over certain civil law disputes to which the administrative authorities are party[6]. These include cases relating to the civil wrongs of public bodies and to private law contracts with the administrative authorities when negotiated through a public procurement procedure.

10. The range of the jurisdiction of the administrative courts is not determined merely by substantive or material factors. Equally important are functional factors, relating to the difference between the roles of the administrative courts and of the administrative authorities: constitutional principles such as the separation of powers and the democratic legitimacy of executive power do not allow the courts to transform review into the final exercise of administration. This constitutional guideline is applied in two specific areas: that of respect for the initial decision-making power of the Administration and that of the limits on the judicial control of administrative discretion. These questions arise from the circumstance that review covers the exercise of public powers that belong primarily to the Government and not to the courts.

11. We may extract from the Constitution the implicit existence of a *principle of respect by the courts for the initial decision-making powers of the administrative authorities*. Indeed, the Constitution assigns a specific role to the administration and sees the role of the courts as generally that of correcting and not substituting that of the administrative authorities.

---

[5] See the concept of *administrative disputes*, in section 1 above.

[6] *See* VIEIRA DE ANDRADE, *A Justiça Administrativa*, 7th edition, Coimbra: Almedina, 2005, pp. 110-111.

Each time a law gives an administrative authority a certain decision-making power (either of an adjudicative or rulemaking nature) there will be no case ripe for judicial review as long as such authority, having had the opportunity to exercise its primary jurisdiction, has declined or abstained from adjudication.

In Portuguese constitutional and administrative law, statutory administrative jurisdiction implies primary jurisdiction: in the face of a statutory power belonging to an administrative authority, a claimant cannot seek judicial resolution without having prior recourse to the agency charged with responsibility to implement the statute.

Subsequently, if such power is exercised by the administrative authority in an illegal way, an action can be filed asking for judicial review for reversal and remand.

If, on the contrary, instead of exercising its statutory power in order to confer new contents to the legal administrative relationship, the administrative authority refuses to comply with the application and to issue the individual determination thereby requested, or remains idle for a period defined by law (in principle, ninety days), the claimant can ask the court for an injunction ordering the agency to act. If the content of the administrative power is precisely defined by the law, the court will state in its decision what content the decision it orders the administration to take must have. If there is discretion, the court will merely order that the decision be taken without prescribing its contents, simply stating which legal requirements must be respected in the discretionary decision-making process.

In both situations, the court fixes the time limit for issuing the administrative decision (Code of Procedure, article 66.1).

12. One of the situations where the administrative authorities may be substituted by the administrative court in the exercise of their decision-making powers relates to disputes between private parties arising out of situations governed by administrative law.

In principle, the administrative courts decide on disputes between agencies and private parties and not disputes between private parties only. But, when a private party defaults on duties to another private party that arise out of administrative law rules, administrative adjudication or administrative law contracts, and the relevant administrative authority fails to take the appropriate measures requested of it in order to put an end to such infringement, the injured party can sue the offending private party in an administrative court, asking for an injunction *de facere* or *de non facere* against this offending private party (Code of Procedure, article 37.3).

This provision has introduced a new dimension to the subjective structure of the administrative courts' jurisdiction: the administrative courts' activity was traditionally confined to cases where a private party files suit against a public agency. But this recent procedural device still conforms to the principle of allowing public authorities the possibility of exercising their primary jurisdiction first. Accordingly, a private entity whose rights have been infringed by the conduct of another private entity which has breached administrative law duties can not enter into litigation in an administrative court before an agency has had the opportunity to resolve the issue using its primary jurisdiction to compel the other private entity to stop or not to initiate the illegal conduct. Situations such as these may arise in fields as diverse as the regulation of competition, environmental protection or curbs on the construction of new buildings, amongst others.

13. The main principle on the *limits on control of administrative discretion* is enunciated in article 3.1 of the Code of Procedure: the administrative courts conduct their judicial review of the conformity of the actions of the administrative authorities on the basis of legal rules and principles and not on that of (extra-legal) policy considerations or criteria. This rule excludes from the scope of judicial review questions of whether an administrative authority's decision is "appropriate" or "opportune". The Portuguese legislation uses these expressions to refer to those reasons for a discretionary decision which are not dictated by legal principles, but rather by administrative policy. Even though the end is specified by the rules investing discretionary power in the administrative authority, a choice exists to how that end should be achieved[7]. There is discretion whenever the legislative power left it to an administrative authority to choose among several policy options. And the administrative courts are not to substitute their judgment for that of an agency every time the agency exercises its own discretion. If the courts do this, they will be violating the constitutional

---

[7] *See* PAUL CRAIG, *Administrative Law*, 5th edition, London: Sweet & Maxwell, 2003, p. 521.

principle of separation of powers as well as the law itself that has granted the specific discretionary power[8].

In the Portuguese legal system, there is no administrative discretion to interpret terms used in law. Interpretation is a kind of legal reasoning in accordance with methodological maxims. For this reason, a judge can always correct the interpretation made by an administrative authority when, using a legal form of reasoning, he considers that the administrative interpretation of a statute was erroneous. But, by way of compensation, we cannot consider as real interpretation a value judgment or prognostic reasoning made by an agency within the framework of an open concept, that is to say, words having an indeterminate meaning that can not be resolved through legal reasoning. In concepts such as "danger" or «architectural homogeneity», the reasoning used to apply them in a concrete case may not be of a juridical nature unless the statute enunciates the precise terms to be subsumed in these concepts. When the legal system does not provide the agency with more specific instructions, the decision on the existence of "danger" or "architectural homogeneity" will have to be based on a political or extralegal technical evaluation. If, through the open textured nature of some concepts used in it, the statute delegates a value judgment or prognostic reasoning to the administrative authority entrusted with applying the legal rule to the factual situation, the role of the court will be merely that of determining whether the agency's action is based on reasoning which is not blatantly inadequate or, in other words, whether a manifest error of assessment has not been committed.

This inappropriateness (in a broad sense), consisting of the misuse of power by acting irrationally, is subjected to judicial review in accordance with different techniques or standards:

– Lack of administrative jurisdiction, procedural error or error in the finding of facts;

– General principles of administrative conduct such as proportionality, equal treatment, impartiality and good faith (legitimate expectations);

– Legal purpose.

Judicial review of the observance of general principles of administrative conduct is in principle a form of merely negative control.

---

[8] *See* SÉRVULO CORREIA, *Separation of Powers and Judicial Review of Administrative Decisions in Portugal*, in: ZOETHOUT/VAN DER TANG/AKKERMANS, *Control in Constitutional Law*, Dordrecht/Boston/London: Nijhoff, 1993, pp. 165-166.

§ 4. Remedies in the administrative courts

14. The catalog of remedies in the judicial review of administrative acts is founded on articles 20, para. 5 and 268, paras. 4 and 5, of the Constitution. According to para. 5 of article 20, the law should assure citizens rapid judicial procedures assigning priority as appropriate, so that they may obtain effective timely protection from threats or breaches of individual civil and political rights guaranteed by the Constitution. But the guarantee of judicial protection by administrative courts is extended by article 268, paras. 4 and 5 to any other legal rights and not just to fundamental rights. These paragraphs lay down that judicial protection must be effective and include certiorari against illegal administrative decisions, declarations of any disputed rights or legal interests, injunctions ordering that certain administrative decisions be issued, judicial control of agency-made rules and appropriate interim relief. In addition, para. 3 of article 205 of the Constitution lays down that the law should regulate the terms of enforcement of judicial decisions against any other authorities.

These constitutional guarantees mean that there is a constitutional right to judicial review: any statutory provision establishing immunity from judicial review would be unconstitutional. But this right does not consist only of access to the administrative courts: the Constitution requires that the legislator provide a range of remedies able to restore any infringed right.

15. The catalog of remedies contains principal actions (or procedures), urgent actions, interim relief and procedure for the enforcement of judgments.

Principal actions (or *procedures*) are divided into common procedure and special procedures.

Common procedure in the administrative courts is the appropriate form of action for any claim not relating to administrative adjudication or rulemaking. It may be used to settle any administrative dispute for which no specific remedy exists. It is therefore used to settle administrative disputes relating to contracts, the liability of the administrative authorities (civil liability and liability for legal administrative conduct which may cause specific and abnormal damages), negative or positive injunctions prohibiting certain actions or requiring others, when such action does not consist of administrative adjudication or rulemaking.

Special procedures can be used for three different purposes.

Special procedures can, in the first place, be brought against an individual unconstitutional or unlawful determination resulting from adjudication by an administrative authority or agency. If the court finds in favor of the grounds, it quashes the administrative decision.

Special procedures can also be brought to request a judicial injunction against an administrative authority or agency ordering it to make a particular determination that the authority or agency has refused to decree or failed to decree, even though the decision in questions falls within its jurisdiction.

Finally, special procedures can be used to obtain a judicial decision quashing an unlawful administrative rule or declaring it not applicable to a particular person. The same special procedure for judicial control of administrative rulemaking can be used to obtain a judicial declaration of the illegality of an administrative omission of rulemaking necessary to ensure the applicability of a certain statute. If the court finds in favor of the applicant it fixes a time limit of no less than six months for the administrative rule to be issued.

In each of the *special procedures*, the applicant can submit multiple claims. He or she can, for instance, request simultaneously the quashing of a particular illegal administrative determination and an injunction of remand (i.e. a judicial order for a new but different adjudication by the administrative authority on the same subject-matter). An application for the quashing of an individual illegal administrative determination can also be combined with another to have the public entity ordered to pay compensation for damages caused by the contested decision. And an application for the quashing of an individual illegal administrative determination may be combined with another for an injunction for material action by the administrative entity or legal action not consisting of adjudication as may prove necessary to re-establish the situation of the plaintiff as it should have been had the illegal administrative adjudication not been made.

These are just examples of possibilities of accumulation of demands arising from the same legal administrative relationship. The purpose of the general principle that claims may be accumulated is to guarantee that the specific features of the different judicial remedies do not prevent a decision being obtained on all aspects of the administrative dispute.

16. In addition to *principal actions*, the Code of Procedure also provides for various types of *urgent actions*. We may refer to the most important of these:

a) Injunction for disclosure of administrative information;

b) Injunction for urgent administrative adjudication by an agency when such adjudication is required in order to ensure the opportune exercise of constitutional rights;

c) Judicial intervention in ongoing public procurement procedures in order to ensure immediate correction of procedural errors before a final decision is to be taken in favor of one of the bidders.

17. The general procedural principle for *interim relief* in litigation in the administrative courts is the principle of non-typicality of the claims. It means that there is no restricted or fixed list of judicial decisions granting interim relief. Depending on the particular features of the concrete case, the court can grant any injunctions necessary to ensure the usefulness of the final judicial decision.

The most frequent of these interim injunctions are the suspension of the effects of an individual determination or of an administrative rule and the judicial granting of a provisional permission to a private entity to which an administrative authority has refused authorization to commence or continue an activity.

The administrative courts enjoy discretion in ordering measures other than those requested by the claimant for the sake of balancing the conflicting interests.

When there is an urgent need to obtain a final decision on the principal action and the court considers it has already a sufficient knowledge of the necessary factual and legal elements, it can pronounce immediately a verdict in that action instead of granting interim relief.

Article 120 of the Code of Procedure sets out the criteria for decisions on interim relief. If it appears immediately obvious that the claim presented in the principal action is well-founded, interim relief must be granted. In other cases, the court must assess jointly *fumus boni iuris* and *periculum in mora* and balance the inconvenience for the public and private interests concerned in granting or not granting interim relief.

18. The Code of Procedure contains detailed provisions on the *enforcement of decisions of the administrative court*. When the administrative authority or agency concerned fails to comply spontaneously with these decisions, an enforcement procedure can be filed by the interested party. The court can fix time limits for the necessary legal or material conduct to be taken by the administrative entity and set a daily

fine for the persons responsible for implementation while non-compliance subsists.

In the last resort, when the overdue conduct of the administrative authority or agency consists of issuing an individual administrative determination necessary for enforcement of the judgment, the court can substitute the authority or agency in the exercise of its jurisdiction. However, this is only possible in cases not involving the exercise of discretionary administrative powers.

§ 5. **Final Remarks**

19. We believe that it is no expression of national chauvinism to conclude that the current system of procedure in the administrative courts, in force in Portugal since 1 January 2004, is one of the most advanced systems for the judicial protection of citizens from the powers of the administrative authorities.

We should stress that although it is clearly designed to provide guarantees, the system has still retained the parallel functions previously characteristic of procedure in the Portuguese administrative courts. On the one hand, it may be activated merely with a view to preserving legality. To this end, public attorneys and, within certain limits, citizens in the exercise of *actio popularis* enjoy standing in administrative procedure.

The experience gained over the coming years will allow us to conclude whether the system is based on solutions which balance the need to guarantee individual rights and to preserve objective legality, on the one hand, with the need, on the other hand, not to hold up the satisfaction of public needs by the administrative agencies and authorities. As it is up to the courts themselves to the define the functional limits of their jurisdiction, much will depend on the care taken by judges to perform the functions of jurisdiction over administrative disputes in a manner which does not cause paralysis and despondency in the public administration where the highest officers are politically accountable to the electorate for the effectiveness of administrative policies.

A SHORT TOUR OF AMERICAN ADMINISTRATIVE LAW[1]

*Marshall J. Breger**

My subject today is Administrative Law in the United States. I was told last night that some civil law scholars teach that there is no such subject as administrative law in a common law jurisdiction. My students who are now taking their exams might agree with this view – I will have to read their exam papers.

More seriously, administrative law in the U.S. consists of a number of approaches to the relationship between bureaucracy and the citizen. It consists of at least five elements: the public law of administrative agencies, largely laws related to the structure of government and separation of powers; the "civil procedure" of administration agencies, largely internal agency procedure; political science of agency behavior; the sociology of bureaucracy; and the economics of regulation.

---

* Professor, Columbus School of Law, Catholic University of America. I want to thank Claire Morisset and Emily Saylor for research assistance and Julie Kendrick for preparation of this manuscript.

[1] I want to say a word of homage to Prof. Marques dos Santos. He was the sparkplug of the joint U.S.-Portuguese legal exchange held in Lisbon in the Spring of 2003. He was a great scholar and more importantly, a warm human being.

I remember vividly the red scarf he wore at all times – wore I might add with panache – telling me it was a reminder of the generation of 1968 – a time in France when all things seemed possible. He wore it as well as a memory of the 25th of April. My politics were not his own but I could not but be impressed by his commitment to social equality. I am reminded that however much experience we gain in years, it is good to keep in your heart and your spirit the idealism of youth.

We at Catholic University had only begun to know him, but I can understand why his colleagues and his students at the University of Lisbon tell me that he is sorely missed.

All of these perspectives are pinioned on one fundamental point – *Americans distrust bureaucracy.*[2] This distrust of bureaucracy is drawn from the Anglo-American common law experience which itself developed, in part, from a distrust of executive power.

Contrast this view with, for example, France, where the instinctive view is that bureaucracy is good, that administrators possess valued expertise and that a centralized state is the natural approach to organizing society.[3]

This distrust of bureaucracy creates what is the central goal of American administrative law – the quest for legitimacy. Put simply, administrative law and the actions of administrative agencies are not instinctively legitimate – as the administrators do not obviously reflect the will of the people and the administrators in the modern administrative state are given significant discretion raising the question of whether administrative action clearly follows the "rule of law."[4]

This quest for legitimacy has led students of administrative law in the United States to undertake four interrelated projects. I will call them the Accountability Project, the Rationality Project, the Transparency Project, and the Participatory Project. Each, in its own way, is an effort to address the problem of democratic legitimacy in administrative law.

---

[2] Richard H. Pildes & Cass R. Sunstein, *Reinventing the Regulatory State*, 62 U. Chi. L. Rev. 1, 40-42 (1995).

[3] *See* John C. Reitz, *Political Economy as a Major Architectural Principle of Public Law*, 75 Tul. L. Rev. 1121, 1128 (2001). *See also* Ezra N. Suleiman, Politics, Power and Bureaucracy in France – The Administrative Elite 17-19 (1974). Although the sweeping decentralization reforms brought about by the Debré laws in 1982 significantly changed France's administrative structure, Law No. 82-213 of March 2, 1982, J.O., March 3, 1982, p.730, codified in the General Code of Territorial Communities (Code Général des Collectivités Territoriales), and recently amended by Law No. 2004-809 of August 13, 2004, J.O., August 17, 2004, p. 14,545. This recent modification expands local authority in fields such as economic development, zoning, tourism, vocational training, infrastructure, environmental protection, ports, solid waste, health, education, culture, sports, heritage, performing arts training, and also offers a number of institutional clarifications. Notwithstanding these changes, it is fair to say that the underlying "instinct" toward centralization remains.

[4] Richard B. Stewart, *The Reformation of American Administrative Law*, 88 Harv. L. Rev. 1669, 1672 (1975), noting that, "With the possible exceptions of military and foreign affairs functions and times of national emergency, the Constitution recognizes no inherent administrative powers over persons and property." *See id.* at 1676 ("Vague, general, or ambiguous statutes create discretion and threaten the legitimacy of agency action.").

The **Accountability Project** reflects the long effort of the Anglo-American common law since the Middle Ages to constrain executive authority undertaken outside of or beyond the limits of the law. Its principles were developed in the famous 17th century litigation, styled Dr. Bonham's case,[5] which allowed judicial review of executive decisions. The rationality project is a 20th century effort – really after World War II – to constrain the administrative state by requiring that it act in a rational manner.

As we will see, there is some indication that the **Rationality Project** developed along with the growth of the administrative state, and was an effort to deal with the reality that in the modern world more and more power was being delegated to administrative agencies. This raises obvious problems in democratic accountability. One way to make up for the accountability deficit was to demand that the courts protect the rationality of agency decision-making. To put it otherwise, if we are not in a position to ensure democratic accountability we can create virtual accountability by demanding rationality (the presumption perhaps being that the popular will and the rational thing to do are in some measure largely congruent).

The **Participatory Project** was an effort to increase public participation in the administrative rulemaking process. It was believed that such participation would increase the legitimacy of the rulemaking process by serving a functional substitute for the fact that bureaucrats are not properly elected.

The revolution in participation was not a single, coherent movement. It included many disparate initiatives with widely variable effects. The driving force of the revolution, however, was a lack of faith in the ability of established governmental institutions to understand the popular will and respond appropriately; again a crisis of legitimacy. In the 1960's and 1970's the American people witnessed a transformative struggle for civil rights, unsatisfactorily explained assassinations of revered public figures, an unpopular war, political scandals, and a growing disaffection with government, which appeared unable to accomplish ambitious social objec-

---

[5] 8 Co. Rep. 107a, 113 b, 77 Eng. Rep. 638, 646 (C.P. 1610). For a full examination of the case, analyzing Bonham in terms of English Constitutional Theory (rather than statutory construction), see Raoul Berger, *Dr. Bonham's case: Statutory Construction or Constitutional Theory?*, 117 U. PA. L. REV. 521 (1969). A recent appreciation of Bonham as it came to be understood in the United States can be found in LARRY D. KRAMER, THE PEOPLE THEMSELVES – POPULAR CONSTITUTIONALISM AND JUDICIAL REVIEW 19-24 (2004).

tives.[6] The motives of those seeking to expand public participation ranged from a near-paranoid mistrust of the government's own motives to a technocratic belief that direct input from citizens would improve the quality of the government's decisions. Also prominent was a faith in participation as a means of empowering and involving the disenfranchised and unrepresented which "to its defenders" reflected "a quest to expand the meaning and practice of freedom."[7]

The **Transparency Project** is a post World War II approach that uses transparency – openness in government – as another method of ensuring legitimacy. Transparency is seen as a substitute for accountability – the theory is that if the public is aware of government actions and the reasons and background behind those actions, the government will be likely to make certain its actions are more closely in accord with the public will. Thus transparency, it is thought, will lead to legitimacy.

While this paper will focus on basic paradigms, it will be pointed out that regulation (and indeed administrative activity generally) is "a field of activity that owes more to politics and pragmatism than principles or postulates."[8] Indeed when thinking about administrative law

> Lore can be as important as law. On one level, tradition matters because the evolution of agency custom, and its culmination in established practice, manifests a pragmatic adaptation of law to the needs of individualized administration. On another level, it matters because it reflects the integration of accountability and efficiency. Generally speaking, an evolving practice reflects a consensus (or at least an acceptance) among agency members and staffs, the private sector, and the politically accountable branches of government, of reasonable ways of doing business. Often, agency practice becomes embodied in law.[9]

---

[6] *See* TERRY H. ANDERSON, THE SIXTIES (2nd ed. 2004); Leon F. Litwack, *The Times They Are A-Changing, in* THE WHOLE WORLD'S WATCHING: PEACE AND SOCIAL JUSTICE MOVEMENTS OF THE 1960s AND 1970s 5-8 (Berkeley Art Center Association 2001).

[7] Sheldon Wolin, *The Destructive Sixties and Postmodern Conservatism, in* REASSESSING THE SIXTIES 129, 132 (Stephen Macedo, ed., 1997).

[8] Gary J. Edles, 23 J. POL'Y ANALYSIS & MGMT 635 (2004) (reviewing CINDY SKRZYCKI, THE REGULATORS: ANONYMOUS POWER BROKERS IN AMERICAN POLITICS (2003)).

[9] Marshall J. Breger & Gary J. Edles, *Established by Practice: The Theory and Operation of Independent Federal Agencies*, 52 ADMIN L. REV. 1111, 1115 (2000).

1. The Accountability Project

The historic project of the English common law judges was to claim jurisdiction over executive action, to regulate when the executive acted outside the powers given to it by law. This was the essential purpose of the five prerogatory, common law writs: mandamus, probation, certiorari, habeas corpus, and quo warranto. The great writ of habeas corpus is designed to review claims that the executive had in some way exceeded its legal authority by its actions or inactions.

The matter is best put in the early 17th century decision, Dr. Bonham's case, decided in 1610.[10] In that case, an Act of Parliament during the reign of King Henry VIII had established a medical licensing board, a "college perpetual of physicians and grave men." Bonham had persisted in a medical practice unlicensed by the board. For this unlicensed practice, he was imprisoned for seven days for contempt of the board. Consequently, Bonham brought an action for false imprisonment against the board members. By that tort action, he sought to gain judicial review of the propriety of the board's action against him.

The Court of Common Pleas took the case. In his opinion for the court, Lord Coke found that the licensing board's determination that Bonham was "insufficient and inexpert in the art of medicine" was reviewable. Explaining that "they [the board] are not made judges nor a court given them," Coke wrote that review by a court was essential if Dr. Bonham was to have an "adequate remedy."[11]

In contrast, "the French thought of judicial review as violating the separation of powers."[12] Indeed, the French revolutionary decree of August 16 and 24, 1790 prohibited judicial review of administrative action, noting that, "[j]udicial functions are distinct and will always remain separate from administrative functions. Judges may not, under pain of forfeiture of their offices, concern themselves in any manner whatsoever with the operation of the administration, nor shall they summon administrators to appear before them on account of their official functions."[13]

---

[10] *See supra* note 5.

[11] Coke also found that the board's action was procedurally deficient inasmuch as its members kept for themselves a portion of the fines they imposed for unlicensed practice. "The censors cannot be (…) parties to have the moiety of the forfeiture…." 8 Co. Rep. at 118a, 77 Eng. Rep. at 652.

[12] GERHARD CASPER, SEPARATING POWER: ESSAYS ON THE FOUNDING PERIOD, 151 (1997).

[13] *Id.* at 135 (1997) (*citing* Decree of August 16-24, 1790, title II, art. 13, 363).

342 *Direito Administrativo/Administrative Law*

To appeal improper administrative action, French citizens had to appeal to specialized tribunals that were themselves part of the executive branch.[14]

Sometimes the question of whether the executive acted beyond the powers afforded him by statute is easy. The statute says do X; the executive should be ordered to do X.

However, this is true only when X is a simple ministerial act, i.e., when the river reaches 10 feet high on a flood marker, open the sluice gates to relieve the pressure on the dam.

Here there is very little discretion involved in the ascertainment of whether the river is 10ft high. The act is ministerial. If the executive fails to follow that statutory directive he can be ordered to do so by a court under the writ in the manner of a *mandamus* action.

Occasionally, it is not so simple. Much depends on whether you understand executive action to be ministerial or a matter of discretion. And if it is a matter of discretion, does this mean that the executive can do whatever it wants, e.g. open the sluice at 2 feet, 12 feet, or wait until 20 feet?

We should note that American courts in the 19th century took a very restricted view of the kinds of actions that were reviewable.[15] Before the Civil War the Supreme Court utilized what one might call a *res judicata* model of judicial review, "reallocat[ing] much final decisional authority to the executive branch" and focusing "on the jurisdiction" of the executive to act.[16] Also, the kind of executive branch action that was reviewable was limited to ministerial acts and not discretionary acts. Furthermore, the concept of discretionary act was extremely broad. Take the famous 1840 case of *Decatur v. Paulding*.[17] In that case, the widow of the famous naval hero, Stephen Decatur, sought a writ of mandamus to compel the Secretary of the Navy to pay her two pensions – one under a general pension law and the other under a special act of Congress passed for her alone. The Court held that the secretary's decision was "discretionary," not "ministerial," because he had to decide (1) whether to reverse a predecessor's decision on the subject, (2) how half-pay should be calculated, and (3) whether

---

[14] L. NEVILLE BROWN & JOHN S. BELL, FRENCH ADMINISTRATIVE LAW 47 (5th ed. 1998).

[15] Frederic P. Lee, *The Origins of Judicial Control of Federal Executive Action*, 36 GEO. L. J. 287, 295 (1948).

[16] Ann Woodhandler, *Judicial Deference to Administrative Action – A Revisionist History*, 43 ADMIN. L. REV 197, 244 (1991).

[17] 39 U.S. (14 Pet.) 497 (1840).

there was enough money in the pension fund to satisfy all claims. The Court's attitude is well expressed in its statement that the "interference of the Courts with the performance of the ordinary duties of the executive departments of the government, would be productive of nothing but mischief; and we are quite satisfied that such a power was never intended to be given to them."[18] Thus the principles of *Decatur* left little range for judicial review as it made almost all executive conduct "discretionary."

Even up until 1900 the Court held that "courts have no general supervising power over the proceedings and action of the various administrative departments of the government."[19] However, institutional changes were afoot that would soon affect legal doctrine. In the second half of the 19th Century, the national government faced the challenge of regulating economic monopolies, or oligopolies, in particular the railroads, which were "a central, if not the major, element in the political, economic, and social development of the United States."[20] The administrative commission form of regulation had earlier been employed in Britain[21] and at the state level in the United States.[22] The statutory creation of the Interstate Commerce Commission in 1887 was the natural derivation of these experiments. With the advent of national regulation, the courts began to examine the powers of administrative entities,[23] although the presumption of unreviewability

---

[18] *Id.* at 516. *See also* Martin v. Molt, 25 U.S. (12 Wheat.) 19, 32-33 (1827) (stating that statutes conferring discretionary power make the recipient the sole judge of the facts on which such discretion should be exercised).

[19] Keim v. United States, 177 U.S. 290, 292 (1900) (holding that the removal of a clerk by the Secretary of the Department of the Interior for inefficiency is not reviewable).

[20] GABRIEL KOLKO, RAILROADS AND REGULATION 1877-1916 1 (1st ed. 1965).

[21] In discussing regulation in Britain, I have relied on three principal sources suggested to me by Gary Edles at the University of Hull. The first is a book by historian Henry Parris, GOVERNMENT AND THE RAILWAYS IN NINETEENTH-CENTURY BRITAIN (1965). The book is a revised version of Dr. Parris's Ph.D. thesis at the University of Leicester. At the time of writing, he was a Lecturer in Politics at the University of Durham. The second is a book by economist C.D. Foster. C.D. FOSTER, PRIVATIZATION, PUBLIC OWNERSHIP, AND THE REGULATION OF NATURAL MONOPOLY 44-52 (1992). Sir Christopher Foster held a chair at the London School of Economics, was a British civil servant, and is a senior partner of Coopers and Lybrand. At the time of writing during John Major's Administration, he was special advisor to the U.K. Secretary of State for Transport on railway privatization. The third source is an 1886 report by the Senate Committee on Interstate Commerce that preceded passage of the Act to Regulate Commerce of 1887. S. Rep. No 49-46, pt. 1, 54-63 (1886).

[22] *Id.* at 65-66.

[23] *See, e.g.* Interstate Commerce Commission v. Cincinnati, New Orleans and Tex. Pac. Ry. Co., 167 U.S. 479 (1897) (concluding that the ICC's statutory power to determine

was not reversed until the Supreme Court's 1902 decision in *American School of Magnetic Healing v. McAnnulty*.[24] In that case the Supreme Court found that the presumption was applicable even though Congress had not spoken to the question of judicial review. The Court stated that where an official makes a mistake of law and acts outside the limits of his authority, "the courts... must have power in a proper proceeding to grant relief. Otherwise, the individual is left to the absolutely uncontrolled and arbitrary action of a public and administrative officer, whose action is unauthorized by any law and is in violation of the rights of the individual."[25] In *Magnetic Healing*, the Postmaster General violated the property rights of the plaintiff by withholding delivery of mail, where the facts would not support the Postmaster's determination that there was a fraudulent scheme for the distribution of money.

Since *Magnetic Healing* we live in a world that presumes judicial review of administrative action. Thus, the central theoretical issue for administrative law in the twentieth century has been the drive to curtail agency discretion both through formalized adjudication procedures and judicial review. This fear of empowering bureaucrats with flexibility reflects a traditional concern that the administrative state, if unchecked, would likely act arbitrarily and capriciously.[26] Indeed, the most recent comprehensive regulatory reform bill S. 343 introduced in 1995 by Senator Bob Dole[27] (but never passed by the Senate) looked to the judiciary to provide accountability for bureaucratic decision-making, a somewhat unusual approach for avowed opponents of judicial activism. The various iterations of this bill and its Contract with America analogues offered extensive, some say innumerable, opportunities for judicial review as a way of checking agency action. They provide review, for example, of the substance as well as the form of agency cost/benefit analyses and agency decisions to characterize rules as "major" or not.[28]

---

the reasonableness of rates did not include the power to prescribe rates, and discussing different forms of regulation, by the various states, that pre-dated the creation of the ICC).

[24] 187 U.S. 94 (1902). A presumption of judicial reviewability of agency action was expressly established in Abbott Laboratories v. Gardner, 387 U.S. 136 (1967).

[25] 187 U.S. at 110.

[26] Marshall J. Breger, *Government Accountability in the Twenty-First Century*, 57 U. PITT. L. REV. 423, 434 (1996).

[27] S. 343, 104th Cong. (1995).

[28] *Id.* (proposing 5 U.S.C. §§ 622-25). These legislative proposals also promote accountability of a different sort by requiring an agency to undertake a review of the rules'

The bible of administrative procedure – the 1946 Administrative Procedure Act or APA[29] – considers this principle and courts preclude review only where specifically precluded by statute or when an action is committed to agency discretion by law and therefore is an action not amenable to review.[30] Courts also read statutes that preclude judicial review exceedingly narrowly.[31] Thus, when a statute said that senior citizens cannot appeal a medical benefit determination, courts have determined that the ban may apply to individual benefits but not to an attack on the methodology used to determine awards.[32] And similarly when a statute did *not* allow for judicial review of veterans' educational benefits, courts have found that the preclusion does not apply to a constitutional claim before a federal court. [33]

Indeed, the Supreme Court has even taught that it would be unconstitutional to preclude judicial review of a constitutional claim. In a highly unusual case concerning the hiring practices of the Central Intelligence Agency – the CIA – the Court struggled with the question of whether there were situations in which constitutional claims can be forbidden judicial review.[34] The majority found that even in the case of an intelligence

---

efficacy within ten years after promulgation, *id.* at § 3 (a), and by enacting "look-back" provisions, by which a member of the regulated community can ask or require an agency to review the efficacy of a particular rule at any time, perhaps even when the rule is about to be enforced on that party. *See id.* at § 4 (a) (including a "look-back" provision as part of the proposed comprehensive Regulatory Reform Act). This ensures that the agency decision does not stray too far from contemporary congressional will. Further, the Dole bill not only allowed for more extensive judicial review of agency action, it would also have required that proposed agency regulation be brought back to Congress and "laid on the table," where Congress would have the opportunity to enact a "two-house" veto, clearly constitutional even under Chadha. *Id.* (proposing U.S.C. § 801). *See* INS v. Chadha, 454 U.S. 812 (1981).

[29] 5 U.S.C. §§ 551, 553-59, 701-06 (2000).

[30] 5 U.S.C. § 701 (a) (2000).

[31] Consider, as example, Zadvydas v. David, 533 U.S. 678 (2001), where the Supreme Court found that statutory measures enacted to limit a deportable alien's right to habeas corpus could not apply in the absence of a specific statute applying to a post-removal-period detention.

[32] Bowen v. Michigan Academy of Family Physicians, 476 U.S. 667, 678 (1986).

[33] Johnson v. Robison, 415 U.S. 361 (1974).

[34] Webster v. Doe, 486 U.S. 592 (1988), concerned a man discharged from the CIA after he voluntarily revealed that he was a homosexual, since the agency viewed his sexual preference as a security risk. Since the Director of the CIA had statutory authority to protect intelligence sources and methods from unauthorized disclosure, Doe's discharge

346   *Direito Administrativo/Administrative Law*

agency the idea of judicial review of the constitutional claims cannot be denied.[35] I should point out that Justice O'Connor strongly argued in her dissent that if it were possible to preclude judicial review of administrative decisions when there is a constitutional claim anywhere this might be the case.[36] And Justice Scalia dissented, arguing that there is no right to judicial review of every constitutional claim of due process.[37]

Even when Congress decided that visa revocation decisions are insulated from judicial review[38] such decisions were deemed not discretionary (and therefore reviewable) because other provisions of the Immigration Act provide the Attorney General with objective legal criteria to use in his decision. This means that there is in the APA's language "law to apply" and that "the right or power to act is plainly not *entirely* within the Attorney General's judgment or conscience."[39]

An interesting variant on this is the question of whether *ongoing nonfeasance* can be reviewed as well. Considerable judicial attention has been paid to the question of what institutes agency action. In the 1980's the Court in *Heckler v. Chaney* found that an agency decision refusing to regulate drugs used for lethal injections in executions was not reviewable. The Court referenced the long common law tradition of prosecutional discretion, the agency's need to make resource allocation decisions and the lack of any legal standards (or "law") to apply.[40] They held that the failure to

---

depended on the subjective judgment of the director and there was no law to apply. In contrast, the recent case of Tenet v. Doe, 125 S. Ct. 1230 (2005), concerns two former spies for the United States, now United States citizens, who sued the federal government to enforce its promise to "take care of them" once they came to the United States. The Court found that the United States was insulated from suits based on covert espionage agreements. *See also* Totten v. United States, 92 U.S. 105 (1876).

[35] *Id.* at 603.

[36] *Id.* at 605 (O'Connor, J., concurring in part and dissenting in part).

[37] *Id.* at 613-14.

[38] *See* Illegal Immigration Reform and Immigrant Responsibility Act, Pub. L. 104-208, 110 Stat. 3009-546 (1996).

[39] ANA International, Inc. v. Way, 393 F.3d 886 (9th Cir. 2004).

[40] A similar position was taken in United States v. Bean, 537 U.S. 71 (2002), where the Bureau of Alcohol, Tobacco, and Firearms ("ATF") refused to act on an individual's request to be relieved of a statutory bar on firearms ownership by felons. ATF had returned Bean's petition without acting on it because Congress had prohibited expenditure of any funds for processing such applications. A unanimous Court held that judicial review was unavailable under either the specific statute or the APA in the absence of an actual decision on the application.

regulate in a specific area was not an agency action appropriate for judicial review.[41] Broadening *Heckler*, in *Norton v. Southern Utah Wilderness Alliance*[42] the Supreme Court determined that an allegation that the Bureau of Land Management's (BLM) failed to manage wilderness lands according to requirements of the Federal Land Policy Management Act of 1976 is not subject to judicial review because the BLM was given a great deal of discretion in deciding how to implement its mandate.

The Federal Land Policy and Management Act governed the Department of Interior's Bureau of Land Management's (BLM's) stewardship of public lands. The Act gave BLM wide discretion as to the means to achieve certain broad goals of land management, such as "striking a balance among the many competing uses to which land can be put," and controlling "depleting uses over time, so as to ensure a high level of valuable uses in the future."[43] The question became whether the obligation to meet those goals required specific agency action and whether the failure to undertake such action could then be reviewed.

In *Norton*, Plaintiffs claimed that the BLM failed to designate routes for use by off-road vehicles, effectively impairing the land's wilderness characteristics, and that such a failure to designate was reviewable by law. The Court unanimously found that it was not. Since the relevant statute allowed the agency to choose the means by which to achieve explicit statutory goals, failure to choose any specified means could not be considered agency action and was not reviewable. The kind of agency action (or failure to act) properly reviewable under the APA was "properly understood to be limited... to a *discrete* action."[44] Thus the Court made clear that "[t]he prospect of pervasive oversight by federal courts over the manner and pace of agency compliance with such congressional directives is not contemplated by the APA."[45]

Some commentators have suggested that the *Norton* court's "analysis cuts against the logic of modern administrative law,"[46] specifically the

---

[41] 470 U.S. 821 (1995).

[42] 542 U.S. 55, 124 S. Ct. 2373; 159 L. Ed. 2. 137 (2004).

[43] 124 S. Ct. at 2376.

[44] 124 S. Ct. at 2379.

[45] 124 S. Ct. at 2381.

[46] William D. Araiza, *Administrative Law Discussion Forum: In Praise of a Skeletal APA: Norton v. Utah Southern Wilderness Alliance, Judicial Remedies for Agency Inaction, and the Questionable Value of Amending the APA*, 56 ADMIN. L. REV. 979, 983 (2004).

348   *Direito Administrativo/Administrative Law*

broad presumption of reviewability. Whether this proves to be the case and we have passed the apogee of judicial review as a method of furthering accountability, requires further exploration.[47]

2. The Rationality Project

Another important feature of American administrative law is its focus on rational decision-making as the justification for agency action. This emphasis on rationality is underscored by the judicial development of the informal rulemaking statute in the APA[48] and in the new White House mandates for cost benefit studies prior to issuing "major" regulations.[49]

The concept of informal rulemaking is a unique American contribution to Administrative Law. Indeed Professor Kenneth Culp Davis called it "one of the greatest inventions of modern government."[50] One author has suggested that, "the paradigmatic process for agency formulation of policy – informal rulemaking – is specifically geared to advance the requirements of civic republican theory." Through its use, "the administrative state holds the best promise for achieving the civic republican ideal of inclusive and deliberative lawmaking."[51] Section 553 of the APA requires that all new regulations be published as proposed regulations, that time be afforded for citizen comment, and that the agency respond to and reflect the comments in the final rule which should be accompanied by a concise statement of basis and purpose incorporating those comments. So far, so good. The remarkable feature of this so-called "notice-and-comment" rulemaking is that the public has a chance to comment on the rules *before* they are finalized. But that's not all. The courts have interpreted this

---

[47] It has been suggested that the OIRA review process and other forms of executive and congressional oversight may be replacing, in part, the accountability function of judicial review.

[48] 5 U.S.C. § 553 (2000).

[49] Exec. Order No. 12,866 Sec. 6(a)(3)(B)(ii), 58 Fed. Reg. 51,735 (Oct. 4, 1993), *available at* http://frwebgate4.access.gpo.gov/cgi-bin/waisgate.cgi?WAISdocID=7675877 878+0+1+0&WAISaction=retrieve. A major regulation that likely will "have an annual effect on the economy of $100 million or more," adversely affects diverse sectors of the economy, creates inconsistencies with other agencies, alters rights of government entitlement holder, or raises "novel legal or policy issues." *See id.* Sec. 2 (f)(1)-(4).

[50] 1 DAVIS ADMINISTRATIVE LAW TREATISE § 6.15, at 283 (Supp. 1970).

[51] Mark Seidenfeld, *A Civic Republican Justification for the Bureaucratic State*, 105 HARV. L. REV. 1512, 1560 (1992).

A Short Tour of American Administrative Law   349

notice-and-comment rulemaking requirement by expanding it significantly. The court will take a "hard look" at the rule and the comments to it, looking to see, if the agency responded rationally to the outcomes, whether it used incorrect factors or failed to use correct factors. Most importantly, the agency must give a "reasonable explanation" for making the decision it did. Furthermore, the record on which the agency acted must be available to the public so that we can all test the reasonableness of agency action. Thus the agency must show that it did not act "irrationally," or to use the technical locutions, in an "arbitrary and capricious manner."[52]

Rational analysis, of course, requires knowledge. Thus the Clinton administration through Executive Order 12,866[53] required all rulemaking agencies to "prepare an agenda of all regulations under development or review."[54] This list requires agencies to coordinate the President's regulatory agenda. But it also forces agencies to list (and prioritize) their proposed regulatory actions. Such a justification requirement assists in developing rational analysis for the administrative state.

Another example of the rationality project is the increased use of cost-benefit analysis in rulemaking. The premise of this position is simple – it is unreasonable, indeed it is irrational – to promulgate a rule in which the costs are greater than the benefits. The argument is variously that Congress could not have meant to act so irrationally or at least that we can presume that Congress did not act so irrationally unless they make a "clear statement" that that is their goal. The problem of course is that Congress has on many occasions acted to require regulations without reference to costs. At one point the Senate passed proposed legislation which required cost-benefit analysis as a precondition of agency rulemaking "except where the enabling statute pursuant to which the agency is acting directs otherwise."[55] Grants of statutory power to the Occupational Safety and Health Administration (OSHA), as example, to protect worker safety are

---

[52] 5 U.S.C. § 706 (2)(A) (2000). Some commentators have suggested that "notice-and-comment rulemaking is to public participation as Japanese Kabuki theatre is to human passions – a highly stylized process for displaying in a formal way the essence of something which in real life takes place in other venues." Frank B. Cross, *Shattering the Fragile Case for Judicial Review of Rulemaking*, 85 VA. L. REV. 1243, 1312 (1999).

[53] *Supra* note 49.

[54] *Id.*

[55] Regulatory Reform Act, S. 1080, 97th Cong. (1981).

350   *Direito Administrativo/Administrative Law*

not limited by the cost-benefit calculus.[56] Neither are many of our anti-pollution laws.[57]

In recent years an effort was made by some jurists (most notably in the D.C. Circuit) to develop the notion that the view that benefits must exceed costs is the default position in administrative law – that is to say that cost-benefit analysis is the governing rule of reasonableness unless the statute chooses another rule.[58] This position was rejected by the Supreme Court in *Whitman*[59] but its spirit hovers in the background, creating a climate that suggests that cost-benefit analysis is proof of reasonableness.

Courts aside, the Executive branch (that is to say the President) has since Ronald Reagan supported the idea that agencies should undertake cost-benefit studies before promulgating rules. In a series of Executive orders, recent presidents – Republican and Democratic – have required agencies to undertake cost-benefit studies before promulgating "major" rules that have significant economic impact.[60] President Bush left Clinton's executive order largely intact, including the provisions on cost-benefit analysis.[61] However, President Bush did strengthen the role of the Office of Information and Regulatory Affairs (OIRA), a sub-agency of the Office of Management and Budget (OMB),[62] by more aggressive use of OIRA's oversight function.[63] One manifestation of this is the unprecedented use of

---

[56] Or so the U.S. Supreme Court interpreted the OSHA statute in American Textile Manufacturers Inst. v. Donovan, 452 US 490, 519-20 (1981).

[57] *See, e.g.,* Whitman v. American Trucking Association, 531 U.S. 457, 471 (2001) (holding that the Clean Air Act bars the Environmental Protection Agency from considering costs of implementation when setting national ambient air quality standards).

[58] *See* UAW v. OSHA, 37 F.3d 665 (D.C. Cir. 1994).

[59] *Whitman, supra* note 57.

[60] Exec. Order No. 12,291, Sec. 3 (d), 46 Fed. Reg. 13,193 (Feb. 19, 1981) (Reagan), revoked by Exec. Order No. 12,866, Sec. 6 (a)(3)(B)(ii), 58 Fed. Reg. 51,735 (Oct. 4, 1993) (Clinton), *supra* note 49.

[61] Exec. Order No. 13,258, 67 Fed. Reg. 9,385 (Feb. 28, 2002), *available at* http:// frwebgate6.access.gpo.gov/cgi-bin/waisgate.cgi?WAISdocID=767328238984+0+1+0& WAISaction=retrieve. In this order, President Bush eliminates the role of the Vice-President from the regulatory review process.

[62] Robin Kundis Craig, *The Bush Administration's Use and Abuse of Rulemaking, Part I: The Rise of OIRA,* 28:4 ADMIN & REG. L. NEWS 8 (2003), *available at* http://www. abanet.org/adminlaw/news/adlaw_summer03.pdf

[63] "Presidential oversight of the regulatory process, though relatively new, has become a permanent part of the institutional design of American government." Richard Pildes & Cass Sunstein, *Reinventing the Regulatory State,* 62 U. CHI. L. REV. 1 (1995). Some commentators have suggested that the goal of OIRA is less ensuring rational admi-

A Short Tour of American Administrative Law   351

"prompt letters," provocative directives from OIRA "suggesting that an agency explore a promising regulatory issue for agency action, accelerate its efforts on an ongoing regulatory matter, or consider rescinding or modifying an existing rule."[64] As of May 12, 2005, twelve prompt letters had been issued.[65]

For its part, Congress has long debated the use of "cost-benefit analysis" in regulatory reform[66] and while it has not instituted it generally, has required its use in a number of circumstances including the "Unfunded Mandates Reform Act."[67] This is a statute that requires agencies that promulgate regulations that create federal spending requirements for the states to provide a "qualitative and quantitative assessment of the anticipated costs and benefits" of such federal mandates when they result in an aggregated expenditure of 100 million dollars (indexed for inflation).[68]

The effort to ensure that the chosen regulatory approach "maximizes net benefits"[69] has led to the development of risk analysis including a developing variant, risk-risk analysis. Risk-risk analysis suggests that in determining costs one has to look not only at the risks of not acting but also the risks of promulgating a government regulation.

It must be recognized that there are serious issues with implementing the cost-benefit principle. The most salient are laid out in a book generally supportive of the methodology.[70] For example, 1) how you assess costs or

---

nistrative activity and more providing ammunition to support an administration's political (often anti-regulatory) policy references. *See* THOMAS McGARITY, REINVENTING RATIONALITY 271-91 (1991). *See also* Joseph Cooper & William F. West, *Presidential Power & Republican Government*, 50 Jl. of Politics 864 (1998).

64 Memorandum from John D. Graham, OIRA Administrator, to the President's Management Council (Sept. 20 2001), *available at* http://www.whitehouse.gov/omb/inforeg/oira_review-process.html. All agencies must respond to prompt letters within thirty days. *Id.*

65 Office of Management and Budget, OIRA Prompt Letters *available at* http://www.whitehouse.gov/omb/inforeg/prompt_letter.html. The last prompt letter issued was November 16, 2004.

66 See generally, Cass Sunstein, *Congress, Constitutional Moments, and the Cost-Benefit State*, 48 STAN. L. REV., 247, 275-82 (1996).

67 2 U.S.C. §§ 1501-1571 (2000).

68 Another example is the Safe Drinking Water Act Amendments of 1996, Pub. L. No. 104-182, 110 Stat. 1613 (codified as amended at 42 U.S.C. §§ 300f-300j-15 (2005) and in scattered other sections of the U.S. Code (requiring use of cost-benefit analysis in establishing drinking water standards)).

69 Exec. Order No. 12,866, *supra* note 49.

70 *See* CASS SUNSTEIN, THE COST-BENEFIT STATE: THE FUTURE OF REGULATORY PROTECTION 71-87 (2002).

350 *Direito Administrativo/Administrative Law*

benefits to goods like health or beauty, that is to say how you monetize qualitative goods; 2) how you compare different goods – like leisure time and wages – this is the so-called inconsumerability problem; 3) how you take into account the wide magnitude of the range of possible numbers – as example, an Environmental Protection Agency cost-benefit analysis of arsenic in drinking water resulted in figures of benefits that ranged between 13 million dollars and 3.4 billion dollars – this is the so-called inter-determinancy problem; and 4) how you monetize or discount costs and benefits to future generations.

These difficulties aside, the cost-benefit principle is an effort to make the regulatory process more subject to rational analysis. It is part of the rationality project.

3. **The Transparency Project**

If one were to go to a government office in England and most other Western countries, at least until recently, and ask to see the decision documents used in developing a worker safety regulation, the first question you would be asked is, "Why do you want to know?" [71] The prevailing theory was that you needed a reason to get information about what the government does. The presumption in America is exactly the opposite. Any person can request information and generally speaking one does not have to show any specific need for the requested information. Indeed, the government needs a reason for not letting citizens have information. Those reasons are linked to specific statutory exemptions which must be construed

---

[71] Freedom of Information Act, 2000, ch. 36 (Eng.). The United Kingdom's Act is more limited in scope than the United States' Freedom of Information Act for two reasons. The first is that "a public authority [may] refuse a request for example because further information is required to enable it to comply (...); the cost of compliance would exceed 'the appropriate limit' (...); the request is 'vexatious' or is a repeated request for the same information ...." The second is that a public authority is always in the position of deciding "whether the public interest in disclosure is outweighed by the public interest in concealment." O. HOOD PHILLIPS AT AL., CONSTITUTIONAL AND ADMINISTRATIVE LAW 615 (8th ed. 2001). The authors question "whether the Act with its extensive exemptions will ensure that there is more open government [because] there is plenty of opportunity provided by the Act to foster continued secrecy in government." *Id*. at 616. The European Union's Council of Ministers has also made efforts to improve transparency in its proceedings by establishing a rule for the publication of the provisional agendas of meetings in which it would be acting in a legislative capacity. 2000 O.J. (L 009) 22-23.

strictly.[72] In a series of acts starting in the 1960's Congress passed a variety of laws designed to promote transparency in government. These include the Freedom of Information Act,[73] the Federal Advisory Committee Act,[74] and the Government in the Sunshine Act.[75] While the impetus for transparency has stalled somewhat after the tragedy of 9/11 and the resulting war on terror, the thrust remains – a recognition of the need for transparency in the administrative state.[76]

There can be no doubt that the task of maintaining openness in government becomes far easier in the computer age.[77] It should come as no surprise that vast strides have been made in placing information about the regulatory process on the web.[78] For one, twenty-first century technology makes government disclosure easier and more efficient. Thus the 2002 E-Government Act[79] requires that whenever possible government information be made available to people online on the presumption that they possess a kind of "information entitlement" when it comes to the government. Technology makes it simpler for citizens around the country to be aware of agency regulations and to participate in agency rulemakings.

Given that computer tapes are clearly "documents" under the Freedom of Information Act,[80] the possibility of widening the ambit of government disclosure inexpensively becomes a real possibility. Furthermore, the Electronic Freedom of Information Act Amendments of 1996[81] create "electronic reading rooms"[82] that offer extensive amounts of information

---

[72] "Consistent with the Act's goal of broad disclosure, these exemptions have been consistently given a narrow compass." U.S. Dep't of Justice v. Tax Analysts, 492 U.S. 136, 151 (1989).

[73] 5 U.S.C. § 552 (2000)

[74] 5 U.S.C. app. §§ 1-16 (2000).

[75] 5 U.S.C. § 552(b) (2000).

[76] *See* Mary-Rose Papandrea, *Under Attack: The Public's Right to Know and the War on Terror*, B.C. L. SCH. FAC. PAPERS, 25:35 (2005).

[77] Henry H. Perritt, Jr. *President Clinton's Information Infrastructure Initiative: Community Regained?* 69 CHI-KENT L. REV. 991, 1011-13 (1994).

[78] Federal Register and Code of Federal Regulations, *available at* http://www.gpoaccess.gov/fr/index.html and http://www.gpoaccess.gov/cfr/index.html respectively.

[79] Pub. L. 107-347, 116 Stat. 2899 (2002).

[80] *See* Long v. IRS, 596 F.2d 362 (9th Cir. 1979).

[81] Pub. L. 104-231, 110 Stat. 3048 (1996), 5 U.S.C. § 552 (2000).

[82] U.S. DEP'T OF JUSTICE, FREEDOM OF INFORMATION ACT GUIDE (2004), *available at* http://www.usdoj.gov/oip/readingroom.htm

354   *Direito Administrativo/Administrative Law*

to the public, because there is no point in requiring that agencies allow interested parties to comment on proposed regulations without giving them the necessary data to make informed comments. This raises transparency to a new level. In one scholar's words,

> The right to know could be manifest by acts of affirmative dissemination or by passive response to requests for existing documents. Affirmative dissemination by press release or otherwise is one style; another is to await the requests of persons who might have an interest or need for a topic. The trend toward affirmative dissemination means that a large mass of documents is to be placed on the Web without knowing who may use them for what purpose. This goes a step beyond the passive FOIA's permission to any person to make a request, for here, any person can obtain the records, leaving no paper trail to indicate that records on a subject had been downloaded by anyone.[83]

Further, as electronic filing becomes more predominant, such document requests become simple tasks. Not only does ease of access improve, so does the quality of the information accessed. Today, if asked for file references on Jones, a government agency is likely to produce the file on Jones (and specific cross-references) rather than all the instances in which references to Jones appear in a database regardless of file title. This is understandable, as the manpower required to cross-check files in any systematic way would be inordinate. But with existing information retrieval technologies, such reference checks become simple tasks, as the subjects of Nexis database searches often learn to their discomfort. It is now possible to use hypertext to link files and documents that would otherwise take much more time to search and retrieve. Courts have also used the transparency concept in requiring full and robust "records" in rulemaking cases.[84]

---

[83] James T. O'Reilly, *'Access to the Records' Versus 'Access to Evil': Should Disclosure Laws Consider Motives as a Barrier to Records Release?* 12 KAN J.L. & PUB. POL'Y 559, 562 (2003)(footnotes omitted). *See also* Malcolm Russell-Einhorn, Jeffrey Lubbers, & Vedat Milor, *Strengthening Access to Information and Public Participation in Transition Countries—Latvia as a Case Study in Administrative Law Reform*, 54 ADMIN. L. REV. 459, 472-475 (2002) (suggesting that the affirmative provision of government information is now a low-cost effective way for transition countries to provide its citizens with the tools for democracy).

[84] The development of electronic docketing of agency documents also raises knotty problems of privacy, copyright protection, censorship, security concerns as well. *See* Jeffrey S. Lubbers, *The Future of Electronic Rulemaking: A Research Agenda*, 27 ADMIN. & REG. L. NEWS 6 (Summer 2002).

Indeed in some statutes like the Community Right to Know Act,[85] the regulatory methodology utilized is the requirement to share information about, for example, hazardous materials. Often information to the public is all that is needed to influence the behavior of the regulated community.

This underlying theory of information as a tool of regulation is that if citizens have the facts they will be better able to make rational choices. Thus it is not necessary in all cases to command that business do x or y. If consumers know, for instance, that certain foods are genetically modified they may not choose to purchase them, thus affecting business behavior. Similarly notices placed on cigarettes warning of the risks of cancer, it is hoped, will reduce the incidence of smoking by affecting consumer behavior.

4. The Participatory Project

Participation is a right guaranteed by the Administrative Procedure Act's notice-and-comment provisions for informal rulemaking.[86] Specifically an agency must publish a notice of proposed rulemaking with a draft rule and leave the record open for public comment.[87] The final rule must take these comments into account and agencies must explain in a "concise statement of basis and purpose" that must accompany the final rule how they responded to the public comments.

As one court has suggested these requirements are "intended to insure that the process of legislative rule-making in administrative agencies is *infused* with openness, explanation, and participatory democracy."[88]

---

[85] 42 U.S.C. §§ 11001-05; 11021-23; 11041-50 (2000).

[86] 5 U.S.C. § 553 (b)-(c) (2000).

[87] The APA does not tell us how long the public gets to comment. For a discussion of enabling statutes that contain time periods see BENJAMIN W. MINTZ & NANCY G. MILLER, ADMINISTRATIVE CONFERENCE OF THE UNITED STATES, A GUIDE TO FEDERAL AGENCY RULEMAKING, 171-72, 188-90 (2nd ed 1991). E.O. 12,866, *supra* note 49, states that the period should "in most cases" be not less than 60 days, but that recommendation is not judicially enforceable.

[88] South Carolina ex rel. Patrick v. Block, 558 F. Supp. 1004, 1015 (D.S.C. 1983) (emphasis added).

356   *Direito Administrativo/Administrative Law*

I was once asked to draft a rulemaking statute for use in Peru. The group I prepared it for were amazed at one thing – that citizens had a chance to comment on rules *before* they were promulgated. To them it was fantastic.

In its heyday, the participation project led to a lowering of barriers of access to the courts[89] and to intervention in agency proceedings.[90] For a time, courts were requiring various forms of public hearings through judicially imposed public hearings crafted to meet a backed-up notice and comment requirement in informal rulemaking. In the 1970's the Supreme Court slapped down those efforts, precluding judicially created duties beyond what is called for in the APA or enabling statute.[91] To aid such public participation some statutes, like the Magnuson-Moss Warranty Act[92] required agencies to pay the expenses of citizens to participate in hearings under the Act.[93] Professor Sidney Shapiro has suggested that in recent years (in the last two decades!) the pendulum has swung and we have seen efforts to "limit the participation of interest groups representing regulatory beneficiaries."[94]

In recent years our enthusiasm for maximum public participation has somewhat waned. We have been reminded of one of the basic truths of government taught by our Founding Fathers, that just as *vox populi* has legitimacy when it is sober, it can be dangerous when it is drunk. This recognition that unbridled public enthusiasm or popularism can lead to bad

---

[89] *See* Ass'n of Data Processing Serv. Orgs., Inc. v. Camp, 397 U.S. 150 (1970) (opening standing rules); Clarke v. Sec. Indus. Ass'n, 479 U.S. 388 (1987); United States v. SCRAP, 412 U.S. 669 (1973). In Office of Communication of United Church of Christ v. FCC, 359 F.2d 994 (D.C. Cir. 1966), the D.C. Circuit held that that a more inclusive standing requirement could only apply when plaintiffs sought to vindicate the broad public interest, not just private interests.

[90] As the American Bar Association Section of Administrative Law and Regulatory Practice states in its BLACK LETTER STATEMENT OF FEDERAL ADMINISTRATIVE LAW, 54 ADMIN. L. REV. 1, 31 (2002),

> Agencies engaged in informal rulemaking may provide additional procedures beyond those established by the APA, other applicable statutes, and the agencies' own rules, but courts may not require them to do so.

[91] Vermont Yankee Nuclear Power Corp. v. Natural Res. Def. Council, Inc., 435 US 519, 544-49 (1978).

[92] Pub. L. 93-637, 88 Stat. 2183 (1975), also known as the Lemon Law.

[93] *Id.* at Sec. 202 (a), Sec. 18 (h)(1), 88 Stat. 2197-98.

[94] SIDNEY A SHAPIRO, PRAGMATIC ADMINISTRATIVE LAW 1 (Wake Forest Legal Studies Research Paper Series No. 05-02).

government has led – whatever our democratic rhetoric – to a pulling back of participation as the proof of democratic legitimacy. For good or ill the pressure for participatory democracy that underlay the French street demonstrations of May 1968 and the American student movement of the 1970s has lost some of its allure. Some, but not all. And while the participatory project is no longer seen as conclusive proof of legitimacy in administrative law, it is important nonetheless.

Conclusion

Where does this all leave us? The four projects discussed above offer a useful set of approaches to understanding administrative law. However nostalgic one might be for a more modest government sector, in the end we must live in the modern administrative state. The 21st century, however, will no doubt raise all sorts of new issues for administrative lawyers to consider. They may well include issues as diverse as the role of government corporations; the role of public-private partnerships; the extension of government rules of process to private sector activities that have a large state regulatory context; the movement from command-and-control rules (do this – do that) to performance rules (achieve this result – we don't care how you do it); new efforts to bring arbitration and mediation into the administrative process; the proper treatment of informal adjudication; and new approaches to reinvigorating the arguably "ossified" rulemaking process.

The central problems never change. All of these innovations reflect the same kind of efforts to ensure legitimacy in the modern administrative state as the earlier efforts described here. Whether it be the accountability, rationality, participatory, or the transparency project, the various efforts to ensure the legitimacy of the American administrative state will continue to develop and evolve.